高等职业院校"双高计划"建设教材
"十四五"高等职业教育财经商贸类系列教材

U0851426

企业纳税实务

章 荣 张雨迪◎主编

中国铁道出版社有限公司
CHINA RAILWAY PUBLISHING HOUSE CO., LTD.

内 容 简 介

本书根据高职高专大数据与会计专业培养目标，依据现行税收法律法规制度编写，主要介绍企业纳税流程、增值税纳税业务、消费税纳税业务、城市维护建设税和教育费附加纳税业务、关税纳税业务、企业所得税纳税业务、个人所得税纳税业务、印花税纳税业务、车辆购置税纳税业务、车船税纳税业务、城镇土地使用税纳税业务、房产税纳税业务、土地增值税纳税业务、契税纳税业务以及资源税纳税业务的计算、申报和缴纳等内容。本书根据会计工作实际需要，紧跟税制改革步伐，结合教学内容融入思政元素，通过大量的企业案例，结合企业实际情况进行编写，引导学生直观地理解并掌握企业纳税的相关知识点和实际操作步骤。

本书适合作为高等职业院校大数据与会计专业、大数据与财务管理专业及经济类相关专业教材，也适合财务工作者学习。

图书在版编目(CIP)数据

企业纳税实务/章荣，张雨迪主编．—北京：中国铁道出版社有限公司，2024.2

高等职业院校“双高计划”建设教材

“十四五”高等职业教育财经商贸类系列教材

ISBN 978-7-113-30969-5

Ⅰ.①企… Ⅱ.①章… ②张… Ⅲ.①企业管理-税收管理-中国-高等职业教育-教材 Ⅳ.①F812.423

中国国家版本馆 CIP 数据核字（2024）第 015491 号

书　　名：企业纳税实务
作　　者：章　荣　张雨迪

策　　划：潘星泉　　　　**编辑部电话：**(010)51873090
责任编辑：潘星泉　贾淑媛
封面设计：高博越
责任校对：苗　丹
责任印制：樊启鹏

出版发行：中国铁道出版社有限公司（100054，北京市西城区右安门西街 8 号）
网　　址：http://www.tdpress.com/51eds/
印　　刷：北京联兴盛业印刷股份有限公司
版　　次：2024 年 2 月第 1 版　2024 年 2 月第 1 次印刷
开　　本：787 mm×1 092 mm　1/16　**印张：**19.75　**字数：**478 千
书　　号：ISBN 978-7-113-30969-5
定　　价：68.00 元

版权所有　侵权必究

凡购买铁道版图书，如有印制质量问题，请与本社教材图书营销部联系调换。电话：(010) 63550836

打击盗版举报电话：(010) 63549461

前　言

近年来，我国不断深化税制改革，持续推进减税降费。2016 年全面推开“营改增”试点后，增值税税率由四档税率简并为三档，两次降低增值税税率，同时扩大增值税进项税额的抵扣范围；国家出台了一系列企业所得税创新税收优惠政策，加大了研发费用加计扣除政策的力度；进行了个人所得税改革，初步建立了综合所得与分类所得相结合的个人所得税制度；完成了车辆购置税、资源税、城市维护建设税、契税、印花税等税种的立法工作。

“企业纳税实务”课程是高职高专大数据与会计专业的核心课，本书根据高职高专人才培养目标，以及最新的税收法律法规制度，按照项目化教学、工作任务引领来设计、安排教学内容。本书具有以下特点：

（1）结合教学内容融入思政元素，贯穿立德树人的教育教学理念。本书在素养目标中体现课程思政目标，将党的二十大精神融入本书体系中，培养学生树立正确的世界观、人生观、价值观，引导学生践行社会主义核心价值观。

（2）本书紧跟税制改革的步伐，展现了目前的税法理论与实践。本书的编写以截至 2023 年 8 月有效的税法为依据，反映了我国税制改革的前沿动态与成果，内容呈现的是目前适用法律法规及纳税申报表，具有很强的实用性、先进性、时效性。

（3）根据会计实际工作的需要，围绕职业能力的提升编写。采用引导案例与任务案例相结合的方式，重点阐述企业不同经济业务应纳税的种类、各税种的计算以及纳税申报表的填写，为学生就业、创业及后续职业能力的发展、提高奠定坚实的基础。

（4）知识模块理实一体化。项目以职业能力为目标，根据高职学生的特点设置了“学习目标”“能力目标”“素养目标”“思维导图”“引导案例”“素质园地”“任务案例”“引例分析”“思考与练习”等栏目，在做中学、学中做，教学做融为一体。

本书由黑龙江农业工程职业学院章荣、张雨迪担任主编，黑龙江农业工程职业学院王剑萍参加编写。具体编写分工为：章荣负责整体设计、修改定稿，编写项目一～项目三、项目七；张雨迪参与了本书的设计，编写项目五、项目六；王剑萍编写项目四、项目八～项目十五。

在编写本书的过程中。我们参考了一些教材、网络资源，得到了黑龙江农业工程职业学院领导的大力支持，在此一并表示感谢！书中涉及的企业信息均为虚拟，特此声明。

由于编者理论水平和实践经验有限，书中难免存在不足与疏漏之处，恳请读者提出宝贵意见与建议。

编　者

2023 年 10 月

目　　录

项目一　认知企业纳税流程

【学习目标】

- 理解税收的概念、特征。
- 掌握税法的构成要素。
- 了解税务登记、发票管理的基本知识。
- 了解我国税收的分类。

【能力目标】

- 辨别税法的构成要素。
- 能办理涉税事项登记。
- 能依法领购、开具、使用发票。

【素养目标】

- 具有遵守法律、依法按时纳税的观念。
- 具有严谨、诚信的职业品质和良好的职业道德。
- 关注国家税收政策调整，及时跟进税法新理论、新观念。

【思维导图】

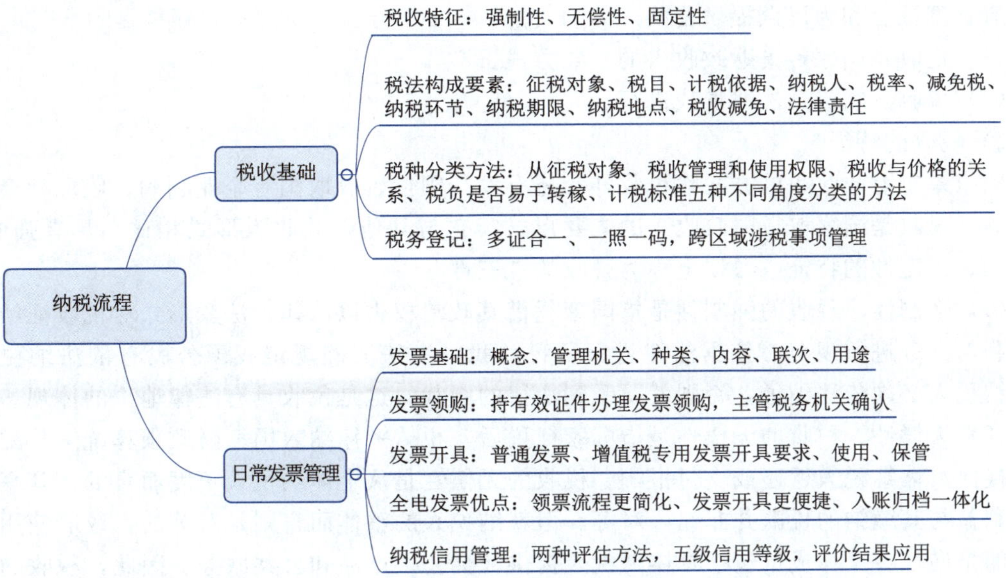

任务一　办理企业纳税事项

【引导案例】

张娟在高职院校会计专业毕业后，被新开办的一家企业录用，找到了一份报税岗位的工作。张娟很高兴，但又有些疑问：新开办的企业，在市场监督管理部门办理完工商登记后，应在何时去税务部门办理税务登记？办理税务登记需要准备哪些材料？前往税务部门提交申请时填写的税务登记申请表有哪些内容？

【知识准备】

一、税收基础知识

（一）税收与税法

1. 税收的含义、特征

1）税收的含义

税收是国家为了满足社会公共需要，凭借政治权力，按照法律规定的标准和程序，参与社会剩余产品分配，强制地、无偿地取得财政收入的一种形式。马克思指出："国家存在的经济体现就是捐税。"恩格斯指出："为了维持这种公共权力，就需要公民缴纳费用——捐税。"这些都说明了税收对于国家经济生活的重要作用。

（1）国家征税的目的是满足社会成员获得公共产品的需要。

（2）国家征税凭借的是公共权力（政治权力）。税收征收的主体只能是代表社会全体成员行使公共权力的政府，其他任何社会组织和个人是无权征税的。与公共权力相对应的必然是政府管理社会和为民众提供公共产品的义务。

（3）税收是国家筹集财政收入的主要方式。

（4）税收必须借助法律形式进行。

2）税收的特征

国家筹集财政收入的方式除税收外，还有发行国债、收取国有企业利润、收取社会各种规费等。税收是国家取得财政收入的主要形式，它与其他财政收入形式相比，具有强制性、无偿性、固定性的特征，习惯上称为税收的"三性"。

（1）强制性。税收的强制性是指国家凭借其政治权力以法律、法令形式对税收征纳双方的权利与义务进行规范，依据法律进行征税。我国宪法明确规定我国公民有依法纳税的义务。纳税人必须依法纳税，否则就要受到法律的制裁。这是税收具有法律地位的体现。

（2）无偿性。税收的无偿性是指国家征税后，税款一律纳入国家财政预算统一分配，而不直接向具体纳税人返还或支付报酬。税收的无偿性是从个体纳税人角度而言的，其享有的公共利益与其缴纳的税款并非一一对等。但就纳税人的整体而言则是对等的，政府使用税款的目的是向社会全体成员包括具体纳税人提供社会公共产品和公共服务。因此，税收的无偿性表现为个体的无偿性、整体的有偿性。

(3) 固定性。税收的固定性是指国家征税之前预先规定了统一的征税标准，包括纳税人、课税对象、税率、纳税期限、纳税地点等。这些标准一经确定，在一定时间内是相对稳定的。税收固定性的含义包括三个层次，即课税对象上的非惩罚性、课征时间上的连续性和课征比例上的限度性。

当然，税收的固定性是相对于某一个时期而言的。国家可以根据经济和社会发展需要适时地修订税法，但这与税收整体的相对固定性并不矛盾。

税收的三个特征是统一的整体，相互联系，缺一不可。无偿性是税收这种特殊分配手段本质的体现，强制性是实现税收无偿征收的保证，固定性是无偿性和强制性的必然要求。三者相互配合，保证了政府财政收入的稳定。

【素质园地】

税收是为人民谋福利

国家财政收入很大一部分来自税收，而财政收入的很大一部分用于社会基础建设、人民福利待遇、养老等，都属于民生问题。国家税收取之于民，用之于民。税收与民生密不可分。税收之“取”，贵乎公平、公正；税收之“用”，重在合理、有效。因此，我国税收有助发展、利于民生。从税收与民生的关系看，两者息息相关。连续几年的政府工作报告都强调，要用更多的投入来解决民生问题。这一方面说明国家政府关注和重视民生，也说明近年来我国税收的快速增长，已经积累了较为雄厚的财力。

2. 税法的概念

税法是调整国家与纳税人在税收征纳方面的权利义务关系的法律规范，是国家税务机关向纳税单位和个人征税的法律依据，也是纳税单位和个人依法纳税的行为准则。

(二) 税法构成要素

税法构成要素是指构成税收实体法的基本要素，包括：征税对象、税目、计税依据，纳税义务人，税率，税收减免，纳税环节，纳税期限，纳税地点，法律责任等。

1. 征税对象、税目、计税依据

1) 征税对象

征税对象是指税收法律关系中征纳双方权利义务共同指向的对象，即是对什么征税，是一种税区别于另一种税的主要标志。

2) 税目

税目是征税对象的具体项目。不是所有税种都有税目，只有征税对象复杂的税种，需要对征税对象作出具体明确的划分，比如消费税有 15 个不同的税目。

3) 计税依据

计税依据是指计算应纳税款的数量依据，是对征税对象的量的规定。不同税种计税依据是不一样的，比如企业所得税、个人所得税的计税依据是应纳税所得额，城镇土地使用税的计税依据是平方米。

2. 纳税义务人

纳税义务人简称纳税人，又称纳税主体，是指税法规定的直接负有纳税义务的其他组织、法人、自然人。比如：增值税的纳税义务人是在我国境内销售货物、销售服务、无形资产或不动产，提供加工、修理修配劳务，以及进口货物的单位和个人；企业所得税的纳税义务人是在我国境内，取得应税收入的企业和其他组织（不包括个人独资企业、合伙企业）。

与纳税人相联系的概念还有负税人、扣缴义务人。

（1）负税人是最终负担税款的单位和个人。所得税和财产税的税负很难转嫁，由纳税人自己负担，纳税人同时又是负税人，比如企业所得税、个人所得税。对商品和劳务的征税，税负容易转嫁，从生产者或销售者转移给消费者或购买者，税收由生产者或销售者缴纳，但实际由消费者或购买者负担，纳税人和负税人不一致，比如增值税、消费税等。

（2）扣缴义务人是指法律、行政法规规定负有代扣代缴、代收代缴税款义务的单位和个人。扣缴义务人可以是各种类型的企业、机关、社会团体、民办非企业单位、部队、学校和其他单位、个体工商户、个人合伙经营者和其他自然人。扣缴义务人包括代扣代缴税款义务人和代收代缴税款义务人。代扣代缴是指按照税法规定，由支付人在向纳税人支付款项时，从所列支的款项中依法直接扣收税款，其目的在于对零星分散、不易控管的税源实行源泉控管，比如个人所得税以支付所得的单位或者个人为扣缴义务人。代收代缴是指按照税法规定，由与纳税人有经济业务往来的单位和个人在向纳税人收取款项时依法收取税款。这种方式一般是指税收网络覆盖不到或者很难控管的领域，比如委托加工的应税消费品，受托方是单位的，由受托方在向委托方交货时代收代缴税款。

3. 税率

税率是应纳税额与计税依据之间的法定比例，是计算应纳税额的尺度。在征税对象和税基确定的条件下，税率形式的选择和设计的高低，直接关系到国家财政收入的规模和纳税人的负担，关系到国家、企业、个人三者的经济利益。因此，税率是税法的核心要素，体现税收负担的深度，是国家经济政策和税收政策的体现，是发挥税收经济杠杆作用的关键。

税率的形式主要有累进税率、定额税率、比例税率三种。

1） 累进税率

累进税率，是指按征税对象数额的大小划分为若干等级，从低到高每一个等级有一个不同的税率，即征税对象数额越大，适用税率就越高。累进税率的形式有超额累进税率、超率累进税率、全额累进税率。

（1）超额累进税率是将征税对象按数额的大小划分为若干等级，从低到高每一等级规定一个税率，一定数额的征税对象可能适用几个等级的税率，对每个等级的计税依据分别计算税额，将每个等级的应纳税额相加，算出纳税人的应纳税额。我国个人所得税的经营所得采用的是5%～35%五级超额累进税率。

（2）超率累进税率是指按征收对象的数额的某种比例从低到高划分为若干等级，每一等级规定一个税率。计税原理与超额累进税率一致。我国土地增值税采用的是四级超率累进税率。

（3）全额累进税率是按征税对象数额的全额达到的最高等级税率征税的。全额累进税率实际上是按照征税对象数额大小、分等级规定的一种差别比例税率，它的优点是在调节收入方面，较比例税率合理，缺点是在两个级距的临界部位会出现税负增加超过计税依据数额增加的不合理情况。目前，我国的税收法律制度已不采用这种税率。

2）定额税率

定额税率是指对一定单位的征税对象直接规定固定的税额。我国的城镇土地使用税按每平方米多少元采用定额税率。

3）比例税率

比例税率是对同一征税对象，不分数额大小，都按同一个比例征税的税率。比例税率优点是计算简单、税额透明、保证财政收入、有利于纳税人公平竞争，缺点是不能针对收入水平不同的纳税人实施不同的税负。我国的房产税、城市维护建设税、增值税、企业所得税等采用的是比例税率。

4. 税收减税、免税

税收减税、免税是指国家在税收方面给予某些纳税人和征税对象减征部分税款、免予征税的一种鼓励和照顾政策，是政府结合不同经济发展时期，通过税法、行政法规，鼓励和支持某些行业或项目的发展，照顾某些纳税人的特殊困难。

减税、免税的基本形式是：

1）税率式减免

税率式减免是指通过直接降低税率的方式体现的减税、免税，包括零税率、低税率、暂定税率等形式。

2）税额式减免

税额式减免是指通过直接减少应纳税额的方式体现的减税、免税，包括减半征收、全部免征、规定减征比例、抵免税额等。

3）税基式减免

税基式减免是指通过直接缩小计税依据的方式体现的减税、免税，包括项目扣除、跨期结转、起征点、免征额等。

（1）项目扣除是指在征税对象中扣除一定项目的数额，以其余额作为计税依据计算应纳税额。

（2）跨期结转是将以前纳税年度费用或亏损从本纳税年度开始向后结转扣除。

（3）起征点是指征税对象达到一定数额开始征税的起点。征税对象的数额未达到起征点的不征税；达到或超过起征点的，按全部数额征税。我国增值税对个人纳税人规定了起征点的税收优惠政策。

（4）免征额是指对征税对象总额中免予征税的数额，是对纳税对象中的一部分给予免税，只就减除后的剩余部分计征税款。我国个人所得税综合所得中的“劳务报酬所得”的免征额是年劳务报酬收入的20%。

5. 纳税环节

纳税环节是指税法规定的征税对象在从生产到消费的流转过程中缴纳税款的环节。每个税种都有确定的纳税环节。按照纳税环节的多少，可以将税种划分为一次课征制或多次课征制。我国的消费税大部分在生产销售环节或委托加工环节或进口环节一次征收，该应税消费品在其他流通环节不再征收消费税。我国增值税对从生产到消费流转过程中的增值部分每一个环节都征税。

6. 纳税期限

纳税期限是负有纳税义务的纳税人依法缴纳税款的期限，包括纳税义务发生时间、纳税期限。

1）纳税义务发生时间

纳税义务发生时间是指应税行为发生的时间。增值税纳税人发生应税行为，其纳税义务发生时间为收讫销售款项或者取得索取销售款项凭据的当天。

2）纳税期限

纳税期限是指每隔固定时间汇总一次纳税义务税额的时间。包括两方面：

（1）确定结算应纳税款的期限，即多长时间纳一次税。一般有 1 天、3 天、5 天、10 天、15 天、一个月等。

（2）确定缴纳税款的期限，即纳税期满后税款多长时间必须入库。

纳税人的具体纳税期限，由主管税务机关根据纳税人应纳税额的大小分别核定；不能按照固定期限纳税的，可以按次纳税。企业所得税在月份或者季度终了后 15 日内预缴，年度终了后 5 个月内汇算清缴，多退少补。

7. 纳税地点

纳税地点是指税法规定纳税人申报缴纳税款的地点。规定纳税地点，既有利于税务机关实施税源控管，防止税收流失，又便于纳税人缴纳税款。纳税地点主要有机构所在地、住所地、经营地、不动产所在地等。

8. 法律责任

法律责任是指税法主体因违反税收法律制度的行为而应承受的不利法律后果，包括行政责任和刑事责任。纳税人的行政法律责任形式主要是行政处罚，具体有责令限期改正、罚款、没收财产、收缴未用发票和暂停供应发票、停止出口退税权。

（三）税收分类

1. 税收种类

我国共有增值税、消费税、城市维护建设税、关税、企业所得税、个人所得税、印花税、城镇土地使用税、房产税、车辆购置税、车船税、土地增值税、契税、资源税、环境保护税、耕地占用税、烟叶税、船舶吨税 18 个税种。

2. 税种的分类方法

我国 18 个税种中，每个税种既有各自的特点，又存在着共同点。按照不同的分类标志，把性质相同的或近似的税种归为一类，进而与其他税种相区别，这就是税种分类。税种的分类方法如下：

1）按征税对象分类

按征税对象的不同来分类，是税种最基本和最主要的分类方法。按照这种方法，我国税种大体可分为以下五类：

（1）对流转额的征税。对流转额的征税简称流转税，它是对销售商品、提供劳务的流转额征收的一类税。它涉及商品、劳务从生产到消费流通过程中的各个环节，是我国目前最大的一类税种，我国开征的流转税主要有增值税、消费税和关税。

（2）对所得额的征税。对所得额的征税简称所得税。所得税是对纳税人在一定时期（通常为一年）的合法收入总额减除成本费用和法定允许扣除的其他各项支出后的余额，即应纳税所得额征收的税。在我国，随着经济的发展，人民所得的增加，所得税已成为近年来收入增长较快的一类税。我国开征的所得税主要有企业所得税、个人所得税。

(3) 对资源的征税。对资源的征税是对开发、利用和占有国有自然资源的单位和个人征收的一类税。征收这类税有两个目的：①取得资源消耗的补偿基金，保护国有资源的合理开发利用；②调节资源级差收入，以利于企业在平等的基础上开展竞争。我国对资源的征税主要有土地增值税、城镇土地使用税、资源税、耕地占用税。

(4) 对财产的征税。对财产的征税是对纳税人所拥有或属其支配的财产数量或价值额征收的一类税。开征这类税收既为国家取得财政收入，又对提高财产的利用效果、限制财产的不必要的占有量有一定作用。我国对财产的征税主要有车船税、契税、房产税。

(5) 对行为的征税。对行为的征税也称行为税，是指以某些特定行为为征税对象征收的一类税。征收这类税，是为了对某些特定行为进行限制、调节，使微观活动符合宏观经济的要求。我国对行为的征税主要有：环境保护税、烟叶税、印花税、船舶吨税。

2) 按税收管理和使用权限分类

税收按其管理和使用权限划分，可分为中央税、地方税、中央和地方共享税。

(1) 中央税，纳税人申报缴纳的税款直接到中央国库，属于中央政府的固定收入，归中央政府支配和使用，包括关税、海关代征的增值税、消费税、船舶吨税、车辆购置税。

(2) 地方税，属于地方政府的固定收入，归地方政府支配和使用，包括土地增值税、契税、城镇土地使用税、房产税、车船税、环境保护税、烟叶税、耕地占用税。

(3) 中央和地方共享税，纳税人申报缴纳税款后，中央和地方政府再分配，包括税种如下：

①增值税：进口环节海关代征的进口增值税除外，其他为中央和地方共享税，中央50%，地方50%。

②企业所得税：银行总行、海洋石油企业、中国国家铁路集团有限公司除外，其他为中央和地方共享税，中央60%，地方40%。

③个人所得税：中央60%，地方40%。

④资源税：海洋石油企业缴纳的资源税归中央；水资源税：中央10%，地方90%；其他纳税人缴纳的资源税归地方。

⑤城市维护建设税：银行总行、保险总公司、中国国家铁路集团有限公司集中缴纳的归中央，其他纳税人缴纳的城市维护建设税归地方。

⑥印花税：证券交易印花税归中央，其他纳税人缴纳的印花税归地方。

3) 按税收与价格的关系分类

按税收与价格的关系划分，税收分为价内税和价外税。

(1) 价内税是指税款包含在计税依据中，价内税的价格由成本、利润、税金三部分组成，消费税是价内税，消费税的税款包含在计税价格中。

(2) 价外税是指税款不包含在计税依据中，价外税的价格由成本、利润两部分组成，增值税是价外税，增值税计税价格中不包含增值税税款。

4) 按税负是否易于转嫁分类

税负转嫁是指纳税人依法将自己缴纳的税款，通过各种途径转移给他人负担的经济现象和过程。税收按税负能否转嫁，划分为直接税和间接税。

(1) 直接税是由纳税人直接负担的税收，税负不易转稼，纳税人与负税人是一致的，也就是说纳税人就是负税人，比如财产税、所得税等。

（2）间接税是由纳税人将税负转移给他人负担的税收，税负容易转稼，纳税人与负税人是不一致的，也就是说纳税人不是实际负税人，比如关税、增值税、消费税等流转税。

5）按计税标准分类

税收按计税依据的不同，可分为从价税和从量税。

（1）从价税是以征税对象的价值量为标准计算征收的税。税额的多少是随着价格的变动而相应增减。从价税的税率是比例税率和累进税率，属于从价税的有城市维护建设税、增值税、个人所得税、企业所得税等。

（2）从量税，是按征税对象的重量、件数、容积、面积等为标准，采用固定税额征收的税。从量税具有计算简便的优点。但税收收入不能随价格高低而增减。属于从量税的有城镇土地使用税、车船税等。

二、税务登记

税务登记又称纳税登记，是税务机关对纳税人的生产、经营活动，包括开业、停业、歇业（复业）以及变更经营范围等进行登记管理的一项基本制度，也是纳税人向税务机关办理履行纳税义务的法律手续，是税务机关对纳税人实施税收征收管理的起点。

根据税法的规定，我国现行税务登记包括设立（开业）税务登记、变更税务登记、注销税务登记、跨区域涉税事项报验管理，以及停业、复业登记等。

（一）设立（开业）税务登记

设立（开业）税务登记，是指纳税人依法成立并经工商行政管理登记后，为确认其纳税人的身份、纳入国家税务管理体系而到税务机关进行的登记。

企业在外地设立的分支机构和从事生产、经营的场所，个体工商户和从事生产、经营的事业单位（以下统称从事生产、经营的纳税人），向生产、经营所在地税务机关办理税务登记。

除国家机关、个人和无固定生产、经营场所的流动性农村小商贩外，未从事生产经营但依法负有纳税义务的纳税人，也应当办理税务登记。

税法规定，负有扣缴税款义务的扣缴义务人（国家机关除外），应当办理扣缴税款登记。

1. 办理时限

（1）从事生产、经营的纳税人领取工商营业执照的，应当自领取工商营业执照之日起30日内申报办理税务登记。

（2）从事生产、经营的纳税人未办理工商营业执照但经有关部门批准设立的，应当自有关部门批准设立之日起30日内申报办理税务登记。

（3）从事生产、经营的纳税人未办理工商营业执照也未经有关部门批准设立的，应当自纳税义务发生之日起30日内申报办理税务登记。

（4）有独立的生产经营权、在财务上独立核算并定期向发包人或者出租人上交承包费或租金的承包承租人，应当自承包承租合同签订之日起30日内，向其承包承租业务发生地税务机关申报办理税务登记。

（5）境外企业在中国境内承包建筑、安装、装配、勘探工程和提供劳务的，应当自项目合同或协议签订之日起30日内，向项目所在地税务机关申报办理税务登记。

（6）非从事生产经营但依照规定负有纳税义务的其他纳税人，除国家机关、个人和无固定生产、经营场所的流动性农村小商贩外，均应当自纳税义务发生之日起30日内，向纳税义务发生地税务机关申报办理税务登记。

2. 办理地点

从事生产、经营的纳税人，向生产、经营所在地税务机关办理税务登记。非从事生产经营但依照规定负有纳税义务的其他纳税人，向纳税义务发生地税务机关办理税务登记。税务机关对纳税人税务登记地点发生争议的，由其共同的上级税务机关指定管辖。

3. 办理程序

1）申请税务登记

纳税人应当在规定的时限内，向主管税务机关申报办理税务登记，并根据不同情况向主管税务机关如实提供以下证件和资料：工商营业执照或其他核准执业证件；有关合同、章程、协议书；组织机构统一代码证书；法定代表人或负责人或业主的居民身份证、护照或者其他合法证件。其他需要提供的有关证件、资料，由省、自治区、直辖市税务机关确定。

2）填写税务登记表

纳税人在申报办理税务登记时，应当如实填写税务登记表。税务登记表的主要内容包括：单位名称、法定代表人或者业主姓名及其居民身份证、护照或者其他合法证件的号码；住所、经营地点；登记类型；核算方式；生产经营方式；生产经营范围；注册资金（资本）、投资总额；生产经营期限；财务负责人、联系电话；国家税务总局确定的其他有关事项。

为提升政府行政服务效率，降低市场主体创设的制度性交易成本，激发市场活力和社会创新力，从2015年10月1日起，全国推行登记制度改革。随着国务院简政放权、放管结合、优化服务的“放管服”改革不断深化，登记制度改革从“三证合一”推进为“五证合一”，又进一步推进为“多证合一、一照一码”，即在全面实施企业、农民专业合作社工商营业执照、组织机构代码证、税务登记证、社会保险登记证、统计登记证“五证合一、一照一码”登记制度改革和个体工商户工商营业执照、税务登记证“两证整合”的基础上，将涉及企业、个体工商户和农民专业合作社（统称企业）登记、备案等有关事项和各类证照进一步整合到营业执照上，实现“多证合一、一照一码”，使“一照一码”营业执照成为企业唯一的“身份证”，统一社会信用代码成为企业唯一的身份代码，实现企业“一照一码”走天下。由此，纳税人以18位统一社会信用代码为其纳税人识别号，按照现行规定办理税务登记。

（二）变更税务登记

变更税务登记是指纳税人办理税务登记后，因税务登记内容发生变化，向税务机关申请将税务登记内容重新调整为与实际情况一致的一种税务登记管理制度。

纳税人已在市场监管部门办理变更登记的，应当自变更登记之日起30日内，向原税务登记机关申报办理变更税务登记。

纳税人按照规定不需要在市场监管部门办理变更登记，或者其变更登记的内容与工商登记内容无关的，应当自税务登记内容实际发生变化之日起30日内，或者自有关机关批准或者宣布变更之日起30日内，持变更登记证件到原税务登记机关申报办理变更税务登记。

（三）停业、复业税务登记

停业、复业登记，是指实行定期定额征收方式的个体工商户或比照定期定额户进行管理的个人独资企业，因自身经营的需要暂停经营或者恢复经营而向主管税务机关申请办理的税务登记手续。

1. 停业登记流程

纳税人需要停业的，应当在停业前向税务机关申报办理停业登记。纳税人的停业期限不得超过一年。

（1）办理停业登记的纳税人，在恢复生产经营之前向主管税务机关申报办理复业登记，如实填写停业复业报告书，领回并启用税务登记证件、发票领购簿及其停业前领购的发票。

办税服务厅接收资料，核对资料是否齐全、是否符合法定形式、填写内容是否完整，符合的即时办结；不符合的当场一次性提示应补正资料或不予受理原因。

（2）企业结清应纳税款、滞纳金、罚款，验旧发票并收存税务登记证件、发票领用簿及未使用完的发票。

（3）录入停业登记内容，发放税务事项通知书。

（4）一个工作日内将相关资料信息转下一环节按规定程序处理。

2. 复业登记流程

纳税人应当于恢复生产经营之前，向税务机关申报办理复业登记，如实填写停业复业报告书，领回并启用税务登记证件、发票领购簿及其停业前领购的发票。

（四）跨区域涉税事项报验管理

跨区域涉税事项，是指一个企业需要到外县（市、区）经营业务。

依照税法规定，纳税人跨区经营前不再开具相关证明，改为填报《跨区域涉税事项报告表》；将“外出经营活动税收管理”更名为“跨区域涉税事项报验管理”；取消跨区域涉税事项报验管理的固定有效期，税务机关不再按照180天设置报验管理的固定有效期，改按跨区域经营合同执行期限作为有效期限；实行跨区域涉税事项报验管理信息电子化。

（1）纳税人跨省（自治区、直辖市和计划单列市）临时从事生产经营活动的，向机构所在地的税务机关填报跨区域涉税事项报告表（见表1-1）。

表 1-1 跨区域涉税事项报告表

纳税人名称		纳税人识别号 （统一社会信用代码）			
经办人		座机		手机	
跨区域涉税事项联系人		座机		手机	
跨区域 经营地址	________省（自治区/市）________市（地区/盟/自治州）________县（自治县/旗/自治旗/市/区） ________乡（民族乡/镇/街道）________村（路/社区）________号				
经营方式	建筑安装□ 装饰修饰□ 修理修配□ 加工□ 批发□ 零售□ 批零兼营□ 零批兼营□ 其他□				
合同名称				合同编号	
合同金额		合同有效期限	年 月 日至 年 月 日		

<table>
<tr><td>合同相对方名称</td><td></td><td>合同相对方纳税人识别号
（统一社会信用代码）</td><td></td></tr>
<tr><td rowspan="2">延长有效期</td><td>跨区域涉税事项报验管理编号</td><td colspan="2">税跨报〔　〕号</td></tr>
<tr><td>最新有效期止</td><td colspan="2">至　　年　月　日</td></tr>
<tr><td colspan="4">纳税人声明：我承诺，上述填报内容是真实的、可靠的、完整的，并愿意承担相应法律责任。
经办人：　　　　纳税人（盖章）
年　　月　　日
税务机关事项告知：纳税人应当在跨区域涉税事项报验管理有效期内在经营地从事经营活动，若合同延期，可向经营地或机构所在地的税务机关办理报验管理有效期的延期手续。</td></tr>
<tr><td colspan="4">以下由税务机关填写</td></tr>
<tr><td colspan="4">跨区域涉税事项报验管理编号：　　　　税跨报〔　　〕　　号
经办人：　　　　负责人：
税务机关（盖章）
年　月　日
税务机关联系电话：</td></tr>
<tr><td colspan="2">跨区域涉税事项报验管理有效日期</td><td colspan="2">自　　年　月　日起至　　年　月　日</td></tr>
<tr><td colspan="2">延长后的跨区域涉税事项报验管理有效日期</td><td colspan="2">自　　年　月　日起至　　年　月　日</td></tr>
</table>

（2）纳税人跨区域经营合同延期的，可以向经营地或机构所在地的税务机关办理报验管理有效期限延期手续。

（3）跨区域报验管理事项的报告、报验、延期、反馈等信息，通过信息系统在机构所在地和经营地的税务机关之间传递，实时共享。

（4）纳税人首次在经营地办理涉税事宜时，向经营地的税务机关报验跨区域涉税事项。

（5）纳税人跨区域经营活动结束后，应当结清经营地税务机关的应纳税款以及其他涉税事项，向经营地的税务机关填报经营地涉税事项反馈表（见表 1-2）。

表 1-2　经营地涉税事项反馈表

<table>
<tr><td>纳税人名称</td><td colspan="6"></td></tr>
<tr><td>纳税人识别号
（统一社会信用代码）</td><td colspan="2"></td><td colspan="2">跨区域涉税事项
报验管理编号</td><td colspan="2">税跨报〔　　〕　　号</td></tr>
<tr><td>实际经营期间</td><td colspan="6">自　　年　　月　　日起至　　年　　月　　日</td></tr>
<tr><td>货物存放地点</td><td colspan="6"></td></tr>
<tr><td colspan="2">合同包含的
项目名称</td><td>预缴税款
征收率</td><td>已预缴
税款金额</td><td>实际合同
执行金额</td><td>开具发票金额
（含自开和代开）</td><td>应补预缴
税款金额</td></tr>
<tr><td colspan="2"></td><td></td><td></td><td></td><td></td><td></td></tr>
</table>

合同包含的 项目名称	预缴税款 征收率	已预缴 税款金额	实际合同 执行金额	开具发票金额 （含自开和代开）	应补预缴 税款金额
合计金额					

经办人： 纳税人（盖章）： 年　月　日	税务机关意见： 经办人： 税务机关（盖章）： 年　月　日

经营地的税务机关核对经营地涉税事项反馈表后，及时将相关信息反馈给机构所在地的税务机关。纳税人不需要另行向机构所在地的税务机关反馈。

（6）机构所在地的税务机关要设置专岗，负责接收经营地的税务机关反馈信息，及时以适当方式告知纳税人，并适时对纳税人已抵减税款、在经营地已预缴税款和应预缴税款进行分析、比对，发现疑点的，及时推送至风险管理部门或者稽查部门组织应对。

（五）注销税务登记

注销税务登记，是指纳税人由于出现法定情形终止纳税义务时，向原税务机关申请办理的取消税务登记的手续。办理注销税务登记后，该当事人不再接受原税务机关的管理。

1. 办理注销税务登记的情形

（1）纳税人发生解散、破产、撤销以及其他情形，依法终止纳税义务的。

（2）纳税人被市场监管部门吊销营业执照或者被其他机关予以撤销登记的。

（3）纳税人因住所、经营地点变动，涉及变更税务登记机关的。

（4）境外企业在中国境内承包建筑、安装、装配、勘探工程和提供劳务的，项目完工、离开中国境内的。

2. 申报办理注销税务登记的时限

（1）纳税人发生解散、破产、撤销以及其他情形，依法终止纳税义务的，应当在向市场监管部门或者其他机关办理注销登记前，持有关证件和资料向原税务登记机关申报办理注销税务登记；按规定不需要在市场监管部门或者其他机关办理注册登记的，应当自有关机关批准或者宣告终止之日起 15 日内，持有关证件和资料向原税务登记机关申报办理注销税务登记。

（2）纳税人被市场监管部门吊销营业执照或者被其他机关予以撤销登记的，应当自营业执照被吊销或者被撤销登记之日起 15 日内，向原税务登记机关申报办理注销税务登记。

（3）纳税人因住所、经营地点变动，涉及改变税务登记机关的，应当在向市场监管部门或者其他机关申请办理变更、注销登记前，或者在住所、经营地点变动前，持有关证件和资料，向原税务登记机关申报办理注销税务登记，并自注销税务登记之日起 30 日内向迁达地税务机关申报办理税务登记。

（4）境外企业在中国境内承包建筑、安装、装配、勘探工程和提供劳务的，应当在项目完工、离开中国前 15 日内，持有关证件和资料，向原税务登记机关申报办理注销税务登记。

3. 办理注销税务登记流程

1）申请

纳税人申报办理注销登记，应填制注销税务登记申请审批表，向税务机关提交相关证明文件和资料，结清应纳税款、多退（免）税款、滞纳金和罚款，缴销发票、税务登记证件和其他税务证件。

2）受理审核

办税服务厅受理纳税人注销登记申报，审查其提供证件、资料是否齐全，填报表格是否正确。对资料不全的退回补正；对符合规定且资料齐全的，还需转相关环节办理以下事宜：

（1）收回发票领购簿、缴销发票。

（2）办理注销前的税款清算事宜（见表 1-3）。

（3）办理清税手续。

对发现纳税人未按规定期限办理注销登记的，转入税务违法违章处理程序。

3）确认、归档

经税务机关相关岗位确认批准，办税服务厅制发注销税务登记通知书交纳税人。

表 1-3 清税申报表

<table>
<tr><td>纳税人名称</td><td colspan="2"></td><td>统一社会信用代码</td><td></td></tr>
<tr><td>注销原因</td><td colspan="4"></td></tr>
<tr><td rowspan="3">附送资料</td><td></td><td colspan="3"></td></tr>
<tr><td></td><td colspan="3"></td></tr>
<tr><td></td><td colspan="3"></td></tr>
<tr><td colspan="5">纳税人

经办人：　　　　　　　　　　　法定代表人（负责人）：　　　　　　　　　　纳税人（签章）
年　月　日　　　　　　　　　　年　月　日　　　　　　　　　　年　月　日</td></tr>
</table>

以下由税务机关填写		
受理时间	经办人： 年　月　日	负责人： 年　月　日
清缴税款、滞纳金、罚款情况	经办人： 年　月　日	负责人： 年　月　日
缴销发票情况	经办人： 年　月　日	负责人： 年　月　日
税务检查意见	检查人员： 年　月　日	负责人： 年　月　日
批准意见	部门负责人： 年　月　日	税务机关（签章） 年　月　日

说明：

（1）附送资料：填写附报的有关注销的文件和证明资料。

（2）清缴税款、滞纳金、罚款情况：填写纳税人应纳税款、滞纳金、罚款缴纳情况。

（3）缴销发票情况：纳税人发票领购簿及发票缴销情况。

（4）税务检查意见：检查人员对需要清查的纳税人，在纳税人缴清查补的税款、滞纳金、罚款后签署意见。

（5）本表一式三份，税务机关两份，纳税人一份。

任务二　进行日常发票管理

【引导案例】

企业在经营过程中需要开具发票，张娟应如何领购发票、开具发票、保管发票、使用发票、注销发票呢？

【知识准备】

发票是指在购销商品、提供或者接受服务以及从事其他经营活动中，开具、收取的收付款凭证。它是财务收支的法定凭证，是会计核算的原始依据，也是审计机关、税务机关执法检查的重要依据。

一、发票管理机关

发票的主管机关是税务机关，税务机关负责发票印制、领购、开具、取得、保管、缴销的管理和监督。国家税务总局统一负责全国发票管理工作。省、自治区、直辖市税务机关依据各自的职责，共同做好本行政区域内的发票管理工作。公安、财政、审计、市场监督管理等有关部门在各自职责范围内，配合税务机关做好发票管理工作。

国家税务总局确定全国范围内统一式样的发票。省、自治区、直辖市税务机关确定省、自治区、直辖市范围内统一式样的发票。

增值税专用发票由国家税务总局确定的企业印制；其他发票，按照国家税务总局的规定，由省、自治区、直辖市税务机关确定的企业印制。禁止私自印制、伪造、变造发票。

二、发票的种类、联次和用途

（一）发票种类

我国现行发票的类型主要是增值税专用发票和增值税普通发票，还有特定范围继续使用的其他发票。

（1）增值税专用发票，包括增值税专用发票（折叠票）、增值税电子专用发票和机动车销售统一发票。

（2）增值税普通发票，包括增值税普通发票（折叠票）、增值税电子普通发票和增值税普通发票（卷票）。

（3）其他发票，包括通用机打发票、农产品收购发票、农产品销售发票、门票、过路（过桥）费发票、通用定额发票、客运发票，道路、桥、闸通行费，航空运输电子客票行程单和二手车销售统一发票等。

（二）主要发票的联次和用途

主要发票的联次和用途见表 1-4。

表 1-4　主要发票的联次和用途

发票名称	联次种类	联次用途
增值税专用发票	包括三联和六联两种（如含存根联则为四联和七联）	三联：第一联为记账联；第二联为抵扣联；第三联为发票联 六联：第一联为记账联；第二联为抵扣联；第三联为发票联；第四、第五、第六联为副联
增值税普通发票	包括二联和五联两种	二联：第一联为记账联；第二联为发票联 五联：第一联为记账联；第二联为发票联；第三、第四、第五联为副联

三、发票的领购

（一）领购发票的程序

需要领购发票的单位和个人，应当持税务登记证件、经办人身份证明，按照国务院税务主管部门规定式样制作的发票专用章的印模，向主管税务机关办理发票领购手续。主管税务机关根据领购单位和个人的经营范围和规模，确认领购发票的种类、数量以及领购方式，在5个工作日内发给发票领购簿。单位和个人领购发票时，应当按照税务机关的规定报告发票使用情况，税务机关应当按照规定进行查验。新开办企业，第一次办理纳税事宜时，需填写新办纳税人涉税事项综合申请表，见表1-5。

表1-5　新办纳税人涉税事项综合申请表

<table>
<tr><td rowspan="3">基本信息</td><td>纳税人名称</td><td></td><td>统一社会信用代码</td><td></td></tr>
<tr><td>经办人</td><td></td><td>身份证件类型</td><td></td></tr>
<tr><td>证件号码</td><td></td><td>联系电话</td><td></td></tr>
<tr><td rowspan="5">增值税一般纳税人资格登记</td><td colspan="4">是否登记为增值税一般纳税人：是□；否□（无须填写以下一般纳税人资格登记信息）</td></tr>
<tr><td>纳税人类别：</td><td colspan="3">企业□　个体工商户□　农民合作社□　其他□
（请选择一个项目并在□内打“√”）</td></tr>
<tr><td>主营业务类别：</td><td colspan="3">工业□　商业□　服务业□　其他□
（请选择一个项目并在□内打“√”）</td></tr>
<tr><td>会计核算健全：</td><td colspan="3">是□　否□　（请选择一个项目并在□内打“√”）</td></tr>
<tr><td colspan="2">一般纳税人资格生效之日：</td><td colspan="2">当月1日□　次月1日□
（请选择一个项目并在□内打“√”）</td></tr>
<tr><td rowspan="9">首次办税申领发票</td><td>发票种类名称</td><td>单份发票最高开票限额</td><td>每月最高领票数量</td><td>领票方式</td></tr>
<tr><td></td><td></td><td></td><td></td></tr>
<tr><td></td><td></td><td></td><td></td></tr>
<tr><td></td><td></td><td></td><td></td></tr>
<tr><td>领票人</td><td>联系电话</td><td>身份证件类型</td><td>身份证件号码</td></tr>
<tr><td></td><td></td><td></td><td></td></tr>
<tr><td></td><td></td><td></td><td></td></tr>
<tr><td colspan="2">税务行政许可申请事项：</td><td colspan="2">增值税专用发票（增值税税控系统）最高开票限额审批</td></tr>
<tr><td colspan="2">增值税专用发票（增值税税控系统）
最高开票限额申请</td><td colspan="2">一千元□　一万元□　十万元□
（请选择一个项目并在□内打“√”）</td></tr>
<tr><td colspan="5">纳税人声明：能够提供准确税务资料，上述各项内容真实、可靠、完整。如有虚假，愿意承担相关法律责任。

经办人：　　代理人：　　纳税人（印章）：
年　月　日</td></tr>
</table>

说明：

（1）本表适用于新办企业，新办个体工商户、农民合作社可参照适用。

（2）表单一式一份，由税务机关留存。

（二）代开发票

需要临时使用发票的单位和个人，可以凭购销商品、提供或者接受服务以及从事其他经营活动的书面证明、经办人身份证明，直接向经营地税务机关申请代开发票。依照税收法律、行政法规规定应当缴纳税款的，税务机关应当先征收税款，再开具发票。税务机关根据发票管理的需要，可以按照国务院税务主管部门的规定委托其他单位代开发票。禁止非法代开发票。

（三）外地经营领购发票

临时到本省、自治区、直辖市以外从事经营活动的单位或者个人，应当凭所在地税务机关的证明，向经营地税务机关领购经营地的发票。临时在本省、自治区、直辖市以内跨市、县从事经营活动领购发票的办法，由省、自治区、直辖市税务机关规定。

税务机关对外省、自治区、直辖市来本辖区从事临时经营活动的单位和个人领购发票的，可以要求其提供保证人或者根据所领购发票的票面限额以及数量交纳不超过1万元的保证金，并限期缴销发票。按期缴销发票的，解除保证人的担保义务或者退还保证金；未按期缴销发票的，由保证人或者以保证金承担法律责任。税务机关收取保证金应当开具资金往来结算票据。

四、发票的开具、使用和保管

（一）发票的开具

1. 开票主体

销售商品、提供服务以及从事其他经营活动的单位和个人，对外发生经营业务收取款项，收款方应当向付款方开具发票；特殊情况下，由付款方向收款方开具发票。特殊情况是指：收购单位和扣缴义务人支付个人款项时；国家税务总局认为其他需要由付款方向收款方开具发票的。

所有单位和从事生产、经营活动的个人在购买商品、接受服务以及从事其他经营活动支付款项，应当向收款方取得发票。

在人民法院裁定受理破产申请之日至企业注销之日期间，企业因继续履行合同、生产经营或处置财产需要开具发票的，管理人可以以企业名义按规定申领开具发票或者代开发票。

2. 开票要求

1）普通发票

（1）填开发票的单位和个人必须在发生经营业务、确认营业收入时开具发票，未发生业务一律不准开具发票。

（2）整本发票使用前，销货方需认真检查有无缺页、错号、发票联有无发票监制章、印制不清楚等现象，如发现问题需及时报送税务机关处理。

（3）整本发票开始使用后，应按规定的时限、号码顺序、栏目，逐栏全部联次一次性如实填写，并加盖发票专用章。填开的发票不得涂改、挖补、撕毁。

（4）安装税控装置的单位和个人，应当按照规定使用税控装置开具发票，并按期向主管税务机关报送开具发票的数据。使用非税控电子器具开具发票的，应当将非税控电子器具使用的软件程序说明资料报主管税务机关备案，并按照规定保存、报送开具发票的数据。

(5) 除国务院税务主管部门规定的特殊情形外，发票限于领购单位和个人在本省、自治区、直辖市内开具，任何单位和个人不得跨规定的使用区域携带、邮寄、运输空白发票。禁止携带、邮寄或者运输空白发票出入境。

(6) 开具发票后，如发生销货退回需开红字发票的，必须收回原发票并注明“作废”字样或取得对方有效证明；如发生销售折让的，必须在收回原发票并注明“作废”字样后重新开具销售发票或取得对方有效证明后开具红字发票。

2) 增值税专用发票

(1) 开具范围：一般纳税人销售货物、劳务、服务、无形资产、不动产，应向购买方开具增值税专用发票；商业企业一般纳税人零售的烟、酒、食品、服装、鞋帽（不包括劳保专用部分）、化妆品等消费品不得开具专用发票；增值税小规模纳税人需要开具增值税专用发票的，可自行开具或向主管税务机关申请代开；销售免税货物不得开具增值税专用发票，法律、行政法规及国家税务总局另有规定的除外。

(2) 开具要求：开具发票应当使用中文，民族自治地方可以同时使用当地通用的一种民族文字；外商投资企业和外国企业可以同时使用一种外国文字；按照增值税纳税义务发生时间开具增值税专用发票，不得提前或滞后；项目填写齐全，票面金额与实际收取的金额相符，票面的货物与实际销售货物相符；字迹清楚，打印时要正确放置发票位置，不得压线、错格；发票联和抵扣联加盖发票专用章；同一张发票上可以同时开具不同税率、不同品名的增值税应税行为，但免税项目不能开在同一张发票上，如果销售明细超过8行，可开具销货清单；不得开具票样与国家税务总局统一制定的票样不相符合的增值税专用发票；不得超面额开具增值税专用发票，纳税人在增值税专用发票“金额栏”逐行填写的销售额或合计行填写的销售额超过了该栏的最高金额单位，属于超面额开具增值税专用发票。购货方取得这种增值税专用发票，其抵扣联不得作为扣税凭证，同时按未按规定填开增值税专用发票处理。

开具的增值税专用发票有不符合上述要求的，不得作为扣税凭证，购买方有权拒收。

购买方在未付货款并且未作会计处理的情况下，应将原发票和税款抵扣联主动退还销售方。销售方收到后，应在该发票联和税款抵扣联及有关的存根联、记账联上注明“作废”字样，作为扣减当期销项税额的凭证。未收到购买方退还的增值税专用发票前，销售方不得扣减当期销项税额。属于销售折让的，销售方应按折让后的货款重开增值税专用发票。

一般纳税人取得增值税专用发票后，发生销货退回、开票有误等情形但不符合作废条件（购买方已付货款，或者货款未付但已作会计处理，而发票联和抵扣联无法退还）的，或者因销货部分退回及发生销售折让的，购买方应向主管税务机关填报开具红字增值税专用发票申请单（以下简称申请单），主管税务机关进行审核后，出具开具红字增值税专用发票通知单（以下简称通知单），销售方凭购买方提供的通知单方可开具红字增值税专用发票。销售方在未收到申请单以前不得开具红字增值税专用发票；销售方收到申请单后，根据退回货物的数量、价款或折让金额向购买方开具红字增值税专用发票。红字增值税专用发票的存根联、记账联，作为销售方扣减当期销项税额的凭证，其发票联、税款抵扣联作为购买方扣减进项税额的凭证。购买方应先向主管税务机关填报申请单。

3. 禁止行为

取得发票的主体在取得发票时，不得要求开票主体变更品名和金额。不符合规定的发票，不得作为财务报销凭证，任何单位和个人有权拒收。任何单位和个人不得有下列虚开发票行为：

（1）为他人、为自己开具与实际经营业务情况不符的发票。

（2）让他人、为自己开具与实际经营业务情况不符的发票。

（3）介绍他人开具与实际经营业务情况不符的发票。

（二）发票的使用和保管

任何单位和个人应当按照发票管理规定使用发票，不得有下列行为：

（1）代理开具、转借、转让、介绍他人转让发票、发票监制章和发票防伪专用品。

（2）知道或者应当知道是私自印制、伪造、变造、非法取得或者废止的发票而受让、开具、存放、携带、邮寄、运输。

（3）拆本使用发票。

（4）扩大发票使用范围。

（5）以其他凭证代替发票使用。

开具发票的单位和个人应当建立发票使用登记制度，设置发票登记簿，并定期向主管税务机关报告发票使用情况。开具发票的单位和个人应当在办理变更或者注销税务登记的同时，办理发票和发票领购簿的变更、缴销手续。开具发票的单位和个人应当按照税务机关的规定存放和保管发票，不得擅自损毁。已经开具的发票存根联和发票登记簿，应当保存5年。保存期满，报经税务机关查验后销毁。

五、发票的检查

税务机关在发票管理中有权进行下列检查：

（1）检查印制、领购、开具、取得、保管和缴销发票的情况。

（2）调出发票查验。

（3）查阅、复制与发票有关的凭证、资料。

（4）向当事各方询问与发票有关的问题和情况。

（5）在查处发票案件时，对与案件有关的情况和资料，可以记录、录音、录像、照相和复制。

印制、使用发票的单位和个人，必须接受税务机关依法检查，如实反映情况，提供有关资料，不得拒绝、隐瞒。税务人员进行检查时，应当出示税务检查证。

税务机关需要将已开具的发票调出查验时，应当向被查验的单位和个人开具发票换票证。发票换票证与所调出查验的发票有同等的效力。被调出查验发票的单位和个人不得拒绝接受。税务机关需要将空白发票调出查验时，应当开具收据；经查无问题的，应当及时返还。

六、全电发票

自2021年12月1日起，国家税务总局率先在广东省（不含深圳市）、上海市、内蒙古自治区、四川省和厦门市五地开展数电发票（数字化电子发票）试点工作，此后逐步扩大试点范围，截至2023年10月，全国已有28个省区市可以开具数电发票，包括上海市、内蒙古自治区、广东省、四川省、厦门市、重庆市、天津市、大连市、青岛市、陕西省、河南省、吉林省、福建省、云南省、深圳市、宁波市、江苏省、甘肃省、海南省、江西省、辽宁省、广西壮族自治区、山西省、浙江省、湖北省、河北省、黑龙江省、新疆维吾尔自治区，试点纳税人通过电子发票服务平台开具的数字化电子发票，各省的受票方均可接收。

（一）全电发票的含义

全电发票全称是“全面数字化的电子发票”，属于电子发票的升级版，是与纸质发票具有同等法律效力的全新发票，不以纸质形式存在，不用介质支撑，无须申请领用、发票验旧及申请增版增量。纸质发票的票面信息全面数字化，将多个票种集成归并为电子发票单一票种，全电发票实行全国统一赋码、自动流转交付。

随着技术手段的高速发展和大数据运用的日趋成熟，中国税收征管正从“经验管税”和“以票控税”，向着“以数治税”分类精准监管发展。

同时，为推进税收监管数字化升级和智能化改造的平台，发票电子化是关键手段，故其发展也在近年加速推进中。预计，待“金税四期”全国全面推广上线之后，发票电子化将进一步推动全方位税收数据的智能归集和分析，使得税务机关征收管理的数字化程度进一步提升。全电发票和传统的纸质发票以及电子发票一样是生产经营中成本、费用、收入的原始凭证，但是又与纸质发票和电子发票有一定的区别。

（二）全电发票票面信息

全电发票（见图 1-1）的票面信息包括基本内容和特定内容。为了符合纳税人开具发票的习惯，全电发票的基本内容在现行增值税发票基础上进行了优化，主要包括：

动态二维码、发票号码、开票日期、购买方信息、销售方信息、项目名称、规格型号、单位、数量、单价、金额、税率/征收率、税额、合计、价税合计（大写、小写）、备注、开票人。

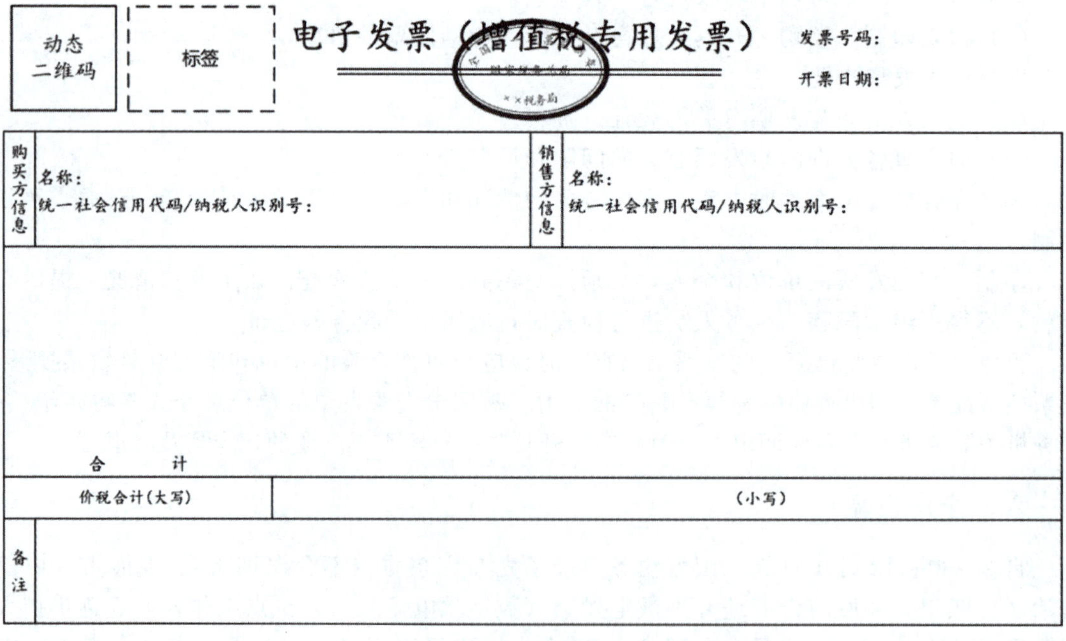

图 1-1　全电发票

为了满足从事特定行业、经营特殊商品服务及特定应用场景业务（以下简称“特定业务”）的纳税人开具发票的个性化需求，税务机关根据现行发票开具的有关规定和特定业务的开票场景，在全电发票中设计了相应的特定内容。特定业务包括但不限于稀土、卷烟、建筑服务、旅客运输服务、货物运输服务、不动产销售、不动产经营租赁、农产品收购、光伏收购、代收车船税、自产农产品销售、差额征税等。试点纳税人在开具全电发票时，可以按照实际业务开展情况，选择特定业务，将按规定应填写在发票备注等栏次的信息，填写在特定内容栏次，进一步规范发票票面内容，便于纳税人使用。特定业务的全电发票票面按照特定内容展示相应信息，同时票面左上角展示该业务类型的字样。

全电发票样式与现有发票样式区别在于：

（1）全电发票票样将原有发票代码＋发票号码变为20位发票号码；取消了校验码、收款人、复核人、销售方（章）；发票密码区不再展示发票密文。

（2）全电发票特定业务会影响发票展示内容，不同的特定业务展示的发票票面内容不同。

（3）全电发票将原备注栏中手工填列、无法采集的内容，设置为固定可采集、可使用的数据项，并展示于票面上。

（三）全电发票与纸质电子发票的区别

全电发票与纸质电子发票的区别见表1-6。

表1-6　全电发票与纸质电子发票的区别

区　别	全电发票	纸质电子发票
发票管理	无须使用税控专用设备； 无须办理发票票种核定； 无须领用全电发票； 开业即可开票，系统自动赋予开具额度，并根据纳税人行为动态调整	通过增值税发票管理系统开具； 开业后需先申领专用税控； 需要专用设备并进行票种核定； 纳税人需要依申请对发票增版增量
发票交付	发票数据文件自动发送至开票方和受票方的税务数字账户； 交付入账发票数据自动归集	通过发票版式文件进行交付（邮件、短信等）； 受票方人工下载进行归集、整理、入账等操作
发票生态	依托大数据管理体系，从“控票”向“控事”转变； 全电发票的开具、交付、查验等应用实现深度融合； 纳税人可享受“一站式”服务	通过专用税控设备实现“控票”； 发票平台功能较为单一，且发票开具、交付、查验等平台互相独立

电子发票和纸质发票之间的区别主要在于载体的不同：纸质发票有纸张作为载体，也是最传统的发票，电子发票则不需要物理介质，可直接以数字化电子形式使用，可以直接实现电子签章。纸质发票和电子发票的法律效力是相同的。

（四）全电发票的优点

1. 领票流程更简化

全电发票实现“去介质”，纳税人不再需要预先领取税控专用设备。

通过“赋码制”取消特定发票号段申领，发票信息生成后，系统自动分配唯一的发票号码。

通过“授信制”自动为纳税人赋予开具金额总额度，实现开票“零前置”。基于此，新办纳税人可实现“开业即可开票”。

2. 发票开具更便捷

(1) 发票开具渠道更多元。电子发票服务平台全部功能上线后，纳税人不仅可以通过电脑网页端开具全电发票，还可以通过客户端、移动端手机 App 随时随地开具全电发票。

(2)“一站式”服务更便捷。纳税人登录电子发票服务平台后，可进行发票开具、交付、查验以及勾选等系列操作，享受“一站式”服务，无须再登录多个平台完成相关操作。

(3) 发票数据应用更广泛。通过“一户式”“一人式”发票数据归集，加强各税费数据联动，为实现“一表集成”式税费申报预填服务，奠定数据基础。

(4) 破除特定格式要求，满足个性业务需求。全电发票增加了 XML 的数据电文格式便利交付，同时保留 PDF、OFD 等格式，降低发票使用成本，提升纳税人用票的便利度和获得感。全电发票样式根据不同业务进行差异化展示，为纳税人提供更优质的个性化服务。

(5) 纳税服务渠道更畅通。电子发票服务平台提供征纳互动相关功能，如增加智能咨询，纳税人在开票、受票等过程中，平台自动接收纳税人业务处理过程中存在的问题并进行智能答疑；增设异议提交功能，纳税人对开具金额总额度有异议时，可以通过平台向税务机关提出。

3. 入账归档一体化

通过制发电子发票数据规范、出台电子发票国家标准，实现全电发票全流程数字化流转，进一步推进企业和行政事业单位会计核算、财务管理信息化。

七、纳税信用管理

纳税信用管理是指税务机关对纳税人的纳税信用信息开展的采集、评价、确定、发布和应用等活动，并根据反映企业纳税信用状况的各项指标，对企业纳税信用进行综合评价，并将评价的结果进行监管、推广和应用的过程。

(一) 适用范围

纳税信用管理适用于已办理税务登记，从事生产、经营并适用查账征收的独立核算企业、个人独资企业和个人合伙企业。采用核定征收办法征收企业所得税的企业、新设立不满一个评价年度（公历年度）的企业、评价年度内无生产经营业务收入的企业、非独立核算分支机构，可自愿参与纳税信用评价。

(二) 评估

1. 评估方法

纳税信用评价采取年度评价指标得分和直接判级（有严重失信行为的纳税人）两种方式。评价指标包括税务内部信息和外部信息。税务内部信息包括经常性指标信息和非经常性指标信息。经常性指标信息包括发票与税控器具信息、登记与账簿信息、涉税申报信息、税（费）款缴纳信息。非经常性指标信息包括纳税评估、税务审计、反避税调查信息、税务稽查信息。外部信息包括外部参考信息和外部评价信息。外部参考信息是指外部部门对纳税人在评价年度的信用记录，仅记录不扣分。外部评价信息是指税务机关从银行、工商、海关等税务系统以外的部门获取的纳税人未如实向税务机关报告的如银行账户设置数量、股权转让变更登记或其他涉税变更登记、进口货物报关数量等重要的涉税信息。

纳税信用评价计分方法中的起评分规则，从100分起评的是近三个评价年度内存在非经常性指标信息，从90分起评的是近三个评价年度内没有非经常性指标信息。

2. 评价周期

纳税信用评价周期为一个纳税年度，有下列情形之一的纳税人，不参加本期的评价：

（1）被审计、财政部门依法查出税收违法行为，税务机关正在依法处理，尚未办结的。

（2）纳税人纳税信用管理时间不满一个评价年度的。

（3）已申请税务行政复议、提起行政诉讼尚未结案的。

（4）因涉嫌税收违法被立案查处尚未结案的。

（5）其他不应参加本期评价的情形。

3. 信用级别

税务机关按照守信激励、失信惩戒的原则，对不同信用级别的纳税人实施分类服务和管理。纳税信用级别由高到低分设为A，B，M，C，D五级：

（1）年度评价指标得分90分以上的纳税人为A级纳税信用。

有下列情形之一的，本评价年度纳税人不能评为A级：

①不能按照国家统一的会计制度规定设置账簿，并根据合法、有效凭证核算，向税务机关提供准确税务资料的。

②实际生产经营期不满3年的。

③上一评价年度纳税信用评价结果为D级的。

④非正常原因一个评价年度内增值税连续3个月或者累计6个月零申报、负申报的。

（2）年度评价指标得分70分以上不满90分的纳税人为B级纳税信用。

（3）新设立企业，评价年度内无生产经营业务收入且年度评价指标得分70分以上的企业且未发生后述第（5）项所列失信行为的企业为M级纳税信用。

（4）年度评价指标得分40分以上不满70分的纳税人为C级纳税信用。

（5）年度评价指标得分不满40分或者直接判级确定的纳税人为D级纳税信用。

有下列情形之一的，本评价年度纳税人直接判为D级：

①存在逃避缴纳税款、逃避追缴欠税、骗取出口退税、虚开增值税专用发票等行为，经判决构成涉税犯罪的。

②存在上述所列行为，未构成犯罪，但逃避缴纳税款金额10万元以上且占各税种应纳税总额10%以上，或者存在逃避追缴欠税、骗取出口退税、虚开增值税专用发票等税收违法行为，已缴纳税款、滞纳金、罚款的。

③在规定期限内未按税务机关处理结论缴纳或者足额缴纳税款、滞纳金和罚款的。

④以暴力、威胁方法拒不缴纳税款或者拒绝、阻挠税务机关依法实施税务稽查执法行为的。

⑤存在违反增值税发票管理规定或者违反其他发票管理规定的行为，导致其他单位或者个人未缴、少缴或者骗取税款的。

⑥提供虚假申报材料享受税收优惠政策的。

⑦骗取国家出口退税款，被停止出口退（免）税资格未到期的。

⑧有非正常户记录或者由非正常户直接责任人员注册登记或者负责经营的。

⑨由D级纳税人的直接责任人员注册登记或者负责经营的。

⑩存在税务机关依法认定的其他严重失信情形的。

(6)不影响纳税人纳税信用评价的情形有：

①非主观故意的计算公式运用错误以及明显的笔误造成未缴或者少缴税款的。

②由于税务机关原因或者不可抗力，造成纳税人未能及时履行纳税义务的。

③国家税务总局认定的其他不影响纳税信用评价的情形。

(三)评估结果的应用

(1)税务机关主动向社会公告年度A级纳税人名单，一般纳税人可单次领取三个月的增值税发票用量，需要调整增值税发票用量时即时办理，普通发票按需领用，连续三年被评为A级信用级别的纳税人，享受上述措施的同时还可以由税务机关提供绿色通道或专门人员帮助办理涉税事项。

(2)税务机关对B级、M级的纳税人，实施正常管理，适时进行税收政策和管理规定的辅导，对B级纳税人视信用评价状态变化趋势选择性地提供纳税信用A级纳税人适用的激励措施。

(3)税务机关对C级纳税人，应依法从严管理，并视信用评价状态变化趋势选择性地采取纳税信用D级纳税人适用的管理措施。

(4)对于因评价指标得分评为D级的纳税人，次年由直接保留D级评价调整为评价时加扣11分。对于因直接判级评为D级的纳税人，维持D级评价保留两年、第三年纳税信用不得评价为A级。列入重点监控对象，提高监督检查频次，发现有税收违法违规行为的，不得适用规定处罚幅度内的最低标准。增值税专用发票领用按辅导期一般纳税人政策办理，普通发票的领用实行交(验)旧供新、严格限量供应。加强出口退税审核。公开D级纳税人及其直接责任人员名单，对直接责任人员注册登记或者负责经营的其他纳税人纳税信用直接判为D级。将纳税信用评价结果通报相关部门，建议在经营、投融资、取得政府供应土地、进出口、出入境、注册新公司、工程招投标、政府采购、获得荣誉、安全许可、生产许可、从业任职资格、资质审核等方面予以限制或禁止。

(四)申请纳税信用修复的条件

纳入纳税信用管理的企业纳税人，符合下列条件之一的，可在规定期限内向主管税务机关申请纳税信用修复：

(1)纳税人发生未按法定期限办理纳税申报、税款缴纳、资料备案等事项且已补办的。

(2)未按税务机关处理结论缴纳或者足额缴纳税款、滞纳金和罚款，未构成犯罪，纳税信用级别被直接判为D级的纳税人，在税务机关处理结论明确的期限期满后60日内足额缴纳、补缴的。

(3)纳税人履行相应法律义务并由税务机关依法解除非正常户状态的。

(五)申请纳税信用补评的情形

(1)纳税人因涉嫌税收违法被立案查处尚未结案。

(2)被审计、财政部门依法查出税收违法行为，税务机关正在依法处理，尚未办结。

(3)已申请税务行政复议、提起行政诉讼尚未结案等原因未予纳税信用评价。

纳税人可待上述情形解除后，向主管税务机关申请补充评价。

思考与练习

一、单项选择题

1. 某公司从事生产、经营的纳税人领取工商营业执照（含临时工商营业执照）的，其向税务机关申请办理税务登记的时间是(　　)。

A. 自领取工商营业执照之日起 15 日内　B. 自领取工商营业执照之日起 30 日内
C. 自领取工商营业执照之日起 45 日内　D. 自领取工商营业执照之日起 2 个月内

2. 下列组织和人员中，不用办理税务登记的是(　　)。

A. 某股份公司　B. 某企业在外地设立的分支机构
C. 某文化出版社　D. 在集贸市场流动卖菜的农村菜农

3. 下列各项中，需要办理税务登记的是(　　)。

A. 从事生产经营的事业单位　B. 取得工资、薪金的个人
C. 企业在外地设立的分支机构　D. 个体工商户

4.《中华人民共和国发票管理办法》所称发票，是指在购销商品、提供或者接受服务以及从事其他经营活动中，开具、收取的(　　)。

A. 报销凭证　B. 收付款凭证
C. 收款凭证　D. 税务凭证

5. 开具发票应当按照规定的时限、顺序、栏目，全部联次一次性如实开具，并加盖(　　)。

A. 财务专用章　B. 发票专用章
C. 财务专用章或发票专用章　D. 公章

6. (　　)由国务院税务主管部门确定的企业印刷。

A. 增值税专用发票　B. 普通发票
C. 专用发票　D. 商业批发统一发票

7. 关于数电发票，下列(　　)是正确的。

A. 需要办理发票票种核定　B. 需要申领税控专用设备
C. 不需领用全电发票　D. 必须与纸质发票同时出具

8. 税收的主体是(　　)。

A. 市场监督管理局　B. 国家
C. 个人　D. 单位

9. 税法规定的纳税人是指(　　)。

A. 代收代缴税款的单位和个人　B. 受托代征的单位和个人
C. 直接负有纳税义务的单位和个人　D. 最终负担税收的单位和个人

10. 国家征税凭借的是(　　)。

A. 行政权力　B. 所有权　C. 政治权力　D. 财产权力

二、多项选择题

1. 下列各项中，应当办理税务登记的有(　　)。

A. 某远程教育公司在外地设立的分支机构

B. 国有制造企业

C. 某市工商局

D. 报社、杂志社、出版社

2. 下列属于税法构成要素的有(　　)。

A. 纳税环节　　B. 减免税　　C. 法律责任　　D. 纳税义务人

3. 下列各项中，属于税法的构成要素的有(　　)。

A. 计税依据　　B. 征税对象　　C. 税目　　D. 税率

4. 在中华人民共和国境内(　　)、保管、缴销发票的单位和个人，必须遵守《中华人民共和国发票管理办法》。

A. 领购　　B. 印制　　C. 开具　　D. 取得

5. 税收与其他财政收入相比，具有(　　)特征。

A. 固定性　　B. 强制性　　C. 收益性　　D. 无偿性

三、判断题

1. 税收是国家为了满足社会公共需要，凭借政治权力，按照法律规定的标准和程序，参与社会剩余产品分配，强制地、无偿地取得财政收入的一种形式。(　　)

2. 从事生产、经营的纳税人领取工商营业执照的，应当自领取工商营业执照之日起15日内申报办理税务登记。(　　)

3. 从价计征和从量计征可以在某个税种中同时采用。(　　)

4. 应税项目计税依据数额超过起征点的，应就其超过部分按适用税率计算缴纳税款。(　　)

5. 税率是税额与计税依据之间的法定比例。税率是税收法律制度的核心要素，是计算应纳税额的尺度。(　　)

项目二　增值税纳税业务

【学习目标】

- 掌握增值税征税范围、计算方法。
- 了解增值税纳税人、税率、征收率、税收优惠政策。
- 了解增值税出口退（免）的相关内容。

【能力目标】

- 辨析征收增值税的经济业务，正确计算增值税一般纳税人、小规模纳税人应纳税额。
- 会填写增值税一般纳税人、小规模纳税人纳税申报表及附加税费申报表，进行纳税申报。
- 能计算增值税出口退（免）税额。

【素养目标】

- 培养学生爱岗敬业、诚实守信的职业道德。
- 拒绝诱惑、守住底线，依法开具发票，不虚开发票。

【思维导图】

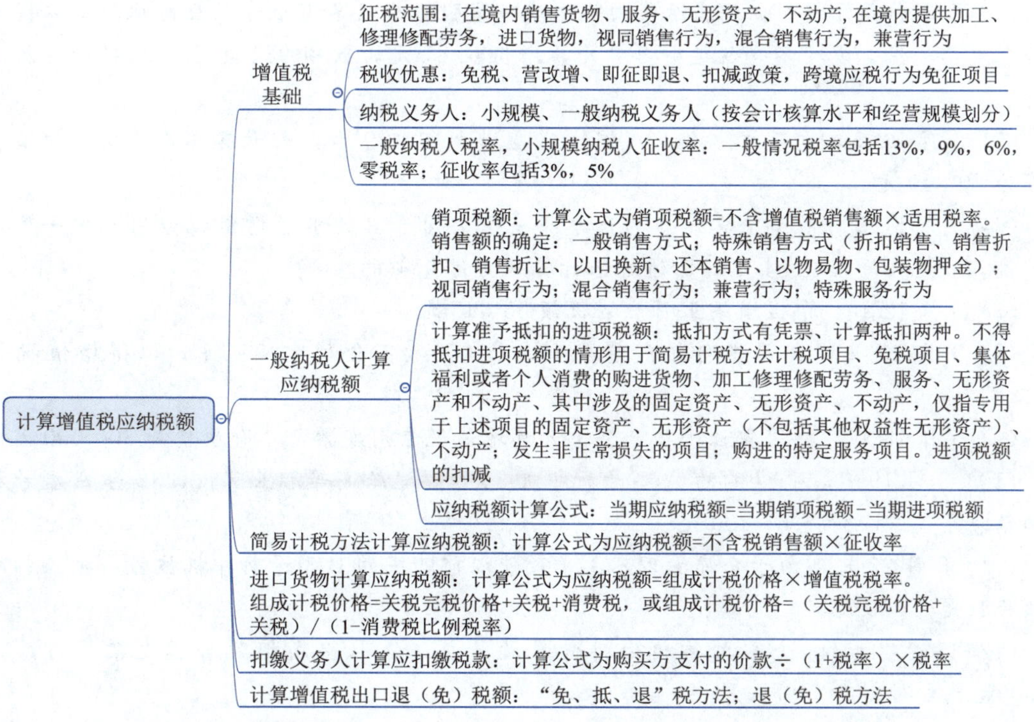

- 增值税的缴纳
  - 纳税义务发生时间：一般情况、具体情况
  - 纳税期限：以月或季度为1个纳税期，下月15日前完成申报缴纳
  - 纳税地点：一般在机构所在地，不同情况规定不同
  - 纳税申报：一般纳税人填写1张主表、5张附表、增值税减免税申报明细表；小规模纳税人填写1张主表，2张附表、增值税减免税申报明细表

任务一　计算增值税应纳税额

【引导案例】

哈尔滨市富强办公设备有限责任公司成立于2015年5月10日，是增值税一般纳税人。公司主要从事打印机的销售，公司地址：哈尔滨市利好路367号。纳税人识别号912301048888567833，开户银行：工商银行哈尔滨市利好路支行，账号16521100223300117777。法定代表人赵航，财务负责人王亮，税务会计杨树。2023年5月增值税期初余额为未交增值税55 645元。

公司2023年5月份经营业务有：

（1）5月1日，销售A型号打印机125台，开具增值税专用发票，不含税价是200 000元，款项暂未收取。

（2）5月4日，公司从小规模纳税人处购进打印纸，取得增值税普通发票一份，款项1 515元已通过银行存款转账支付。

（3）5月5日，公司外购A型号打印机100台，价款共计113 000元，已入库。取得增值税专用发票一份，货款已通过银行存款转账支付。

（4）5月8日，销售B型号打印机64台，款项已通过银行转账收取，开具增值税专用发票，不含税价是100 000元。运费由哈尔滨市富强办公设备有限责任公司承担，取得增值税专用发票一份，发生不含税运费900元，增值税81元，款项981元已通过银行存款转账支付。

（5）5月10日，向苑发（个人）销售A型号打印机9台，未开具发票，收取款项含税金额为20 340元。

（6）5月11日，收到哈尔滨市为民水务有限公司开具的水费增值税专用发票一份，不含税价600元，增值税54元，已通过银行转账支付654元。

（7）5月12日，申报缴纳上月应纳税额55 645元。

（8）5月15日，公司支付银行贷款利息5 000（不含税金额）元，取得增值税普通发票。

（9）5月18日，公司转让一项专利，开具增值税专用发票，不含税价是300 000元。

（10）5月19日，将外购的A型号打印机32台赠送给高等职业院校，32台A型号打印机的销售平均含税价是67 800元。

（11）5月22日，由于仓库管理不善，致使以前购买的B型号打印机被盗，被盗打印机进项税额是4 000元。

（12）5月25日，公司外购猪肉排骨发放给员工，取得增值税普通发票一份，款项30 000元已支付。

公司取得的增值税专用发票都已勾选认证。

【问题】哈尔滨市富强办公设备有限责任公司 2023 年 5 月应交多少增值税?

【知识准备】

一、增值税含义、特征

(一) 增值税的含义

增值税是以我国境内销售货物、提供加工、修理修配劳务、销售服务、销售无形资产、销售不动产的增值额和货物金额为计税依据而征收的一种流转税。

从计税原理来看，增值税是对商品生产、流通、劳务、服务中每个环节的新增价值或商品附加值进行征收，也就是说有增值才征税没增值不征税。但是在实践中，新增价值或商品附加值很难计算出来，所以一般都不采用这种直接方法计算增值税额，而是先计算出应税销售行为整体税负，再从整体税负扣除上一环节已纳税额，该法简便易行，计算准确，大多数国家广泛采用，我国也采用这种间接法计算增值税税额。也就是说，销售货物，提供加工、修理修配劳务，销售服务，销售无形资产，销售不动产的纳税人，先根据货物、劳务、服务、无形资产、不动产的销售额和适用税率计算销项税额，再从中扣除上一环节已纳增值税税额（进项税额），计算出的余额为纳税人本环节应纳增值税税额。这种计算方法一样体现的是按新增价值计税的原理。

(二) 增值税的特征

(1) 实行价外税。

(2) 计税方法有两种，即一般计税方法和简易计税方法。

(3) 环环征税，税基广泛。

(4) 税收由最终消费者承担。

(5) 征税范围覆盖各行各业。

(6) 平衡税负，促进公平竞争。

(三) 增值税的类型

1. 生产型增值税

生产型增值税是指在征收增值税时，只能扣除当期外购非固定资产项目的那部分生产资料的税款，不允许扣除当期外购固定资产价值中所含有的税款。该类型增值税的征税对象大体上相当于国民生产总值，因此称为生产型增值税。1994 年税制改革时我国实施的是生产型增值税。

2. 收入型增值税

收入型增值税是指在征收增值税时，只允许扣除当期外购固定资产折旧部分所含的税款，未提折旧部分当期不得扣除。该类型增值税的征税对象大体上相当于国民收入，因此称为收入型增值税。

3. 消费型增值税

消费型增值税是指在征收增值税时，允许将当期外购用于生产经营的固定资产价值中所含的税款全部一次性扣除。至此，就整个社会而言，生产资料都排除在征税范围之外。该类型增值税的征税对象相当于社会消费资料的价值，因此称为消费型增值税。我国自 2009 年 1 月 1 日起从生产型增值税全部转为消费型增值税。

二、增值税的征税范围

（一）一般规定

增值税的征税范围包括在我国境内销售货物，提供加工、修理修配劳务，销售服务，销售无形资产，销售不动产以及进口货物。

1. 在境内销售货物

销售货物是指有偿转让货物的所有权。从购买方取得货币、货物或者其他经济利益属于有偿行为。货物是指有形动产，包括电力、热力、气体在内。销售货物的起运地或者所在地在我国境内属于在境内销售货物。

2. 在境内提供加工、修理修配劳务

加工是指受托加工货物，即委托方提供原料及主要材料，受托方按照委托方的要求，制造货物并收取加工费的业务。修理修配是指受托对损伤和丧失功能的货物进行修复，使其恢复原状和功能的业务。提供加工、修理修配劳务是有偿行为。单位或者个体工商户聘用的员工为本单位或者雇主提供加工、修理修配劳务，不包括在内。在境内提供加工、修理修配劳务，是指提供的应税劳务发生地在境内。

3. 进口货物

进口货物是指将货物从我国境外移送到我国境内的行为。税法规定，凡申报进入我国海关境内的货物，应在进口报关时向海关缴纳进口环节增值税。

4. 在境内销售服务、无形资产、不动产

销售服务、无形资产、不动产具体征税范围是指：

1）销售服务

销售服务包括交通运输服务、邮政服务、电信服务、建筑服务、金融服务、现代服务、生活服务。

（1）交通运输服务是指使用运输工具将货物或者旅客送达目的地，使其空间位置得到转移的业务活动，包括陆路运输服务、水路运输服务、航空运输服务和管道运输服务。

①陆路运输服务是指通过陆路（地上或者地下）运送货物或者旅客的运输业务活动，包括铁路运输、公路运输、缆车运输、索道运输、地铁运输、城市轻轨运输等。

出租车公司向使用本公司自有出租车的出租车司机收取的管理费用，按陆路运输服务征收增值税。

②水路运输服务是指通过江、河、湖、川等天然、人工水道或者海洋航道运送货物或者旅客的运输业务活动。

远洋运输的程租、期租业务，属于水路运输服务。程租业务，是指运输企业为租船人完成某一特定航次的运输任务并收取租赁费的业务。期租业务，是指运输企业将配备有操作人员的船舶承租给他人使用一定期限，承租期内听候承租方调遣，不论是否经营，均按天向承租方收取租赁费，发生的固定费用均由船东负担的业务。

③航空运输服务是指通过空中航线运送货物或者旅客的运输业务活动。

航空运输的湿租业务，属于航空运输服务。湿租业务，是指航空运输企业将配备有机组人员的飞机承租给他人使用一定期限，承租期内听候承租方调遣，不论是否经营，均按一定标准向承租方收取租赁费，发生的固定费用均由承租方承担的业务。

航天运输服务，按照航空运输服务缴纳增值税。

④管道运输服务是指通过管道设施输送气体、液体、固体物质的运输业务活动。

无运输工具承运业务，按照交通运输服务缴纳增值税。无运输工具承运业务是指经营者以承运人身份与托运人签订运输服务合同，收取运费并承担承运人责任，然后委托实际承运人完成运输服务的经营活动。

（2）邮政服务是指中国邮政集团公司及其所属邮政企业提供邮件寄递、邮政汇兑和机要通信等邮政基本服务的业务活动，包括邮政普遍服务、邮政特殊服务、其他邮政服务。

①邮政普遍服务是指函件、包裹等邮件寄递，以及邮票发行、报刊发行和邮政汇兑等业务活动。

②邮政特殊服务是指义务兵平常信函、机要通信、盲人读物和革命烈士遗物的寄递等业务活动。

③其他邮政服务是指邮册等邮品销售、邮政代理等业务活动。

（3）电信服务是指利用有线、无线的电磁系统或者光电系统等各种通信网络资源，提供语音通话服务，传送、发射、接收或者应用图像、短信等电子数据和信息的业务活动，包括基础电信服务和增值电信服务。

①基础电信服务是指利用固网、移动网、卫星、互联网，提供语音通话服务的业务活动，以及出租或者出售带宽、波长等网络元素的业务活动。

②增值电信服务是指利用固网、移动网、卫星、互联网、有线电视网络，提供短信和彩信服务、电子数据和信息的传输及应用服务、互联网接入服务等业务活动。卫星电视信号落地转接服务，按照增值电信服务征收增值税。

（4）建筑服务是指各类建筑物、构筑物及其附属设施的建造、修缮、装饰、线路、管道、设备、设施等的安装以及其他工程作业的业务活动，包括工程服务、安装服务、修缮服务、装饰服务和其他建筑服务。

①工程服务是指新建、改建各种建筑物、构筑物的工程作业，包括与建筑物相连的各种设备或者支柱、操作平台的安装或者装设工程作业，以及各种窑炉和金属结构工程作业。

②安装服务是指生产设备、动力设备、起重设备、运输设备、传动设备、医疗实验设备以及其他各种设备、设施的装配、安置工程作业，包括与被安装设备相连的工作台、梯子、栏杆的装设工程作业，以及被安装设备的绝缘、防腐、保温、油漆等工程作业。

固定电话、有线电视、宽带、水、电、燃气、暖气等经营者向用户收取的安装费、初装费、开户费、扩容费以及类似收费，按照安装服务缴纳增值税。

③修缮服务是指对建筑物、构筑物进行修补、加固、养护、改善，使之恢复原来的使用价值或者延长其使用期限的工程作业。

④装饰服务是指对建筑物、构筑物进行修饰装修，使之美观或者具有特定用途的工程作业。物业服务企业为业主提供的装修服务，按照“建筑服务”缴纳增值税。

⑤其他建筑服务，是指上列工程作业之外的各种工程作业服务，比如钻井（打井）、拆

除建筑物或者构筑物、平整土地、园林绿化、疏浚、建筑物平移、搭脚手架、爆破、矿山穿孔、表面附着物（包括岩层、土层、沙层等）剥离和清理等工程作业。

（5）金融服务是指经营金融保险的业务活动，包括贷款服务、直接收费金融服务、保险服务和金融商品转让。

①贷款服务是指将资金贷与他人使用而取得利息收入的业务活动。各种占用、拆借资金取得的收入，包括金融商品持有期间（含到期）利息（保本收益、报酬、资金占用费、补偿金等）收入、信用卡透支利息收入、买入返售金融商品利息收入、融资融券收取的利息收入，以及融资性售后回租、押汇、罚息、票据贴现、转贷等业务取得的利息及利息性质的收入，按照贷款服务缴纳增值税。“保本收益、报酬、资金占用费、补偿金”，是指合同中明确承诺到期本金可全部收回的投资收益。金融商品持有期间（含到期）取得的非保本的上述收益，不属于利息或利息性质的收入，不征收增值税。

以货币资金投资收取的固定利润或者保底利润，按照贷款服务缴纳增值税。

②直接收费金融服务是指为货币资金融通及其他金融业务提供相关服务并且收取费用的业务活动，包括提供货币兑换、账户管理、电子银行、信用卡、信用证、财务担保、资产管理、信托管理、基金管理、金融交易场所（平台）管理、资金结算、资金清算、金融支付等服务。

③保险服务是指投保人根据合同约定，向保险人支付保险费，保险人对于合同约定的可能发生的事故因其发生所造成的财产损失承担赔偿保险金责任，或者当被保险人死亡、伤残、疾病或者达到合同约定的年龄、期限等条件时承担给付保险金责任的商业保险行为，包括人身保险服务和财产保险服务。

人身保险服务是指以人的寿命和身体为保险标的的保险业务活动。

财产保险服务是指以财产及其有关利益为保险标的的保险业务活动。

④金融商品转让是指转让外汇、有价证券、非货物期货和其他金融商品所有权的业务活动。其他金融商品转让包括基金、信托、理财产品等各类资产管理产品和各种金融衍生品的转让。纳税人购入基金、信托、理财产品等各类资产管理产品持有至到期，不属于金融商品转让。

（6）现代服务是指围绕制造业、文化产业、现代物流产业等提供技术性、知识性服务的业务活动，包括研发和技术服务、信息技术服务、文化创意服务、物流辅助服务、租赁服务、鉴证咨询服务、广播影视服务、商务辅助服务、其他现代服务。

①研发和技术服务包括研发服务、合同能源管理服务、工程勘察勘探服务、专业技术服务。

②信息技术服务包括软件服务、电路设计及测试服务、信息系统服务、业务流程管理服务和信息系统增值服务。

③文化创意服务包括设计服务、知识产权服务、广告服务和会议展览服务。宾馆、旅馆、旅社、度假村和其他经营性住宿场所提供会议场地及配套服务的活动，按照“会议展览服务”缴纳增值税。

④物流辅助服务包括航空服务、港口码头服务、货运客运场站服务、打捞救助服务、装卸搬运服务、仓储服务和收派服务。

⑤租赁服务包括融资租赁服务和经营租赁服务。按照标的物的不同，融资租赁服务可分

为有形动产融资租赁服务和不动产融资租赁服务。融资性售后回租不按照本税目缴纳增值税。按标的物不同，经营租赁服务可分为有形动产经营租赁服务和不动产经营租赁服务；将建筑物、构筑物等不动产或者飞机、车辆等有形动产的广告位出租给其他单位或者个人用于发布广告，按经营租赁服务缴纳增值税；车辆停放服务、道路通行服务（包括过路费、过桥费、过闸费等）等按不动产经营租赁服务缴纳增值税。水路运输的光租业务、航空运输的干租业务，属于经营租赁。光租业务，是指运输企业将船舶在约定的时间内出租给他人使用，不配备操作人员，不承担运输过程中发生的各项费用，只收取固定租赁费的业务活动。干租业务，是指航空运输企业将飞机在约定的时间内出租给他人使用，不配备机组人员，不承担运输过程中发生的各项费用，只收取固定租赁费的业务活动。

⑥鉴证咨询服务包括认证服务、鉴证服务和咨询服务（翻译服务和市场调查服务按照咨询服务缴纳增值税）。

⑦广播影视服务包括广播影视节目（作品）的制作服务、发行服务和播映（含放映）服务。

⑧商务辅助服务，包括企业管理服务、经纪代理服务、人力资源服务、安全保护服务。

⑨其他现代服务是指除研发和技术服务、信息技术服务、文化创意服务、物流辅助服务、租赁服务、鉴证咨询服务、广播影视服务和商务辅助服务以外的现代服务。

（7）生活服务指为满足城乡居民日常生活需求提供的各类服务活动，包括文化体育服务、教育医疗服务、旅游娱乐服务、餐饮住宿服务、居民日常服务和其他生活服务。

①文化体育服务包括文化服务和体育服务。文化服务，包括文艺创作、文艺表演、文化比赛，图书馆的图书和资料借阅，档案馆的档案管理，文物及非物质遗产保护，组织举办科技活动、文化活动提供游览场所。体育服务，是指组织举办体育比赛、体育表演、体育活动，以及提供体育训练、体育指导、体育管理的业务活动。

②教育医疗服务包括教育服务和医疗服务。教育服务是指提供学历教育服务、非学历教育服务、教育辅助服务的业务活动。医疗服务是指提供医学检查、诊断、治疗、康复、预防、保健、接生等方面的服务，以及与这些服务有关的提供药品、医用材料器具、救护车、病房住宿和伙食的业务。

③旅游娱乐服务包括旅游服务和娱乐服务。旅游服务是指根据旅游者的要求，组织安排交通、游览、住宿、餐饮、购物、文娱、商务等服务的业务活动。娱乐服务是指为娱乐活动同时提供场所和服务的业务，包括：歌厅、舞厅、夜总会、酒吧、台球、高尔夫球、保龄球、游艺（包括射击、狩猎、跑马、游戏机、蹦极、卡丁车、热气球、动力伞、射箭、飞镖）。

④餐饮住宿服务，包括餐饮服务和住宿服务。餐饮服务，是指通过同时提供饮食和饮食场所的方式为消费者提供饮食消费服务的业务活动。住宿服务，是指提供住宿场所及配套服务等的活动，包括宾馆、旅馆、旅社、度假村和其他经营性住宿场所提供的住宿服务。

⑤居民日常服务是指主要为满足居民个人及其家庭日常生活需求提供的服务，包括市容市政管理、家政、婚庆、养老、殡葬、照料和护理、救助救济、美容美发、按摩、桑拿、氧吧、足疗、沐浴、洗染、摄影扩印等服务。

2）销售无形资产

销售无形资产是指转让无形资产所有权或者使用权的业务活动。无形资产，是指不具实物形态，但能带来经济利益的资产，包括技术、商标、著作权、商誉、自然资源使用权和其他权益性无形资产。

3）销售不动产

销售不动产是指转让不动产所有权的业务活动。不动产，是指不能移动或者移动后会引起性质、形状改变的财产，包括建筑物、构筑物等。

销售服务、无形资产或者不动产是指有偿销售服务、有偿销售无形资产、有偿销售不动产，但下列非营业活动除外：行政单位收取的符合相关条件的政府性基金和行政事业性收费；单位或个体工商户聘用的员工为本单位或者雇主提供取得工资的服务；单位或者个体工商户为聘用的员工提供服务。

在境内销售服务、无形资产或者不动产，是指服务（租赁不动产除外）或者无形资产（自然资源使用权除外）的销售方或者购买方在境内，所销售或者租赁的不动产在境内，所销售自然资源使用权的自然资源在境内，财政部和国家税务总局规定的其他情形。

下列情形不属于在境内销售服务或者无形资产：

（1）境外单位或者个人向境内单位或者个人销售完全在境外发生的服务。

（2）境外单位或者个人向境内单位或者个人销售完全在境外使用的无形资产。

（3）境外单位或者个人向境内单位或者个人出租完全在境外使用的有形动产。

（4）财政部和国家税务总局规定的其他情形：

①为出境的函件、包裹在境外提供的邮政服务、收派服务。

②向境内单位或者个人提供的工程施工地点在境外的建筑服务、工程监理服务。

③向境内单位或者个人提供的工程、矿产资源在境外的工程勘察勘探服务。

④向境内单位或者个人提供的会议展览地点在境外的会议展览服务。

（二）视同销售行为

单位或者个体工商户的下列行为，视同销售货物，缴纳增值税。

1. 视同销售货物行为

（1）将货物交付其他单位或者个人代销。

（2）销售代销货物。

（3）设有两个以上机构并实行统一核算的纳税人，将货物从一个机构移送其他机构用于销售，但相关机构设在同一县（市）的除外。

（4）将自产、委托加工的货物用于免税项目、简易计税项目。

（5）将自产、委托加工的货物用于集体福利或个人消费。

【引例分析 2-1】

哈尔滨市富强办公设备有限责任公司 5 月份发生的第（12）笔经济业务。

第（12）笔经济业务：5 月 25 日，公司外购猪肉排骨发放给员工，取得增值税普通发票一份，款项 30 000 元已支付。将购进的货物用于个人消费，不视同销售，也不能从销项税额中抵扣进项税额，所以此笔业务既不计算销项税额，也不计算进项税额。会计核算时计入有关成本费用（应付职工薪酬——非货币性福利）中。

（6）将自产、委托加工或购进的货物作为投资，提供给其他单位或个体工商户。

（7）将自产、委托加工或购进的货物分配给股东或者投资者。

（8）将自产、委托加工或购进的货物无偿赠送给其他单位或个人。

2. 视同销售服务、无形资产或者不动产行为

（1）单位或者个体工商户向其他单位或者个人无偿提供服务，但用于公益事业或者以社会公众为对象的除外。

【任务案例 2-1】

A 银行将房屋出租给 B 饭店，不收租金，A 银行员工在 B 饭店免费就餐。

【问题】 A 银行、B 饭店是否应缴纳增值税？

【答案】 因 A 银行、B 饭店的“无偿”行为分别属于视同销售不动产租赁服务、视同销售餐饮生活服务，所以 A 银行、B 饭店应分别缴纳增值税。

（2）单位或者个人向其他单位或者个人无偿转让无形资产或者不动产，但用于公益事业或者以社会公众为对象的除外。

（3）财政部和国家税务总局规定的其他情形。

（三）混合销售行为

混合销售行为是指纳税人的一项销售行为既涉及货物又涉及服务。

（1）从事货物的生产、批发或者零售的单位和个体工商户的混合销售，按销售货物缴纳增值税。从事货物的生产、批发或者零售的单位和个体工商户包括以从事货物的生产、批发或者零售为主并兼营销售服务的单位和个体工商户。

（2）其他单位和个体工商户的混合销售，按照销售服务缴纳增值税。

【任务案例 2-2】

甲公司是增值税一般纳税人，生产销售大型机器设备。2023 年 3 月 1 日，向乙公司销售机器设备一台。双方签订的合同约定：机器设备销售款 200 万元、运输费用 10 万元、建筑安装费用 20 万元、调试费用 6 万元，合同中的价款或费用均为不含税价；由甲公司（用自己的专用车辆）负责运输、安装、调试，达到正常使用状态后交付乙公司。该设备于 3 月 20 日由乙公司验收合格并完成销售。

【问题】 3 月份甲公司增值税销项税额是多少？

【答案】 3 月份甲公司增值税销项税额＝(200＋10＋20＋6)×13％＝30.68（万元）

（四）兼营行为

兼营行为是指一个纳税人在主营业务之外还从事多种增值税应税行为。纳税人的经营，包括销售货物，提供加工、修理修配劳务，销售服务，销售无形资产，销售不动产的行为，不同应税行为适用不同税率或征收率。纳税人兼营销售货物、劳务、服务、无形资产或者不动产，适用不同税率或者征收率的，应当分别核算适用不同税率或者征收率的销售额；未分别核算的，从高适用税率。

（1）兼有不同税率的销售货物、加工修理修配劳务、服务、无形资产或者不动产，从高适用税率。

【任务案例 2-3】

甲公司主要从事销售建材业务，兼营装饰服务，是增值税一般纳税人。2023 年 3 月，向乙公司销售建材，另外提供装饰服务，取得总收入 30 万元，财务上没有分别核算，全部记入建材销售。当月还向其他客户销售建材 50 万元，提供装饰服务取得收入 20 万元，并分别核算销售额。

【问题】甲公司 3 月份增值税销项税额是多少？

【答案】甲公司 3 月份增值税销项税额＝30×13％＋50×13％＋20×9％＝12.2（万元）

（2）兼有不同征收率的销售货物、加工修理修配劳务、服务、无形资产或者不动产，从高适用征收率。

（3）兼有不同税率和征收率的销售货物、加工修理修配劳务、服务、无形资产或者不动产，从高适用税率。

（4）特殊情形。特殊情形具体有以下几种：

①建筑企业销售活动板房、机器设备、钢结构件等自产货物的同时提供建筑、安装服务，不属于混合销售，应分别核算货物和建筑服务的销售额，分别适用不同的税率或者征收率。

②一般纳税人销售自产机器设备的同时提供安装服务，应分别核算机器设备和安装服务的销售额，安装服务可以按照甲供工程选择适用简易计税方法计税。

③一般纳税人销售外购机器设备的同时提供安装服务，如果已经按照兼营的有关规定，分别核算机器设备和安装服务的销售额，安装服务可以按照甲供工程选择适用简易计税方法计税。

三、增值税优惠政策

（一）销售货物免税政策

（1）农业生产者销售的自产农产品。

（2）避孕药品和用具。

（3）古旧图书。

（4）直接用于科学研究、科学试验和教学的进口仪器、设备。

（5）外国政府、国际组织无偿援助的进口物资和设备。

（6）由残疾人的组织直接进口供残疾人专用的物品。

（7）销售自己使用过的物品。

（二）营业税改征增值税优惠政策

（1）托儿所、幼儿园提供的保育和教育服务。托儿所、幼儿园是指经县级以上教育部门审批成立、取得办园许可证的实施 0～6 岁学前教育的机构，包括公办和民办的托儿所、幼儿园、学前班、幼儿班、保育院、幼儿院。

公办托儿所、幼儿园免征增值税的收入是指，在省级财政部门和价格主管部门审核报省级人民政府批准的收费标准以内收取的教育费、保育费。

民办托儿所、幼儿园免征增值税的收入是指，在报经当地有关部门备案并公示的收费标准范围内收取的教育费、保育费。

超过规定收费标准的收费，以开办实验班、特色班和兴趣班等为由另外收取的费用以及与幼儿入园挂钩的赞助费、支教费等超过规定范围的收入，不属于免征增值税的收入。

（2）养老机构提供的养老服务。养老机构是指为老年人提供集中居住和照料服务的各类养老机构；养老服务是指上述养老机构按照民政部《养老机构管理办法》(民政部令第49号)的规定，为收住的老年人提供的生活照料、康复护理、精神慰藉、文化娱乐等服务。

（3）残疾人福利机构提供的育养服务。

①生活护理服务：包括个人生活自理、饮食照料、卫生保健、康复护理等服务。

②心理支持服务：为残疾人提供心理咨询、心理抚慰、心理疏导等服务，帮助他们调整心态、缓解压力。

③日托服务：为残疾人提供照料、看护、陪伴等服务，帮助他们度过白天的时间。

④康复训练服务：为残疾人提供康复训练、康复治疗、康复评估等服务，帮助他们增强自理能力和生活技能。

⑤社交活动服务：为残疾人提供社交活动、文化娱乐、运动健身等服务，促进他们与社会的交流和融入。

⑥家庭辅助服务：为残疾人提供家庭辅助服务，如家务劳动、家庭护理等服务，帮助他们在家庭中更好地生活。需要注意的是，不同的残疾人福利机构提供的养育服务可能会有所不同，具体的服务内容需要根据机构的实际情况而定。同时，残疾人福利机构也应当根据残疾人的实际需求和能力提供个性化的养育服务，以满足他们的特殊需求。

（4）婚姻介绍服务：包括为会员提供的约会活动以及同城线下活动、为会员提供的约会情感指导以及相亲情感指导。

（5）殡葬服务：是指收费标准由各地价格主管部门会同有关部门核定，或者实行政府指导价管理的遗体接运（含抬尸、消毒）、遗体整容、遗体防腐、存放（含冷藏）、火化、骨灰寄存、吊唁设施设备租赁、墓穴租赁及管理等服务。

（6）残疾人员本人为社会提供的服务：是指残疾人以个人名义提供的服务，比如个人提供家电修理劳务收取的报酬，不包括残疾人任职受雇于某单位提供的服务。残疾人组织向社会提供的服务，需缴纳增值税。

（7）医疗机构提供的医疗服务。医疗机构是指依据国务院《医疗机构管理条例》（国务院令第149号）及卫生部《医疗机构管理条例实施细则》（卫生部令第35号）的规定，经登记取得医疗机构执业许可证的机构，以及军队、武警部队各级各类医疗机构。具体包括：各级各类医院、门诊部（所）、社区卫生服务中心（站）、急救中心（站）、城乡卫生院、护理院（所）、疗养院、临床检验中心，各级政府及有关部门举办的卫生防疫站（疾病控制中心）、各种专科疾病防治站（所），各级政府举办的妇幼保健所（站）、母婴保健机构、儿童保健机构，各级政府举办的血站（血液中心）等医疗机构。

本项所称的医疗服务，是指医疗机构按照不高于地（市）级以上价格主管部门会同同级卫生主管部门及其他相关部门制定的医疗服务指导价格（包括政府指导价和按照规定由供需双方协商确定的价格等）为就医者提供《全国医疗服务价格项目规范》所列的各项服务，以及医疗机构向社会提供卫生防疫、卫生检疫的服务。

(8) 从事学历教育的学校提供的教育服务。学历教育是指受教育者经过国家教育考试或者国家规定的其他入学方式，进入国家有关部门批准的学校或者其他教育机构学习，获得国家承认的学历证书的教育形式。教育服务取得的收入包括：学费、住宿费、课本费、作业本费、考试报名费、学校食堂提供餐饮服务取得的伙食费。

学校以各种名义收取的赞助费、择校费等，不属于免征增值税的范围。

(9) 学生勤工俭学提供的服务。勤工俭学常见的服务形式有：

①家教服务（一般为高中或者初中学生提供语文、数学等课程的辅导）。

②校园服务（学校宣传，各类校园活动，提供图书室、学生会等服务）。

③打工派遣（一般指自由职业，如英语翻译、平面设计、文字编辑等）。

④服务业（多指餐饮等服务方式，如服务员、厨师助理等，商场导购）。

⑤办公室基层工作（如开具发票、整理文件资料等基层工作）。

⑥门卫工作（检查客人以及将其安全送至目的地）。

(10) 农业机耕、排灌、病虫害防治、植物保护、农牧保险以及相关技术培训业务，家禽、牲畜、水生动物的配种和疾病防治。

(11) 纪念馆、博物馆、文化馆、文物保护单位管理机构、美术馆、展览馆、书画院、图书馆在自己的场所提供文化体育服务取得的第一道门票收入。

(12) 寺院、宫观、清真寺和教堂举办文化活动的门票收入。

(13) 行政单位之外的其他单位收取的符合《试点实施办法》规定条件的政府性基金和行政事业性收费。

(14) 个人转让著作权。著作权包括人身权和财产权，涵盖了发表、署名、修改、保护作品完整性、复制、发行、出租、展览、表演、放映、广播、网络传播、改编、翻译、汇编等权利。

(15) 个人销售自建自用住房。"个人"包括个体工商户和其他个人。按照实质重于形式的原则，个人销售的自建自用住房如无法提供房屋产权证明的，可根据纳税人提供的相关自建证明享受增值税优惠政策。

(16) 2023 年 12 月 31 日前，公共租赁住房经营管理单位出租公共租赁住房。对经营公租房所取得的租金收入，免征增值税。公租房经营管理单位应单独核算公租房租金收入，未单独核算的，不得享受免征增值税优惠政策。

(17) 台湾航运公司、航空公司从事海峡两岸海上直航、空中直航业务在大陆取得的运输收入。台湾航运公司，是指取得交通运输部颁发的"台湾海峡两岸间水路运输许可证"且该许可证上注明的公司登记地址在台湾的航运公司。台湾航空公司，是指取得中国民用航空局颁发的"经营许可"或者依据《海峡两岸空运协议》和《海峡两岸空运补充协议》规定，批准经营两岸旅客、货物和邮件不定期（包机）运输业务，且公司登记地址在台湾的航空公司。

(18) 纳税人提供的直接或者间接国际货物运输代理服务。货物运输代理服务是指接受货物收货人、发货人、船舶所有人、船舶承租人或者船舶经营人的委托，以委托人的名义，为委托人办理货物运输、装卸、仓储和船舶进出港口、引航、靠泊等相关手续的业务活动。

①纳税人提供直接或者间接国际货物运输代理服务，向委托方收取的全部国际货物运输

代理服务收入，以及向国际运输承运人支付的国际运输费用，必须通过金融机构进行结算。

②纳税人为大陆与香港、澳门、台湾地区之间的货物运输提供的货物运输代理服务参照国际货物运输代理服务有关规定执行。

③委托方索取发票的，纳税人应当就国际货物运输代理服务收入向委托方全额开具增值税普通发票。

(19) 符合条件的利息收入。主要有以下几种：

①2023 年 12 月 31 日前，对金融机构向农户发放小额贷款取得的利息收入，免征增值税。小额贷款是指单笔且该农户贷款余额总额在 10 万元（含本数）以下的贷款。

②国家助学贷款。

③国债、地方政府债。

④人民银行对金融机构的贷款。

⑤住房公积金管理中心用住房公积金在指定的委托银行发放的个人住房贷款。

⑥外汇管理部门在从事国家外汇储备经营过程中，委托金融机构发放的外汇贷款。

⑦统借统还业务中，企业集团或企业集团中的核心企业以及集团所属财务公司按不高于支付给金融机构的借款利率水平或者支付的债券票面利率水平，向企业集团或者集团内下属单位收取的利息。统借方向资金使用单位收取的利息，高于支付给金融机构借款利率水平或者支付的债券票面利率水平的，应全额缴纳增值税。

(20) 被撤销金融机构以货物、不动产、无形资产、有价证券、票据等财产清偿债务。

(21) 保险公司开办的一年期以上人身保险产品取得的保费收入。

(22) 符合条件的金融商品转让收入。

①合格境外投资者（QFII）委托境内公司在我国从事证券买卖业务。

②香港市场投资者（包括单位和个人）通过沪港通买卖上海证券交易所上市 A 股。

③对香港市场投资者（包括单位和个人）通过基金互认买卖内地基金份额。

④证券投资基金（封闭式证券投资基金，开放式证券投资基金）管理人运用基金买卖股票、债券。

⑤个人从事金融商品转让业务。

(23) 金融同业往来利息收入。同业往来利息收入包括：

①同业存款。同业存款是指金融机构之间开展的同业资金存入与存出业务，其中资金存入方仅为具有吸收存款资格的金融机构。

②同业借款。同业借款是指法律法规赋予此项业务范围的金融机构开展的同业资金借出和借入业务。此条款所称“法律法规赋予此项业务范围的金融机构”主要是指农村信用社之间以及在金融机构营业执照列示的业务范围中有反映为“向金融机构借款”业务的金融机构。

③同业代付。同业代付是指商业银行（受托方）接受金融机构（委托方）的委托向企业客户付款，委托方在约定还款日偿还代付款项本息的资金融通行为。

④买断式买入返售金融商品。买断式买入返售金融商品是指金融商品持有人（正回购方）将债券等金融商品卖给债券购买方（逆回购方）的同时，交易双方约定在未来某一日期，正回购方再以约定价格从逆回购方买回相等数量同种债券等金融商品的交易行为。

⑤持有金融债券。金融债券是指依法在中华人民共和国境内设立的金融机构法人在全国银行间和交易所债券市场发行的、按约定还本付息的有价证券。

⑥同业存单。同业存单是指银行业存款类金融机构法人在全国银行间市场上发行的记账式定期存款凭证。

（24）同时符合下列条件的担保机构从事中小企业信用担保或者再担保业务取得的收入（不含信用评级、咨询、培训等收入）3 年内免征增值税。

①已取得监管部门颁发的融资性担保机构经营许可证，依法登记注册为企（事）业法人，实收资本超过 2 000 万元。

②平均年担保费率不超过银行同期贷款基准利率的 50％。平均年担保费率＝本期担保费收入/（期初担保余额＋本期增加担保金额）×100％。

③连续合规经营 2 年以上，资金主要用于担保业务，具备健全的内部管理制度和为中小企业提供担保的能力，经营业绩突出，对受保项目具有完善的事前评估、事中监控、事后追偿与处置机制。

④为中小企业提供的累计担保贷款额占其两年累计担保业务总额的 80％以上，单笔 800 万元以下的累计担保贷款额占其累计担保业务总额的 50％以上。

⑤对单个受保企业提供的担保余额不超过担保机构实收资本总额的 10％，且平均单笔担保责任金额最多不超过 3 000 万元人民币。

⑥担保责任余额不低于其净资产的 3 倍，且代偿率不超过 2％。

（25）国家商品储备管理单位及其直属企业承担商品储蓄任务，从中央或者地方财政取得的利息补贴收入和价差补贴收入。

（26）纳税人提供技术转让、技术开发和与之相关的技术咨询、技术服务。

（27）符合条件的合同能源管理服务。

（28）自 2021 年 1 月 1 日起至 2023 年 12 月 31 日，对科普单位的门票收入，以及县级及以上党政部门和科协开展科普活动的门票收入免征增值税。

（29）政府举办的从事学历教育的高等、中等和初等学校（不含下属单位），举办进修班、培训班取得的全部归该学校所有的收入。

（30）政府举办的职业学校设立的主要为在校学生提供实习场所、并由学校出资自办、由学校负责经营管理、经营收入归学校所有的企业，从事《销售服务、无形资产或者不动产注释》中“现代服务”（不含融资租赁服务、广告服务和其他现代服务）、“生活服务”（不含文化体育服务、其他生活服务和桑拿、氧吧）业务活动取得的收入。

（31）家政服务企业由员工制家政服务员提供家政服务取得的收入。

（32）福利彩票、体育彩票的发行收入。彩票资金收入是政府为支持社会公益事业发展，通过发行彩票筹集的专项财政资金。《彩票管理条例》规定，彩票资金包括彩票奖金、彩票发行费和彩票公益金。体育彩票资金的具体构成比例，由财政部门确定，在游戏规则中明确。体育彩票发行机构、彩票销售机构在银行开设彩票资金账户，用于核算体育彩票资金。彩票机构归集销售实现后的彩票资金，存入彩票资金账户，并按规定的比例分配奖金、公益金和发行费。

（33）军队空余房产租赁收入。这一政策主要是为了提高军队资产的利用效率，改善军队房地产市场，同时也为广大军人和家属提供更好的住房条件。

(34) 为了配合国家住房制度改革，企业、行政事业单位按房改成本价、标准价出售住房取得的收入。

(35) 将土地使用权转让给农业生产者用于农业生产。

(36) 涉及家庭财产分割的个人无偿转让不动产、土地使用权。

(37) 土地所有者出让土地使用权和土地使用者将土地使用权归还给土地所有者。

(38) 县级以上地方人民政府或自然资源行政管理主管部门出让、转让或收回自然资源使用权（不含土地使用权）。

(39) 随军家属就业。为安置随军家属就业而新开办的企业，自领取税务登记证之日起，其提供的应税服务3年（36个月）内免征增值税。安置的随军家属必须占企业总人数的60%（含）以上，并有军（含）以上政治和后勤机关出具的证明。

(40) 军队转业干部就业。为安置自主择业的军队转业干部就业而新开办的企业，凡安置自主择业的军队转业干部占企业总人数60%（含）以上的，自领取税务登记证之日起，其提供的应税服务3年内免征增值税。享受此项优惠政策的企业安置的军队转业干部必须持有师以上部队颁发的转业证件。

（三）增值税即征即退政策

(1) 一般纳税人提供管道运输服务，对其增值税实际税负超3%的部分实行增值税即征即退政策。

(2) 经人民银行、银监会或者商务部批准从事融资租赁业务的试点纳税人中的一般纳税人，提供有形动产融资租赁服务和有形动产融资性售后回租服务，对其增值税实际税负超过3%的部分实行增值税即征即退政策。

（四）扣减增值税政策

1. 重点群体创业税费扣减政策

(1) 享受主体：建档立卡贫困人口、持就业创业证（注明“自主创业税收政策”或“毕业年度内自主创业税收政策”）或就业失业登记证的人员，具体包括：

①纳入全国扶贫开发信息系统的建档立卡贫困人口。

②在人力资源社会保障部门公共就业服务机构登记失业半年以上的人员。

③零就业家庭、享受城市居民最低生活保障家庭劳动年龄内的登记失业人员。

④毕业年度内高校毕业生。高校毕业生是指实施高等学历教育的普通高等学校、成人高等学校应届毕业的学生；毕业年度是指毕业所在自然年，即1月1日至12月31日。

(2) 优惠内容：自2019年1月1日至2025年12月31日，上述人员从事个体经营的，自办理个体工商户登记当月起，在3年（36个月）内按每户每年12 000元为限额依次扣减其当年实际应缴纳的增值税、城市维护建设税、教育费附加、地方教育附加和个人所得税。

2. 吸纳重点群体就业税费扣减政策

(1) 享受主体：招用建档立卡贫困人口，以及在人力资源社会保障部门公共就业服务机构登记失业半年以上且持就业创业证或就业失业登记证人员，并与其签订1年以上期限劳动合同并依法缴纳社会保险费的企业。

(2) 优惠内容：自2019年1月1日至2025年12月31日，企业招用建档立卡贫困人口，以及在人力资源社会保障部门公共就业服务机构登记失业半年以上且持就业创业证或就业失业登记证（注明“企业吸纳税收政策”）的人员，与其签订1年以上期限劳动合同并依法缴纳社会保险费的，自签订劳动合同并缴纳社会保险当月起，在3年（36个月）内按实际招用人数予以定额依次扣减增值税、城市维护建设税、教育费附加、地方教育附加和企业所得税优惠。定额标准为每人每年6 000元。

3. 自主就业退役士兵创业税费扣减政策

（1）享受主体：自主就业退役士兵

（2）优惠内容：自2019年1月1日至2023年12月31日，自主就业退役士兵从事个体经营的，自办理个体工商户登记当月起，在3年（36个月）内按每户每年12 000元为限额依次扣减其当年实际应缴纳的增值税、城市维护建设税、教育费附加、地方教育附加和个人所得税。

4. 吸纳退役士兵就业税费扣减政策

（1）享受主体：招用自主就业退役士兵并与其签订1年以上期限劳动合同并依法缴纳社会保险费的企业。

（2）优惠内容：2019年1月1日至2023年12月31日，招用自主就业退役士兵，与其签订1年以上期限劳动合同并依法缴纳社会保险费的，自签订劳动合同并缴纳社会保险当月起，在3年（36个月）内按实际招用人数予以定额依次扣减增值税、城市维护建设税、教育费附加、地方教育附加和企业所得税优惠。定额标准为每人每年6 000元。

（五）跨境应税行为免征增值税项目

纳税人发生跨境应税行为，一般情况下，可以适用免征增值税。

境内单位提供国际运输服务、航天运输服务，以及向境外单位提供的完全在境外消费的研发服务、合同能源管理服务、设计服务、广播影视节目（作品）的制作和发行服务、软件服务、电路设计及测试服务、信息系统服务、业务流程管理服务、离岸服务外包业务、转让技术以及财政部和国家税务总局规定的其他服务，适用增值税零税率政策。

完全在境外消费指的是：

（1）服务的实际接受方在境外，且与境内的货物和不动产无关。

（2）无形资产完全在境外使用，且与境内的货物和不动产无关。

（3）财政部和国家税务总局规定的其他情形。

四、不征收增值税项目

（1）根据国家指令无偿提供的铁路运输服务、航空运输服务，属于用于公益事业的服务。

（2）存款利息。

（3）被保险人获得的保险赔付。

（4）房地产主管部门或者其他指定机构、公积金管理中心、开发企业以及物业管理单位代收的住宅专项维修资金。

（5）在资产重组过程中，通过合并、分立、出售、置换等方式，将全部或者部分实物资产以及与其相关联的债权、负债和劳动力一并转让给其他单位和个人，其中涉及的不动产、土地使用权转让行为。

五、增值税纳税义务人

增值税纳税义务人是指在境内销售货物或加工、修理修配劳务，销售服务、无形资产、不动产以及进口货物的单位和个人。

单位是指企业、行政单位、事业单位、军事单位、社会团体及其他单位。

个人是指个体工商户和其他个人。

单位以承包、承租、挂靠方式经营的，承包人、承租人、挂靠人以发包人、出租人、被挂靠人名义对外经营，并以发包人（出租人、被挂靠人）名义对外经营并由发包人承担相关法律责任的，以该发包人（出租人、被挂靠人）为纳税人，否则以承包人（承租人、挂靠人）为纳税人。

报关进口货物的纳税人是进口货物收货人或报关进口单位。代理进口的，以海关完税凭证（专用缴款书）上的纳税人为增值税的纳税人。

税法将增值税纳税人按会计核算水平和经营规模划分为小规模纳税人和一般纳税人。

（一）小规模纳税人

1. 小规模纳税人的确认

小规模纳税人是指年应税销售额 500 万元及以下，并且会计核算不健全，不能按规定报送有关税务资料的增值税纳税人。年应税销售额，是指纳税人在连续不超过 12 个月或四个季度的经营期内累计应征增值税销售额，包括纳税申报销售额、稽查查补销售额、纳税评估调整销售额。会计核算不健全是指不能正确核算增值税的销项税额、进项税额和应纳税额。

年应税销售额未超过规定标准的纳税人，会计核算健全、能够提供准确税务资料的，可以向主管税务机关申请一般纳税人资格认定，成为一般纳税人。

除国家税务总局另有规定外，纳税人一经认定为一般纳税人以后，不得转为小规模纳税人。

年应税销售额超过规定标准的其他个人不属于一般纳税人，年应税销售额超过规定标准但不经常发生应税行为的单位和个体工商户可选择按小规模纳税人纳税。

2. 小规模纳税人开具增值税专用发票

小规模纳税人（其他个人除外）发生增值税应税行为，需要开具增值税专用发票的，可以自愿使用增值税发票管理系统自行开具，或者向税务机关申请代开。选择自行开具增值税专用发票的小规模纳税人，税务机关不再为其代开。

（二）一般纳税人

1. 一般纳税人的确认

一般纳税人是指年应税销售额超过 500 万元以上的纳税人。

下列纳税人不办理一般纳税人资格登记：

（1）个体工商户以外的其他个人。

（2）选择按照小规模纳税人纳税的非企业性单位。

（3）选择按照小规模纳税人纳税的不经常发生应税行为的企业。

（4）销售免税货物的企业。

2. 一般纳税人的资格登记

年应税销售额超过 500 万元的增值税纳税人（以下简称“纳税人”），除法律另有规定外，应当向其机构所在地主管税务机关办理一般纳税人登记。

年应税销售额是指纳税人在连续不超过 12 个月或四个季度的经营期内累计应征增值税销售额，包括纳税申报销售额、稽查查补销售额、纳税评估调整销售额。

销售服务、无形资产或者不动产（以下简称“应税行为”）有扣除项目的纳税人，其应税行为年应税销售额按未扣除之前的销售额计算。纳税人偶然发生的销售无形资产、转让不动产的销售额，不计入应税行为年应税销售额。

在销售额超过规定标准的申报期结束后 15 日内，向主管税务机关办理一般纳税人资格登记。对未按规定时限办理的，在期满后 5 日内将收到主管税务机关制作的《税务事项通知书》，告知其应当在 5 日内向主管税务机关办理一般纳税人资格登记手续，不办理相关手续的，增值税进项税不允许抵扣，也不能使用增值税专用发票，应按销项税全额缴纳增值税。

纳税人办理一般纳税人资格登记的程序如下：

（1）纳税人向主管税务机关填报增值税一般纳税人资格登记表（见表 2-1），如实填写固定生产经营场所等信息，并提供税务登记证件。

表 2-1　增值税一般纳税人资格登记表

<table>
<tr><td>纳税人名称</td><td colspan="3"></td><td>纳税人识别号</td><td></td></tr>
<tr><td>法定代表人
（负责人、业主）</td><td></td><td>证件名称
及号码</td><td>居民身份证</td><td>联系
电话</td><td></td></tr>
<tr><td>财务负责人</td><td></td><td>证件名称
及号码</td><td>居民身份证</td><td>联系
电话</td><td></td></tr>
<tr><td>办税人员</td><td></td><td>证件名称
及号码</td><td>居民身份证</td><td>联系
电话</td><td></td></tr>
<tr><td>税务登记日期</td><td colspan="5"></td></tr>
<tr><td>生产经营地址</td><td colspan="5"></td></tr>
<tr><td>注册地址</td><td colspan="5"></td></tr>
<tr><td>纳税人类别</td><td>企业□</td><td colspan="2">非企业性单位□</td><td>个体工商户□</td><td>其他□</td></tr>
<tr><td>主营业务类别</td><td>工业□</td><td colspan="2">商业□</td><td>服务业□</td><td>其他□</td></tr>
<tr><td>会计核算健全</td><td colspan="5">是□</td></tr>
<tr><td colspan="2">一般纳税人资格生效之日</td><td colspan="2">当月 1 日 □</td><td colspan="2">次月 1 日 □</td></tr>
<tr><td colspan="6">纳税人（代理人）承诺：
上述各项内容真实、可靠、完整。如有虚假，愿意承担相关法律责任。

经办人：　　法定代表人：　　代理人：　　（签章）
年　月　日</td></tr>
<tr><td colspan="6">以下由税务机关填写</td></tr>
<tr><td>主管
税务
机关
受理
情况</td><td colspan="5">受理人：　　主管税务机关（章）
年　月　日</td></tr>
</table>

填表说明：①本表由纳税人如实填写；②表中“证件名称及号码”相关栏次，根据纳税人的法定代表人、财务负责人、办税人员的居民身份证、护照等有效身份证件及号码填写；③表中“一般纳税人资格生效之日”由纳税人自行勾选；④主管税务机关（章）指各办税服务厅业务专用章；⑤本表一式二份，主管税务机关和纳税人各留存一份。

（2）纳税人填报内容与税务登记信息一致的，主管税务机关当场登记。

（3）纳税人填报内容与税务登记信息不一致，或者不符合填列要求的，税务机关应当场告知纳税人需要补正的内容。

纳税人自一般纳税人生效之日起，按照增值税一般计税方法计算应纳税额，并可以按照规定领用增值税专用发票，财政部、国家税务总局另有规定的除外。

（三）扣缴义务人

中华人民共和国境外的单位或者个人在境内发生应税行为，在境内未设有经营机构的，以其境内代理人为扣缴义务人；在境内没有代理人的，以购买方为增值税扣缴义务人。财政部和国家税务总局另有规定的除外。

六、增值税税率、征收率

我国增值税税率包括13%、9%、6%、零税率，征收率包括3%、5%。

（一）增值税税率

1. 基本税率

一般纳税人销售货物或进口货物、提供加工修理修配劳务、提供有形动产租赁服务，除适用低税率、零税率外，税率为13%。

2. 低税率

一般纳税人销售或进口下列货物，适用9%税率：

（1）粮食、食用植物油、食用盐。

（2）自来水、暖气、冷气、热水、煤气、石油液化气、天然气、二甲醚、沼气、居民用煤炭制品。

（3）图书、报纸、杂志、音像制品、电子出版物。

（4）饲料、化肥、农药、农机、农膜。

（5）国务院规定的其他货物。

提供交通运输服务、邮政服务、基础电信服务、建筑服务、不动产租赁服务、销售不动产、转让土地使用权，适用税率9%。

提供租赁服务以外的现代服务、增值电信服务、金融服务、生活服务、转让土地使用权以外的无形资产，适用税率是6%。

3. 零税率

（1）出口货物（国务院另有规定的除外）。

（2）国际运输服务。是指在境内载运旅客或货物出境、在境外载运旅客或货物入境、在境外载运旅客或货物。

（3）航天运输服务。

（4）境外消费的服务，包括研发服务、合同能源管理服务、设计服务、广播影视节目的制作和发行服务、软件服务、电路设计及测试服务、信息系统服务、业务流程管理服务、离岸服务外包业务、转让技术。

（5）财政部国家税务总局规定的其他服务。

（二）增值税征收率

1. 小规模纳税人

（1）除另有规定以外，小规模纳税人销售货物、提供加工修理修配劳务、提供服务、销售无形资产征收率为3%。

（2）小规模纳税人（除其他个人外，下同）销售自己使用过的固定资产，减按2%征收率征收增值税。

（3）按照5%的征收率征收增值税的情形如下：

①小规模纳税人转让其取得的不动产。

②小规模纳税人出租其取得的不动产（不含个人出租住房）。

③房地产开发企业（小规模纳税人）销售自行开发的房地产项目。

（4）从2021年10月1日起，住房租赁企业中的增值税小规模纳税人向个人出租住房，按照5%的征收率减按1.5%计算缴纳增值税。

2. 一般纳税人

（1）除另有规定以外，一般纳税人选择简易办法计税的，征收率为3%。一般纳税人一经选择简易计税方法计税的，36个月内不得变更为一般计税方法计税。

（2）一般纳税人销售自产的下列货物，可选择按照简易办法依照3%征收率计算缴纳增值税：

①县级及县级以下小型水力发电单位生产的电力。小型水力发电单位，是指各类投资主体建设的装机容量为5万千瓦以下（含5万千瓦）的小型水力发电单位。

②建筑用和生产建筑材料所用的砂、土、石料。

③以自己采掘的砂、土、石料或其他矿物连续生产的砖、瓦、石灰（不含粘土实心砖、瓦）。

④用微生物、微生物代谢产物、动物毒素、人或动物的血液或组织制成的生物制品。

⑤自来水。

⑥商品混凝土（仅限于以水泥为原料生产的水泥混凝土）。

（3）一般纳税人销售自己使用过的其他固定资产情形如下：

①2008年12月31日以前未纳入扩大增值税抵扣范围试点的纳税人，销售自己使用过的2008年12月31日以前购进或者自制的固定资产，按照简易办法依照3%征收率减按2%征收增值税。

②2008年12月31日以前已纳入扩大增值税抵扣范围试点的纳税人，销售自己使用过的在本地区扩大增值税抵扣范围试点以前购进或者自制的固定资产，按照简易办法依照3%征收率减按2%征收增值税。

（4）一般纳税人销售货物属于下列情形之一的，暂按简易办法依照3%的征收率计算缴纳增值税：

①寄售商店代销寄售物品（包括居民个人寄售的物品在内）。

②典当业销售死当物品。

（5）建筑服务。一般具有以下情形：

①一般纳税人以清包工方式提供的建筑服务，可以选择适用简易计税方法依照3%征收率计税。以清包工方式提供建筑服务，是指施工方不采购建筑工程所需的材料或只采购辅助材料，并收取人工费、管理费或者其他费用的建筑服务。

②一般纳税人为甲供工程提供的建筑服务，可以选择适用简易计税方法依照3%征收率计税。甲供工程，是指全部或部分设备、材料、动力由工程发包方自行采购的建筑工程。

③一般纳税人为建筑工程老项目提供的建筑服务，可以选择适用简易计税方法依照3%征收率计税。建筑工程老项目，是指：建筑工程施工许可证注明的合同开工日期在2016年4月30日前的建筑工程项目；未取得建筑工程施工许可证的，建筑工程承包合同注明的开工日期在2016年4月30日前的建筑工程项目。

④一般纳税人跨县（市）提供建筑服务，选择适用简易计税方法计税的，应以取得的全部价款和价外费用扣除支付的分包款后的余额为销售额，按照3%的征收率计算应纳税额。纳税人应按照上述计税方法在建筑服务发生地预缴税款后，向机构所在地主管税务机关进行纳税申报。

（6）一般纳税人发生下列应税服务可以选择适用简易计税方法按3%征收率计税：

①公共交通运输服务，包括轮客渡、公交客运、地铁、城市轻轨、出租车、长途客运、班车。

②经认定的动漫企业为开发动漫产品提供的动漫脚本编撰、形象设计、背景设计、动画设计、分镜、动画制作、摄制、描线、上色、画面合成、配音、配乐、音效合成、剪辑、字幕制作、压缩转码服务，以及在境内转让动漫版权。

③电影放映服务、仓储服务、装卸搬运服务、收派服务和文化体育服务。

④以纳入“营改增”试点之日前取得的有形动产为标的物提供的经营租赁服务。

⑤在纳入“营改增”试点之日前签订的尚未执行完毕的有形动产租赁合同。

（7）选择简易计税方法计税的，按照5%的征收率征收增值税的情形如下：

①一般纳税人转让其2016年4月30日前取得的不动产。

②一般纳税人出租其2016年4月30日前取得的不动产。

③房地产开发企业（一般纳税人）销售自行开发的房地产老项目。

（8）一般纳税人提供劳务派遣服务，可以取得的全部价款和价外费用为销售额，按照一般计税方法计算缴纳增值税；也可以选择差额纳税，以取得的全部价款和价外费用，扣除代用工单位支付给劳务派遣员工的工资、福利和为其办理社会保险及住房公积金后的余额为销售额，按照简易计税方法依5%的征收率计算缴纳增值税。

（9）从2021年10月1日起，住房租赁企业中的增值税一般纳税人向个人出租住房取得的全部出租收入，可以选择适用简易计税方法，按照5%的征收率减按1.5%计算缴纳增值税，或适用一般计税方法计算缴纳增值税。

3. 其他个人

（1）个人出租住房，按照5%征收率减按1.5%计算应纳税额。

（2）按照5%征收率计算缴纳增值税如下：

①其他个人出租其取得的不动产（不含住房）。

②其他个人销售其取得（不含自建）的不动产（不含其购买的住房）。

七、增值税的计算

税法规定，增值税一般纳税人采用一般计税方法计算应纳税额，也就是先根据当期不含税销售额和适用税率计算销项税额，再按照购进货物、劳务、服务、不动产、无形资产已纳税款确认可抵扣的税额，两者之差即是应纳税额。增值税小规模纳税人采用简易计税方法，根据当期不含税销售额和征收率计算应纳税额。

（一）一般纳税人应纳税额的计算

税法规定，一般纳税人实行一般计税方法计税。应纳税额是当期销项税额抵扣当期进项税额后的余额。如果当期销项税额小于当期进项税额不足抵扣时，其不足部分可以结转下期继续抵扣。其计算公式为：

当期应纳税额＝当期销项税额－当期进项税额－上期留抵税额

1. 销项税额的计算

销项税额是指纳税人发生增值税应税行为，按照不含增值税销售额和适用的增值税税率计算，向购买方收取的增值税税额，其计算公式为：

销项税额＝不含增值税销售额×适用税率

【引例分析 2-2】

哈尔滨市富强办公设备有限责任公司 5 月份发生的第（4）、（5）、（9）笔经济业务。

第（4）笔经济业务：5 月 8 日，销售 B 型号打印机 64 台，款项已通过银行转账收取，开具增值税专用发票，不含税价是 100 000 元。此笔销售业务是在我国境内有偿转让货物所有权，在增值税征税范围内，应计算其销项税额。

销项税额＝100 000×13%＝13 000（元）

第（5）笔经济业务：5 月 10 日，向苑发（个人）销售 A 型号打印机 9 台，未开具发票，收取款项含税金额为 20 340 元。此笔销售业务是在我国境内有偿转让货物所有权，在增值税征税范围内，应计算其销项税额。

销项税额＝20 340÷(1＋13%)×13%＝2 340（元）

第（9）笔经济业务：5 月 18 日，公司转让一项专利，开具增值税专用发票，不含税价是 300 000 元。此笔销售业务是在我国境内销售无形资产，在增值税征税范围内，应计算其销项税额。

销项税额＝300 000×6%＝18 000（元）

1）一般销售方式下销售额的确定

销售额是指增值税纳税人发生应税行为向购买方收取的全部价款和价外费用（不包括收取的销项税额）。

价外费用是指价外收取的各种性质的收费，包括价外向购买方收取的手续费、补贴、基金、集资费、返还利润、奖励费、违约金、滞纳金、延期付款利息、赔偿金、代收款项、代垫款项、包装费、包装物租金、储备费、优质费、运输装卸费以及其他各种性质的价外收费。无论其会计制度如何核算，均应并入销售额计算销项税额。但不包括下列项目：

（1）销售货物的同时代办保险等向购买方收取的保险费，向购买方收取的代购买方缴纳的车辆购置税、车辆牌照费。

（2）以委托方名义开具发票代委托方收取的款项。

（3）收取的代垫运费，同时承运部门的运费发票开具给购买方，纳税人又将该发票转交给购买方。

（4）代为收取的政府性基金或者行政事业性收费，同时符合以下条件：由国务院或者财政部批准设立的政府性基金，由国务院或者省级人民政府及其财政、价格主管部门批准设立的行政事业性收费；收取时开具省级以上财政部门印制的财政票据；所收款项全额上缴财政。

（5）受托加工应征消费税的消费品所代收代缴的消费税。

销售额以人民币进行计算，纳税人按人民币以外的货币结算销售额的，其销售额的人民币折合率可以选择销售额发生的当天或者当月 1 日的人民币汇率中间价。纳税人应事先确定采用何种折合率，确定后 1 年内不得变更。

增值税是价外税，即销售额是不含增值税税额的。纳税人发生增值税应税行为，往往采用的是销售额和销项税额合并收取的定价方法，这种情况下应将含税销售额换算成不含税销售额。其换算公式为：

不含税销售额＝含税销售额÷（1 ＋增值税税率）

【任务案例 2-4】

某空调生产厂家为增值税一般纳税人，2023 年 2 月向批发商销售空调，开具增值税专用发票注明价款 120 万元，向消费者销售空调 200 台，零售价为 2 260 元/台，另收取安装费 300 元/台。已知，空调适用的增值税税率为 13%。

【问题】 2 月该空调生产厂家计算增值税销项税额是多少？

【答案】 向批发商销售空调增值税销项税额＝120×13%＝15.6（万元）

消费者销售空调增值税销项税额＝(2 260＋300)÷(1＋13%)×200×13%

＝5.890 3（万元）

2 月该空调生产厂家计算增值税销项税额＝15.6＋5.890 3＝21.490 3（万元）

2）特殊销售方式下销售额的确定

企业在销售活动中，为了达到促销的目的，有多种销售方式，企业有自主选择权。不同销售方式下，销售者取得的销售额会有所不同，由此计算交纳的增值税额也不同。

（1）折扣销售。折扣销售是指销货方在销售货物、劳务、服务、无形资产、不动产时，因购货方购货数量较大等原因而给予购货方的价格优惠。比如购买 20 件，销售价格折扣 10%；购买 50 件，折扣 20%等；纳税人采取折扣方式销售货物、劳务、服务、无形资产、不动产，如果价款和折扣额在同一张发票上的“金额”栏分别注明，可按价款减除折扣额后的余额计算增值税；如果折扣额另开发票，不论财务上如何处理，均不得从价款中减除折扣额。折扣额在“备注栏”注明，不属于同一张发票上分别注明。

折扣销售仅限于货物、劳务、服务、无形资产、不动产价格折扣，如果销货方将自产、委托加工、购买的货物、劳务、服务、无形资产、不动产用于实物折扣，该实物款额不能从货物、劳务、服务、无形资产、不动产原销售额中减除，且该实物应按“视同销售货物”中的“无偿赠送他人”计算缴纳增值税。

【任务案例 2-5】

甲商场为增值税一般纳税人，其销售的 10 kg 装大米标明零售价为 113 元/袋，乙学校作为教师节福利购进 500 袋。由于购进数量多，甲公司同意给乙学校打七折。已知增值税税率为 13%。

【问题】 甲商场计算增值税的销项税额是多少？

【答案】 ①如果甲商场将销售额与折扣额在同一张发票上的“金额”栏分别注明，甲商场计算增值税的销项税＝113÷(1＋13%)×500×70%×13%＝4 550（元）。

②如果甲商场将折扣额另开发票或在备注栏注明的，甲商场计算增值税的销项税额＝113÷(1＋13%)×500×13%＝6 500（元）。

销售折扣是指销货方在销售货物、劳务、服务、无形资产、不动产后，为了鼓励购买方及时或尽早偿还货款，而协议许诺给予购买方的一种折扣优待，一般表述为 1/10、2/15、N/30，即 10 天内付款价款折扣 1%、15 天内付款价款折扣 2%、30 天内付款不打折，全价付款。

销售折扣发生在销货之后，是一种融资性质的理财费用，销售折扣额不得从销售额中扣除。

销售折让是指销售货物后，由于其规格、质量等原因购货方未予退货，但销售单位同意在商品价格上给予的减让。销售折让的实质是销售额的减少，销售折让可以按折让后的价款计算销售额。

(2) 以旧换新方式销售。以旧换新是指纳税人在销售自己的货物的同时，有偿收回的同类旧货物的行为，并以折价款部分冲减新货物价款的一种销售方式。纳税人采取以旧换新方式销售货物的，应按新货物的同期销售价格确定销售额，不得扣减旧货物的收购价格。

但金银首饰以旧换新业务，按销售方实际收取的不含增值税的全部价款征收增值税。

【任务案例 2-6】

甲商场为增值税一般纳税人，采取“以旧换新”方式销售空调，2023 年 2 月销售新空调 300 台，每台零售价 7 910 元，旧空调每台作价 1 130 元；采取“以旧换新”方式销售 24K 纯金项链 100 条，每条新项链对外含税销售价格 0.6 万元，旧项链作价 0.2 万元，已知，上述货物适用的增值税税率为 13%。

【问题】 甲商场计算增值税的销项税额是多少？

【答案】 甲商场计算增值税的销项税额＝［7 910÷(1＋13%)×300＋(6 000－2 000)÷(1＋13%)×100］×13%＝319 018（元）

(3) 还本销售方式销售。还本销售是企业销售货物后，在一定期限内将全部或部分货款一次或分次退还给购货方的一种销售方式。还本销售实际上是一种筹资行为，是以货物换取资金的使用价值，到期还本不付息的方法。纳税人采取还本销售方式销售货物，其销售额就是货物的销售价格，不得从销售额中减除还本支出。

（4）以物易物方式销售。以物易物是指购销企业双方不是以货币资金结算，而是以同等价款的货物相互结算，实现货物购销的一种方式。以物易物双方都应作购销处理，以各自发出的货物核算销售额并计算销项税额，以各自收到的货物按规定核算购货额并计算进项税额。在以物易物活动中，应分别开具合法的票据，如收到的货物不能取得相应的增值税专用发票或其他合法凭证的，不能抵扣进项税额。

（5）包装物押金。包装物押金是指在销售商品时，为保证包装物的回收和再利用，向消费者收取的一定金额的保证金。纳税人为销售货物而出租、出借包装物收取的押金，单独记账核算的，且时间在1年以内，又未过期的，不并入销售额征税；但对因逾期未收回包装物不再退还的押金，应按所包装货物的适用税率计算销项税额。

①“逾期”是指按合同约定实际逾期或以1年为期限，对收取1年以上的押金，无论是否退还均并入销售额征税。

②对销售除啤酒、黄酒外的其他酒类产品而收取的包装物押金，无论是否返还以及会计上如何核算，均应并入当期销售额计算销项税额。

③包装物押金是含税收入，在并入销售额征税时，需要先将该押金换算为不含税收入，再计算应纳增值税款。换算公式为：

逾期包装物押金销售额＝逾期包装物押金÷(1＋适用税率)

④包装物押金不同于包装物租金，包装物租金是不退还的，属于价外费用，在销售货物时随同货款一并计算增值税款。

【任务案例2-7】

甲化妆品公司为增值税一般纳税人，2023年2月销售高档化妆品取得价款（含税价）226万元，收取包装物押金7.91万元（单独记账），没收逾期包装物押金1.13万元。甲化妆品公司规定包装物应在提货之日起1个月内返还，逾期不归还的没收押金，已知增值税税率为13%。

【问题】甲厂计算增值税的销项税额是多少？

【答案】甲厂计算增值税的销项税额＝[226÷(1＋13%)＋1.13÷(1＋13%)]×13%
＝26.13（万元）

（6）视同销售行为销售额的确定。纳税人发生应税销售行为的价格明显偏低并无正当理由的，或者视同发生应税销售行为而无销售额的，税务机关有权按照下列顺序确定销售额：

【引例分析2-3】

哈尔滨市富强办公设备有限责任公司5月份发生的第（10）笔经济业务。

第（10）笔经济业务：5月19日，将外购的A型号打印机32台赠送给高等职业院校，32台A型号打印机的销售平均含税价是67 800元。将购进的货物无偿赠送其他单位属于视同销售货物行为，应计算销项税额。

销项税额＝67 800/(1＋13%)×13%＝7 800（元）

①按纳税人最近时期同类货物、劳务、服务、无形资产、不动产的平均销售价格确定。

②按其他纳税人最近时期同类货物、劳务、服务、无形资产、不动产的平均销售价格确定。

③按组成计税价格确定。其计算公式为：

组成计税价格＝成本×(1＋成本利润率)

如果属于即征增值税又征消费税的货物，其组成计税价格中应加计消费税税额。其计算公式为：

属于从量定额征收消费税的货物组成计税价格＝(生产或采购)成本×(1＋成本利润率)＋消费税税额

属于从价定率征收消费税的货物组成计税价格＝(生产或采购)成本×(1＋成本利润率)÷(1－消费税税率)

属于从价定率征收消费税的货物，其组成计税价格中的成本利润率，按消费税中规定的成本利润率。其他货物的成本利润率为10％。

【任务案例2-8】

甲食品厂为增值税一般纳税人，将自产的瓶装乳制品赠送给儿童福利院，此批瓶装乳制品生产成本4 600元，同类乳制品含税价款6 780元。已知，本题涉及的所有货物适用的增值税税率均为13％，成本利润率为10％。

【问题】甲食品厂计算增值税的销项税额是多少？

【答案】甲食品厂计算增值税的销项税额＝6 780÷(1＋13％)×13％＝780（元）

(7) 混合销售行为销售额的确定。混合销售行为的销售额是货物销售额与服务销售额的合计。

(8) 兼营行为销售额的确定。纳税人兼营不同税率的货物、劳务、服务、无形资产或者不动产，应当分别核算不同税率或者征收率的销售额；未分别核算销售额的，从高适用税率。

(9) 特殊服务行业销售额的确定。

①劳务派遣服务，一般纳税人可以选择差额纳税，以取得的全部价款和价外费用，扣除代用工单位支付给劳务派遣员工的工资、福利和为其办理社会保险及住房公积金后的余额为销售额。

②贷款服务，以提供贷款服务取得的全部利息及利息性质的收入为销售额。

③直接收费金融服务，以提供直接收费金融服务收取的手续费、佣金、酬金、管理费、服务费、经手费、开户费、过户费、结算费、转托管费等各类费用为销售额。

④金融商品转让，按照卖出价扣除买入价后的余额为销售额。转让金融商品出现的正负差，按盈亏相抵后的余额为销售额。若相抵后出现负差，可结转下一纳税期与下期转让金融商品销售额相抵，但年末时仍出现负差的，不得转入下一个会计年度。

金融商品的买入价，可以选择按照加权平均法或者移动加权平均法进行核算，选择后36个月内不得变更。

金融商品转让，不得开具增值税专用发票。

【任务案例 2-9】

A 商业银行分行是增值税一般纳税人，2023 年第一季度取得含增值税贷款利息收入 9 540万元，支付存款利息 2 120 万元；取得含增值税转贷利息收入 707 万元，支付转贷利息 636 万元。

【问题】计算 A 商业银行分行第一季度贷款及转贷业务增值税销项税额是多少。

【答案】A 商业银行分行第一季度贷款及转贷业务增值税销项税额＝(9 540＋707)÷(1＋6%)×6%＝580.018 9（万元）

⑤经纪代理服务，以取得的全部价款和价外费用，扣除向委托方收取并代为支付的政府性基金或者行政事业性收费后的余额为销售额。向委托方收取的政府性基金或者行政事业性收费，不得开具增值税专用发票。

⑥航空运输企业的销售额，不包括代收的民航发展基金和代售其他航空运输企业客票而代收转付的价款。

⑦一般纳税人提供客运场站服务，以其取得的全部价款和价外费用，扣除支付给承运方运费后的余额为销售额。

⑧一般纳税人提供旅游服务，可以选择以取得的全部价款和价外费用，扣除向旅游服务购买方收取并支付给其他单位或者个人的住宿费、餐饮费、交通费、签证费、门票费和支付给其他接团旅游企业的旅游费用后的余额为销售额。

选择上述办法计算销售额的一般纳税人，向旅游服务购买方收取并支付的上述费用，不得开具增值税专用发票，可以开具普通发票。

⑨一般纳税人提供建筑服务适用简易计税方法的，以取得的全部价款和价外费用扣除支付的分包款后的余额为销售额。

⑩房地产开发企业中的一般纳税人销售其开发的房地产项目（选择简易计税方法的房地产老项目除外），以取得的全部价款和价外费用，扣除受让土地时向政府部门支付的土地价款后的余额为销售额。

房地产老项目，是指建筑工程施工许可证注明的合同开工日期在 2016 年 4 月 30 日前的房地产项目。

纳税人兼营免税、减税项目的，应当分别核算免税、减税项目的销售额；未分别核算的，不得免税、减税。

纳税人发生应税销售行为，开具增值税专用发票后，发生开票有误或者销售折让、中止、退回等情形的，应当按照国家税务总局的规定开具红字增值税专用发票；未按照规定开具红字增值税专用发票的，不得扣减销项税额或者销售额。

2. 进项税额的计算

进项税额是指一般纳税人购进货物、加工修理修配劳务、服务、无形资产或者不动产，支付或者负担的增值税额。

增值税属于链条税，购买方支付的进项税额即是销售方收取的销项税额或应纳税额。

1）准予从销项税额中抵扣的进项税额

（1）从销售方取得的增值税专用发票（含税控机动车销售统一发票，下同）上注明的增值税额。

【引例分析 2-4】

哈尔滨市富强办公设备有限责任公司是增值税一般纳税人，5 月份发生的第（3）、（4）、（6）笔经济业务。

第（3）笔经济业务：5 月 5 日，公司外购 A 型号打印机 100 台，价款共计 113 000 元，已入库。取得增值税专用发票一份，货款已通过银行存款转账支付。此笔业务是购进货物，与生产经营有关，最终能产生销项，并且取得了增值税专用发票进行了勾选认证，所以其进项税额可以抵扣。

进项税额＝113 000÷(1＋13％)×13％＝13 000（元）

第（4）笔经济业务：运费由哈尔滨市富强办公设备有限责任公司承担，取得增值税专用发票一份，发生不含税运费 900 元，增值税 81 元，款项 981 元已通过银行存款转账支付。此笔业务是购进服务，与生产经营有关，最终能产生销项，并且取得了增值税专用发票进行了勾选认证，所以其进项税额可以抵扣。

进项税额＝81（元）

第（6）笔经济业务：5 月 11 日，收到哈尔滨市为民水务有限公司开具的水费增值税专用发票一份，不含税价 600 元，增值税 54 元，已通过银行转账支付 654 元。此笔业务是购进货物，与生产经营有关，最终能产生销项，并且取得了增值税专用发票进行了勾选认证，所以其进项税额可以抵扣。

进项税额＝54（元）

（2）从海关取得的海关进口增值税专用缴款书上注明的增值税额。海关负责代征货物进口环节增值税，纳税人进口货物办理报关进口手续时，应向海关申报缴纳进口环节增值税并从海关取得完税证明，其取得的海关进口增值税专用缴款书上注明的增值税额准予抵扣。纳税人取得海关进口增值税专用缴款书，实行“先比对，后抵扣”。

（3）购进农产品准予抵扣的进项税额。

①取得一般纳税人开具的增值税专用发票或者海关进口增值税专用缴款书的，以增值税专用发票或海关进口增值税专用缴款书上注明的增值税额为进项税额。

②从按照简易计税方法依照 3％征收率计算缴纳增值税的小规模纳税人取得增值税专用发票的，以增值税专用发票上注明的金额和 9％（自 2019 年 4 月 1 日起，下同）的扣除率计算进项税额。

③取得（开具）农产品销售发票或收购发票的，以农产品销售发票或收购发票上注明的农产品买价和 9％ 的扣除率计算进项税额。

④纳税人购进用于生产或者委托加工 13％税率货物的农产品，按照 10％的扣除率计算进项税额。

⑤纳税人购进农产品既用于生产销售或委托受托加工 13％税率货物，又用于生产销售其他货物服务的，应当分别核算用于生产销售或委托受托加工 13％税率货物和其他货物服务的农产品进项税额。未分别核算的，统一以增值税专用发票或海关进口增值税专用缴款书上注明的增值税税额为进项税额，或以农产品销售发票或收购发票上注明的农产品买价和

9%的扣除率计算进项税额。

依据农产品销售发票或收购发票上注明的农产品买价和扣除率计算可抵扣的进项税额计算公式为：

进项税额=买价×扣除率

买价，是指纳税人购进农产品在农产品销售发票或者收购发票上注明的价款和按照规定缴纳的烟叶税。

【任务案例 2-10】

甲公司为增值税一般纳税人，生产13%税率的货物，2023年3月进口产品40万元，取得进口增值税专用缴款书上注明的增值税额为5.2万元；发生运输费用，取得增值税普通发票上注明的价税合计金额为4 360元；向农业生产者购入免税农产品3万元；购入原材料60万元，增值税专用发票上注明的增值税额为7.8万元。已知：该企业取得发票、缴款书等均符合规定，并已认证、比对。

【问题】甲公司准予抵扣的进项税额是多少？

【答案】甲公司准予抵扣的进项税额=5.2+3×(9%+1%)+7.8=13.3（万元）

(4) 购买税控设备、缴纳的技术维护费准予抵扣的进项税额。

增值税纳税人2011年12月1日（含，下同）以后初次购买增值税税控系统专用设备（包括分开票机）支付的费用，可凭购买增值税税控系统专用设备取得的增值税专用发票，在增值税应纳税额中全额抵减（抵减额为价税合计额），不足抵减的可结转下期继续抵减。

增值税纳税人2011年12月1日以后缴纳的技术维护费，可凭技术维护服务单位开具的技术维护费发票，在增值税应纳税额中全额抵减，不足抵减的可结转下期继续抵减。

(5) 取得税收完税凭证准予抵扣的进项税额。自境外单位或者个人购进劳务、服务、无形资产或者境内的不动产，从税务机关或者扣缴义务人取得的代扣代缴税款的完税凭证上注明的增值税额。

(6) 购进国内旅客运输服务准予抵扣的进项税额。纳税人购进国内旅客运输服务从2019年4月1日起，进项税额准予从销项税额中抵扣。纳税人购进国内旅客运输服务未取得增值税专用发票的，暂按照以下规定确定进项税额：

①取得增值税电子普通发票的，为发票上注明的税额。

②取得注明旅客身份信息的航空运输电子客票行程单的，为按照下列公式计算的进项税额：

航空旅客运输进项税额=(票价+燃油附加费)÷(1+9%)×9%

③取得注明旅客身份信息的铁路车票的，为按照下列公式计算的进项税额：

铁路旅客运输进项税额=票面金额÷(1+9%)×9%

④取得注明旅客身份信息的公路、水路等其他客票的，为按照下列公式计算的进项税额：

公路、水路等其他旅客运输进项税额=票面金额÷(1+3%)×3%

【任务案例 2-11】

甲公司为增值税一般纳税人，2023年4月，公司销售部交来的报销单据有：首汽约车在2023年4月5日开具的税额为90元的增值税专用发票1张；神州专车在2023年4月6日开具的税额为45元的增值税电子普通发票；2张飞机票行程单，1张为公司员工报销，行程单票面的票价和燃油附加费共计4 650元，民航发展基金为60元；1张是为客户报销的单据，行程单票面的票价和燃油附加费共计2 250元，民航发展基金为60元；船票和客运巴士票数张，票面金额共计900元，其中200元没有员工姓名。

【问题】甲公司准予抵扣的进项税额是多少？

【答案】90＋45＋4 650÷(1＋9％)×9％＋(900－200)÷(1＋3％)×3％＝539.33（元）

2）不得从销项税额中抵扣的进项税额

（1）用于简易计税方法计税项目、免税项目、集体福利或者个人消费的购进货物、加工修理修配劳务、服务、无形资产和不动产。其中涉及的固定资产、无形资产、不动产，仅指专用于上述项目的固定资产、无形资产（不包括其他权益性无形资产）、不动产。

发生兼用于增值税允许抵扣项目和上述不允许抵扣项目情形的，该进项税额准予全部抵扣。

适用一般计税方法的纳税人，兼营简易计税方法计税项目、免征增值税项目而无法划分不得抵扣的进项税额，按照下列公式计算不得抵扣的进项税额：

不得抵扣的进项税额＝当期无法划分的全部进项税额×(当期简易计税方法计税项目销售额＋免征增值税项目销售额)÷当期全部销售额

税务机关可以按照上述公式依据年度数据对不得抵扣的进项税额进行清算。

【任务案例2-12】

某制药厂为增值税一般纳税人，生产抗生素药品与免税药品使用同一种原材料，无法划分各自使用多少原材料，2023年5月份购入生产用原材料一批，取得增值税专用发票上注明税款13.6万元，销售抗生素药品取得含税价款226万元，销售免税药品收入100万元。

【问题】某制药厂准予抵扣的进项税额是多少？

【答案】某制药厂准予抵扣的进项税额＝13.6－100÷[100＋226/(1＋13％)]×13.6
＝9.066 7（万元）

【引例分析2-5】

哈尔滨市富强办公设备有限责任公司5月份发生的第（11）笔经济业务。

第（11）笔经济业务：5月22日，由于仓库管理不善，致使以前购买的B型号打印机被盗，被盗打印机进项税额是4 000元。购进的货物发生非正常损失，进项税额不能抵扣，但由于购买B型号打印机时已抵扣进项税额，所以此笔业务需要在5月份的进项税额中扣减4 000元。

（2）发生非正常损失的项目。

非正常损失是指因管理不善造成货物被盗、丢失、霉烂变质，以及因违反法律法规造成货物或者不动产被依法没收、销毁、拆除的情形。

①非正常损失的购进货物及相关的加工修理修配劳务和交通运输服务。

②非正常损失的在产品、产成品所耗用的购进货物（不包括固定资产）、加工修理修配

劳务和交通运输服务。

固定资产是指使用期限超过 12 个月的机器、机械、运输工具以及其他与生产经营有关的设备、工具、器具等有形动产，不包括不动产、不动产在建工程、无形资产。

③非正常损失的不动产，以及该不动产所耗用的购进货物、设计服务和建筑服务。

④非正常损失的不动产在建工程所耗用的购进货物、设计服务和建筑服务。纳税人新建、改建、扩建、修缮、装饰不动产，均属于不动产在建工程。

（3）购进的特定服务项目。购进的贷款服务、餐饮服务、居民日常服务和娱乐服务的进项税额不得从销项税额中抵扣。

【引例分析 2-6】

哈尔滨市富强办公设备有限责任公司 5 月份发生的第（8）笔经济业务。

第（8）笔经济业务：5 月 15 日，公司支付银行贷款利息 5 000（不含税金额）元，取得增值税普通发票。购进的贷款服务进项税额不能抵扣，所以此笔业务不能作为进项税额抵扣当期销项税额。

（4）纳税人接受贷款服务向贷款方支付的与该笔贷款直接相关的投融资顾问费、手续费、咨询费等费用。

（5）凭证资料不全的完税凭证。纳税人凭中华人民共和国税收完税凭证抵扣进项税额的，应当具备书面合同、付款证明和境外单位的对账单或者发票。资料不全的，其进项税额不得从销项税额中抵扣。

（6）取得不合规的增值税扣税凭证。纳税人购进货物、劳务、服务、无形资产、不动产，取得的增值税扣税凭证不符合法律、行政法规或者国务院税务主管部门有关规定的，其进项税额不得从销项税额中抵扣。

【引例分析 2-7】

哈尔滨市富强办公设备有限责任公司 5 月份发生的第（2）笔经济业务。

第（2）笔经济业务：5 月 4 日，公司从小规模纳税人处购进打印纸，取得增值税普通发票一份，款项 1 515 元已通过银行存款转账支付。取得增值税普通发票不能抵扣，所以此笔业务不能作为进项税额抵扣当期销项税额。

购买方取得的货物运输服务发票、建筑服务发票、销售、出租不动产发票、差额征税发票、销售机动车开具增值税专用发票、销售机动车开具机动车销售统一发票不符合发票开具要求的，进项税额不准抵扣。

（7）一般纳税人会计核算不健全。有下列情形之一者，应当按照销售额和增值税税率计算应纳税额，不得抵扣进项税额，也不得使用增值税专用发票：一般纳税人会计核算不健全，或者不能够提供准确税务资料的；应当办理一般纳税人资格登记而未办理的。

（8）取得虚开的增值税专用发票。

纳税人取得虚开的增值税专用发票，不得作为增值税合法有效的扣税凭证抵扣其进项税额。

（9）财政部和国家税务总局规定的其他情形。

3）进项税额的扣减

（1）已抵扣进项税额的购进货物（不含固定资产，下同）、加工修理修配劳务、服务，事后改变用途，用于集体福利或者个人消费、购进货物发生非正常损失、在产品或产成品发生非正常损失等，应当将该项进项税额从当期进项税额中扣减；无法确定该项进项税额的，按当期外购项目的实际成本计算应扣减的进项税额。

（2）已抵扣进项税额的固定资产、无形资产，发生不得抵扣进项税额情形的，应在当月按下列公式计算不得抵扣的进项税额：

不得抵扣的进项税额＝固定资产、无形资产、不动产的净值×适用税率

【任务案例 2-13】

甲公司是增值税一般纳税人，2023 年 4 月将其作为固定资产核算的一批电脑作为职工福利发放。该批电脑 2023 年 1 月购入时取得增值税专用发票并经过认证抵扣，增值税专用发票上注明的价款为 20 万元、增值税税额为 2.6 万元，已知，该批电脑已经计提符合规定的折旧额 1.0 万元，电脑的增值税税率为 13％。

【问题】甲公司 4 月应转出的进项税额是多少？

【答案】甲公司 4 月应转出的进项税额＝(20－1.0)×13％＝2.47（万元）

（3）纳税人因销售折让、中止或者退回而退还给购买方的增值税额，应当从当期的销项税额中扣减；因销售折让、中止或者退回而收回的增值税额，应当从当期的进项税额中扣减。

（4）已抵扣进项税额的不动产，发生非正常损失，或者改变用途，专用于简易计税方法计税项目、免征增值税项目、集体福利或者个人消费的，按照下列公式计算不得抵扣的进项税额，并从当期进项税额中扣减：

不得抵扣的进项税额＝已抵扣进项税额×不动产净值率

不动产净值率＝(不动产净值÷不动产原值)×100％

此外，不得抵扣且未抵扣进项税额的固定资产、无形资产，发生用途改变，用于允许抵扣进项税额的应税项目，可在用途改变的次月按照下列公式，计算可以抵扣的进项税额：

可以抵扣的进项税额＝固定资产、无形资产净值÷(1＋适用税率)×适用税率

上述可以抵扣的进项税额应取得合法有效的增值税扣税凭证。

【任务案例 2-14】

甲公司是增值税一般纳税人，2023 年 1 月将职工健身房里的一批电脑改用于生产车间，该批电脑购进时取得增值税专用发票注明价款为 20 万元、增值税税额为 2.6 万元，截至 2023 年 1 月，甲公司为该批电脑计提的符合规定的折旧额为 0.96 万元，电脑的增值税税率为 13％。

【问题】甲公司电脑改变用途后，准予抵扣的进项税额是多少？

【答案】甲公司电脑改变用途后，2 月准予抵扣的进项税额＝(22.6－0.96)÷(1＋13％)×13％＝2.489 6（万元）。

按照规定不得抵扣进项税额的不动产，发生改变用途，用于允许抵扣进项税额项目的，按照下列公式在改变用途的次月计算可抵扣进项税额：

可抵扣进项税额＝增值税扣税凭证注明或计算的进项税额×不动产净值率

3. 应纳税额的计算

1）确定当期销项税额的时间

（1）纳税人发生应税行为，为收讫销售款项或者取得索取销售款项凭据的当天；先开具发票的，为开具发票的当天。具体为：

①采取直接收款方式销售货物，不论货物是否发出，均为收到销售款或者取得索取销售款凭据的当天。

收讫销售款，是指纳税人销售服务、无形资产、不动产过程中或者完成后收到款项。取得索取销售款项凭据的当天，是指书面合同确定的付款日期。

未签订书面合同或者书面合同未确定付款日期的，为服务、无形资产转让完成的当天或者不动产权属变更的当天。

销售款凭据主要有：合同、发票、欠账凭据、出库单、提货单、协议书、自制结算单、代销清单、投资协议、分配股金协议、赠送协议、运输货票等。经请示国家税务总局，只要企业取得上述有关凭据，都应视为取得了索取销售额的凭据，纳税义务已经发生，应该缴纳增值税。

②采取托收承付和委托银行收款方式销售货物，为发出货物并办妥托收手续的当天。

③采取赊销和分期收款方式销售货物，为书面合同约定的收款日期的当天，无书面合同的或者书面合同没有约定收款日期的，为货物发出的当天。

【任务案例 2-15】

某配件厂为增值税一般纳税人，2023 年 5 月采用分期收款方式销售配件，合同约定不含税销售额 200 万元，当月应收取 60％的货款。由于购货方资金周转困难，本月实际收到货款 60 万元，配件厂按照实际收款额开具了增值税专用发票。当月厂房装修，购进中央空调，取得增值税专用发票，注明价款 13 万元。

【问题】配件厂 5 月份应缴纳的增值税是多少？

【答案】配件厂 5 月份应缴纳的增值税＝200×60％×13％－13×13％＝13.91（万元）

④采取预收货款方式销售货物，为货物发出的当天，但生产销售生产工期超过 12 个月的大型机械设备、船舶、飞机等货物，为收到预收款或者书面合同约定的收款日期的当天。

⑤委托其他纳税人代销货物，为收到代销单位的代销清单或者收到全部或部分货款的当天。未收到代销清单及货款的，为发出代销货物满 180 天的当天。

⑥纳税人提供租赁服务、建筑服务采取预收款方式的，其纳税义务发生时间为收到预收款的当天。

⑦纳税人从事金融商品转让的，为金融商品所有权转移的当天。

⑧纳税人发生视同销售货物行为，除将货物交付他人代销、销售代销货物外，纳税义务发生时间为货物移送的当天。

⑨纳税人发生视同销售劳务、服务、无形资产、不动产行为的，其纳税义务发生时间为劳务、服务、无形资产转让完成的当天或者不动产权属变更的当天。

【引例分析 2-8】

哈尔滨市富强办公设备有限责任公司5月份发生的第（1）笔经济业务。

第（1）笔经济业务：5月1日，销售A型号打印机125台，开具增值税专用发票，不含税价是200 000元，款项暂未收取。开具增值税专用发票就产生了纳税义务，不论是否收到货款，所以此笔业务应缴纳增值税。

销项税额＝200 000×13%＝26 000（元）

（2）纳税人进口货物，其纳税义务发生时间为报关进口的当天。

（3）增值税扣缴义务发生时间为纳税人增值税纳税义务发生的当天。

2）计算应纳税额

依法确定增值税一般纳税人销项税额和进项税额后，两者相减就是应纳税额，其计算公式为：

当期应纳税额＝当期销项税额－当期进项税额－上期留抵税额

【引例分析 2-9】

属于增值税一般纳税人的哈尔滨市富强办公设备有限责任公司，5月份增值税应纳税额计算步骤如下：

（1）5月份销项税额是67 140元。

销项税额＝26 000＋13 000＋2 340＋18 000＋7 800＝67 140（元）

（2）5月份可以抵扣的进项税额是9 135元。

进项税额＝13 000＋81＋54－4 000＝9 135（元）

（3）5月份应纳税额＝67 140－9 135＝58 005（元）

【任务案例 2-16】

甲公司为增值税一般纳税人，2023年5月发生以下业务：

（1）购进纪念品用于集体福利，取得增值税专用发票上注明增值税5 876元。

（2）从增值税小规模纳税人处购进原材料，取得普通发票，价税合计为103 000元；支付运输企业不含税运输费20 000元，取得增值税专用发票。

（3）销售汽车装饰物品，取得不含税收入40 000元；提供汽车修理劳务取得不含税收入24 000元、出租汽车取得不含税租金收入20 000元。

（4）因管理不善丢失一批以前月份购入的原材料（已抵扣进项税额），账面成本为12 000元。

【问题】甲公司5月份应缴纳的增值税是多少？

【答案】（1）外购货物用于集体福利，不属于增值税视同销售货物行为，相应的货物进项税额不得抵扣。

(2) 从增值税小规模纳税人处购进原材料，由于取得的是普通发票，所以不得抵扣原材料的进项税额，但是支付的运费取得了增值税专用发票，可以凭票抵扣进项税额，准予抵扣的进项税额＝20 000×9％＝1 800(元)。

(3) 销售汽车装饰物品、提供汽车修理劳务、出租汽车，均属于增值税征收范围。

该公司5月的增值税销项税额＝(40 000＋24 000＋20 000)×13％＝10 920(元)。

(4) 应转出的进项税额＝12 000×13％＝1 560(元)。

该公司当月准予抵扣的进项税额＝1 800－1 560＝240(元)。

甲公司5月份应缴纳的增值税应计算缴纳增值税＝10 920－240＝10 680(元)。

(二) 简易计税方法计算应纳税额

小规模纳税人发生应税行为、一般纳税人发生特定的应税行为采用简易计税方法计税，按照不含税销售额和征收率计算应纳税额，不得抵扣进项税额（初次购买增值税税控系统专用设备，每年缴纳的技术维护费除外）。其计算公式为：

应纳税额＝不含税销售额×征收率

简易计税方法的销售额不包括应纳税额，纳税人采用销售额和应纳税额合并计价的，按照下列公式计算销售额：

销售额＝含税销售额÷(1＋征收率)

纳税人适用简易计税方法计税的，因销售折让、中止或者退回而退还给购买方的销售额，应当从当期销售额中扣减。扣减当期销售额后仍有余额造成多缴的税款，可以从以后的应纳税额中扣减。

【任务案例 2-17】

某超市是增值税小规模纳税人，2023年2季度销售货物共取得含税收入320 000元。

【问题】 此超市放弃享受税收优惠，2023年2季度应缴纳多少增值税？如果享受税收优惠，2023年2季度应缴纳多少增值税？

【解析】 此超市放弃享受税收优惠，2023年2季度应缴纳增值税＝320 000÷(1＋3％)×3％＝9 320.39（元）。如果享受税收优惠，2023年2季度应缴纳增值税＝320 000÷(1＋1％)×1％＝3 168.32（元）。

【素质园地】

小规模纳税人阶段性减税政策，助力其平稳健康发展

自2023年1月1日至2027年12月31日，对月销售额10万元以下（含本数）的增值税小规模纳税人，免征增值税。自2023年1月1日至2027年12月31日，增值税小规模纳税人适用3％征收率的应税销售收入，减按1％征收率征收增值税；适用3％预征率的预缴增值税项目，减按1％预征率预缴增值税。国家制定这项减税政策的目的是为了扶持小规模纳税人，帮助小规模纳税人渡过难关，助力小规模纳税人平稳健康发展，从而保障了民生、促进了就业、实现了共同富裕，体现了社会主义制度的优越性。

（三）计算进口货物应纳税额

一般纳税人、小规模纳税人申报进口货物，应按照组成计税价格和规定的税率计算应纳税额，不允许抵扣发生在境外的任何税金。其计算公式为：

应纳税额＝组成计税价格×增值税税率

组成计税价格分两种情况：

1）进口货物只征增值税时

组成计税价格＝关税完税价格＋关税

【任务案例 2-18】

某企业是增值税小规模纳税人。2023 年 5 月从国外进口一批原材料，该批原材料的到岸价格是 20 000 美元，1 美元兑换 7.719 4 元人民币，关税税率是 9%。

【问题】某企业 2023 年 5 月份进口原材料应缴纳的增值税是多少？

【答案】该企业 2023 年 5 月份进口原材料应缴纳的增值税＝20 000×7.7194×(1＋9%)×13% ＝21 876.779 6(元)。

2）进口货物既征增值税又征收消费税时

组成计税价格＝关税完税价格＋关税＋消费税

或　　组成计税价格＝(关税完税价格＋关税)÷(1－消费税税率)

（四）计算扣缴义务人应扣缴税款

境外单位或者个人在境内发生应税行为，在境内没设经营机构的，扣缴义务人应扣缴税额计算公式为：

应扣缴税额＝购买方支付的价款÷(1＋税率)×税率

【任务案例 2-19】

甲公司是增值税一般纳税人，2023 年 6 月从境外 A 公司购入一项专利技术，支付含增值税价款 530 万元。

【问题】甲公司 2023 年 6 月份应代扣代缴多少增值税？

【答案】甲公司 2023 年 6 月份应代扣代缴增值税＝530÷(1＋6%)× 6%＝30(万元)

八、增值税出口退（免）税规定

增值税出口货物退（免）税是指在国际贸易中，对我国报关出口的货物、劳务、服务免征出口环节的增值税，退还在国内各生产环节和流转环节按税法规定已缴纳的增值税。即对增值税出口货物、劳务、服务实行零税率。

（一）增值税退（免）税政策

1. 出口免税并退税

除适用增值税免税和征税政策外，下列出口货物、劳务、零税率应税服务，实行免征并退还增值税政策。

1）出口企业出口货物

出口企业，是指依法办理工商登记、税务登记、对外贸易经营者备案登记，自营或委托出口货物的单位或个体工商户，以及依法办理工商登记、税务登记但未办理对外贸易经营者备案登记，委托出口货物的生产企业［具有生产能力（包括加工修理修配能力）的单位或个体工商户］。

出口货物，是指企业向海关报关后实行离境并销售给境外单位和个人的货物，分为自营出口货物和委托出口货物两类。

2）出口企业或其他单位视同出口货物

（1）出口企业对外援助、对外承包、境外投资的出口货物。

（2）出口企业经海关报关进入国家批准的出口加工区、保税物流园区、保税港区、综合保税区等并销售给特殊区域内单位或境外单位、个人的货物。

（3）免税品经营企业销售的货物（国家规定不允许经营和限制出口的货物、卷烟和超出免税品经营企业《企业法人营业执照》规定经营范围的货物除外）。

（4）出口企业或其他单位销售给用于国际金融组织或外国政府贷款国际招标建设项目的中标机电产品。

（5）生产企业向海上石油天然气开采企业销售的自产的海洋工程结构物。

（6）出口企业或其他单位销售给国际运输企业用于国际运输工具上的货物。

（7）出口企业或其他单位销售给特殊区域内生产企业生产耗用且不向海关报关而输入特殊区域的水（包括蒸汽）、电力、燃气。

3）出口企业对外提供加工修理修配劳务

对外提供加工修理修配劳务，是指对进境复出口货物或从事国际运输的运输工具进行的加工修理修配。

4）增值税一般纳税人提供零税率应税服务

在我国境内的单位和个人销售的下列服务和无形资产，适用增值税零税率：

（1）国际运输服务。

（2）航天运输服务。

（3）向境外单位提供的完全在境外消费的下列服务：

①研发服务。

②合同能源管理服务。

③设计服务。

④广播影视节目（作品）的制作和发行服务。

⑤软件服务。

⑥电路设计及测试服务。

⑦信息系统服务。

⑧业务流程管理服务。

⑨离岸服务外包业务。

⑩转让技术。

2. 出口免税不退税

1）出口企业或其他单位出口以下货物免增值税

（1）增值税小规模纳税人出口的货物。

（2）避孕药品和用具，古旧图书。

（3）软件产品。

（4）含黄金、铂金成分的货物，钻石及其饰品等。

2）出口企业或其他单位视同出口下列货物劳务免增值税

（1）国家批准设立的免税店销售的免税货物。

（2）特殊区域内的企业为境外的单位或个人提供加工修理修配劳务。

（3）同一特殊区域、不同特殊区域内的企业之间销售特殊区域内的货物。

3）出口企业或其他单位未按规定申报或未补齐增值税退（免）税凭证的以下出口货物劳务免增值税

（1）未在国家税务总局规定的期限内申报增值税退（免）税的出口货物劳务。

（2）未在规定期限内申报开具代理出口货物证明的出口货物劳务。

（3）已申报增值税退（免）税，却未在国家税务总局规定的期限内向税务机关补齐增值税退（免）税凭证的出口货物劳务。

3. 出口不免税也不退税

（1）出口企业出口或视同出口财政部和国家税务总局根据国务院决定明确的取消出口退（免）税的货物，但不包括来料加工复出口货物、中标机电产品、列名原材料、输入特殊区域的水电气、海洋工程结构物。

（2）出口企业或其他单位销售给特殊区域内的生活消费用品和交通运输工具。

（3）出口企业或其他单位因骗取出口退税被税务机关停止办理增值税退（免）税期间出口的货物。

（4）出口企业或其他单位提供虚假备案单证的货物。

（5）出口企业或其他单位增值税退（免）税凭证有伪造或内容不实的货物。

（6）出口企业或其他单位未在国家税务总局规定期限内申报免税核销以及经主管税务机关审核不予免税核销的出口卷烟。

（7）出口企业或其他单位具有其他特殊情形的出口货物劳务。

（二）出口货物、劳务、服务增值税退税率

出口货物的退税率，是出口货物的实际退税额与退税计税依据的比例。

1. 一般规定

除财政部和国家税务总局根据国务院决定而明确的增值税出口退税率外，出口货物、服务、无形资产的退税率为其适用税率，目前我国出口退税率分为五档：13%、10%、9%、6%和零税率。

2. 特殊规定

（1）外贸企业购进按简易办法征税的出口货物、从小规模纳税人购进的出口货物，其退税率分别为简易办法实际执行的征收率、小规模纳税人征收率。

（2）出口企业委托加工修理修配货物，其加工修理修配费用的退税率，为出口货物的退税率。

（3）适用不同退税率的货物、劳务以及跨境应税行为，应分开报关、核算并申报退（免）税；未分开报关、核算或划分不清的，从低适用退税率。

（三）计算增值税出口退税额

现行的出口退税制度，对出口货物根据纳税人和出口贸易方式的不同实行不同的退税方法，其退税额的计算方式也不相同。

1. “免、抵、退”税方法

“免、抵、退”税计算方法是对出口货物流通所经过的国内出口销售环节免征增值税，对出口货物中所含的进项税额准予抵减国内销售所发生的增值税应纳税额，对不足以抵减的部分予以退税。

境内的单位和个人提供适用增值税零税率的服务和无形资产，适用一般计税方法的，生产企业实行免抵退税办法，外贸企业直接将服务或自行研发的无形资产出口，视同生产企业连同其出口货物统一实行免抵退税办法。

此方法主要适用于生产企业自营或委托出口的自产货物。

1）当期应纳税额的计算

当期应纳税额＝当期内销的销项税额－(当期进项税额－当期免抵退税不得免征和抵扣税额)

当期不得免征和抵扣税额＝当期出口货物离岸价×外汇人民币折合率×(出口货物适用税率－出口货物退税率)－当期不得免征和抵扣税额抵减额

当期不得免征和抵扣税额抵减额＝当期免税购进原材料价格×(出口货物适用税率－出口货物退税率)

2）当期免抵退税额的计算

当期免抵退税额＝当期出口货物离岸价×外汇人民币折合率×出口货物退税率－当期免抵退税额抵减额

当期免抵退税额抵减额＝当期免税购进原材料价格×出口货物退税率

3）当期应退税额和免抵税额的计算

（1）当期期末留抵税额小于或等于当期免抵退税额，则：

当期应退税额＝当期期末留抵税额

当期免抵税额＝当期免抵退税额－当期应退税额

【任务案例 2-20】

某国际运输有限公司是增值税一般纳税人，适用增值税免、抵、退税办法。2023 年 5 月该公司发生境内运输业务，收取不含税运费 500 万元。5 月购进柴油取得增值税专用发票上注明税款 65 万元。当月发生将货物从境内载运出境的业务，收取价款 100 万美元。已知国际运输有限公司征税率为 9%，出口退税率为 9%，美元对人民币汇率为 1∶7.2。

【问题】该国际运输有限公司5月份免、抵、退税额是多少？

【答案】该国际运输有限公司5月不得免征和抵扣税额＝100×7.2×(9%－9%)＝0(万元)

5月应纳增值税税额＝500×9%－65＝－20(万元)

5月免抵退税额＝100×7.2×9%＝64.8(万元)

5月期末留抵税额小于当期免抵退税额

5月应退税额＝20(万元)

5月免抵税额＝64.8－20＝44.8(万元)

(2) 当期期末留抵税额大于当期免抵退税额，则：当期应退税额＝当期免抵退税额。

(3) 当期免抵税额＝0，当期期末留抵税额为当期增值税纳税申报表中“期末留抵税额”。

【任务案例2-21】

某生产企业是增值税一般纳税人，适用增值税税率为13%，退税率为9%。2023年5月生产经营业务如下：5月9日，购进原材料，取得增值税专用发票注明价款为500万元、增值税进项税额65万元已勾选认证。5月17日出口销售货物39万美元，1美元≈7.165 2人民币，5月25日内销货物取得不含税销售额150万元。

【问题】该生产企业5月份免、抵、退税额是多少？

【答案】该生产企业适用“免、抵、退”税计算方法：

5月不得免征和抵扣的税额＝390 000×7.165 2×(13%－9%)＝ 111 777.12(元)

5月应纳增值税税额＝1 500 000×13%－(650 000－111 777.12)＝－343 222.88(元)

5月免抵退税额＝390 000×7.165 2×9%＝251 498.52(元)

期末留抵税额＞免抵退税额

5月应退税额＝251 498.52 (元)

5月免、抵税额＝0 (元)

5月留抵税额＝343 222.88－251 498.52＝91 724.36(元)，结转下期继续抵扣。

2. 退（免）税方法

退（免）税方法是指对出口货物流通所经过的国内出口销售环节产生的增值额免征增值税，对所购出口货物中所含的进项税额予以退税。此方法适用于一般计税方法的外贸企业购进货物、服务或者无形资产出口实行免退税办法。计算公式为：

应退税额＝增值税退(免)税计税依据×出口货物退税率

【任务案例2-22】

某外贸企业适用一般计税方法计算增值税，2023年5月报关出口服装，从国内购进服装取得的增值税专用发票上注明的不含税金额为300 000元，服装的退税率为11%。

【问题】该外贸企业5月份应退税额是多少？

【答案】该外贸企业5月应退税额＝300 000×11%＝33 000(元)

任务二　办理增值税申报缴纳

【知识准备】

一、纳税义务发生时间

(一)《中华人民共和国增值税暂行条例》规定

(1) 纳税人发生应税行为，为收讫销售款项或者取得索取销售款项凭据的当天；先开具发票的，为开具发票的当天。

收讫销售款项，是指纳税人销售货物、劳务、服务、无形资产、不动产过程中或者完成后收到款项。

取得索取销售款项凭据的当天，是指书面合同确定的付款日期；未签订书面合同或者书面合同未确定付款日期的，为服务、无形资产转让完成的当天或者不动产权属变更的当天。

(2) 进口货物，为报关进口的当天。

(3) 增值税扣缴义务发生时间为纳税人增值税纳税义务发生的当天。

(二)《中华人民共和国增值税暂行条例实施细则》规定

收讫销售款项或者取得索取销售款项凭据的当天，按销售结算方式的不同，具体为：

(1) 采取直接收款方式销售货物，不论货物是否发出，均为收到销售款或者取得索取销售款凭据的当天。

(2) 采取托收承付和委托银行收款方式销售货物，为发出货物并办妥托收手续的当天。

(3) 采取赊销和分期收款方式销售货物，为书面合同约定的收款日期的当天，无书面合同的或者书面合同没有约定收款日期的，为货物发出的当天。

(4) 采取预收货款方式销售货物，为货物发出的当天，但生产销售生产工期超过 12 个月的大型机械设备、船舶、飞机等货物，为收到预收款或者书面合同约定的收款日期的当天。

(5) 委托其他纳税人代销货物，为收到代销单位的代销清单或者收到全部或者部分货款的当天。未收到代销清单及货款的，为发出代销货物满 180 天的当天。

(6) 销售应税劳务，为提供劳务同时收讫销售款或者取得索取销售款的凭据的当天。

(7) 纳税人发生视同销售货物行为，为货物移送的当天，服务、无形资产转让完成的当天或者不动产权属变更的当天。

(8) 纳税人提供建筑服务、租赁服务采取预收款方式的，其纳税义务发生时间为收到预收款的当天。

(9) 纳税人从事金融商品转让的，为金融商品所有权转移的当天。

二、纳税期限

增值税的纳税期限分别为 1 日、3 日、5 日、10 日、15 日、1 个月或者 1 个季度。

纳税人的具体纳税期限，由税务机关根据纳税人应纳税额的大小分别核定；不能按照固定期限纳税的，可以按次纳税。以 1 个季度为纳税期限的规定适用于小规模纳税人、银行、财务公司、信托投资公司、信用社，以及财政部和国家税务总局规定的其他纳税人。

纳税人以 1 个月或者 1 个季度为 1 个纳税期的，自期满之日起 15 日内申报纳税；以 1 日、3 日、5 日、10 日或者 15 日为 1 个纳税期的，自期满之日起 5 日内预缴税款，于次月 1 日起 15 日内申报纳税并结清上月应纳税款。

扣缴义务人解缴税款的期限，依照上述规定执行。

纳税人进口货物，应当自海关填发进口增值税专用缴款书之日起 15 日内缴纳税款。

三、纳税地点

（1）固定业户应当向其机构所在地的税务机关申报纳税。总机构和分支机构不在同一县（市）的，应当分别向各自所在地的税务机关申报纳税；经国务院财政、税务部门或者其授权的财政、税务机关批准，可以由总机构汇总向总机构所在地的税务机关申报纳税。

（2）固定业户到外县（市）销售货物或者劳务，应当向其机构所在地的税务机关报告外出经营事项，并向其机构所在地的税务机关申报纳税；未报告的，应当向销售地或者劳务发生地的税务机关申报纳税；未向销售地或者劳务发生地的税务机关申报纳税的，由其机构所在地的税务机关补征税款。

（3）非固定业户销售货物或者劳务，应当向销售地或者劳务发生地的税务机关申报纳税；未向销售地或者劳务发生地的税务机关申报纳税的，由其机构所在地或者居住地的税务机关补征税款。

（4）进口货物，应当向报关地海关申报纳税。

（5）其他个人提供建筑服务，销售或者租赁不动产，转让自然资源使用权，应向建筑服务发生地、不动产所在地、自然资源所在地税务机关申报纳税。

（6）扣缴义务人应当向其机构所在地或者居住地的税务机关申报缴纳其扣缴的税款。

四、纳税申报

（一）一般纳税人的纳税申报

1. 报送纳税申报资料

（1）增值税及附加税费申报表（一般纳税人适用）。

（2）增值税及附加税费申报表附列资料（一）（本期销售情况明细）。

（3）增值税及附加税费申报表附列资料（二）（本期进项税额明细）。

（4）增值税及附加税费申报表附列资料（三）（服务、不动产和无形资产扣除项目明细）。

（5）增值税及附加税费申报表附列资料（四）（税额抵减情况表）。

（6）增值税及附加税费申报表附列资料（五）（附加税费情况表）。

（7）增值税减免税申报明细表。

（8）使用防伪税控系统的纳税人，必须报送记录当期纳税信息的 IC 卡（明细数据备份在磁盘上的纳税人，还须报送备份数据磁盘）、增值税专用发票存根联明细表及增值税专用发票抵扣联明细表。

(9) 资产负债表和损益表。

(10) 成品油购销存情况明细表（发生成品油零售业务的纳税人填报）。

(11) 已经开具的税控机动车销售统一发票和普通发票的存根联。

(12) 符合抵扣规定且在本期申报抵扣的增值税专用发票（包括税控机动车销售统一发票）的抵扣联。

(13) 符合抵扣规定且在本期申报抵扣的海关进口增值税专用缴款书、购进农产品取得的普通发票的复印件。

(14) 符合抵扣规定且在本期申报抵扣的税收完税凭证及其清单，书面合同、付款证明和境外单位的对账单或发票。

(15) 已经开具的农产品收购凭证的存根联或是报查联。

(16) 纳税人销售服务、不动产与无形资产，在确定服务、不动产与无形资产销售额时，按照有关规定从取得的全部价款和价外费用中扣除价款的合法凭证及其清单。

2. 填写增值税及附加税费申报表（一般纳税人适用）

《国家税务总局 关于增值税、消费税与附加税费申报表整合有关事项的公告》（国家税务总局公告 2021 年第 20 号）规定：自 2021 年 8 月 1 日起，增值税一般纳税人的纳税申报，启用增值税及附加税费申报表（一般纳税人适用）及附列资料。填写的申报表包括 1 张主表、5 张附表、1 张增值税减免税申报明细表。主表是增值税及附加税费申报表，附表分别是本期销售情况明细、本期进项税额明细，服务、不动产和无形资产扣除项目明细，税额抵减情况表、附加税费情况表。

表 2-2～表 2-8 所示为哈尔滨富强办公设备有限责任公司的增值税及附加税费申报表（一般纳税人适用）。

（二）小规模纳税人的纳税申报

哈尔滨市胜杰有限责任公司成立于 2022 年 11 月 21 日，是增值税小规模纳税人，按季度申报纳税。公司主要从事五金用品的销售，公司地址：哈尔滨市正方路 38 号。纳税人识别号 835210000779843511，开户银行：工商银行哈尔滨市正方路支行，账号：354114567824114255。法定代表人：郭晶，财务负责人：董力，税务会计：吴旺。（信息均为虚拟）

2023 年哈尔滨市胜杰有限责任公司第一季度经营业务有：购买五金用品一批，不含税价款 30 000 元，增值税 3 900 元。销售五金用品开具 1%专票不含税销售额为 50 000 元，税额为 500 元；未开票含税销售额 90 900 元；开具 1%普票含税销售额 131 300 元。

哈尔滨市胜杰有限责任公司第一季度应纳增值税销售额合计为 50 000＋90 900÷(1＋1%)＋131 300÷(1＋1%)＝270 000(元)。

季度应税销售额未超过免征额，未开票以及开具普票的应税销售额可以享受免税政策；开具专票的销售额，需要按照开票税率缴纳增值税 500 元，享受的应纳税额减征额＝220 000×2%＝4 400（元）。

表 2-2 增值税及附加税费申报表

（一般纳税人适用）

根据国家税收法律法规及增值税相关规定制定本表。纳税人不论有无销售额，均应按税务机关核定的纳税期限填写本表，并向当地税务机关申报。

税款所属时间：自 2023 年 5 月 1 日至 2023 年 5 月 31 日　填表日期：2023 年 6 月 9 日　　金额单位：元（列至角分）

纳税人识别号（统一社会信用代码）：912301048888567833　　所属行业：

纳税人名称：哈尔滨市富强办公设备有限责任公司	法定代表人姓名	赵航	注册地址	哈尔滨市利好路 367 号	生产经营地址	哈尔滨市利好路 367 号
开户银行及账号	16521100223300117777	登记注册类型	有限责任公司		电话号码	35678901

	项目	栏次	一般项目		即征即退项目	
			本月数	本年累计	本月数	本年累计
销售额	（一）按适用税率计税销售额	1	678 000.00			
	其中：应税货物销售额	2	378 000.00			
	应税劳务销售额	3				
	纳税检查调整的销售额	4				
	（二）按简易办法计税销售额	5				
	其中：纳税检查调整的销售额	6				
	（三）免、抵、退办法出口销售额	7			—	—
	（四）免税销售额	8			—	—
	其中：免税货物销售额	9			—	—
	免税劳务销售额	10			—	—
税款计算	销项税额	11	67 140.00			
	进项税额	12	13 135.00			
	上期留抵税额	13				—
	进项税额转出	14	4 000.00			
	免、抵、退应退税额	15			—	—
	按适用税率计算的纳税检查应补缴税额	16			—	—

续表

项目		栏次	一般项目		即征即退项目	
			本月数	本年累计	本月数	本年累计
税款计算	应抵扣税额合计	17＝12＋13－14－15＋16	4 000.00	—		—
	实际抵扣税额	18(如 17<11,则为 17,否则为 11)	4 000.00			
	应纳税额	19＝11－18	58 005.00			
	期末留抵税额	20＝17－18	0			—
	简易计税办法计算的应纳税额	21				
	按简易计税办法计算的纳税检查应补缴税额	22			—	—
	应纳税额减征额	23				
	应纳税额合计	24＝19＋21－23	58 005.00			
税款缴纳	期初未缴税额（多缴为负数）	25	55 645.00			
	实收出口开具专用缴款书退税额	26			—	—
	本期已缴税额	27＝28＋29＋30＋31	55 645.00			
	①分次预缴税额	28		—		—
	②出口开具专用缴款书预缴税额	29		—	—	—
	③本期缴纳上期应纳税额	30	55 645.00			
	④本期缴纳欠缴税额	31				
	期末未缴税额（多缴为负数）	32＝24＋25＋26－27	58 005.00			
	其中：欠缴税额（≥0）	33＝25＋26－27		—		—
	本期应补（退）税额	34＝24－28－29	58 005.00	—		—

续表

项目		栏次	一般项目		即征即退项目	
			本月数	本年累计	本月数	本年累计
税款缴纳	即征即退实际退税额	35	—	—		
	期初未缴查补税额	36			—	—
	本期入库查补税额	37			—	—
	期末未缴查补税额	38＝16＋22＋36－37			—	—
附加税费	城市维护建设税本期应补（退）税额	39	4 060.35		—	—
	教育费附加本期应补（退）费额	40	1 740.15		—	—
	地方教育附加本期应补（退）费额	41	1 160.10		—	—

声明：此表是根据国家税收法律法规及相关规定填写的，本人（单位）对填报内容（及附带资料）的真实性、可靠性、完整性负责。

纳税人（签章）：　　年　月　日

经办人：
经办人身份证号：
代理机构签章：
代理机构统一社会信用代码：

受理人：
受理税务机关（章）：　　受理日期：　年　月　日

表 2-3　增值税及附加税费申报表附列资料（一）

（本期销售情况明细）

税款所属时间：2023 年 5 月 1 日至 2023 年 5 月 31 日

纳税人名称：（公章）哈尔滨市富强办公设备有限责任公司　　　　金额单位：元（列至角分）

哈尔滨富强办公设备有限责任公司

项目及栏次				开具增值税专用发票		开具其他发票		未开具发票		纳税检查调整		合计			服务、不动产和无形资产扣除项目本期实际扣除金额	扣除后	
				销售额	销项（应纳）税额	销售额	销项（应纳）税额	销售额	销项（应纳）税额	销售额	销项（应纳）税额	销售额	销项（应纳）税额	价税合计		含税（免税）销售额	销项（应纳）税额
				1	2	3	4	5	6	7	8	9=1+3+5+7	10=2+4+6+8	11=9+10	12	13=11−12	14=13÷(100%+税率或征收率)×税率或征收率
一、一般计税方法计税	全部征税项目	13%税率的货物及加工修理修配劳务	1	300 000.00	39 000.00			78 000.00	10 140.00			378 000.00	49 140.00	—	—	—	—
		13%税率的服务、不动产和无形资产	2														
		9%税率的货物及加工修理修配劳务	3											—	—	—	—
		9%税率的服务、不动产和无形资产	4														
		6%税率	5	300 000.00	18 000.00							300 000.00	18 000.00				
	其中：即征即退项目	即征即退货物及加工修理修配劳务	6	—	—	—	—	—	—	—	—			—	—	—	—
		即征即退服务、不动产和无形资产	7	—	—	—	—	—	—	—	—						

续表

项目及栏次				开具增值税专用发票		开具其他发票		未开具发票		纳税检查调整		合计			服务、不动产和无形资产扣除项目本期实际扣除金额	扣除后	
				销售额	销项（应纳）税额	销售额	销项（应纳）税额	销售额	销项（应纳）税额	销售额	销项（应纳）税额	销售额	销项（应纳）税额	价税合计		含税（免税）销售额	销项（应纳）税额
				1	2	3	4	5	6	7	8	9＝1＋3＋5＋7	10＝2＋4＋6＋8	11＝9＋10	12	13＝11－12	14＝13÷（100%＋税率或征收率）×税率或征收率
二、简易计税方法计税	全部征税项目	6%征收率	8							—	—			—	—	—	—
		5%征收率的货物及加工修理修配劳务	9a							—	—			—	—	—	—
		5%征收率的服务、不动产和无形资产	9b							—	—						
		4%征收率	10							—	—			—	—	—	—
		3%征收率的货物及加工修理修配劳务	11							—	—			—	—	—	—
		3%征收率的服务、不动产和无形资产	12							—	—						
		预征率 %	13a							—	—						
		预征率 %	13b							—	—						
		预征率 %	13c							—	—						
	其中：即征即退项目	即征即退货物及加工修理修配劳务	14	—	—	—	—	—	—	—	—			—	—	—	—
		即征即退服务、不动产和无形资产	15	—	—	—	—	—	—	—	—						

续表

项目及栏次			开具增值税专用发票		开具其他发票		未开具发票		纳税检查调整		合计			服务、不动产和无形资产扣除项目本期实际扣除金额	扣除后	
			销售额	销项（应纳）税额	销售额	销项（应纳）税额	销售额	销项（应纳）税额	销售额	销项（应纳）税额	销售额	销项（应纳）税额	价税合计		含税（免税）销售额	销项（应纳）税额
			1	2	3	4	5	6	7	8	9＝1＋3＋5＋7	10＝2＋4＋6＋8	11＝9＋10	12	13＝11－12	14＝13÷（100%＋税率或征收率）×税率或征收率
三、免抵退税	货物及加工修理修配劳务	16	—	—		—		—	—	—		—	—	—	—	—
	服务、不动产和无形资产	17	—	—		—		—	—	—		—				—
四、免税	货物及加工修理修配劳务	18				—		—	—	—		—	—	—	—	—
	服务、不动产和无形资产	19	—	—		—		—	—	—		—				—

表 2-4　增值税及附加税费申报表附列资料（二）

（本期进项税额明细）

税款所属时间：2023 年 5 月 1 日至 2023 年 5 月 31 日

纳税人名称：哈尔滨市富强办公设备有限责任公司　　　　金额单位：元（列至角分）

一、申报抵扣的进项税额				
项目	栏次	份数	金额	税额
（一）认证相符的增值税专用发票	1=2+3	3	101 500.00	13 135.00
其中：本期认证相符且本期申报抵扣	2	3	101 500.00	13 135.00
前期认证相符且本期申报抵扣	3			
（二）其他扣税凭证	4=5+6+7+8a+8b			
其中：海关进口增值税专用缴款书	5			
农产品收购发票或者销售发票	6			
代扣代缴税收缴款凭证	7		—	
加计扣除农产品进项税额	8a	—	—	
其他	8b			
（三）本期用于购建不动产的扣税凭证	9			
（四）本期用于抵扣的旅客运输服务扣税凭证	10			
（五）外贸企业进项税额抵扣证明	11	—	—	
当期申报抵扣进项税额合计	12=1+4+11		101 500.00	13 135.00

二、进项税额转出额		
项目	栏次	税额
本期进项税额转出额	13=14 至 23 之和	4 000.00
其中：免税项目用	14	
集体福利、个人消费	15	
非正常损失	16	4 000.00

续表

二、进项税额转出额				
项目	栏次	税额		
简易计税方法征税项目用	17			
免抵退税办法不得抵扣的进项税额	18			
纳税检查调减进项税额	19			
红字专用发票信息表注明的进项税额	20			
上期留抵税额抵减欠税	21			
上期留抵税额退税	22			
异常凭证转出进项税额	23a			
其他应作进项税额转出的情形	23b			
三、待抵扣进项税额				
项目	栏次	份数	金额	税额
（一）认证相符的增值税专用发票	24	—	—	—
期初已认证相符但未申报抵扣	25			
本期认证相符且本期未申报抵扣	26			
期末已认证相符但未申报抵扣	27			
其中：按照税法规定不允许抵扣	28			
（二）其他扣税凭证	29=30 至 33 之和			
其中：海关进口增值税专用缴款书	30			
农产品收购发票或者销售发票	31			
代扣代缴税收缴款凭证	32		—	
其他	33			
	34			
四、其他				
项目	栏次	份数	金额	税额
本期认证相符的增值税专用发票	35	3	131 500.00	13 135.00
代扣代缴税额	36	—	—	

表 2-5　增值税及附加税费申报表附列资料（三）

（服务、不动产和无形资产扣除项目明细）

税款所属时间：2023 年 5 月 1 日至 2023 年 5 月 31 日

纳税人名称：（公章）哈尔滨市富强办公设备有限责任公司　　　　金额单位：元（列至角分）

项目及栏次		本期服务、不动产和无形资产价税合计额（免税销售额）	服务、不动产和无形资产扣除项目				
			期初余额	本期发生额	本期应扣除金额	本期实际扣除金额	期末余额
		1	2	3	4＝2＋3	5（5≤1 且 5≤4）	6＝4－5
13%税率的项目	1						
9%税率的项目	2						
6%税率的项目（不含金融商品转让）	3						
6%税率的金融商品转让项目	4						
5%征收率的项目	5						
3%征收率的项目	6						
免抵退税的项目	7						
免税的项目	8						

表 2-6　增值税及附加税费申报表附列资料（四）

（税额抵减情况表）

税款所属时间：2023 年 5 月 1 日至 2023 年 5 月 31 日

纳税人名称：（公章）哈尔滨市富强办公设备有限责任公司　　　　金额单位：元（列至角分）

一、税额抵减情况						
序号	抵减项目	期初余额	本期发生额	本期应抵减税额	本期实际抵减税额	期末余额
		1	2	3＝1＋2	4≤3	5＝3－4
1	增值税税控系统专用设备费及技术维护费					
2	分支机构预征缴纳税款					
3	建筑服务预征缴纳税款					
4	销售不动产预征缴纳税款					
5	出租不动产预征缴纳税款					

二、加计抵减情况							
序号	加计抵减项目	期初余额	本期发生额	本期调减额	本期可抵减额	本期实际抵减额	期末余额
		1	2	3	4＝1＋2－3	5	6＝4－5
6	一般项目加计抵减额计算						
7	即征即退项目加计抵减额计算						
8	合计						

表 2-7　增值税及附加税费申报表附列资料（五）

（附加税费情况表）

税（费）款所属时间：2023 年 5 月 1 日至 2023 年 5 月 31 日

纳税人名称：（公章）哈尔滨市富强办公设备有限责任公司　　　　金额单位：元（列至角分）

税（费）种		计税（费）依据			税（费）率（%）	本期应纳税（费）额	本期减免税（费）额		试点建设培育产教融合型企业		本期已缴税（费）额	本期应补（退）税（费）额
		增值税税额	增值税免抵税额	留抵退税本期扣除额			减免性质代码	减免税（费）额	减免性质代码	本期抵免金额		
		1	2	3	4	5＝（1＋2－3）×4	6	7	8	9	10	11＝5－7－9－10
城市维护建设税	1								—	—		
教育费附加	2											
地方教育附加	3											
合计	4	—	—	—	—		—		—			
本期是否适用试点建设培育产教融合型企业抵免政策					□是 □否	当期新增投资额				5		
						上期留抵可抵免金额				6		
						结转下期可抵免金额				7		
可用于扣除的增值税留抵退税额使用情况						当期新增可用于扣除的留抵退税额				8		
						上期结存可用于扣除的留抵退税额				9		
						结转下期可用于扣除的留抵退税额				10		

表 2-8　增值税减免税申报明细表

税款所属时间：自 2023 年 5 月 1 日至 2023 年 5 月 31 日

纳税人名称：（公章）哈尔滨市富强办公设备有限责任公司　　　　金额单位：元（列至角分）

一、减税项目						
减税性质代码及名称	栏次	期初余额	本期发生额	本期应抵减税额	本期实际抵减税额	期末余额
		1	2	3=1+2	4≤3	5=3−4
合计	1					
	2					
	3					
	4					
	5					
	6					
二、免税项目						
免税性质代码及名称	栏次	免征增值税项目销售额	免税销售额扣除项目本期实际扣除金额	扣除后免税销售额	免税销售额对应的进项税额	免税额
		1	2	3=1−2	4	5
合　计	7					
出口免税	8		—	—	—	
其中：跨境服务	9		—	—	—	
	10				—	
	11				—	
	12				—	
	13				—	
	14				—	
	15				—	
	16				—	

思考与练习

一、单项选择题

1. 某公司是增值税一般纳税人，主要从事活动板房的生产及安装服务。2023 年 5 月，销售活动板房取得含税销售额 226 万元，同时提供安装服务取得含税销售额 27.25 万元。该公司 2023 年 5 月应纳增值税为(　　)万元。

A. 29.50　　B. 20.20　　C. 28.25　　D. 30.25

2. 下列行为中，企业不需计算销项税额的是(　　)

A. 收取包装费

B. 收取赔偿金

C. 以委托方名义开具发票代委托方收取的款项

D. 收取的返还利润

3. 生产空调的甲公司是增值税一般纳税人，2023 年 5 月向某购物中心销售 2 000 台空调，出厂不含增值税销售额是 5 000 元/台，因为购物中心采购量大，因此给予 10%的商业折扣。销售额和折扣额在同一张发票的金额栏分别注明。甲公司 2023 年 5 月增值税销项税额的算式，正确的是(　　)。

A. 5 000×2 000÷(1+13%)×13%=1 150 442.48（元）

B. 5 000×2 000×(1−10%)÷(1+13%)×13%=1 035 398.23（元）

C. 5 000×2 000×13%=1 300 000（元）

D. 5 000×2 000×(1−10%)×13%=1 170 000（元）

4. 乙公司是增值税一般纳税人，2023 年 6 月购进一批玉米，农产品收购发票注明买价 501 500 元，当月全部用于生产玉米面粉。计算乙公司准予抵扣进项税额的算式，正确的是(　　)。

A. 501 500×9%=45 135（元）

B. 501 500÷(1+9%)×9%=41 408.26（元）

C. 501 500÷(1−9%)×9%=49 598.90（元）

D. 501 500×(1−9%)×9%=41 072.85（元）

5. 2023 年 5 月某公司员工倪某在国内出差，取得注明倪某身份信息的航空运输电子客票行程单，记载往返票价和燃油附加费合计 3 815 元、机场建设费（民航发展基金）60 元。5 月该公司取得航空运输电子客票行程单准予抵扣进项税额的下列算式中，正确的是(　　)。

A. 3 815×9%=343.35（元）

B. (3 815+60)×9%=348.75（元）

C. 3 815÷(1+9%)×9%=315（元）

D. 3 815÷(1+9%)×9%+60×9%=320.4（元）

6. 根据《增值税法律制度》的规定，下列不属于现代服务的有(　　)。

A. 鉴证咨询服务　　B. 金融服务　　C. 商务辅助服务　　D. 研发和技术服务

7. 根据增值税法律制度的规定，差额计税的航空运输公司发生的下列支出中，在确定增值税销售额时可以扣除的是(　　)。

A. 支付的飞行员工资　　B. 航空运输公司代收的机场建设费

C. 支付的起降费　　D. 支付的停场费

8. 根据增值税法律制度的规定，购进下列货物发生的进项税额准予抵扣的是(　　)。

A. 用于简易计税方法计税项目购进的原材料

B. 用于生产药品购进的粉碎机

C. 为本公司职工浴室支付的水电费

D. 直接用于科学试验购进的进口设备

9. 根据增值税法律制度的相关规定，一般纳税人发生的下列应税行为中，不能选择适用简易计税方法计缴增值税的有(　　)。

A. 仓储服务　　B. 装卸搬运服务　　C. 经营租赁服务　　D. 长途客运服务

10. 根据增值税法律制度的规定，一般纳税人发生的下列业务中，允许开具增值税专用发票的是(　　)。

A. 超市向小规模纳税人零售水果

B. 代理记账公司向一般纳税人提供代理记账服务

C. 商场向消费者个人销售鹅绒服

D. 家具公司向消费者个人销售家具

二、多项选择题

1. 小规模纳税人征税规定的下列表述中，正确的是(　　)。

A. 年应税销售额超过500万元的其他个人属于一般纳税人

B. 增值税小规模纳税人标准为年应征增值税销售额500万元及以下

C. 除另有规定外，纳税人登记为一般纳税人后不得转为小规模纳税人

D. 如需要开具增值税专用发票，必须请税务机关代开

2. 下列属于“建筑服务”的是(　　)。

A. 园林绿化

B. 修理修配劳务

C. 疏浚（不包括航道疏浚）服务

D. 新建、改建各种建筑物、构筑物的工程作业

3. 下列各项中，不征收增值税的有(　　)。

A. 开发企业代收的住宅专项维修基金

B. 建筑公司提供工程服务取得的收入

C. 根据国家指令无偿提供的航空运输服务，属于公益事业的服务

D. 被保险人获得的保险赔付

4. 下列属于销售无形资产的有(　　)。

A. 转让自然资源使用权　　B. 转让商标权

C. 转让网络虚拟道具　　D. 转让建筑物使用权

5. 根据营业税改征增值税的规定，下列项目中，属于免税项目的是(　　)。

A. 举办文化活动的门票收入　　B. 幼儿园提供的保育和教育服务

C. 运输公司提供的运输服务　　D. 医疗机构提供的医疗服务

6. 根据增值税法律制度的规定，单位或者个体工商户的下列行为中，应视同销售货物征收增值税的是(　　)。

A. 将委托加工的货物无偿赠送其他单位　B. 将自产的货物用于免税项目

C. 将购进的货物用于简易计税项目　　D. 将货物交付个人代销

7. 根据增值税法律制度的规定，一般纳税人的下列进项税额中，不得从销项税额中抵扣的是(　　)。

A. 购进贷款服务的进项税额

B. 购进货物因山体滑坡造成毁损的进项税额

C. 购进货物因管理不善造成霉烂变质的进项税额

D. 违章建筑被执法部门依法拆除的进项税额

8. 根据增值税法律制度的规定，在我国境内销售服务的情形有(　　)。

A. 境外个人向境内单位销售完全在境外使用的无形资产

B. 英国某公司出租数控机床给中国境内某企业使用

C. 美国某公司为中国境内某企业提供咨询服务

D. 境外单位向境内单位销售完全在境外发生的服务

9. 根据增值税法律制度的规定，下列关于增值税纳税义务发生时间的表述中，正确的是(　　)。

A. 纳税人提供建筑服务采取预收款方式的，为收到预收款的当天

B. 纳税人委托其他纳税人代销货物的，为货物移送的当天

C. 纳税人发生视同销售无形资产的，为无形资产转让完成的当天

D. 纳税人发生应税行为先开具发票的，为开具发票的当天

10. 包装物押金是否征收增值税，处理正确的有(　　)。

A. 酒厂销售黄酒时收取的包装物押金，收取时不征收增值税，合同逾期时，应征收增值税

B. 酒厂销售红酒时收取的包装物押金，应一并征收增值税

C. 酒厂销售黄酒时收取的包装物押金，应一并征收增值税

D. 黑龙鱼公司销售大豆油时收取的包装物押金，应一并征收增值税

三、判断题

1. 一般纳税人销售货物向购买方收取的延期付款利息，应并入销售额计算增值税销项税额。　(　　)

2. 农业生产者销售的自产农产品，免征增值税。　(　　)

3. 中国境外单位或者个人在境内发生应税行为，在境内未设有经营机构的，购买方是增值税扣缴义务人。　(　　)

4. 下岗职工承包农村土地销售的自产农产品免征增值税。　(　　)

5. 增值税一般纳税人、小规模纳税人进口货物的，应按照组成计税价格和规定的税率

计算增值税应纳税额，不允许抵扣发生在境外的任何税金。（　）

6. 纳税人提供贷款服务，以取得的全部利息及利息性质的收入扣除存款利息后的余额为销售额。（　）

7. 个人出租住房，依照5%的征收率减按1.5%征收。（　）

8. 出租车公司向使用本公司自有出租车的出租车司机收取的管理费用，按现代服务缴纳增值税。（　）

9. 专用于免征增值税项目的固定资产进项税额可以从销项税额中抵扣。（　）

10. 融资性售后回租按照租赁服务缴纳增值税。（　）

四、计算题

1. A公司是增值税小规模纳税人，主要从事鉴证咨询服务。2023年2季度发生的经济业务有：

（1）向某一般纳税人企业提供咨询服务，取得含增值税收入10.3万元；因服务中止，退还给客户含增值税收入1.03万元。

（2）将一处闲置办公区对外出租，一次性预收全年含增值税租金收入30.9万元。

（3）向某小规模纳税人提供鉴证服务，取得含增值税收入2.06万元。

（4）转让公司使用过的电脑6台，取得含增值税收入1 854元。

（5）购进电脑一批，取得一般纳税人开具的增值税专用发票，注明税额0.3万元。

（6）由于业务需要，业务员支出餐饮住宿费用共计0.6万元，取得增值税普通发票。

要求：

（1）该企业放弃享受税收优惠，计算A公司2023年2季度应纳增值税税额。

（2）该企业不放弃享受税收优惠，计算A公司2023年2季度应纳增值税税额。

2. 某购物中心是增值税一般纳税人，2023年6月经营业务有：

（1）接受某公司委托，代销电脑一批，取得收入50万元。

（2）销售热水器取得含税收入113万元，同时提供热水器上门安装服务，取得含税安装服务费5.65万元。

（3）采用以旧换新方式销售冰箱500台，新冰箱同期含税销售单价为5 100元/台，旧冰箱的收购单价为500元/台。

（4）销售黄酒取得含税收入30万元，另收取包装物押金2万元、包装物租金1.5万元。

要求：计算购物中心2023年6月应纳增值税税额。

3. 某电脑公司是增值税一般纳税人，2023年6月发生以下业务：

（1）采取赊销方式销售给甲厂电脑150台，不含税价款共150万元，货已发出，书面合同约定本月到期货款80万元，但实际上本月并未收到货款。

（2）采取委托银行收款方式销售给乙厂电脑50台，不含税价款共60万元，货已发出，托收手续已办妥，货款尚未收到。

（3）采用其他方式销售给丙厂一些电脑配件，不含税价款50万元，货已发出，货款已收到。

（4）销售给丁厂一批电脑，开具普通发票上注明销售额124.3万元，上月已收预收款

50 万元，本月发货并办妥银行托收手续，但货款未到。

(5) 盘亏一批上月购入的物资（已抵扣进项税额为 10 万元），盘亏金额为 9 万元。

(6) 购进原材料一批，取得增值税专用发票上注明价款 300 万元，增值税额 39 万元。

要求：计算该电脑公司 2023 年 6 月应纳增值税税额。

4. 某商业银行是增值税一般纳税人，2023 年第三季度经营情况如下：

(1) 提供贷款服务取得含增值税利息收入 5 300 万元，支付存款利息 2 385 万元，提供直接收费金融服务取得含增值税销售额 1 378 万元。

(2) 发生金融商品转让业务，金融商品卖出价 2 418 万元，相关金融商品买入价 2 120 万元。第一季度金融商品转让出现负差 60.5 万元。

(3) 购进各支行经营用设备一批，取得增值税专用发票注明税额 100 万元，购进办公用品，取得增值税专用发票注明税额 13 万元；购进办公用小汽车一辆，取得增值税专用发票注明税额 3.9 万元，购进用于职工福利的货物一批，取得增值税专用发票注明税额 0.65 万元。

(4) 销售自己使用过的一批办公设备，取得含增值税销售额 10.506 万元，该批办公设备 2013 年购入（购入时取得普通发票），按固定资产核算。

要求：计算该商业银行 2023 年第三季度应纳增值税税额。

5. 甲旅游公司为增值税一般纳税人，主要从事旅游服务，2019 年 10 月有关经营情况如下：

(1) 提供旅游服务取得含增值税收入 720.8 万元，替游客向其他单位支付交通费 53 万元、住宿费 25.44 万元，门票费 22.26 万元，并支付本单位导游工资 2.12 万元。

(2) 将本年购入商铺对外出租，每月含增值税租金 10.9 万元，本月一次性收取 3 个月的含增值税租金 32.7 万元。

(3) 购进一处房产，用于职工食堂，取得增值税专用发票注明税额 10.8 万元。

(4) 购进广告设计服务，取得增值税专用发票注明税额 0.6 万元。

(5) 购进电信服务，取得增值税专用发票注明税额 0.2 万元。

(6) 购进会议展览服务，取得增值税专用发票注明税额 2.4 万元。

(7) 组织职工夏季旅游，支付住宿费，取得增值税专用发票注明税额 1 200 元。

已知旅游服务增值税税率为 6%，不动产租赁服务增值税税率为 9%，取得扣税凭证已通过税务机关认证；甲旅游公司提供旅游服务选择差额计税方法计缴增值税。

要求：计算该旅游公司 2019 年 10 月应纳增值税税额。

项目三　消费税纳税业务

【学习目标】

- 掌握消费税征税范围、征税环节、计算方法。
- 掌握消费税纳税人、税率、征收率。
- 了解消费税出口退税的相关内容。

【能力目标】

- 辨析征收消费税的项目，正确计算不同经济业务下的应纳税额。
- 会填写消费税纳税申报表及附加税费纳税申报表。

【素养目标】

- 引导学生绿色健康的消费观念，量入为出，避免盲目消费。
- 培养学生树立可持续发展理念，养成保护生态环境的良好习惯。

【思维导图】

- 消费税
  - 消费税基础
    - 征税范围：烟，酒，高档化妆品，贵重首饰及珠宝玉石，鞭炮、焰火，成品油，摩托车，小汽车，高尔夫球及球具，高档手表，游艇，木制一次性筷子，实木地板，电池，涂料15个税目
    - 纳税环节：一般情况在生产或委托加工或进口环节；特殊情况在零售或批发环节
    - 税率：啤酒、黄酒、成品油定额税率，卷烟、白酒比例税率和定额税率，其他应税消费品比例税率
    - 纳税义务人：境内生产、委托加工和进口应税消费品的单位和个人，国务院确定的销售应税消费品的其他单位和个人
  - 计算消费税应纳税额
    - 计算直接对外销售应税消费品的应纳税额：从价定率计算公式为应纳税额=应税消费品销售额×消费税比例税率；从量定额计算公式为应纳税额=应税消费品销售数量×消费税单位税额；复合计征计算公式为应纳税额=应税消费品销售额×消费税比例税率+应税消费品销售数量×消费税单位税额。从价定率方法当期准予扣除的已纳税额=（期初库存外购的应税消费品买价+当期外购应税消费品买价-期末库存外购的应税消费品买价）×外购应税消费品适用税率；从量定额方法当期准予扣除的已纳税额=（期初库存外购应税消费品数量+当期购进外购应税消费品数量-期末库存外购应税消费品数量）×外购应税消费品定额税率
    - 计算自产自用应税消费品的应纳税额：从价定率计算公式为应纳税额=应税消费品销售额或组成计税价格×消费税比例税率；从量定额计算公式为应纳税额=应税消费品的移送使用数量×消费税定额税率；复合计征计算公式为应纳税额=应税消费品销售额或组成税价格×消费税比例税率+应税消费品的移送使用数量×消费税定额税率。计税依据按纳税人生产同类消费品的平均或最高价格计算，没有同类销售价格的，按组成计税价格计算。组成计税价格=（成本+利润）÷（1-消费税比例税率）或组成计税价格=（成本+利润+应税消费品的移送使用数量×消费税定额税率）÷（1-消费税比例税率）
    - 计算委托加工应税消费品的应纳税额：从价定率计算公式为应纳税额=应税消费品销售额或组成计税价格×消费税比例税率；从量定额计算公式为应纳税额=委托加工收回的应税消费品数量×消费税单位税额；复合计征计算公式为应纳税额=应税消费品销售额或组成税价格×消费税比例税率+委托加工收回的应税消费品数量×消费税单位税额。计税依据按受托方同类消费品的销售价格计算，没有同类销售价格的，按组成计税价格计算。组成计税价格=（材料成本+加工费）÷（1-消费税比例税率）或组成计税价格=（材料成本+加工费+委托加工收回的应税消费品数量×消费税定额税率）÷（1-消费税比例税率）。当期准予扣除的已纳税额=（期初库存的委托加工应税消费品买价+当期收回的委托加工应税消费品买价-期末库存的委托加工应税消费品买价）×委托加工应税消费品适用税率
    - 计算进口应税消费品的应纳税额：从价定率计算公式为应纳税额=应税消费品组成计税价格×消费税比例税率；从量定额计算公式为应纳税额=海关核定的进口数量×消费税单位税额；复合计征计算公式为应纳税额=应税消费品组成计税价格×消费税比例税率+海关核定的进口数量×消费税单位税额。计税依据按组成计税价格计算。组成计税价格=（关税完税价格+关税）÷（1-消费税比例税率）或组成计税价格=（关税完税价格+关税+海关核定的进口数量×消费税定额税率）÷（1-消费税比例税率）。当期准予扣除的已纳税额=期初库存进口应税消费品已纳税额+当期进口应税消费品已纳税额-期末库存进口应税消费品已纳税额
    - 消费税出口退税：基本退（免）税政策、货物范围；退税率；计算应退税额
  - 消费税的缴纳
    - 纳税义务发生时间：一般情况、特殊情况
    - 纳税期限：以月或季度为1个纳税期，下月15日前完成申报缴纳
    - 纳税地点：不同情况规定不同
    - 纳税申报：一般情况填写1张主表，4张通用附表

任务一 计算消费税应纳税额

【引导案例】

哈尔滨市美丽化妆品有限责任公司成立于2016年4月25日，是增值税一般纳税人。公司主要从事高档化妆品生产、销售业务，公司地址：哈尔滨市学子路115号。纳税人识别号912305689457789847，开户银行：工商银行哈尔滨市学子路支行，账号：16521100223300117777。法定代表人：赵秀敏，财务负责人：张东，税务会计：刘海。

公司2023年4月份经营业务有：

(1) 4月1日销售高档口红取得含税收入67.8万元，收取包装物押金2.26万元（单独记账核算），收取高档口红手续费2万元。

(2) 4月5日销售自产成套高档化妆品500套，每套含增值税售价904元，将同款高档化妆品100套用于集体福利。

(3) 4月8日采取预收货款方式销售自产高档香水，取得不含增值税销售额300万元，本月发出该高档香水60%。

(4) 4月11日用一批自产高档面膜换取甲公司一批精油（生产资料），同类高档面膜平均不含增值税销售价格为40万元、最高不含增值税销售价格为45万元。

(5) 4月21日哈尔滨市美丽化妆品有限责任公司从另一化妆品生产企业购进一批高档保湿精华，取得增值税专用发票上注明价款为150万元；当月领用其中的50%用于生产高档保湿粉底液并全部销售，向购买方开具增值税专用发票，注明销售额为800万元。

【问题】哈尔滨市美丽化妆品有限责任公司2023年4月应交多少消费税？

【知识准备】

一、消费税含义、特点

（一）消费税含义

消费税是以特定消费品的流转额作为计税依据征收的一种间接税。消费税是1994年税制改革在流转税中新设置的一个税种，是在对货物普遍征收增值税的基础上，选择部分消费品再征收一道消费税，目的是调节产品结构、引导消费方向、保证国家财政收入。

（二）消费税特点

(1) 征税范围具有选择性。国家根据宏观产业政策和消费政策的要求，有目的、有重点地选择一些消费品征收消费税，以适当地限制某些特殊消费品的消费需求。因此只对特定的消费品和消费行为征收，而不是对所有的消费品和消费行为征收。

(2) 征税环节具有单一性（卷烟和超豪华小汽车除外）。只是在消费品生产、流通或消费的某一环节一次征收，而不是在消费品生产、流通和消费的每一个环节征收。

(3) 消费税是价内税，是价格的组成部分。

(4) 征收方法具有灵活性。消费税可以根据每一征税对象的不同特点，选择不同的征收方法。有从价定率和从量定额以及从价从量复合计征三种方法征税。

(5) 按不同的产品设计不同的税率。根据消费品的不同种类、档次或者消费品中某一物质成分的含量，以及消费品的市场供求状况、价格水平、国家的产业政策和消费政策等情况，对消费品制定高低不同的税率、税额。

(6) 税收负担具有转嫁性。消费税中所含的消费税款无论在哪个环节征收，最终都转嫁到消费者身上。

二、消费税的税目、纳税环节和税率

(一) 消费税的税目

现行消费税征税范围只有 15 个税目，有的税目进一步划分为若干子目。具体内容如下：

1. 烟

凡是以烟叶为原料加工生产的产品，不论使用何种辅料，均属于本税目的征收范围，包括卷烟、雪茄烟、烟丝、电子烟 4 个子目。

卷烟征税范围包括进口卷烟、国产卷烟、手工卷烟、白包卷烟等；雪茄烟的征税范围包括各种规格、型号的雪茄烟；烟丝的征税范围包括以烟叶为原料加工生产的不经卷制的散装烟。电子烟是指用于产生气溶胶供人抽吸等的电子传输系统，包括烟弹、烟具以及烟弹与烟具组合销售的电子烟产品。烟弹是指含有雾化物的电子烟组件。烟具是指将雾化物雾化为可吸入气溶胶的电子装置。

2. 酒

酒是指酒精度在 1 度以上的各种酒类饮料，包括白酒、黄酒、啤酒（包括果啤）和其他酒 4 个子目。

饮食业、商业、娱乐业举办的啤酒屋（啤酒坊）利用啤酒生产设备生产的啤酒，应当征收消费税。

3. 高档化妆品

本税目征税范围包括：高档美容、修饰类化妆品、高档护肤类化妆品和成套化妆品。高档美容、修饰类化妆品和高档护肤类化妆品是指生产（进口）环节销售（完税）价格（不含增值税）在 10 元/毫升（克）或 15 元/片（张）及以上的美容、修饰类化妆品和护肤类化妆品。舞台、戏剧、影视演员化妆用的上妆油、卸妆油、油彩，不属于本税目的征收范围。

4. 贵重首饰及珠宝玉石

本税目的征税范围包括各种金银珠宝首饰和经采掘、打磨、加工的各种珠宝玉石。

5. 鞭炮、焰火

本税目征税范围包括各种鞭炮、焰火，体育上用的发令纸、鞭炮药引线，不按本税目征税。

6. 成品油

本税目征税范围包括汽油、柴油、石脑油、溶剂油、航空煤油、润滑油、燃料油 7 个子目。

7. 摩托车

本税目征税范围包括气缸容量在 250 毫升（含）以上的摩托车。

8. 小汽车

本税目征税范围包括乘用车、中轻型商用客车和超豪华小汽车 3 个子目。沙滩车、雪地车、卡丁车、高尔夫车、电动汽车不属于本税目征税范围，不征收消费税。

(1) 乘用车。乘用车征税范围包括含驾驶员座位在内最多不超过 9 个座位（含），在设计和技术特性上用于载运乘客和货物的各类乘用车。

用排气量小于 1.5 升（含）的乘用车底盘（车架）改装、改制的车辆属于乘用车征收范围。

(2) 中轻型商用客车。中轻型商用客车征税范围包括含驾驶员座位在内的座位数在 10 至 23 座（含 23 座），在设计和技术特性上用于载运乘客和货物的各类中轻型商用客车。

用排气量大于 1.5 升的乘用车底盘（车架）或用中轻型商用客车底盘（车架）改装、改制的车辆属于中轻型商用客车征收范围。

含驾驶员人数（额定载客）为区间值的（如 8 ～10 人、17～26 人）小汽车，按其区间值下限人数确定征收范围。

(3) 超豪华小汽车。超豪华小汽车，是每辆零售价格为 130 万元（不含增值税）及以上的乘用车和中轻型商用客车。

9. 高尔夫球及球具

高尔夫球及球具是指从事高尔夫球运动所需的各种专用装备。本税目征税范围包括高尔夫球、高尔夫球杆及高尔夫球包（袋）、高尔夫球杆的杆头、杆身和握把。

10. 高档手表

本税目征税范围是指销售价格（不含增值税）每只在 10 000 元（含）以上的各类手表。

11. 游艇

游艇是指长度大于 8 米小于 90 米，船体由玻璃钢、钢、铝合金、塑料等多种材料制作，可以在水上移动的水上浮载体。按照动力划分，游艇分为无动力艇、帆艇和机动艇。

本税目征收范围包括艇身长度大于 8 米（含）小于 90 米（含），内置发动机，可以在水上移动，一般为私人或团体购置，主要用于水上运动和休闲娱乐等非牟利活动的各类机动艇。

12. 木制一次性筷子

木制一次性筷子，又称卫生筷子，是指以木材为原料经过锯段、浸泡、旋切、刨切、烘干、筛选、打磨、倒角、包装等环节加工而成的各类一次性使用的筷子。未经打磨、倒角的木制一次性筷子也是本税目征税范围。

13. 实木地板

实木地板是指以木材为原料，经锯割、干燥、刨光、截断、开榫、涂漆等工序加工而成的块状或条状的地面装饰材料。实木地板按生产工艺不同，可分为独板（块）实木地板、实木指接地板和实木复合地板三类；按表面处理状态不同，可分为未涂饰地板（白坯板、素板）和漆饰地板两类。

本税目征收范围包括各类规格的实木地板、实木指接地板、实木复合地板及用于装饰墙壁、天棚的侧端面为榫、槽的实木装饰板。未经涂饰的素板也是本税目征税范围。

14. 电池

电池，是一种将化学能、光能等直接转换为电能的装置，一般由电极、电解质、容器、极端，通常还有隔离层组成的基本功能单元，以及用一个或多个基本功能单元装配成的电池组。本税目征收范围包括：原电池、蓄电池、燃料电池、太阳能电池和其他电池。

对无汞原电池、金属氢化物镍蓄电池（又称氢镍蓄电池或镍氢蓄电池）、锂原电池、锂离子蓄电池、太阳能电池、燃料电池和全钒液流电池免征消费税。

15. 涂料

涂料是指涂于物体表面能形成具有保护、装饰或特殊性能的固态涂膜的一类液体或固体材料的总称。涂料由主要成膜物质、次要成膜物质等构成。按主要成膜物质涂料可分为油脂类、天然树脂类、酚醛树脂类、沥青类、醇酸树脂类、氨基树脂类、硝基类、过滤乙烯树脂类、烯类树脂类、丙烯酸酯类树脂类、聚酯树脂类、环氧树脂类、聚氨酯树脂类、元素有机类、橡胶类、纤维素类、其他成膜物类等。

对施工状态下挥发性有机物（volatile organic compounds，VOC）含量低于 420 克/升（含）的涂料免征消费税。

（二）消费税的纳税环节

消费税的纳税环节有生产环节、委托加工环节、进口环节、零售环节、批发环节。

1. 生产环节

纳税人生产的应税消费品，生产者对外销售时纳税。

纳税人自产自用的应税消费品，用于连续生产应税消费品的，不纳税；用于其他方面的（用于生产非应税消费品、在建工程、管理部门、馈赠、赞助、集资、广告、样品、职工福利、奖励等），视同销售，于移送使用时纳税。

2. 委托加工环节

委托方是消费税的纳税义务人。委托加工的应税消费品，除受托方为个人外，由受托方在向委托方交货时代收代缴消费税税款；委托个人加工的应税消费品，由委托方收回后缴纳消费税。

3. 进口环节

进口应税消费品，申报进口时应缴纳关税、进口消费税和进口增值税。

4. 零售环节

金银首饰（含铂金）、钻石及钻石饰品消费税由零售者在零售环节缴纳征收消费税，在零售环节征收消费税的金银首饰仅限于金基、银基合金首饰以及金、银和金基、银基合金的镶嵌首饰。超豪华小汽车在此环节加征一道消费税，将超豪华小汽车销售给消费者的单位和个人为超豪华小汽车零售环节纳税人。

下列业务视同零售业，在零售环节缴纳消费税：

为经营单位以外的单位和个人加工金银首饰。加工包括带料加工、翻新改制、以旧换新等业务，不包括修理和清洗。

经营单位将金银首饰用于馈赠、赞助、集资、广告样品、职工福利、奖励等方面。

未经中国人民银行总行批准，经营金银首饰批发业务的单位将金银首饰销售给经营单位。

5. 批发环节

卷烟（电子烟）批发企业在卷烟（电子烟）批发环节加征消费税。

卷烟在生产环节（或者委托加工环节或者进口环节）和批发环节两次征收消费税，在其他环节不再征收消费税。

批发企业在计算应纳税额时不得扣除已含的生产环节的消费税税款。

烟草批发企业将卷烟销售给其他烟草批发企业的，不缴纳消费税。

纳税人兼营卷烟批发和零售业务的，应当分别核算批发和零售环节的销售额、销售数量；未分别核算的，按照全部销售额、销售数量计征批发环节的消费税。

（三）消费税的税率

消费税税率有比例税率和定额税率两种形式，消费税根据不同的税目或子目确定对应的比例税率或定额税率。一般情况下，对一种消费品只选择一种税率形式，但为了更好、更有效地保全消费税税基，对卷烟和白酒，实行了比例税率和定额税率复合征收的形式。消费税税目、税率见表 3-1。

表 3-1　消费税税目、税率

税目	税率
一、烟	
1. 卷烟	
（1）甲类卷烟	56%加 0.003 元/支（生产环节）
（2）乙类卷烟	36%加 0.003 元/支（生产环节）
（3）批发环节	11 %加 0.005 元/支
2. 雪茄烟	36%
3. 烟丝	30%
4. 电子烟	
（1）生产（进口）环节	36%
（2）批发环节	11%
二、酒	
1. 白酒	20%加 0.5 元/500 克（或者 500 毫升）
2. 黄酒	240 元/吨
3. 啤酒	
（1）甲类啤酒	250 元/吨
（2）乙类啤酒	220 元/吨
4. 其他酒	10%
三、高档化妆品	15%
四、贵重首饰及珠宝玉石	
1. 金银首饰、铂金首饰和钻石及钻石饰品	5%
2. 其他贵重首饰和珠宝玉石	10%
五、鞭炮、焰火	15%
六、成品油	
1. 汽油	1.52 元/升
2. 柴油	1.20 元/升
3. 航空煤油	1.20 元/升
4. 石脑油	1.52 元/升
5. 溶剂油	1.52 元/升
6. 润滑油	1.52 元/升
7. 燃料油	1.20 元/升
七、摩托车	
1. 气缸容量（排气量，下同）250 毫升的	3%
2. 气缸容量在 250 毫升（不含）以上的	10%

续表

税目	税率
八、小汽车	
1. 乘用车	
(1) 气缸容量（排气量，下同）在1.0升（含1.0升）以下的	1%
(2) 气缸容量在1.0升至1.5升（含1，5升）的	3%
(3) 气缸容量在1.5升至2.0升（含2.0升）的	5%
(4) 气缸容量在2.0升至2.5升（含2.5升）的	9%
(5) 气缸容量在2.5升至3.0升（含3.0升）的	12%
(6) 气缸容量在3.0升至4.0升（含4.0升）的	25%
(7) 气缸容量在4.0升以上的	40%
2. 中轻型商用客车	5%
3. 超豪华小汽车	10%（零售环节）
九、高尔夫球及球具	10%
十、高档手表	20%
十一、游艇	10%
十二、木制一次性镇子	5%
十三、实木地板	5%
十四、电池	4%
十五、涂料	4%

确定消费税的具体适用税率：

（1）兼营不同税率的应税消费品适用税率，应当分别核算不同税率应税消费品的销售额、销售数量。未分别核算销售额、销售数量，或者将不同税率的应税消费品组成成套消费品销售的，从高适用税率。

（2）配制酒消费税适用税率。配制酒（露酒）是指以发酵酒、蒸馏酒或食用酒精为酒基，加入可食用或药食两用的辅料或食品添加剂，进行调配、混合或再加工制成的并改变了其原酒基风格的饮料酒。

①以蒸馏酒或食用酒精为酒基，同时符合以下两个条件的配制酒，按其他酒税率征收消费税：具有国家相关部门批准的国食健字或卫食健字文号；酒精度低于38度（含）。

②以发酵酒为酒基，酒精度低于20度（含）的配制酒，按其他酒税率征收消费税。

③其他配制酒，按白酒税率征收消费税。

上述蒸馏酒或食用酒精为酒基是指酒基中蒸馏酒或食用酒精的比重超过80%（含）；发酵酒为酒基是指酒基中发酵酒的比重超过80%（含）。

（3）卷烟消费税适用税率。自产自用的卷烟没有同牌号规格卷烟的、委托加工的卷烟受托方没有同牌号规格卷烟的、白包卷烟、手工卷烟、未经国务院批准纳入计划的企业和个人生产的卷烟一律按照56%卷烟税率征税，并按照定额每标准箱150元计算征税。

残次品卷烟应当按照同牌号规格正品卷烟的征税类别确定适用税率。

【素质园地】

消费税引导公民出行节能减排，推动绿色低碳，可持续消费

《中华人民共和国消费税暂行条例》规定，新能源汽车中的纯电动汽车、插电式混合动力汽车和燃料电池汽车不征消费税，气缸容量在1.0升、1.0～1.5升以下的乘用车消费税税率分别为1%、3%，此政策是为了促进节能减排，保护生态环境，不断提升空气质量，满足人民对美好生活的追求。尊重自然、顺应自然、保护自然，是全面建设社会主义现代化国家的内在要求。必须牢固树立和践行绿水青山就是金山银山的理念，站在人与自然和谐共生的高度谋划发展。要实现此目标，公民应转变消费观念和行为，选择绿色低碳的生活方式，关爱环境，节约资源、能源，注重绿色健康消费，做生态文明建设理念的模范践行者，实现可持续消费。

三、消费税纳税义务人

消费税的纳税义务人包括：在中华人民共和国境内生产、委托加工和进口应税消费品的单位和个人，以及国务院确定的销售应税消费品的其他单位和个人。

在中华人民共和国境内，是指生产、委托加工和进口应税消费品的起运地或者所在地在境内。单位，是指企业、行政单位、事业单位、军事单位、社会团体及其他单位。个人，是指个体工商户及其他个人。

取得烟草专卖生产企业许可证，并取得或经许可使用他人电子烟产品注册商标（以下称持有商标）的企业是电子烟生产环节纳税人，通过代加工方式生产电子烟的，由持有商标的企业缴纳消费税。取得烟草专卖批发企业许可证并经营电子烟批发业务的企业是电子烟批发环节纳税人。进口电子烟的单位和个人是电子烟进口环节纳税人。

四、消费税应纳税额的计算

（一）计算直接对外销售应税消费品的应纳税额

【引例分析 3-1】

哈尔滨市美丽化妆品有限责任公司2023年4月份发生的第（1）、（2）、（3）、（5）笔经济业务：

（1）4月1日销售高档口红取得含税收入67.8万元，收取包装物押金2.26万元（单独记账核算），收取高档口红手续费2万元。此笔业务属于直接对外销售应税消费品，需交纳消费税。

销售额＝全部价款＋价外费用，价外费用为含增值税价，需换算为不含增值税价，此笔业务应纳消费税税额＝(67.8＋2)÷(1＋13%)×15% ＝9.27(万元)

（2）4月5日销售自产成套高档化妆品500套，每套含增值税售价904元。此笔业务属于直接对外销售应税消费品，需交纳消费税。

此笔业务应纳消费税税额＝904÷(1＋13%)×500×15% ÷10 000＝60 000(元)＝6(万元)

（3）4月8日采取预收货款方式销售自产高档香水，取得不含增值税销售额300万元，本月发出该高档香水60%。纳税人采取预收货款结算方式销售的，与增值税纳税义务发生时间相同，为发出应税消费品的当天。此笔业务属于直接对外销售应税消费品，纳税义务已发生，本月需交纳消费税。

此笔业务应纳消费税税额＝300×60%×15%＝27（万元）

（4）4月21日哈尔滨市美丽化妆品有限责任公司从另一化妆品生产企业进一批高档保湿精华，取得增值税专用发票上注明价款为150万元，当月领用其中的50%用于生产高档保湿粉底液并全部销售，向购买方开具增值税专用发票，注明销售额为800万元。此笔业务属于直接对外销售应税消费品，需交纳消费税。

此笔业务应纳消费税税额＝800×15%＝120（万元）

1. 从价计征应纳税额的计算

应纳税额＝不含增值税销售额×消费税比例税率

每一种应税消费品的比例税率是不变的，从价计征计算消费税税额由应税销售额的多少来决定，所以应纳税额的计算关键是确定应税销售额。

一般情况下，征收消费税就征收增值税，消费税是价内税，增值税是价外税，实行从价计征消费税的应税消费品，其消费税税基和增值税税基一般是一样的，即都是以含消费税不含增值税的销售额作为计税基数。

【任务案例3-1】

某摩托车生产企业是增值税一般纳税人，2023年4月生产气缸容量为400毫升摩托车1 000辆，本月销售摩托车700辆，每辆市场不含税售价10万元，另外收取优质费113万元，开具普通发票。已知该企业生产的摩托车消费税税率为10%。

【问题】 该企业2023年4月应纳消费税是多少？

【答案】 消费税计税销售额＝700×10＋113÷(1＋13%)＝7 100（万元）

应纳消费税＝7 100×10%＝710（万元）

【引例分析3-2】

哈尔滨市美丽化妆品有限责任公司2023年4月份发生的第（4）笔经济业务：

（4）4月11日用一批自产高档面膜换取甲公司一批精油（生产资料），同类高档面膜平均不含增值税销售价格为40万元、最高不含增值税销售价格为45万元。纳税人用于换取生产资料的应税消费品，应当以纳税人同类应税消费品的最高销售价格作为销售额计算消费税。

此笔业务应纳消费税税额＝45×15%＝6.75（万元）

特殊情况下销售额的规定：

（1）纳税人用于换取生产资料和消费资料、投资入股和抵偿债务等方面的应税消费品，应当以纳税人同类应税消费品的最高销售价格作为销售额计算消费税。

【任务案例3-2】

某汽车厂是增值税一般纳税人，2023年5月销售给甲经销商小汽车90辆，销售价为不含增值税价15万元/辆，销售给乙经销商同类小汽车70辆，销售价为不含增值税价16万元/辆；

当月，还将10辆同类小汽车用于抵偿债务，已知小汽车消费税税率为5%。

【问题】该汽车厂2023年5月应纳消费税是多少？

【答案】纳税人用于抵偿债务的应税消费品，以纳税人同类应税消费品的“最高销售价格”作为销售额计算消费税。

该汽车厂2023年5月应纳消费税额＝(90×15＋70×16＋10×16)×5%＝131.5（万元）

(2) 应税消费品连同包装销售的，无论包装物怎样计价，会计上如何核算，均应并入应税消费品的销售额中计征消费税。

如果包装物只收取押金，该押金不应并入应税消费品的销售额中纳税。但由于逾期未收回的包装物不再退还的或者已收取超过12个月的押金，应并入应税消费品的销售额，计征消费税。

对包装物既作价随同应税消费品销售，又另外收取押金的包装物的押金，凡纳税人在规定的期限内没有退还的，均应并入应税销售额，按应税消费品的适用税率计征消费税。

对酒类消费品生产企业销售白酒、其他酒（采用从价定率计征的）收取的包装物押金，无论押金是否返还及会计上如何核算，均应并入酒类消费品销售额，计征消费税。但上述规定不适用采用从量定额计征消费税的黄酒、啤酒（含果啤）。

【任务案例3-3】

某汽车厂是增值税一般纳税人，2023年6月以成本价100万元转给统一核算的门市部小汽车一批，门市部当月全部售出，取得含增值税销售额135.6万元，已知小汽车消费税率为9%。

【问题】该汽车厂2023年6月应纳消费税是多少？

【答案】该汽车厂2023年6月应纳消费税＝135.6÷(1＋13%)×9%＝10.8（万元）

(3) 白酒生产企业向商业销售单位收取的“品牌使用费”是随着应税白酒的销售而向购货方收取的，属于应税白酒销售价款的组成部分，因此，不论企业采取何种方式或以何种名义收取价款，均应并入白酒的销售额中计征消费税。

(4) 纳税人生产、批发电子烟的，按照生产、批发电子烟的销售额计算纳税。电子烟生产环节纳税人采用代销方式销售电子烟的，按照经销商（代理商）销售给电子烟批发企业的销售额计算纳税。纳税人进口电子烟的，按照组成计税价格计算纳税。电子烟生产环节纳税人从事电子烟代加工业务的，应当分开核算持有商标电子烟的销售额和代加工电子烟的销售额；未分开核算的，一并计征消费税。

【任务案例3-4】

甲电子烟生产企业是增值税一般纳税人，2023年6月销售烟具和烟弹组合电子烟产品取得含增值税销售额100万元，另单独销售烟弹取得含增值税销售额80万元。增值税税率是13%，电子烟生产环节消费税税率36%。

【问题】甲电子烟生产企业2023年6月应纳消费税是多少？

【答案】甲电子烟生产企业2023年6月应缴纳消费税＝(100＋80)÷(1＋13%)×36%

＝57.35（万元）

（5）纳税人销售的应税消费品，用外汇结算销售额的，其销售额的人民币折合率可以选择结算的当天或者当月 1 日的人民币汇率中间价。纳税人应事先确定采用何种折合率，确定后 1 年内不得变更。

（6）纳税人应税消费品的销售额明显偏低又没正当理由的，由税务机关核定销售额。其核定权限规定为：

①卷烟、白酒和小汽车的销售额由国家税务总局核定，送财政部备案。

②其他应税消费品的销售额由省、自治区和直辖市税务局核定。

③进口的应税消费品的销售额由海关核定。

2. 从量计征应纳税额的计算

应纳税额＝应税消费品销售数量×消费税定额税率

应税消费品销售数量是指纳税人生产、加工和进口应税消费品的数量。具体情况是：

（1）销售应税消费品的，为应税消费品的销售数量。

（2）自产自用应税消费品的，为应税消费品的移送使用数量。

（3）委托加工应税消费品的，为纳税人收回的应税消费品数量。

（4）进口应税消费品的，为海关核定的应税消费品进口征税数量。

定额税率按吨或升为计量单位，纳税人应税消费品数量的计量单位与消费税税率表的不一致，应按表 3-2 进行换算。

表 3-2　计量单位换算表

1	黄酒	1 吨＝962 升
2	啤酒	1 吨＝988 升
3	汽油	1 吨＝1 388 升
4	柴油	1 吨＝1 176 升
5	航空煤油	1 吨 246 升
6	石脑油	1 吨＝1 385 升
7	溶剂油	1 吨＝1 282 升
8	润滑油	1 吨＝1 126 升
9	燃料油	1 吨＝1 015 升

【任务案例 3-5】

某啤酒厂 2023 年 6 月销售甲类啤酒 200 吨，取得不含增值税销售额 70 万元，每吨出厂价格 3 200 元。（甲类啤酒定额税率是 250 元/吨）

【问题】 该啤酒厂企业 2023 年 6 月应纳消费税是多少？

【答案】 该啤酒厂企业 2023 年 6 月应纳消费税＝销售数量×定额税率

＝200×250＝50 000（元）

3. 复合计征应纳税额的计算

应纳税额＝不含增值税销售额×消费税比例税率＋应税消费品销售数量×消费税定额税率

现行消费税征税范围中，只有卷烟和白酒采用从价定率和从量定额相结合的复合计征办法计算消费税。

不含税销售额为纳税人生产销售卷烟、白酒向购买方收取的全部价款和价外费用。生产销售卷烟、白酒从量定额计税方法的计税依据是实际销售数量。纳税人进口、委托加工、自产自用卷烟、白酒的销售数量分别为海关核定数量、委托方收回数量和移送使用数量。

【任务案例 3-6】

甲企业是增值税一般纳税人，2023 年 4 月进口甲类卷烟 100 标准箱，关税完税价格是 50 000 元/标准箱。（关税税率是 20%，消费税比例税率是 56%，定额税率是 150 元/标准箱）

【问题】甲企业 2023 年 4 月应纳消费税是多少？

【答案】（1）甲企业 2023 年 4 月应缴纳关税＝50 000×100×20%＝1 000 000（元）

甲企业 2023 年 4 月应缴纳消费税＝(50 000×100＋1 000 000＋150×100)÷(1－56%)×56%＋150×100＝7 670 454.54（元）

（二）计算自产自用应税消费品的应纳税额

纳税人自产自用的应税消费品，用于连续生产应税消费品的，不纳税；用于其他方面的，于移送使用时纳税。

用于连续生产应税消费品，是指纳税人将自产自用应税消费品作为直接材料生产最终应税消费品，自产自用应税消费品构成最终应税消费品的实体。

用于其他方面，是指纳税人将自产自用的应税消费品用于生产非应税消费品、在建工程、管理部门、非生产机构、提供劳务、馈赠、赞助、集资、广告、样品、职工福利、奖励等方面。

1. 计算从价定率计征消费税的应纳税额

应纳税额＝自产自用应税消费品的销售额或组成计税价格×消费税比例税率

纳税人自产自用的应税消费品，用于连续生产应税消费品的（将自产自用应税消费品作为生产最终应税消费品的直接材料，且构成最终应税消费品实体），不计征消费税；用于其他方面的（将自产自用的应税消费品用于生产非应税消费品、在建工程、管理部门、非生产机构、提供劳务、馈赠、赞助、集资、广告、样品、职工福利、奖励等方面），在移送使用时，按照纳税人生产的同类消费品的销售价格计算纳税；没有同类消费品销售价格的，按照组成计税价格计算纳税。

【引例分析 3-3】

哈尔滨市美丽化妆品有限责任公司 2023 年 4 月份发生的第（2）笔经济业务：

（2）4 月 5 日将同款高档化妆品 100 套用于集体福利。纳税人自产的应税消费品，用于职工福利，在移送使用时，按照纳税人生产的同类消费品的销售价格计算纳税。

此笔业务应纳消费税税额＝904÷(1＋13%)×100×15%＝1.2（万元）

纳税人自产自用的应税消费品，用于其他方面的计税价格为纳税人生产的同类消费品的销售价格。如果当月同类消费品各期销售价格高低不同，应按销售数量加权平均计算。但销售的应税消费品有销售价格明显偏低又无正当理由的或者无销售价格的，不能列入加权平均计算。如果当月无销售或当月未完结，应按同类消费品上月或最近月份的销售价格作为计税价格。

如果没有同类消费品销售价格的，以组成计税价格作为计税价格。其计算公式为：

组成计税价格＝(成本＋利润)÷(1－消费税税率)

＝成本×(1＋成本利润率)÷(1－消费税税率)

公式中的"成本"是指应税消费品的产品生产成本，公式中的"利润"是指根据应税消费品的全国平均成本利润率计算的利润。应税消费品全国平均成本利润率由国家税务总局确定，具体规定见表 3-3。

表 3-3　平均成本利润率

货物名称	利润率	货物名称	利润率
1. 甲类卷烟	10%	12. 摩托车	6%
2. 乙类卷烟	5%	13. 高尔夫球及球具	10%
3. 雪茄烟	5%	14. 高档手表	20%
4. 烟丝	5%	15. 游艇	10%
5. 电子烟	10%	16. 木制一次性筷子	5%
6. 粮食白酒	10%	17. 实木地板	5%
7. 薯类白酒	5%	18. 乘用车	8%
8. 其他酒	5%	19. 中轻型商用客车	5%
9. 高档化妆品	5%	20. 电池	4%
10. 鞭炮、焰火	5%	21. 涂料	7%
11. 贵重首饰及珠宝玉石	6%		

【任务案例 3-7】

某实木地板生产企业是增值税一般纳税人，2023 年 5 月销售自产实木地板 10 000 m^2，售价每平方米 200 元，将同型号实木地板 3 000 m^2 发给职工作福利，已知实木地板消费税率为 5%。

【问题】该企业 2023 年 5 月应纳消费税是多少？

【答案】该企业 2023 年 5 月应纳消费税＝(10 000＋3 000)×200×5%＝130 000（元）

2. 计算从量定额计征消费税的应纳税额

应纳税额＝应税消费品的移送使用数量×消费税定额税率

3. 计算复合计征消费税的应纳税额

应纳税额＝应税消费品的销售额或组成计税价格×消费税比例税率＋应税消费品的移送使用数量×消费税定额税率

组成计税价格＝（成本＋利润＋应税消费品的移送使用数量×消费税定额税率)÷(1－消费税比例税率)

【任务案例 3-8】

某酒厂是增值税一般纳税人，2023 年 5 月将自产特制白酒 5 000 斤（1 斤＝500 克）用于消费者免费品尝，已知每斤白酒成本 20 元，没有同类消费品的销售价格（成本利润率为 10%，白酒消费税税率为 20%、0.5 元/500 克）。

【问题】 该酒厂 2023 年 5 月应纳消费税是多少？

【答案】 组成计税价格＝［5 000×20×(1＋10%)＋5 000×0.5］÷(1－20%)

＝140 625（元）

白酒应纳消费税＝140 625×20%＋5 000×0.5＝30 625（元）

（三）计算委托加工应税消费品的应纳税额

1. 委托加工应税消费品的含义

委托加工的应税消费品，是指由委托方提供原料和主要材料，受托方只收取加工费和代垫部分辅助材料加工的应税消费品。对于由受托方提供原材料生产的应税消费品，或者受托方先将原材料卖给委托方，然后再接受加工的应税消费品，以及由受托方以委托方名义购进原材料生产的应税消费品，不论在财务上是否作为销售处理，都不得作为委托加工应税消费品，而应当按照销售自制应税消费品缴纳消费税。

2. 委托加工应税消费品的纳税人与扣缴义务人

委托加工的应税消费品，除受托方为个人外，由受托方在向委托方交货时代收代缴消费税。委托个人加工的应税消费品，由委托方收回后缴纳消费税。

3. 委托加工应税消费品的纳税义务

委托加工的应税消费品，委托方用于连续生产应税消费品的，所纳税款准予按规定抵扣。

委托方将收回的应税消费品，以不高于受托方的计税价格出售的，为直接出售，不再缴纳消费税；委托方以高于受托方的计税价格出售的，不属于直接出售，需按照规定申报缴纳消费税，在计税时准予扣除受托方已代收代缴的消费税。

4. 计算从价定率计征消费税的应纳税额

委托加工应税消费品是指委托方提供原料和主要材料，受托方只收取加工费和代垫部分辅助材料加工的应税消费品。由受托方提供原材料或其他情形的不属于委托加工应税消费品，要按照自制应税消费品销售计征消费税。委托加工的应税消费品，按照受托方的同类消费品的销售价格计算纳税，受托方如果没有同类消费品销售价格的，按照组成计税价格计算纳税。

应纳税额＝委托加工应税消费品的销售额或组成计税价格×消费税比例税率

组成计税价格＝（材料成本＋加工费）÷（1 －消费税比例税率）

材料成本是指委托方所提供加工材料的实际成本。委托加工应税消费品的纳税人，必须在委托加工合同上如实注明（或以其他方式提供）材料成本，凡未提供材料成本的，受托方所在地主管税务机关有权核定其材料成本。加工费是指受托方加工应税消费品向委托方所收取的全部费用（包括代垫辅助材料的实际成本），不包括增值税税额。

【任务案例 3-9】

甲企业是增值税一般纳税人，2023 年 4 月乙商场委托甲企业生产一批高档香水，乙商场提供原材料的成本 50 万元，甲企业收取不含增值税加工费 5 万元。已知甲企业销售同类高档香水的不含税销售价格为 75 万元，高档香水的消费税税率为 15%。

【问题】 甲企业 2023 年 4 月代收代缴的消费税是多少？

【答案】 委托加工的应税消费品按照受托方同类消费品的销售价格 75 万元计算纳税，因此甲企业 2023 年 4 月代收代缴的消费税＝75×15%＝11.25（万元）

委托方将委托加工收回的应税消费品直接出售的（不高于受托方的计税价格出售），不再计征消费税；委托方以高于受托方的计税价格出售的，应按规定计征消费税，在计税时准予扣除受托方已代收代缴的消费税税额。

5. 计算从量定额计征消费税的应纳税额

应纳税额＝委托加工收回的应税消费品数量×消费税定额税率

6. 计算复合计征消费税的应纳税额

应纳税额＝应税消费品的销售额或组成计税价格×消费税比例税率＋委托加工收回的应税消费品数量×消费税定额税率

组成计税价格＝（材料成本＋加工费＋委托加工收回的应税消费品数量×消费税定额税率）÷（1－消费税比例税率）

（四）计算进口应税消费品的应纳税额

单位和个人进口应税消费品，于报关进口时缴纳消费税。为了减少征税成本，进口环节缴纳的消费税由海关代征。

进口应税消费品的应纳税额，按组成计税价格和规定的税率进行消费税税额的计算。

1. 计算从价定率计征消费税的应纳税额

应纳税额＝组成计税价格×消费税比例税率

组成计税价格＝（关税完税价格＋关税）÷（1－消费税比例税率）

关税完税价格是指海关核定的关税计税价格。

【任务案例 3-10】

某外贸进出口公司是增值税一般纳税人，2023 年 5 月进口 200 辆小轿车，海关审定的关税完税价格为人民币 20 万元/辆，缴纳关税 6 万元/辆。已知小轿车适用的消费税税率为 9%。

【问题】 该外贸进出口公司 2023 年 5 月应纳消费税是多少？

【答案】 该外贸进出口公司 2023 年 5 月应纳消费税＝（关税完税价格＋关税）÷（1－消费税税率）×消费税税率＝（20＋6）÷（1－9%）×9%×200＝514.29（万元）

2. 计算从量定额计征消费税的应纳税额

应纳税额＝海关核定的进口数量×消费税定额税率

3. 计算复合计征消费税的应纳税额

应纳税额＝组成计税价格×消费税比例税率＋海关核定的进口数量×消费税定额税率

组成计税价格＝（关税完税价格＋关税＋海关核定的进口数量×消费税定额税率）/（1－消费税比例税率）

除国务院另有规定外，进口环节消费税一律不得给予减税、免税。

五、计算应税消费品已纳税额的扣除

某些应税消费品是用外购和委托加工收回的应税消费品连续生产出来进而销售的，这些连续生产出来的应税消费品计税时，为了避免重复征税，税法规定应按当期生产领用数量计算准予扣除外购或委托加工收回应税消费品的已纳税款。具体扣除范围如下：

（1）外购或委托加工已税烟丝生产的卷烟。

（2）外购或委托加工已税高档化妆品原料生产的高档化妆品。

（3）外购或委托加工已税珠宝、玉石原料生产的贵重首饰及珠宝、玉石（以外购已税珠宝、玉石生产的在零售环节征收消费税的金银首饰、镶嵌首饰不得扣除）。

（4）外购或委托加工已税鞭炮、焰火原料生产的鞄炮、焰火。

（5）外购或委托加工已税杆头、杆身和握把为原料生产的高尔夫球杆。

（6）外购或委托加工已税木制一次性筷子原料生产的木制一次性筷子。

（7）外购或委托加工已税实木地板原料生产的实木地板。

（8）外购或委托加工已税石脑油、润滑油、燃料油为原料生产的成品油。

（9）外购或委托加工已税汽油、柴油为原料生产的汽油、柴油。

【引例分析 3-4】

哈尔滨市美丽化妆品有限责任公司 2023 年 4 月份发生的第（5）笔经济业务：

（5）4 月 21 日哈尔滨市美丽化妆品有限责任公司从另一化妆品生产企业购进一批高档保湿精华，取得增值税专用发票上注明价款为 150 万元；当月领用其中的 50%用于生产高档保湿粉底液。高档保湿粉底液是用外购高档保湿精华连续生产出来进而销售的，这些连续生产出来的高档保湿粉底液计税时，应按当期生产领用数量计算准予扣除外购收回高档保湿精华的已纳税款。

此笔业务在 4 月应纳消费税税额中扣除的消费税税额＝150×50%×15%＝11.25（万元）

【引例分析 3-5】

哈尔滨市美丽化妆品有限责任公司 2023 年 4 月应纳消费税＝（9.3＋6＋1.2＋27＋6.75＋120－11.25）×10 000＝1 590 000（元）

（一）外购应税消费品连续生产应税消费品（从价定率方法）

当期准予扣除外购应税消费品已纳税款＝当期准予扣除外购应税消费品买价×外购应税消费品适用税率

当期准予扣除外购应税消费品买价＝期初库存外购应税消费品买价＋当期购进的外购应税消费品买价－期末库存的外购应税消费品买价

【任务案例 3-11】

某化妆品厂是增值税一般纳税人，2023 年 5 月外购已税高档香水不含增值税价 100 万元，当月期初库存外购高档香水25万元，月末库存外购高档香水30万元，当月用外购已税高档香水为原料加工生产高档化妆品“魔幻香水1号”。化妆品厂当月销售“魔幻香水1号”取得不含增值税销售额合计140万元。高档化妆品消费税税率是15%。

【问题】该化妆品厂2023年5月应纳消费税是多少？

【答案】当月准予扣除的外购高档香水的买价＝100＋25－30＝95（万元）

当月准予扣除的外购高档香水的已纳消费税税款＝95×15%＝14.25（万元）

应纳消费税＝140×15%－14.25＝6.75（万元）。

（二）外购应税消费品连续生产应税消费品（从量定额方法）

当期准予扣除的外购应税消费品已纳税款＝当期准予扣除外购应税消费品数量×外购应税消费品定额税率

当期准予扣除外购应税消费品数量＝期初库存外购应税消费品数量＋当期购进外购应税消费品数量－期末库存外购应税消费品数量

从工业企业购进已纳税款的应税消费品和进口环节已纳税款的应税消费品允许扣除，但从境内商业企业购进应税消费品的已纳税款一律不得扣除。

（三）委托加工收回应税消费品连续生产应税消费品

当期准予扣除的委托加工应税消费品已纳税款＝期初库存的委托加工应税消费品已纳税款＋当期收回的委托加工应税消费品已纳税款－期末库存的委托加工应税消费品已纳税款

委托加工应税消费品已纳税款为代扣代收税款凭证注明的受托方代收代缴的消费税。

（四）进口应税消费品连续生产应税消费品

当期准予扣除的进口应税消费品已纳税款＝期初库存的进口应税消费品已纳税款＋当期进口应税消费品已纳税款－期末库存的进口应税消费品已纳税款

六、消费税出口退税

《中华人民共和国消费税暂行条例》规定：除国务院另有规定外，对纳税人出口的应税消费品，免征消费税。出口应税消费品同时涉及退（免）增值税和消费税，且退（免）消费税与出口货物退（免）增值税在限定退（免）税范围、办理退（免）税流程、审核与管理退（免）税方面有很多地方是相同的。此处只介绍出口应税消费品退（免）税消费税与出口货物退（免）增值税的不同之处。

（一）出口应税消费品基本退（免）税政策

1. 出口免税并退税

有出口经营权的外贸企业购进应税消费品直接出口，以及外贸企业受其他外贸企业委托代理出口应税消费品。这里需要注意的是，外贸企业只有受其他外贸企业委托，代理出口应税消费品才可办理退税，外贸企业受其他企业（主要是非生产的商贸企业）委托，代理出口应税消费品是不予退（免）税的。这个政策限定与前述出口货物退（免）增值税的政策规定是一致的。出口的应税消费品办理退税后，发生退关，或者国外退货进口时予以免税的，报关出口者必须及时向其机构所在地或者居住地主管税务机关申报补缴已退的消费税税款。

2. 出口免税但不退税

有出口经营权的生产企业自营出口或生产企业委托外贸企业代理出口自产的应税消费品，依据其实际出口数量免征消费税，不予办理退还消费税。这里，免征消费税是指对生产企业按其实际出口数量免征生产环节的消费税。不予办理退还消费税，是指因已免征生产环节的消费税，该应税消费品出口时，已不含有消费税，所以也无须再办理退还消费税了。这项政策规定与前述生产企业自营出口或委托代理出口自产货物退（免）增值税的规定是不同的。此政策不同的原因是，消费税仅在生产企业的生产环节征收，生产环节免税了，出口的应税消费品就不含有消费税了；而增值税却在货物销售的各个环节征收，生产企业出口货物时，已纳的增值税就需退还。比如卷烟、军品、军队系统企业出口的军需工厂生产或军需部门调拨的货物、出口的来料加工产品等，免征消费税但不退税。纳税人直接出口的应税消费品办理免税后，发生退关或者国外退货，进口时已予以免税的，经机构所在地或者居住地主管税务机关批准，可暂不办理补税，待其转为国内销售时，再申报补缴消费税。

3. 出口不免税也不退税

除生产企业、外贸企业外的其他企业，具体是指一般商贸企业，这类企业委托外贸企业代理出口应税消费品一律不予退（免）税，比如禁止出口的货物。

（二）出口退（免）税的货物范围

除国家明确规定不退（免）税的货物和出口企业从小规模纳税人购买并持有普通发票的部分货物外，所有已征收或申请增值税和消费税的货物均为出口货物退（免）税的范围。已征收增值税和消费税或免征增值税和消费税均应退还。可以退（免）税的出口货物一般应具备以下条件：

1. 必须属于增值税和消费税征税范围的货物

包括所有的工业品和农业产品。这两种税的具体征收范围及其划分，详见消费税征税范围、税目。

2. 离境货物必须报关

报关离境，即货物已报关放行且出口，是区分货物是否应退（免）税的重要标准之一。报关不离境的所有货物，无论出口企业是以外汇结算还是以人民币结算，无论企业在财务和其他管理上怎么处理，都不能视作出口货物退（免）税。

3. 货物必须在财务上作销售处理

目前，我国对出口货物退税（免）税的规定只适用于贸易出口货物。非贸易出口货物，比如在国外展出的样品，个人在国内购买、国家允许离境的货物，向国外捐赠的货物，不予退税（免）增值税、消费税。

出口货物销售陆路运输以取得承运货物收据或铁路联运单、出口货物装运单、空运以取得空运单、向银行办理交单为销售收入的实现。出口货物的销售价格以离岸价格为准（FOB）转换人民币进入账户。出口货物只有在财务销售后才能退税。

4. 货物必须出口收汇、核销

出口收汇核销，是指国家外汇管理部门在每笔出口业务结束后，对出口是否安全、是否及时收取外汇以及其他有关业务情况进行监督管理的业务。将出口退税与出口汇率核销挂钩，可以有效防止出口企业高报出口价格骗取退税，有助于提高出口收汇率，加强出口收汇核销制度。

出口货物同时满足以上四个条件，才能向税务机关申报退税，否则，不予退税。

（三）确定出口应税消费品的退税率

计算出口应税消费品应退消费税的税率或单位税额，根据《中华人民共和国消费税暂行条例》所附《消费税税目税率（税额）表》及《关于调整和完善消费税政策的通知》文件执行。

（1）出口货物属于应税消费品的，其退还消费税应按该应税消费品所适用的消费税税率计算。

（2）企业应将不同消费税税率的出口应税消费品分开核算和申报。凡划分不清适用税率的，一律从低适用税率计算应退的消费税。

（四）计算出口应税消费品的退税税额

1. 从价定率征收

根据外贸企业从工厂购进货物时征收消费税的价格进行计算。购进金额如含增值税，应换算为不含增值税的购进金额，作为计算退税额的依据，计算公式为：

应退消费税税额＝出口货物的工厂销售额×消费税税率

不含增值税的购进金额＝含增值税的购进金额/（1＋增值税税率或征收率）

2. 从量定额征收

根据货物购进和报关出口的数量进行计算。计算公式为：

应退消费税税额＝出口数量×消费税单位税额

3. 复合征收

根据货物购进和报关出口的数量以及外贸企业从工厂购进货物时征收消费税的价格进行计算，计算公式为：

应退消费税税额＝出口货物的工厂销售额×消费税税率＋出口数量×消费税单位税额

表 3-4 所示为计算消费税与增值税出口退税的差异。

表 3-4 计算消费税与增值税出口退税的差异

差异项目	增值税出口退税	消费税出口退税
有出口经营权的生产企业自营或委托出口	采用免抵退税政策运用免抵退税的公式和规定的退税率计算退税	采用免税但不退税政策不计算退税
外贸企业收购货物出口；外贸企业接受其他外贸企业委托代理出口	采用免退税政策用退税计税依据和规定的退税率计算退税	采用免税并退上一环节已纳消费税用退税计税依据和规定的征税率计算退税
退税率	使用征税率、退税率、征收率计算退税	使用征税率计算退税

任务二　办理消费税申报缴纳

【知识准备】

一、纳税义务发生时间

（1）应税消费品的纳税义务发生时间按不同的销售结算方式确定，具体规定如下：

①纳税人采取赊销和分期收款结算方式的，为书面合同约定的收款日期的当天，书面合同没有约定收款日期或者无书面合同的，为发出应税消费品的当天。

②纳税人采取预收货款结算方式的，为发出应税消费品的当天。

③纳税人采取托收承付和委托银行收款方式的，为发出应税消费品并办妥托收手续的当天。

④纳税人采取其他结算方式的，为收讫销售款或者取得索取销售款凭据的当天。

（2）纳税人自产自用应税消费品，为移送使用的当天。

（3）纳税人委托加工应税消费品的，为纳税人提货的当天。

（4）纳税人进口应税消费品的，为报关进口的当天。

二、纳税期限

消费税的纳税期限分别为1日、3日、5日、10日、15日、1个月或者1个季度；纳税人的具体纳税期限，由主管税务机关根据纳税人应纳税额的大小分别核定；不能按照固定期限纳税的，可以按次纳税。

以1个月或者1个季度为1个纳税期的，自期满之日起15日内申报纳税；以1日、3日、5日、10日或者15日为1个纳税期的，自期满之日起5日内预缴税款，于次月1日起至15日内申报纳税并结清上月应纳税款。

纳税人进口应税消费品，应当自海关填发海关进口消费税专用缴款书之日起15日内缴纳税款。

三、纳税地点

（1）除国务院财政、税务主管部门另有规定外，纳税人销售的应税消费品、自产自用的应税消费品，应当向纳税人机构所在地或者居住地的主管税务机关申报纳税。

（2）委托加工的应税消费品，除受托方为个人外，由受托方向机构所在地或者居住地的主管税务机关申报缴纳消费税税款。受托方为个人的，由委托方向机构所在地的主管税务机关申报纳税。

（3）进口的应税消费品，由进口人或者其代理人向报关地海关申报纳税（个人携带或者邮寄进境应税消费品的消费税，连同关税一并计征）。

（4）纳税人到外县（市）销售或者委托外县（市）代销自产应税消费品的，于应税消费品销售后，向机构所在地或者居住地主管税务机关申报纳税。

（5）纳税人的总机构与分支机构不在同一县（市）的，应当分别向各自机构所在地的主管税务机关申报纳税。

纳税人的总机构与分支机构不在同一县（市），但在同一省（自治区、直辖市）范围内，经省（自治区、直辖市）财政厅（局）、税务局审批同意，可以由总机构汇总向总机构所在地的税务机关申报缴纳消费税。

省（自治区、直辖市）财政厅（局）、税务局应将审批同意的结果，上报财政部、国家税务总局备案。

（6）纳税人销售的应税消费品，如因质量等原因由购买者退回时，经机构所在地或者居住地主管税务机关审核批准后，可退还已缴纳的消费税税款。

（7）出口的应税消费品办理退税后，发生退关，或者国外退货进口时予以免税的，报关出口者必须及时向其机构所在地或者居住地税务机关申报补缴已退还的消费税税款。

纳税人直接出口的应税消费品办理免税后，发生退关或者国外退货，进口时已予以免税的，经机构所在地或者居住地税务机关批准，可暂不办理补税，待其转为国内销售时，再申报补缴消费税。

四、纳税申报

（一）报送纳税申报资料

1. 必报资料

自 2021 年 8 月 1 日起，城市维护建设税、教育费附加、地方教育附加申报表与消费税申报表进行整合申报，启用消费税及附加税费申报表（见表 3-5）。

整合后的消费税纳税申报表为 1 张主表和 7 张附表。主表基本框架结构，包含销售情况、税款计算和税款缴纳三部分。

附表中有 4 张为通用附表，分别为本期准予扣除税额计算表、本期减（免）税额明细表、本期委托加工收回情况报告表、消费税附加税费计算表，1 张成品油消费税纳税人填报的专用附表，即本期准予扣除税额计算表（成品油消费税纳税人适用），2 张卷烟消费税纳税人填报的专用附表，分别为卷烟批发企业月份销售明细清单（卷烟批发环节消费税纳税人适用）和卷烟生产企业合作生产卷烟消费税情况报告表（卷烟生产环节消费税纳税人适用）。

表 3-5 消费税及附加税费申报表

税款所属期：自 年 月 日至 年 月 日

纳税人识别号（统一社会信用代码）：□□□□□□□□□□□□□□□□□□□□□□□□□□

纳税人名称：

金额单位：人民币元（列至角分）

项目 应税消费品名称	适用税率		计量单位	本期销售数量	本期销售额	本期应纳税额
	定额税率	比例税率				
	1	2	3	4	5	6=1×4+2×5
合计	—	—	—	—	—	

	栏次	本期税费额
本期减（免）税额	7	
期初留抵税额	8	
本期准予扣除税额	9	
本期应扣除税额	10＝8＋9	
本期实际扣除税额	11［10＜（6－7），则为 10，否则为 6－7］	
期末留抵税额	12＝10－11	
本期预缴税额	13	
本期应补（退）税额	14 ＝6－7－11－13	
城市维护建设税本期应补（退）税额	15	
教育费附加本期应补（退）费额	16	
地方教育附加本期应补（退）费额	17	
声明：此表是根据国家税收法律法规及相关规定填写的，本人（单位）对填报内容（及附带资料）的真实性、可靠性、完整性负责。 纳税人（签章）：　年　月　日		
经办人： 经办人身份证号： 代理机构签章： 代理机构统一社会信用代码：	受理人： 受理税务机关（章）： 受理日期：　年　月　日	

2. 条件报送资料

海关进口消费税专用缴款书复印件、已核定最低计税价格白酒清单、生产企业销售含税石脑油、燃料油完税情况明细表、生产企业定点直供石脑油、燃料油开具普通版增值税专用发票明细表、使用企业外购石脑油、燃料油凭证明细表、石脑油、燃料油生产、外购、耗用、库存月度统计表、乙烯、芳烃生产装置投入产出流量计统计表、使用企业外购石脑油、燃料油凭证明细表中“外购含税油品”项“消费税税款缴纳凭证号码”所对应的消费税税款缴纳凭证的复印件、当期外购石脑油、燃料油取得认证相符的普通版及汉字防伪版（非DDZG）增值税专用发票复印件、进口货物报关单、海关进口消费税专用缴款书、自动进口许可证等材料复印件。

（二）填写纳税申报表

纳税申报表见表 3-6～表 3-8。

表 3-6　消费税及附加税费申报表

税款所属期：自 2023 年 4 月 1 日至 2023 年 4 月 30 日

纳税人识别号（统一社会信用代码）：912305689457789847

纳税人名称：哈尔滨市美丽化妆品有限责任公司

金额单位：人民币元（列至角分）

项目 应税消费品名称	适用税率		计量单位	本期销售数量	本期销售额	本期应纳税额
	定额税率	比例税率				
	1	2	3	4	5	6=1×4+2×5
高档化妆品		15%			11 350 000.00	1 702 500.00
合计	—	—	—	—	—	1 702 500.00

	栏次	本期税费额
本期减（免）税额	7	0.00
期初留抵税额	8	0.00
本期准予扣除税额	9	112 500.00
本期应扣除税额	10=8+9	112 500.00
本期实际扣除税额	11［10＜（6−7），则为 10，否则为 6−7］	112 500.00
期末留抵税额	12=10−11	0.00
本期预缴税额	13	0.00
本期应补（退）税额	14=6−7−11−13	1 590 000.00
城市维护建设税本期应补（退）税额	15	111 300.00
教育费附加本期应补（退）费额	16	47 700.00
地方教育附加本期应补（退）费额	17	31 800.00

声明：此表是根据国家税收法律法规及相关规定填写的，本人（单位）对填报内容（及附带资料）的真实性、可靠性、完整性负责。

纳税人（签章）：　　年　月　日

经办人： 经办人身份证号： 代理机构签章： 代理机构统一社会信用代码：	受理人： 受理税务机关（章）： 受理日期：　年　月　日

表 3-7 本期准予扣除税额计算表

金额单位：元（列至角分）

准予扣除项目 \ 应税消费品名称				高档保湿精华			合计
一、本期准予扣除的委托加工应税消费品已纳税款计算		期初库存委托加工应税消费品已纳税款	1				
		本期收回委托加工应税消费品已纳税款	2				
		期末库存委托加工应税消费品已纳税款	3				
		本期领用不准予扣除委托加工应税消费品已纳税款	4				
		本期准予扣除委托加工应税消 费品已纳税款	5＝1＋2－3－4				
二、本期准予扣除的外购应税消费品已纳税款计算	（一）从价计税	期初库存外购应税消费品买价	6	0.00			
		本期购进应税消费品买价	7	1 500 000.00			
		期末库存外购应税消费品买价	8	750 000.00			
		本期领用不准予扣除外购应税消费品买价	9	0.00			
		适用税率	10	15%			
		本期准予扣除外购应税消费品已纳税款	11＝（6＋7－8－9）×10	112 500.00			
	（二）从量计税	期初库存外购应税消费品数量	12				
		本期外购应税消费品数量	13				
		期末库存外购应税消费品数量	14				
		本期领用不准予扣除外购应税消费品数量	15				
		适用税率	16				
		计量单位	17				
		本期准予扣除的外购应税消费品已纳税款	18＝（12＋13－14－15）×16				
三、本期准予扣除税款合计			19＝5＋11＋18	112 500.00			

表 3-8　消费税附加税费计算表

金额单位：元（列至角分）

税（费）种	计税（费）依据	税（费）率（%）	本期应纳税（费）额	本期减免税（费）额		本期是否适用增值税小规模纳税人“六税两费”减征政策		本期已缴税（费）额	本期应补（退）税（费）额
	消费税税额			减免性质代码	减免税（费）额	□是 □否			
						减征比例（%）	减征额		
	1	2	3=1×2	4	5	6	7=（3−5）×6	8	9=3−5−7−8
城市维护建设税	1 590 000.00	7%	111 300.00					0.00	111 300.00
教育费附加	1 590 000.00	3%	47 700.00					0.00	47 700.00
地方教育附加	1 590 000.00	2%	31 800.00					0.00	31 800.00
合计	—	—				—	—	0.00	190 800.00

思考与练习

一、单项选择题

1. 2023 年 6 月，某药酒厂销售自产药酒，取得含增值税价款 56.5 万元，另收取补贴 1.017 万元，包装物押金 3.39 万元。该药酒厂该笔业务应缴纳消费税税额的下列算式中，正确的是(　　)。

A. (56.5＋3.39)÷(1＋13％)×10％＝5.28（万元）

B. (56.5＋3.39＋1.017)÷(1＋13％)×10％＝5.39（万元）

C. (56.5＋1.017)÷(1＋13％)×10％＝5.09（万元）

D. 56.5÷(1＋13％)×10％＝5（万元）

2. 根据消费税法律制度的规定，下列消费品中，实行从价定率和从量定额相结合的复合计征办法征收消费税的是(　　)。

A. 柴油　　B. 白酒　　C. 黄酒　　D. 实木地板

3. 根据消费税法律制度的规定，下列各项中，应当以纳税人同类应税消费品的最高销售价格作为计税依据计征消费税的是(　　)。

A. 用于提供劳务的应税消费品　　B. 用于抵偿债务的应税消费品

C. 用于管理部门的应税消费品　　D. 用于广告的应税消费品

4. 某手表厂将 1 件生产成本 10 万元的自产高档手表用于换取生产资料，同款高档手表不含增值税的平均售价 20 万元/件，不含增值税最高售价 25 万元/件。该手表厂该笔业务应缴纳消费税税额的下列算式中，正确的是(　　)。

A. 1×10×20％＝2（万元）　　B. 1×20×20％＝4（万元）

C. 1×25×20％＝5（万元）　　D. 1×10×(1＋20％)×20％＝2.4（万元）

5. 某外贸公司是增值税一般纳税人，2023 年 5 月进口一批高档化妆品，海关审定关税完税价格 200 万元，已缴纳关税 20 万元。计算该外贸公司应缴纳增值税税额的算式，正确的是(　　)。

A. 200×13％＝26(万元)

B. (200＋20)×13％＝28.6(万元)

C. 200÷(1－15％)×13％＝30.59(万元)

D. (200＋20)÷(1－15％)×13％＝33.65(万元)

6. 某酒厂是增值税一般纳税人，受托加工一批糠麸白酒，委托方提供粮食的糠麸成本 50 000 元，该酒厂收取含增值税加工费 2 825 元。无同类糠麸白酒销售价格。计算该酒厂该笔业务应代收代缴消费税税额的下列算式中，正确的是(　　)。

A. (50 000＋2 825)÷(1＋13％)÷(1－10％)×10％＝5 162.24（元）

B. [50 000＋2 825÷(1＋13％)]÷(1－10％)×10％＝5 833.33（元）

C. (50 000＋2 825)÷(1－10％)×10％＝5 869.44（元）

D. 50 000÷(1－10％)×10％＝5 555.56（元）

7. 根据消费税法律制度的规定，企业发生的下列经营行为中，外购应税消费品已纳消费税税额不准从应纳消费税税额中扣除的是(　　)。

A. 以外购已税高档化妆品生产高档化妆品

B. 以外购已税鞭炮、焰火为原料生产鞭炮、焰火

C. 以外购已税粮食白酒为原料生产粮食白酒

D. 以外购已税珠宝玉石为原料生产贵重首饰及珠宝玉石

8. 某公司是增值税一般纳税人，外购木制一次性筷子为原料生产木制一次性筷子，2023 年 6 月份生产销售木制一次性筷子取得不含税销售收入 10 万元。该公司 6 月初库存木制一次性筷子 1 万元，6 月购进木制一次性筷子 10 万元，6 月底库存木制一次性筷子 2 万元。该公司当月应缴纳消费税税额的下列算式中，正确的是(　　)。

A. 10×5%＝0.5（万元）

B. 10×5%－(2－1)×5%＝0.45（万元）

C. 10×5%－10×5%＝0（万元）

D. 10×5%－(1＋10－2)×5%＝0.05（万元）

9. 根据消费税法律制度的规定，下列关于消费税纳税义务发生时间的表述中，不正确的是(　　)。

A. 纳税人采取分期收款结算方式的，为收到货款的当天

B. 纳税人采取托收承付收款方式的，为发出应税消费品并办妥托收手续的当天

C. 纳税人采取其他结算方式的，为收讫销售款或者取得索取销售款凭据的当天

D. 纳税人自产自用应税消费品的，为移送使用的当天

10. 根据消费税法律制度的规定，下列关于消费税纳税地点的表述中，正确的是(　　)。

A. 委托加工的应税消费品，受托方为个人的，由受托方向所在地主管税务机关代收代缴消费税税款

B. 纳税人销售的自产自用应税消费品，除国务院另有规定外，应当向纳税人机构所在地或者居住地的主管税务机关申报纳税

C. 纳税人到外县（市）销售自产应税消费品的，应向外县（市）主管税务机关申报纳税

D. 个人携带或者邮寄进境的应税消费品，连同关税由纳税人居住地的主管税务机关一并计征

二、多项选择题

1. 根据消费税法律制度的规定，下列应税消费品中，实行从量定额计征消费税的有(　　)。

A. 小汽车　　B. 啤酒　　C. 电池　　D. 汽油

2. 小汽车厂主要从事小汽车生产销售业务。此小汽车厂销售小汽车收取的下列款项中，应并入销售额缴纳消费税的有(　　)。

A. 向甲公司收取的手续费　　B. 向乙公司收取的滞纳金

C. 向丙公司收取的赔偿金　　D. 向丁公司收取的返还利润

3. 根据消费税法律制度的规定，下列情形中，准予抵扣已纳消费税的是(　　)。

A. 外购已税摩托车为原料生产的摩托车

B. 外购已税烟丝为原料生产的卷烟

C. 外购已税木制一次性筷子为原料生产的木制一次性筷子

D. 外购已税杆头、杆身和握把为原料生产的高尔夫球杆

4. 根据消费税法律制度的规定，下列情形中，属于消费税征税范围的有(　　)。

A. 酒类产品批发商将白酒销售给零售商

B. 某设备厂生产销售设备

C. 某购物中心零售超豪华小汽车

D. 某化妆品贸易公司进口高档化妆品

5. 根据消费税法律制度的规定，下列各项中，属于消费税征税范围的是(　　)。

A. 电子烟　　B. 卡丁车

C. 高尔夫球及球具　　D. 汽油

6. 根据消费税法律制度的规定，正确确定从量计征销售数量的是（　　）。

A. 委托加工应税消费品的，为纳税人收回的应税消费品数量

B. 进口应税消费品的，为纳税人自己申报的进口数量

C. 自产自用应税消费品的，为应税消费品的移送使用数量

D. 销售应税消费品的，为应税消费品的销售数量

7. 乙烟厂委托甲公司生产一批烟丝，乙烟厂提供烟叶的成本为 200 万元，甲公司收取不含税加工费 20 万元。已知甲公司销售同类烟丝的不含税销售价格为 300 万元，下列说法中正确的有（　　）。

A. 乙烟厂应对支付的加工费 20 万元缴纳增值税

B. 甲公司代收代缴消费税的计税依据是 314.29 万元

C. 甲公司代收代缴消费税的计税依据是 300 万元

D. 甲公司应对收取的加工费 20 万元按照加工劳务缴纳增值税

8. 下列关于委托加工或自产自用应税消费品销售额的计税依据的陈述，正确的是(　　)。

A. 委托加工的应税消费品，受托方是非个人的，以受托方的同类消费品的销售价格为销售额的计税依据

B. 纳税人自产自用的应税消费品，以纳税人生产的同类消费品的销售价格为销售额的计税依据

C. 纳税人自产自用的应税消费品，没有同类消费品销售价格的，以组成计税价格为销售额的计税依据

D. 组成计税价格计算公式：组成计税价格＝（成本＋利润）÷（1＋消费税税率）

9. 下列项目中，不可直接作为消费税计税依据的有(　　)。

A. 销售实木地板收取的优质费

B. 用于投资入股的应税消费品的平均销售价格

C. 润滑油的包装物押金

D. 销售小汽车开具增值税专用发票上注明的不含税价款

10. 下列各项中，应当征收消费税的有(　　)。

A. 高档手表生产企业用于换取生产资料的高档手表

B. 将自产的高档香水精用于连续生产高档香水

C. 小汽车厂向购物中心销售的新款小汽车

D. 鞭炮厂移送非独立核算门市部待销售的鞭炮、焰火

三、判断题

1. 烟厂销售自产卷烟收取的包装物押金，应并入销售额征收消费税。(　　)

2. 电动汽车、沙滩车、雪地车、卡丁车、高尔夫车应按规定征收消费税。(　　)

3. 用自产的烟丝，连续生产卷烟，在计征消费税时，可以按当期生产领用数量计算准予扣除的烟丝已纳消费税税款。(　　)

4. A 市甲个人委托 B 市乙企业加工一批药酒，该批药酒应缴纳的消费税税款应由甲个人向 A 市税务机关解缴。(　　)

5. 卷烟只在生产环节征收消费税。(　　)

6. 征收消费税的同时也要征收增值税。(　　)

7. 委托个人加工的应税消费品，由委托方向其机构所在地或者居住地主管税务机关申报纳税。(　　)

8. 纳税人销售的应税消费品，以人民币以外的货币结算销售额的，其销售额的人民币折合率可以选择销售额发生的上月 1 日的人民币汇率中间价。(　　)

9. 委托加工的应税消费品，是指由委托方提供原料和主要材料，受托方只收取加工费和代垫部分辅助材料加工的应税消费品。(　　)

10. 应税消费品连同包装物销售的，包装物单独计价核算，不并入应税消费品的销售额缴纳消费税。(　　)

四、计算题

1. 海燕手表厂是增值税一般纳税人，2023 年 5 月将新款高档手表 5 块作为奖品奖励本店职工，无同类高档手表的销售价格，5 块高档手表的材料成本是 30 000 元、高档手表成本利润率是 20%。

要求：计算该手表厂 2023 年 5 月应缴纳多少消费税。

2. 甲实木地板厂是增值税一般纳税人，2023 年 5 月有关生产经营情况如下：①甲厂当月生产实木地板 10 万平方米，销售了 7.5 万平方米，取得含税销售额 254.25 万元；②当月将自产同类实木地板 150 平方米用于本企业会议室装修。

要求：计算甲实木地板厂 2023 年 5 月应缴纳多少消费税。

3. 某卷烟厂 2023 年 5 月生产销售 30 箱（每箱 50 000 支）卷烟，每条（200 支）的计税销售价格为 100 元。

要求：计算该卷烟厂 2023 年 5 月应缴纳多少消费税。

4. 甲化妆品公司是增值税一般纳税人，主要从事各类化妆品的生产销售与加工业务。2023 年 6 月有关经营业务如下：

（1）与乙公司签订买卖合同，销售自产 A 型高档化妆品 5 000 盒，每盒不含增值税售价 1 000 元。销售情况如下：采取直接收款方式销售 3 000 盒，已取得销售款并开具发票，采取赊销方式销售 2 000 盒，合同约定当月应收取 700 盒销售款，但截至 6 月底只收到 300 盒销售款，甲化妆品公司未开具发票。

（2）与丙公司签订买卖合同，销售成套化妆品 1 000 盒，每盒不含增值税售价 2 000 元。每盒中包含自 B 型高档化妆品和外购的工艺品各一套，不含增值税售价分别 1 900 元、100 元。

（3）与丁商贸公司签订承揽合同，受托加工其定制的高档化妆品，按合同约定，丁商贸公司提供原料成本 200 000 元，甲化妆品公司收取不含增值税加工费 60 000 元，其中包含代垫的辅助材料 5 000 元。化妆品公司无同类高档化妆品销售价格。丁商贸公司已于当月提货。

要求：计算甲化妆品公司 2023 年 6 月应缴纳多少消费税。

5. 某酒厂是增值税一般纳税人，2023 年 6 月发生的业务如下：

（1）采用赊销方式销售粮食白酒 2 吨，销售额为 80 万元，合同规定当月收取价款的 50%，实际收到 30%。采用直接收款的方式销售粮食白酒 0.8 吨，销售额为 38.4 万元。

（2）进口一批粮食白酒，价款为 200 万元，某酒厂另行承担并支付运抵我国口岸前的运输和保险费用 5 万元。

（3）将粮食白酒 3 吨转移给下设的非独立核算门市部，门市部当月将其销售，取得销售额 11.4 万元。

（4）外购一批粮食白酒，增值税专用发票上注明价款 150 万元，税额 19.5 万元，当月领用 70% 用于继续生产粮食白酒。

（5）税务机关发现，2023 年 4 月某酒厂接受甲厂委托加工一批粮食白酒，该酒厂未代收代缴消费税。已知甲厂提供粮食白酒的成本为 80 万元，该酒厂收取加工费 18 万元，甲厂尚未销售收回的粮食白酒。

要求：计算该酒厂 2023 年 6 月应缴纳多少消费税。

项目四　城市维护建设税和教育费附加纳税业务

【学习目标】

- 掌握城市维护建设税和教育费附加的概念、基本法规和税款计算的知识。
- 掌握城市维护建设税和教育费附加纳税申报的相关规定。

【能力目标】

- 能确定城市维护建设税和教育费附加的纳税人及其适用税费率。
- 会根据业务资料计算城市维护建设税和教育费附加税费金额。

【素养目标】

- 培养学生诚实守信、依法纳税的责任意识。
- 能根据企业自身情况与税务部门沟通，积极争取税务部门的支持，使企业获得税收优惠。
- 能向其他财会人员宣传城市维护建设税和教育费附加等税费法规政策，依法纳税。
- 培养敬业精神、团队合作能力和良好的职业道德修养。

【思维导图】

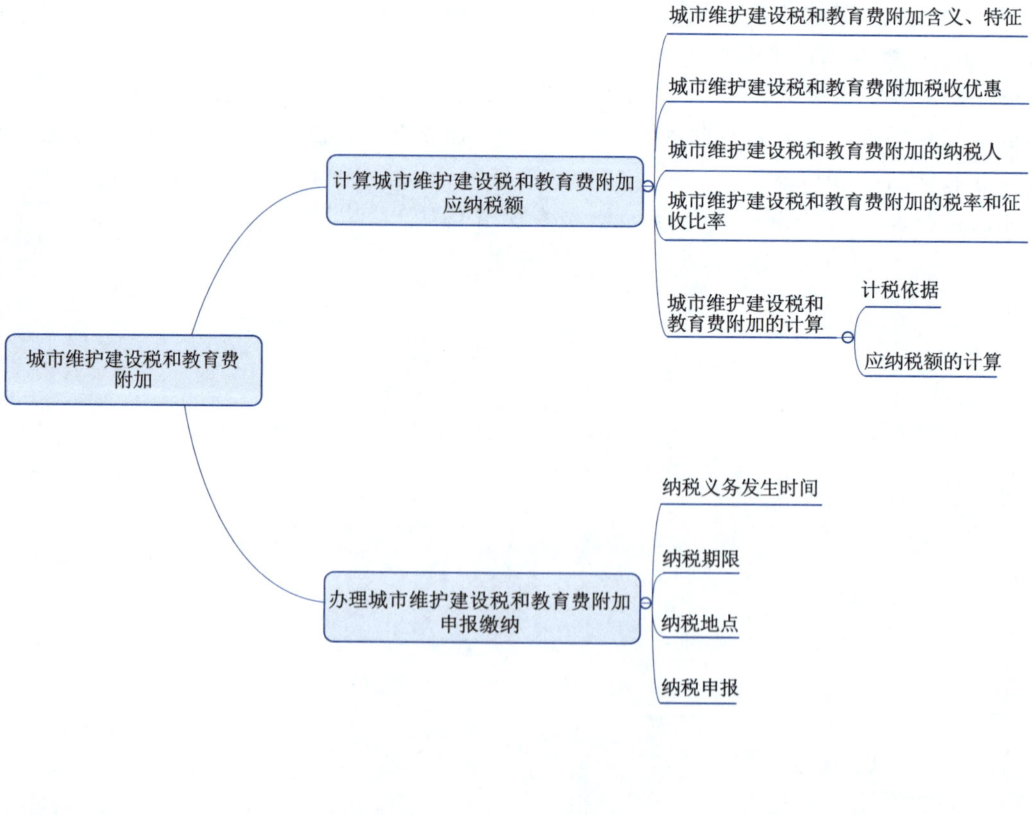

任务一　计算城市维护建设税和教育费附加应纳税额

【引导案例】

2023 年 5 月哈尔滨市富强办公设备有限责任公司应纳增值税税额 200 000 元（其中进口商品应纳增值税 30 000 元），消费税税额 40 000 元，城市维护建设税税率为 7%，教育费附加征收比率为 3%。

【知识准备】

一、城市维护建设税和教育费附加含义、特征

（一）城市维护建设税的含义

城市维护建设税（简称“城建税”）是国家对在中华人民共和国境内缴纳增值税和消费税（简称“二税”）的单位和个人就其实际缴纳的“二税”税额为计税依据而征收的一种税。2020 年 8 月 11 日，第十三届全国人民代表大会常务委员会第十一次会议通过了《中华人民共和国城市维护建设税法》，自 2021 年 9 月 1 日起施行。1985 年 2 月 8 日国务院发布的《中华人民共和国城市维护建设税暂行条例》同时废止。

（二）城市维护建设税的特征

城建税属于特定目的税，是国家为加强城市公用事业和公共设施的维护和建设、扩大和稳定城市维护建设资金的来源而采取的一项税收措施，具有两大特征：

（1）具有附加税性质，即城建税以纳税人实际缴纳的“二税”税额为计税依据，附加于“二税”税额，本身没有特定的、独立的征税对象。

（2）具有特定目的，城建税税款专门用于城市的公用事业和公共设施的维护和建设。

（三）教育费附加的含义

教育费附加是对缴纳增值税、消费税的单位和个人，就其实际缴纳的税额为计算依据征收的一种附加费。

教育费附加是为加快地方教育事业、扩大地方教育经费的资金而征收的一项专用基金。1984 年，国务院颁布了《关于筹措农村学校办学经费的通知》，开征了农村教育事业经费附加。1985 年，中共中央作出了《关于教育体制改革的决定》，指出必须在国家增拨教育基本建设投资和教育经费的同时，充分调动企事业单位和其他各种社会力量办学的积极性，开辟多种渠道筹措经费。为此，国务院于 1986 年 4 月 28 日颁布了《征收教育费附加的暂行规定》，决定从同年 7 月 1 日开始在全国范围内征收教育费附加。自 2006 年 9 月 1 日起施行的《中华人民共和国教育法》规定：“税务机关依法足额征收教育费附加，由教育行政部门统筹管理，主要用于实施义务教育。省、自治区、直辖市人民政府根据国务院的有关规定，可以决定开征用于教育的地方附加费，专款专用。”2010 年，财政部下发了《关于统一地方教育附加政策有关问题的通知》，对各省、自治区、直辖市的地方教育附加进行了统一。

二、城市维护建设税和教育费附加税收优惠

城建税和教育费附加原则上不单独减免，但因城建税和教育费附加具有附加税性质，当主税发生减免时，城建税和教育费附加相应发生减免。具体来说有以下几种情况：

（1）城建税和教育费附加按减免后实际缴纳的“二税”税额计征，即随“二税”的减免而减免。

（2）对于因减免税而需进行“二税”退库的，城建税和教育费附加也同时退库。

（3）海关对进出口产品代征的增值税、消费税，不征收城建税和教育费附加。

（4）根据国民经济和社会发展的需要，国务院对重大公共基础设施建设、特殊产业和群体以及重大突发事件应对等情形可以规定减征或者免征城建税和教育费附加，报全国人民代表大会常务委员会备案。

三、城建税和教育费附加的纳税人

城建税的纳税人，是指负有缴纳“二税”义务的单位和个人，包括国有企业、集体企业、私营企业、股份制企业、其他企业和行政单位、事业单位、军事单位、社会团体、其他单位，以及个体工商户及其他个人。自2010年12月1日起，外商投资企业、外国企业和外籍人员开始征收城建税。

教育费附加对缴纳增值税、消费税的单位和个人征收，以其实际缴纳的增值税、消费税税款为计征依据，分别与增值税、消费税同时缴纳。

对海关进口的产品征收的增值税、消费税，不征收教育费附加。

四、城建税和教育费附加的税率和征收比率

城建税按纳税人所在地不同，设置三档差别比例税率，即：

（1）纳税人所在地为城市市区的，税率为7%。

（2）纳税人所在地为县城、建制镇的，税率为5%。

（3）纳税人所在地不在市区、县城或建制镇的，税率为1%。

另外，在确定适用税率时，要注意以下几种情况，区别对待：①由受托方代扣代缴、代收代缴“二税”的单位和个人，其代扣代缴、代收代缴的城建税按受托方所在地适用税率执行；②流动经营等无固定纳税地点的单位和个人，在经营地缴纳“二税”的，其城建税的缴纳按经营地适用税率执行；③县政府设在城市市区，其在市区设立的企业，按照市区规定税率计算纳税；④纳税人所在地为工矿区的，应根据工矿区所属行政区划适用的税率计算纳税。

教育费附加征收比率为3%。教育费附加计征比率曾几经变化，1986年开征时，规定为1%；1990年5月《国务院关于修改〈征收教育费附加的暂行规定〉的决定》中规定为2%；按照1994年2月7日《国务院关于教育费附加征收问题的紧急通知》的规定，教育费附加征收比率为3%。

五、城建税和教育费附加的计算

（一）计税依据的确定

城建税的计税依据是纳税人实际缴纳的“二税”税额。纳税人因违反“二税”有关税法

而加收的滞纳金和罚款，不作为城建税的计税依据，但纳税人在被查补“二税”和被处以罚款时，应同时对其偷漏的城建税进行补税、征收滞纳金和罚款。

城建税以“二税”税额为计税依据并同时征收，“二税”减免则该税也减免。但对进口货物或者境外单位和个人向境内销售劳务、服务、无形资产缴纳的增值税、消费税税额，不征收城建税；对出口产品退还的增值税、消费税，不退还已纳的城建税。

教育费附加计征依据与城市维护建设税计税依据一致。

（二）应纳税额的计算

城建税应纳税额的计算比较简单，计税方法基本上与“二税”一致，其计算公式如下：

应纳税额＝纳税人实际缴纳的增值税、消费税税额之和×适用税率

教育费附加的计算公式为：

应纳教育费附加＝纳税人实际缴纳的增值税、消费税之和×3%

【引例分析 4-1】

哈尔滨市富强办公设备有限责任公司 2023 年 5 月应纳城建税税额为：

（1）计税依据＝200 000－30 000＋40 000＝210 000（元）

（2）应纳城建税税额＝210 000×7%＝14 700（元）

（3）应纳教育费附加＝210 000×3%＝6 300（元）

任务二　办理城市维护建设税和教育费附加申报缴纳

【知识准备】

一、纳税义务发生时间

城建税和教育费附加以纳税人实际缴纳的“二税”为计税依据，分别与“二税”同时缴纳，说明城建税和教育费附加纳税义务发生时间基本上与“二税”纳税义务发生时间一致，应该按照“销售货物或者提供应税劳务，为收讫销售款或者取得索取销售款凭据的当天”的原则确定。

二、纳税期限

城建税和教育费附加的纳税期限与“二税”的纳税期限一致，分别为 1 日、3 日、5 日、10 日、15 日或者 1 个月。具体由税务机关根据纳税人应纳税额的大小分别核定；不能按期纳税的，可以按次纳税。

三、纳税地点

纳税人缴纳“二税”地点就是该纳税人缴纳城建税和教育费附加的地点。有特殊情况的，按下列原则和办法确定纳税地点：

（1）代扣代缴、代收代缴“二税”的单位和个人，同时也是城建税和教育费附加的代扣

代缴、代收代缴义务人，其纳税地点为代扣代收地。

（2）跨省开采的油田，下属生产单位与核算单位不在同一省内的，其生产的原油、在油井所在地缴纳增值税，其应纳税额由核算单位按照各油井的产量和规定税率，计算汇拨各油井缴纳。所以，各油井应纳的城建税和教育费附加，应由核算单位计算，随同增值税一并汇拨油井所在地，由油井在缴纳增值税的同时，一并缴纳城建税和教育费附加。

（3）对流动经营等无固定纳税地点的单位和个人，应随同“二税”在经营地按适用税率缴纳。

（4）中国国家铁路集团有限公司等实行汇总缴纳“二税”的纳税人，城建税和教育费附加在汇总地与“二税”同时缴纳。

四、纳税申报

自2021年8月1日起，城建税、教育费附加、地方教育附加与增值税、消费税申报表整合，在增值税、消费税的申报表中申报，不再单独填写城市维护建设税和教育费附加纳税申报表。

思考与练习

一、单项选择题

1. 下列企业属于城市维护建设税纳税人的是(　　)。

A. 缴纳增值税的外商投资企业　　B. 缴纳资源税的国有企业

C. 缴纳车辆购置税的私营企业　　D. 缴纳城镇土地使用税的集体所有制企业

2. 下列说法正确的是(　　)。

A. 只要缴纳增值税就会缴纳城市维护建设税

B. 同时缴纳增值税、消费税的纳税人才能成为城市维护建设税的纳税人

C. 只要退还“两税”就退还城市维护建设税

D. 城市维护建设税的纳税人是缴纳增值税、消费税的单位和个人

3. 设在县城的A企业代收代缴市区内的B企业的消费税，对B企业城市维护建设税的处理办法是(　　)。

A. 由B企业在市区按7%交城市维护建设税

B. 由B企业将7%的城市维护建设税交A企业代征

C. 由B企业按7%的税率自行选择纳税地点

D. 由A企业按5%的税率代收B企业的城市维护建设税

4. 下列项目中，不作为城市维护建设税计税依据的是(　　)。

A. 纳税人被认定为偷税少缴的增值税款

B. 纳税人被认定为抗税少缴的消费税款

C. 纳税人欠缴的增值税

D. 对欠缴增值税加收的滞纳金

5. 某地处市区的企业为增值税一般纳税人，某月按规定缴纳了增值税30万元，同时补

缴上一年度增值税 8 万元及相应的滞纳金 1 万元，罚款 12 万元。则该企业应缴纳城市维护建设税( )元 。

A. 21 000 B. 26 600 C. 35 000 D. 35 700

6. 某地处市区的企业为增值税一般纳税人，主要经营内销和出口业务，某月实际缴纳增值税 120 万元，出口货物免抵税额 10 万元。另外，进口货物缴纳增值税 35 万元，缴纳消费税 50 万元。则该企业应缴纳城市维护建设税( )万元。

A. 8.4 B. 9.1 C. 14.35 D. 15.05

7. 根据城市维护建设税相关规定，下列说法正确的是( )。

A. 自 2010 年 12 月 1 日起，外商投资企业应依法缴纳城市维护建设税

B. 进口环节增值税纳税人同时也是城市维护建设税纳税人

C. 城市维护建设税实行行业规划税率

D. 城市维护建设税的计税依据是纳税人实际缴纳的"两税"及滞纳金和罚款

8. 由受托方代征代扣"两税"的单位和个人，其代征代扣的城市维护建设税按( )税率执行。

A. 委托方所在地 B. 受托方所在地 C. 双方协商 D. 从高

9. 个体商贩及个人在集市上出售商品，对其征收临时经营的增值税时，下列关于其城市维护建设税的处理，正确的是( )。

A. 同时征收城市维护建设税

B. 减半征收城市维护建设税

C. 免征城市维护建设税

D. 由各省、自治区、直辖市人民政府根据实际情况确定是否征收城市维护建设税

10. 某税务师审核某县一企业的纳税情况，发现该企业去年的经营业务少缴增值税 25 万元，少缴消费税 10 万元，报税务机关查核后，已补缴以上税款，则该企业应补缴城市建设税( )万元。

A. 1.75 B. 2.45 C. 0.35 D. 0.25

11. 某企业地处市区，某月被税务机关查补增值税 83 000 元、消费税 56 000 元、所得税 230 000 元；还被加收滞纳金 21 000 元、被处罚款 50 000 元。该企业应补缴城市维护建设税和教育费附加( )元 。

A. 21 000 B. 13 900 C. 44 000 D. 16 000

12. 某市一企业某月缴纳增值税 32 万元，其中含有因符合免税规定而被退库的 2 万元，缴纳消费税 50 万元，被查补增值税 10 万元，则该企业当月应缴纳的城市维护建设税为( )万元。

A. 6.44 B. 4.5 C. 5.3 D. 6.3

13. 某县城生产化妆品的纳税人本月交纳增值税 110 万元，消费税 300 万元，补缴上月应纳消费税 20 万元，当月取得出口退还增值税 5 万元，获批准出口免抵增值税 24 万元，缴纳进口关税 18 万元、进口增值税 24 万元、进口消费税 30 万元。计算本月应缴的城市维护建设税和教育费附加合计为( )万元。

A. 22.7 B. 20.5 C. 31.78 D. 25.4

14. 下列关于教育费附加减免的说法，正确的是(　　)。

A. 对进口的产品征收增值税的同时征收教育费附加

B. 对出口产品退还增值税的同时退还教育费附加

C. 企业减免增值税 1 年后才能减免教育费附加

D. 下岗职工从事个体餐饮，自领取税务登记证之日起 3 年内可扣减教育费附加

15. 下列各项中，符合城市维护建设税有关规定的是(　　)。

A. 个体经营者不缴纳城市维护建设税

B. 集贸市场经营暂不缴纳城市维护建设税

C. 流动经营且无固定纳税地点的纳税人在居住地缴纳城市维护建设税

D. 城市维护建设税的税款专用于保证城市公共事业和公共设施的维护与建设

二、多项选择题

1. 某单位出租设备取得租金收入，该单位应缴纳的税费有（　　）。

A. 增值税　　　　B. 消费税

C. 城市维护建设税　　　　D. 教育费附加

2. 下列情况中，不缴纳城市维护建设税的有（　　）。

A. 外商缴纳的增值税

B. 某内资企业本月进口货物海关代征的增值税

C. 某服务性内资企业本年直接免征增值税

D. 某内资企业出口货物经批准免抵的增值税

3. 关于城市维护建设税的适用税率，下列表述正确的有（　　）。

A. 按纳税人所在地区的不同，设置了三档地区差别比例税率

B. 由受托方代收、代扣“两税”的，可按纳税人所在地的规定税率就地缴纳城市维护建设税

C. 城市维护建设税的税率是指纳税人应缴纳的城市维护建设税税额与纳税人实际缴纳的“两税”税额之间的比例

D. 对增值税实行先征后返办法的，一般情况下附征的城市维护建设税不予返还

4. 下列项目中，不属于城市维护建设税计税依据的有（　　）。

A. 纳税人实际缴纳的“两税”　　　　B. 纳税人减免退税的“两税”

C. 纳税人计算出的应缴“两税”　　　　D. 受托方代扣代缴的“两税”

5. 下列各项中，符合城市维护建设税征收管理规定的有（　　）。

A. 对增值税实行先征后返的，应同时返还附征的城市维护建设税

B. 对出口产品退还增值税的，不退还已缴纳的城市维护建设税

C. 纳税人延迟缴纳增值税而被加收的滞纳金，不作为城市维护建设税的计税依据

D. 海关对进口产品代征增值税时，应同时代征城市维护建设税

6. 下列有关城市维护建设税的说法，正确的有（　　）。

A. 某外商投资企业已缴纳增值税，但不需要缴纳城市维护建设税

B. 某企业总机构在甲地，在乙地缴纳增值税，城市维护建设税也在乙地缴纳

C. 某企业已缴纳了增值税，没有缴纳城市维护建设税，可以单独进行处罚

D. 城市维护建设税的适用税率，一律按纳税人所在地的适用税率执行

7. 市区某制药厂为一般纳税人，2023 年 5 月经营缴纳增值税 130 万元，补缴上月漏缴的增值税 55.8 万元。则下列说法正确的是（　　）。

A. 本月经营应缴纳城市维护建设税 9.1 万元

B. 本月应缴纳城市维护建设税 9.28 万元

C. 本月应补缴城市维护建设税 3.91 万元

D. 本月应补缴城市维护建设税 2.79 万元

8. 北京某公司在深圳转让某县城的一处房产，则关于城市维护建设税，下列说法正确的（　　）。

A. 城市维护建设税在深圳某县缴纳

B. 城市维护建设税在北京缴纳

C. 城市维护建设税适用深圳县城的税率

D. 纳税地点由纳税人自己选择

三、判断题

1. 城市维护建设税具有征税范围广泛的特点。（　　）

2. 增值税、消费税两税的纳税人也就是城市维护建设税和教育费附加的纳税人。（　　）

3. 城市维护建设税和教育费附加随“两税”的减免而减免，因此，出口退税后应退还相应的城市维护建设税和教育费附加。（　　）

4. 企业应缴纳的城市维护建设税等于企业应缴纳的增值税税额和消费税税额之和乘以适用税率。（　　）

5. 城市维护建设税和教育费附加由国家税务总局负责征收。（　　）

项目五　关税纳税业务

【学习目标】

- 掌握关税的概念、基本法规、计算方法。
- 掌握关税税款缴纳的相关规定。

【能力目标】

- 能准确计算进出口商品应纳的关税税额。
- 能填写海关进出口货物报关单和关税专用缴款书。

【素养目标】

- 培养学生敬业精神、诚信纳税、依法纳税的责任意识。
- 具备拒绝诱惑、守住底线的良好职业道德修养。

【思维导图】

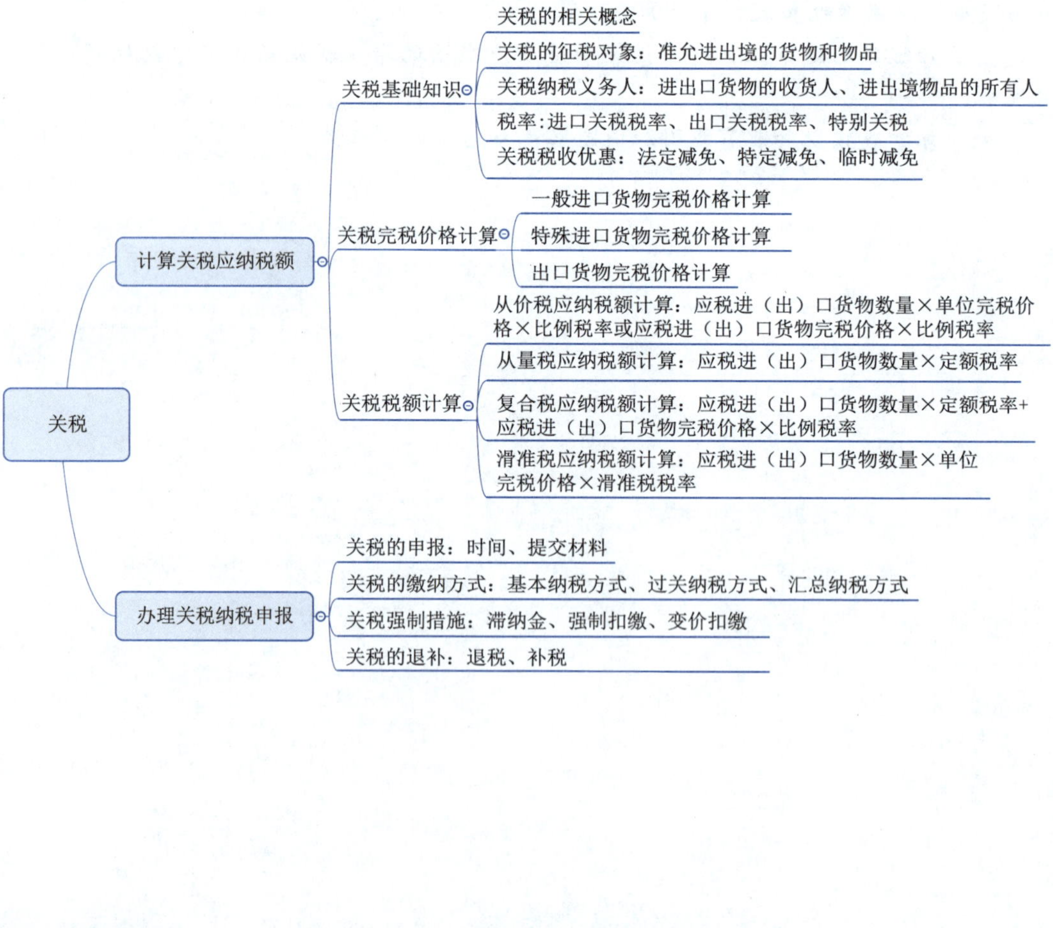

任务一　计算关税应纳税额

【引导案例】

哈尔滨市富强进出口有限责任公司为外贸企业，2022 年 9 月发生有关进出口业务如下：

(1) 9 月 1 日，从美国进口一批化工原料，货物以我国口岸的到岸价格成交，进口货物申报价格为到岸价格 USD 2 000 000，当日外汇牌价（中间价）为 USD 100＝¥ 655。关税税率为 10%。

(2) 9 月 10 日，从日本进口一批化工原料 2 000 吨，进口申报价格为到岸价格 USD 1 000 000，运费每吨 USD 40，保险费率 1‰，当日外汇牌价（中间价）为 USD 100＝¥ 653。关税税率为 10%。

(3) 9 月 15 日，出口一批化工原料 5 000 吨到美国，每吨离岸价格为 USD 1000，其中包含单独列明支付给国外的佣金为离岸价格的 3%，当日外汇牌价（中间价）为 USD 100＝¥ 656。关税税率为 10%。

【问题】(1) 计算进出口货物的关税完税价格。

(2) 计算进出口货物应纳的关税税额。

【知识准备】

一、关税的相关概念

(一) 关税的含义

关税是海关对进出境的货物和物品为课税对象而征收的一种税。这里的“境”指关境，又称“海关境域”或“关税领域”，是《中华人民共和国海关法》（简称《海关法》）全面实施的领域。

关税包括进口税、出口税和过境税三种。

【思考】关境和国境有什么联系和区别？

(二) 关税的特征

(1) 关税是一种间接税。

(2) 关税具有强制性、无偿性和预定性。

(3) 关税具有税收主体和税收客体。

(4) 关税的课征范围是以关境为界而不是以国境为界。

(5) 关税具有较强的涉外性。

(6) 关税是参与国际经济竞争的一种有效手段。

(三) 进出口税则

进出口税则是一国政府根据国家关税政策和经济政策，通过一系列的立法程序制定公布实施的进出口货物和物品应税的关税税率表。进出口税则以税率表为主体，通常还包括实施税则的法令、使用税则的有关说明和附录等。

（四）全部产地生产标准

全部产地生产标准是指进口货物“完全在一个国家内生产或制造”，生产或制造国即为该货物的原产国。

（五）实质性加工标准

实质性加工标准是适用于确定有两个或两个以上国家参与生产的产品的原产国的标准。其基本含义是：经过几个国家加工制造的进口货物，以最后一个对货物进行经济上可视为实质性加工的国家作为有关货物的原产国。“实质性加工”是指产品加工后，在进出口税则中四位数税号一级的税则归类已经有了改变，或加工增值部分所占新产品总值的比例超过30%及以上的。

（六）关税完税价格

关税完税价格，就是进出口货物应当缴纳关税的价值，或者说是对进出口货物计征应交税款时所使用的价格，也称海关价格。

《海关法》规定，进出口货物的完税价格，由海关以该货物的成交价格为基础审查确定。成交价格不能确定时，完税价格由海关依法估定。自我国加入世界贸易组织后，我国海关已全面实施《世界贸易组织估价协定》，遵循客观、公平、统一的估价原则，并依据2014年2月1日起实施的《中华人民共和国海关审定进出口货物完税价格办法》（简称《完税价格办法》），审定进出口货物的完税价格。

二、关税的征税对象

关税的征税对象是准许进出口（境）的货物和物品。货物是指贸易性商品；物品是非贸易性商品，包括入境旅客随身携带的行李物品、个人邮递物品、各种运输工具上的服务人员携带进口的自用物品、馈赠物品以及其他方式进境的个人物品。关税是对有形货品征税，对无形货品不征税。跨境电子商务零售商品按“货物”征税。

三、关税纳税义务人

根据《中华人民共和国进出口关税条例》（简称《关税条例》）第五条，进口货物的收货人、出口货物的发货人、进出境物品的所有人，是关税的纳税义务人。进出口货物的收、发货人是依法取得对外贸易经营权，并进口或者出口货物的法人或者其他社会团体。进出境物品的所有人包括该物品的所有人和推定为所有人的人。

一般情况下，对于携带进境的物品，推定其携带人为所有人；对分离运输的行李，推定相应的进出境旅客为所有人；对以邮递方式进境的物品，推定其收件人为所有人；以邮递或其他运输方式出境的物品，推定其寄件人或托运人为所有人。

四、税率

关税税率是由海关税则等相关规定对课征对象征税时用于计算税额的比例。

出口关税设置出口税率。对出口货物在一定期限内可以实行暂定税率。

（一）进口关税税率

根据《关税条例》规定，对我国进口关税设置最惠国税率、协定税率、特惠税率、普通税率、关税配额税率等税率。对进口货物在一定期限内可以实行暂定税率。

1. 最惠国税率

最惠国税率适用原产于与我国共同适用最惠国待遇条款的世界贸易组织成员国或地区的进口货物；或原产于与我国签订有相互给予最惠国待遇条款的双边贸易协定的国家或地区的进口货物；以及原产于中华人民共和国境内的进口货物。

2. 协定税率

协定税率适用原产于与我国订有含关税优惠条款的区域性贸易协定的有关缔约方的进口货物。

3. 特惠税率

特惠税率适用原产于与我国签订有特殊优惠关税协定的国家或地区的进口货物。

4. 普通税率

普通税率适用原产于上述国家或地区以外的国家和地区的进口货物；或者原产地不明的国家或者地区的进口货物。

5. 关税配额税率

按照国家规定实行关税配额管理的进口货物，关税配额内的，适用关税配额税率。

根据《关税条例》的第十一条规定，适用最惠国税率的进口货物有暂定税率的，应当适用暂定税率；适用协定税率、特惠税率的进口货物有暂定税率的，应当从低适用税率；适用普通税率的进口货物，不适用暂定税率。

(二) 出口关税税率

出口关税税率是对出口货物征收关税而规定的税率。我国仅对少数资源性产品及易于竞相杀价、盲目出口、需要规范出口秩序的半制成品征收出口关税。适用出口税率的出口货物有暂定税率的，应当适用暂定税率。

现行税则对 47 种商品计征出口关税，主要是鳗鱼苗、部分有色金属矿砂及其精矿、生锑、磷、氟钽酸钾、苯、山羊板皮、部分铁合金、钢铁废碎料、铜和铝原料及其制品、镍锭、锌锭、锑锭。实行 0～25％的暂定税率。

(三) 特别关税

根据《关税条例》规定，特别关税包括报复性关税、反倾销税、反补贴税、保障性关税和其他特别关税。任何国家或者地区对其进口的原产于中华人民共和国的货物征收歧视性关税或者给予歧视性待遇的，海关对原产于该国家或者地区的进口货物，可以征收特别关税。征收特别关税的货物、适用国别、税率、期限和征收办法，由国务院关税税则委员会决定，海关总署负责实施。

1. 报复性关税

报复性关税又称惩罚性关税，是指当出口国家某种商品的出口违反了与进口国之间的协议，或者未按进口国的规定办理进口手续时，由进口国海关对该进口商品所征收的一种具有惩罚或罚款性质的进口附加税。

2. 反倾销税与反补贴税

反倾销税是为抵制外国商品倾销进口，保护国内生产而征收的一种进口附加税，即在倾销商品进口时除征收进口关税外，再征收反倾销税。

反补贴税，是指对进口商品使用的一种超过正常关税的特殊关税，目的在于为了抵消国外竞争者得到奖励和补助产生的影响，从而保护进口国的制造商。

3. 保障性关税

当某类商品进口量剧增，对我国相关产业带来巨大威胁或损害时，按照 WTO 有关规则，可以启动一般保障措施，即在与有实质利益的国家或地区进行磋商后，在一定时期内提高该项商品的进口关税或采取数量限制措施，以保护国内相关产业不受损害。

（四）税率适用

《关税条例》规定，暂定税率优先于最惠国税率实施；按协定税率、特惠税率进口暂定税率商品时，取低计征关税；按国家优惠政策进口暂定最惠国税率商品时，按优惠政策计算确定的税率与暂定最惠国税率两者取低计征关税，但不得在暂定最惠国税率基础上再进行减免。按照普通税率征税的进口货物不适用进口关税暂定税率。

（五）税率运用

进出口货物，应当依照《中华人民共和国进出口税则》规定的归类原则归入合适的税号，并按照适用的税率征税。

进出口货物，应当按照收发货人或者他们的代理人申报进口或者出口之日实施的税率征税。

进口货物到达前，经海关核准先行申报的，应当按照装载此项货物的运输工具申报进境之日实施的税率征税。

进出口货物的补税和退税，适用该进出口货物原申报进口或者出口之日所实施的税率。具体办法由海关总署另行规定。

【素质园地】

惠民生、谋创新、促开放——关税促进产业转型升级

关税是国家宏观调控的一项重要手段。经国务院批准，国务院关税税则委员会 2022 年 12 月 29 日对外发布公告，明确了 2023 年我国关税调整方案，主要涉及三个方面：

1. 惠民生：调整部分医疗产品、消费品关税，更好满足百姓需求

自 2023 年 1 月 1 日起，我国将对 1 020 项商品实施低于最惠国税率的进口暂定税率。为保障人民健康，减轻患者经济负担，我国将对部分抗癌药原料、镇癌痛药品、抗新冠病毒药物原料等实施零关税，并将降低假牙、血管支架用原料、造影剂等医疗产品进口关税。此次发布的公告明确，2023 年我国将降低婴幼儿食用的均化混合食品、冻蓝鳕鱼、腰果等食品，咖啡机、榨汁器、电吹风等小家电的进口关税。降低这些消费品的进口关税，响应了人民对美好生活的需求，也有助于扩大对外开放、促进国内国际双循环顺畅联通。

2. 谋创新：多项关税调整推动创新发展，提升产业链供应链韧性

促进先进制造业创新发展是此次关税调整的一大亮点。根据公告，2023 年我国将降低铌酸锂、燃料电池所用的氧化铱、风力发电机所用的滚子轴承等商品进口关税。公告明确，2023 年我国还将对钾肥、未锻轧钴实施零关税，并降低部分木材和纸制品、硼酸等商品进口关税。此外，从 2023 年 7 月 1 日起，我国还将对 62 项信息技术产品的最惠国税率实施第八步降税。调整后我国关税总水平将从 7.4%降至 7.3%。这些调整能够加强我国资源供应

能力，有助于降低企业经营成本，支持企业更好地在全球范围内配置资源，助力提升产业链供应链韧性，也有利于全球高新技术发展，为经济全球化提供助力。

3. 促开放：调整有关协定税率，推动构建高标准自贸区网络

此次发布的公告明确，根据我国与有关国家或地区签署的自由贸易协定和优惠贸易安排，2023 年将对 19 个协定项下、原产于 29 个国家或者地区的部分进口商品实施协定税率。根据《区域全面经济伙伴关系协定》（RCEP）有关规定以及协定对印度尼西亚生效情况，自 2023 年 1 月 2 日起，我国将对原产于印度尼西亚的部分进口商品实施 RCEP 协定税率。此外，2023 年将继续对 44 个与我国建交并完成换文手续的最不发达国家实施特惠税率，支持和帮助最不发达国家加快发展。

总体来看，调整有关协定税率等安排，将推动构建高标准自由贸易区网络，更好塑造国际合作和竞争新优势，提升国际循环质量和水平，践行互利共赢的开放战略，助力推进高水平对外开放。

五、关税税收优惠

关税减免是对某些纳税人和征税对象给予鼓励和照顾的一种特殊调节手段。关税减免分为法定减免、特定减免和临时减免。

（一）法定减免

关税减免是对税法中明确列出的减税或免税。我国《海关法》《关税条例》明确规定了 12 种情形的进口货物、物品予以减免关税。

（1）关税税额在人民币 50 元以下的一票货物，可以免征关税。

（2）无商业价值的广告品和货样，可以免征关税。

（3）外国政府、国际组织无偿赠送的物资，可以免征关税。

（4）进出境运输工具装载的途中必需的燃料、物料和饮食用品，可予免税。

（5）经海关批准暂时进境或者出境，并在 6 个月内复出运境或者复运进境的货样、展览品、施工机械、工程车辆、工程船舶、供安装设备时使用的仪器和工具、电视或者电影摄制器械、盛装货物的容器以及剧团服装道具，在货物收发货人向海关缴纳相当于税款的保证金或者提供担保后，可予暂时免税。

（6）为境外厂商加工、装配成品和为制造外销产品而进口的原材料、辅料、零件、部件、配套件和包装物料，海关按照实际加工出品的成品数量免征进口关税或者对进口料、件先征进口关税，再按照实际加工出口的产品数量予以退税。

（7）因故退还的中国出口货物，经海关审查属实，可予免征进口关税，但已征收的出口关税不予退还。

（8）因故退还的境外进口货物，经海关审查属实，可予免征出口关税，但已征收的进口关税不予退还。

（9）进口货物如有以下情形，经海关查明属实，可酌情减免进口关税：

①在境外运输途中或者在起卸时，遭受损坏或者损失的。

②起卸后海关放行前，因不可抗力遭受损坏或者损失的。

③海关查验时已经破漏、损坏或者腐烂，经证明不是保管不慎造成的。

(10) 无代价抵偿货物，即进口货物在征税放行后，发现货物残损、短少或品质不良，而由国外承运人、发货人或保险公司免费补偿或者更换的同类货物，可以免税。但有残损或质量问题的原进口货物如未退运国外，其进口的无代价抵偿货物应照章征税。

(11) 我国缔结或者参加的国际条约规定减征、免征关税的货物、物品，按照规定予以减免关税。

(12) 法律规定减征、免征的其他货物。

(二) 特定减免

特定减免也称政策性减免，是指在法定减免税之外，国家按照国际通行规则和我国实际情况，制定发布的有关货物减免关税的政策。特定减免税货物一般有地区、企业和用途的限制，海关需要进行后续管理，也需要进行减免税统计。

(三) 临时减免

临时减免，是指以上法定和特定减免税以外的其他减免税，即由国务院根据《海关法》对某个单位、某类商品、某个项目或某批进出口货物的特殊情况，给予特殊照顾，一案一批，专文下达的减免税。

【知识拓展】

尽管关税税收优惠政策有许多好处，可以帮助人们降低税费负担，提高社会福利以及改善国际贸易环境，但是也存在一定的风险，例如它可能会对本国企业造成不利影响，它可能会促使国内企业转移生产，从而导致本国就业的缩减。此外，关税税收优惠政策也可能损害国家的财政收入，因此，政府应该严格审慎地审查和实施关税税收优惠政策，以确保其可持续性。

六、关税完税价格的计算

关税完税价格，就是进出口货物应当缴纳关税的价值，或者说是对进出口货物计征应交税款时所使用的价格，也称海关价格的。

《海关法》规定，进出口货物的完税价格，由海关以该货物的成交价格为基础审查确定。成交价格不能确定时，完税价格由海关依法估定。

【知识拓展】

成交价格的成立条件

根据我国《关税条例》第十八条的规定，进口货物的成交价格应当符合下列条件：①对买方处置或者使用该货物不予限制，但法律、行政法规规定实施的限制、对货物转售地域的限制和对货物价格无实质性影响的限制除外；②该货物的成交价格没有因搭售或者其他因素的影响而无法确定；③卖方不得从买方直接或者间接获得因该货物进口后转售、处置或者使用而产生的任何收益，或者虽有收益但能够按照本条例第十九条、第二十条的规定进行调整；④买卖双方没有特殊关系，或者虽有特殊关系但未对成交价格产生影响。

(一) 一般进口货物关税完税价格的计算

根据《海关法》规定，进口货物的完税价格包括货物的货价、货物运抵我国境内输入地点起卸前的运输及其相关费用、保险费。进口货物完税价格的确定方法大致可以划分为两类：一类是以进口货物的成交价格为基础进行调整，从而确定进口货物完税价格的估价方法（以下称成交价格估价方法）；另一类则是在进口货物的成交价格不符合规定条件或者成交价格不能确定的情况下，海关用以审查确定进口货物完税价格的估价方法（以下称进口货物海关估价方法）。

1. 以成交价格为基础的完税价格

完税价格是指货物的计税价格。正常情况下，进口货物采用以成交价格为基础的完税价格。按照《海关法》的规定，进口货物的完税价格包括以下几项：货物的货价、运抵输入地点起卸前的运输及其相关费用、保险费。货物的货价以成交价格为基础。

（1）完税价格的调整项目。采用成交价格估价方法，以成交价格为基础审查确定进口货物的完税价格时，未包括在该货物实付、应付价格中的下列费用或者价值，应当计入完税价格：

①由买方负担的除购货佣金以外的佣金和经纪费，比如卖方佣金。“购货佣金”是指买方为购买进口货物向自己的采购代理人支付的劳务费用。“经纪费”是指买方为购买进口货物向代表买卖双方利益的经纪人支付的劳务费用。

②由买方负担的与该货物视为一体的容器费用。

③由买方负担的包装材料费用和包装劳务费用。

④与进口货物的生产和向中华人民共和国境内销售有关的，由买方以免费或者以低于成本的方式提供，并且可以按适当比例分摊的下列货物或者服务的价值：进口货物包含的材料、部件、零件和类似货物；在生产进口货物过程中使用的工具、模具和类似货物；在生产进口货物过程中消耗的材料；在境外进行的为生产进口货物所需的工程设计、技术研发、工艺及制图等相关服务。

⑤与该货物有关并作为卖方向我国销售该货物的一项条件，应当由买方向卖方或者有关方直接或间接支付的特许权使用费。“特许权使用费”是指进口货物的买方为取得知识产权权利人及权利人有效授权人关于专利权、商标权、专有技术、著作权、分销权或者销售权的许可或者转让而支付的费用。

⑥卖方直接或间接从买方对该货物进口后销售、处置或使用所得中获得的收益。纳税义务人应当向海关提供上列所述费用或者价值的客观量化数据资料。如果纳税义务人不能提供，海关与纳税义务人进行价格磋商后，按照《完税价格办法》列明的海关估价方法审查确定完税价格。

（2）不计入完税价格的调整项目。进口货物的价款中单独列明的下列税收、费用，不计入该货物的完税价格。

①厂房、机械或者设备等货物进口后发生的建设、安装、装配、维修或者技术援助费用，但是保修费用除外。

②进口货物运抵中华人民共和国境内输入地点起卸后发生的运输及其相关费用、保险费。

③进口关税、进口环节海关代征税及其他国内税。

④为在境内复制进口货物而支付的费用。

⑤境内外技术培训及境外考察费用。

⑥同时符合下列条件的利息费用（利息费用是买方为购买进口货物而融资所产生的）：有书面的融资协议的；利息费用单独列明的；纳税义务人可以证明有关利率不高于在融资当时当地此类交易通常应当具有的利率水平，且没有融资安排的相同或者类似进口货物的价格与进口货物的实付、应付价格非常接近的。

（3）进口货物完税价格中的运输及相关费用、保险费的确定。

①进口货物的运输及其相关费用，应当按照由买方实际支付或者应当支付的费用计算。如果进口货物的运输及其相关费用无法确定的，海关应当按照该货物进口同期的正常运输成本审查确定。

运输工具作为进口货物，利用自身动力进境的，海关在审查确定完税价格时，不再另行计入运输及其相关费用。

②进口货物的保险费，应当按照实际支付的费用计算。如果进口货物的保险费无法确定或者未实际发生，海关应当按照“货价加运费”两者总额的3‰计算保险费，其计算公式为：

$$保险费=(货价+运费)\times 3‰$$

邮运进口的货物，应当以邮费作为运输及其相关费用、保险费。

2. 进口货物海关估价方法

进口货物的成交价格不符合规定条件或者成交价格不能确定的，海关经了解有关情况，并且与纳税义务人进行价格磋商后，依次以相同货物成交价格估价方法、类似货物成交价格估价方法、倒扣价格估价方法、计算价格估价方法及其他合理方法审查确定该货物的完税价格。纳税义务人向海关提供有关资料后，可以提出申请，颠倒倒扣价格估价方法和计算价格估价方法的适用次序。

（1）相同货物成交价格估价方法，是指海关以与进口货物同时或者大约同时向中华人民共和国境内销售的相同货物的成交价格为基础，审查确定进口货物的完税价格的估价方法。

上述“相同货物”，是指与进口货物在同一国家或地区生产的，在物理性质、质量和信誉等所有方面都相同的货物，但允许表面微小差异存在。“大约同时”，是指海关接受货物申报之日的大约同时，最长不应当超过前后45日。

（2）类似货物成交价格估价方法，是指海关以与进口货物同时或者大约同时向中华人民共和国境内销售的类似货物的成交价格为基础，审查确定进口货物的完税价格的估价方法。

上述“类似货物”，是指与进口货物在同一国家或地区生产的，虽然不是在所有方面都相同，但是却具有相似的特征、相似的组成材料、同样的功能，并且在商业中可以互换的货物。选择类似货物时，应主要考虑货物的品质、信誉和现有商标。

（3）倒扣价格估价方法，是指海关以进口货物、相同或者类似进口货物在境内的销售价格为基础，扣除境内发生的有关费用后，审查确定进口货物完税价格的估价方法。按照倒扣价格估价法审查确定进口货物的完税价格时，如果进口货物、相同或者类似货物没有在海关接受进口货物申报之日前后45日内在境内销售，可以将在境内销售的时间延长至接受货物申报之日前后90日内。

（4）计算价格估价方法，是指海关以下列各项的总和为基础，审查确定进口货物完税价格的估价方法：

①生产该货物所使用的料件成本和加工费用。

②境内销售同等级或者同种类货物通常的利润和一般费用（包括直接费用和间接费用）。

③该货物运抵境内输入地点起卸前的运输及相关费用、保险费。

按照上述规定审查确定进口货物的完税价格时，海关在征得境外生产商同意并且提前通知有关国家或者地区政府后，可以在境外核实该企业提供的有关资料。

（5）合理估价方法。是指当海关使用上述任何一种估价方法都无法确定海关估价时，遵循客观、公平、统一的原则，以客观量化的数据资料为基础审查确定进口货物完税价格的估价方法，习惯上也叫作“最后一招”。海关在采用合理估价方法确定进口货物的完税价格时，不得使用以下价格：

①境内生产的货物在境内的销售价格。

②可供选择的价格中较高的价格。

③货物在出口地市场的销售价格。

④以计算价格估价方法规定之外的价值或者费用计算的相同或者类似货物的价格。

⑤出口到第三国或者地区的货物的销售价格。

⑥最低限价或者武断、虚构的价格。

（二）特殊进口货物完税价格的计算

1. 运往境外修理的货物

运往境外修理的机械器具、运输工具或其他货物，出境时已向海关报明，并在海关规定期限内复运进境的，应当以境外修理费和物料费为基础审查确定完税价格。

2. 运往境外加工的货物

运往境外加工的货物，出境时已向海关报明，并在海关规定期限内复运进境的，应当以境外加工费、料件费、复运进境的运输及相关费用、保险费为基础审查确定完税价格。

3. 暂时进境的货物

经海关批准暂时进境的货物，应当按照一般进口货物完税价格确定的有关规定，审查确定完税价格。

4. 租赁方式进口的货物

租赁方式进口的货物中，以租金方式对外支付的租赁货物，在租赁期间以海关审定的租金作为完税价格，利息应当予以计入；留购的租赁货物，以海关审定的留购价格作为完税价格；承租人申请一次性缴纳税款的，可以选择按照“进口货物海关估价方法”的相关内容确定完税价格，或者按照海关审查确定的租金总额作为完税价格。

5. 留购的进口货样

对于境内留购的进口货样、展览品和广告陈列品，以海关审定的留购价格作为完税价格。

6. 予以补税的减免税货物

特定地区、特定企业或者具有特定用途的特定减免税进口货物，应当接受海关监管。其监管年限依次为：船舶、飞机 8 年；机动车辆 6 年；其他货物 3 年。监管年限自货物进口放行之日起计算。

由海关监管使用的减免税进口货物，在监管年限内转让或移作他用需要补税的，应当以海关审定的该货物原进口时的价格，扣除折旧部分价值作为完税价格。其计算公式为：

完税价格＝海关审定的该货物原进口时的价格×［1－申请补税时实际已使用的时间（月）÷（监管年限×12）］

7. 不存在成交价格的进口货物

易货贸易、寄售、捐赠、赠送等不存在成交价格的进口货物，由海关与纳税人进行价格磋商后，按照"进口货物海关估价方法"的规定，估定完税价格。

8. 进口软件介质

进口载有专供数据处理设备用软件的介质，具有下列情形之一的，应当以介质本身的价值或者成本为基础审查确定完税价格：

（1）介质本身的价值或者成本与所载软件的价值分列。

（2）介质本身的价值或者成本与所载软件的价值虽未分列，但是纳税义务人能够提供介质本身的价值或者成本的证明文件，或者能提供所载软件价值的证明文件。含有美术、摄影、声音、图像、影视、游戏、电子出版物的介质不适用上述规定。

【引例分析 5-1】

（1）从美国进口化工原料关税完税价格＝2 000 000×6.55＝13 100 000（元）

（2）从日本进口化工原料关税完税价格＝（1 000 000＋2 000×40）×6.53×（1＋1‰）

＝7 059 452.4（元）

（三）出口货物完税价格的计算

1. 以成交价格为基础的完税价格

出口货物的完税价格，由海关以该货物的成交价格为基础审查确定，并且应当包括货物运至我国境内输出地点装载前的运输及其相关费用、保险费。出口货物的成交价格，是指该货物出口销售时，卖方为出口该货物应当向买方直接收取和间接收取的价款总额。下列税收、费用不计入出口货物的完税价格：

（1）出口关税。

（2）在货物价款中单独列明的货物运至我国境内输出地点装载后的运输及其相关费用、保险费。

出口货物的完税价格＝离岸价格÷（1＋出口关税税率）

2. 出口货物海关估价方法

出口货物的成交价格不能确定时，海关经了解有关情况，并且与纳税义务人进行价格磋商后，依次以下列价格审查确定该货物的完税价格：

（1）同时或者大约同时向同一国家或者地区出口的相同货物的成交价格。

（2）同时或者大约同时向同一国家或者地区出口的类似货物的成交价格。

（3）根据境内生产相同或者类似货物的成本、利润和一般费用（包括直接费用和间接费用）、境内发生的运输及其相关费用、保险费计算所得的价格。

（4）按照合理方法估定的价格。

【引例分析 5-2】

（3）出口美国化工原料的关税完税价格＝5 000×1 000×（1－3%）×6.56÷（1－10%）

＝35 351 111.11（元）

七、关税应纳税额的计算

（一）从价税应纳税额的计算

从价税是一种最常用的关税计税标准。它是以货物的价格或者价值为征税标准，以应征税额占货物价格或者价值的百分比为税率，价格越高，税额越高。货物进口时，以此税率和海关审定的实际进口货物完税价格相乘计算应征税额。目前，我国海关计征关税标准主要是从价税。计算公式为：

关税税额＝应税进（出）口货物数量×单位完税价格×比例税率
＝应税进（出）口货物完税价格×比例税率

（二）从量税应纳税额的计算

从量税是以货物的数量、重量、体积、容量等计量单位为计税标准，以每计量单位货物的应征税额为税率。我国目前对原油、啤酒和胶卷等进口商品征收从量税。计算公式为：

关税税额＝应税进（出）口货物数量×定额税率

（三）复合税应纳税额的计算

复合税又称混合税，即订立从价、从量两种税率，随着完税价格和进口数量的变化而变化，征收时两种税率合并计征。它是对某种进口货物混合使用从价税和从量税的一种关税计征标准。我国目前仅对录像机、放像机、摄像机、数字照相机和摄录一体机等进口商品征收复合税。计算公式为：

关税税额＝应税进（出）口货物数量×定额税率＋应税进（出）口货物完税价格×比例税率

（四）滑准税应纳税额的计算

滑准税是根据货物的不同价格适用不同税率的一类特殊的从价关税。它是一种关税税率随进口货物价格由高至低而由低至高设置计征关税的方法。简单地讲，就是进口货物的价格越高，其进口关税税率越低，进口商品的价格越低，其进口关税税率越高。滑准税的特点是可保持实行滑准税商品的国内市场价格的相对稳定，而不受国际市场价格波动的影响。计算公式为：

关税税额＝应税进（出）口货物数量×单位完税价格×滑准税税率

【引例分析 5-3】

（1）从美国进口化工原料关税应纳税额＝13 100 000×10％＝1 310 000（元）

（2）从日本进口化工原料关税应纳税额＝7 059 452.4×10％＝705 945.24（元）

（3）出口美国化工原料的关税应纳税额＝35 351 111.11×10％＝3 535 111.11（元）

【任务案例 5-1】

哈尔滨市富强进出口有限责任公司为外贸企业，2023 年 9 月发生有关进出口业务如下：

（1）从美国进口一批化工原料共 1 000 吨，货物以境外口岸离岸价格成交，单价折合人民币为 40 000 元，由买方承担包装费每吨 300 元，另向卖方支付佣金每吨 5 000 元，向采购代理人支付佣金 3 000 元，已知该货物运抵中国海关境内输入地点起卸前的各项费用合计每吨 1 500 元，进口后每吨又发生运输等费用 200 元，关税税率 10％。

（2）2021 年 8 月 30 日，公司由于承担一项国家重要工程项目，经批准免税进口一批设备，使用 2 年后项目完工，2023 年 9 月 1 日将该设备出售给了国内另一家企业，并向海关办理申报补税手续，该批设备的到岸价格为 300 万元，2022 年进口该批设备时关税税率为 13%，2023 年转售时该批设备关税税率为 8%，海关规定的监管期限为 5 年。

(3) 9 月 20 日，公司出口产品一批，出厂价为 3 800 万元，支付境内佣金为 190 万元，运费及保险费共计 200 万元，产品出口关税税率为 20%。

(4) 9 月 28 日，公司从美国进口货物一批，货物以境外口岸离岸价格成交，成交价格折合人民币 1 500 万元，不包括向卖方支付的佣金 20 万元和使用该货物而向境外支付的软件费 50 万元，另支付货物运抵我国港口的运杂费 35 万元，关税税率 20%，增值税税率 13%，消费税税率 10%。

【问题】

(1) 计算各项进出口业务的关税完税价格。

(2) 计算各项进出口业务的关税税额。

(3) 计算第 (4) 笔业务进口环节的消费税和增值税税额。

【解析】

1) 关税完税价格计算

(1) 进口化工原料关税完税价格＝ (40 000＋300＋5 000＋1 500)×1 000÷10 000
＝4 680 (万元)

(2) 进口设备关税完税价格＝300×[1－(2×12)÷(5×12)]＝180 (万元)

(3) 出口产品关税完税价格＝3 800＋190＋200＝4 190 (万元)

(4) 进口货物关税完税价格＝1 500＋20＋50＋35＝1 605 (万元)

2) 关税税额计算

(1) 进口化工原料应纳关税税额＝4 680×10%＝468 (万元)

(2) 进口设备应纳关税税额＝180×8%＝14.4 (万元)

(3) 出口产品应纳关税税额＝4 190×20%＝838 (万元)

(4) 进口货物应纳关税税额＝1 605×20%＝321 (万元)

3) 进口环节的消费税和增值税税额计算

(1) 进口消费税组成计税价格＝ (1 605＋321)÷(1－10%)＝2 140 (万元)

(2) 进口环节海关代征消费税＝2 140×10%＝214 (万元)

(3) 进口增值税组成计税价格＝1 605＋321＋214＝2 140 (万元)

(4) 进口环节海关代征增值税＝2 140×13%＝278.2 (万元)

任务二　办理关税申报缴纳

【知识准备】

一、关税的申报

进口货物应自运输工具申报进境之日起 14 日内，由收货人或其代理人向海关申报；出口货物应自货物运抵海关监管区后装货的 24 小时以前向海关申报。

进口货物收发货人或其代理人向海关办理进出口手续时，填写进口货物报关单或出口货物报关单，同时根据提供批准货物进出口的许可证和有关的货运商业票据，海关据此审查货物进出口的合法性，确定关税的征收或减免，编制海关统计。

二、关税的缴纳

海关在接受纳税人的申报之后，即可对实际货物和物品进行查验，然后根据货物的税则归类和完税价格计算应纳关税税额，从而向纳税人作出征收关税的决定。关税的缴纳通常有三种方式。

（一）基本纳税方式

基本纳税方式，是指海关在接受进出口货物通关手续申报后，逐票计算应征关税并填发关税缴款书，然后由纳税人持关税缴款书到指定银行办理税款交付或转账手续，最后海关凭银行回执办理放行手续。

（二）过关纳税方式

过关纳税方式，是指对一些易腐、急需有关手续但无法立即办完的货物，海关允许纳税人在履行了有关担保手续后，先行办理货物放行，然后再办理关税缴纳手续，采用这种方式，纳税人只有在交付海关部分货样、提供保证金或其他担保后，才可获许放行通关。

（三）汇总纳税方式

汇总纳税方式是指对于经局级海关或直属处级海关审查符合条件的纳税人，可以获许采用定期统一汇总的方式缴纳应纳税款。

关税纳税义务人因不可抗力或者在国家税收政策调整的情形下不能按期缴纳税款的，经海关总属批准，可以延期缴纳税款，但最长不得超过六个月。

三、关税的强制实施

纳税义务人、担保人超过三个月仍未缴纳的，经直属海关关长或者其授权的隶属海关关长批准，海关可以采取下列强制措施：①书面通知其开户银行或者其他金融机构从其存款中扣缴税款；②将应税货物依法变卖，以变卖所得抵缴税款；③扣留并依法变卖其价值相当于应纳税款的货物或者其他财产，以变卖所得抵交税款。

四、关税的退补

（一）退税

海关多征的税款，海关发现后应当立即退还。纳税义务人自缴纳税款之日起一年内可以要求海关退还。有下列情形之一的，进出口货物的收发货人或者其他代理人可以自缴纳税款之日起一年内书面声明理由，连同原纳税收据向海关申请退税，逾期不予受理。

（1）因海关原因误征多纳税款的。

（2）海关核准免验进口的货物，在完税后发现有短卸情形，经海关审查认可的。

（3）已征出口关税的货物，因故未装运出口，申报退关，经海关查验属实的，海关应自受理退税申请之日 30 日内作出书面答复，并通知退税申请人。

(二) 补征

进出口货物、进出境物品放行后，海关发现少征或者漏征税款，应当自缴纳税款或者货物、货品放行之日起一年内向纳税义务人补征。因纳税义务人违反规定而造成的少征或者漏征，海关在三年以内可以追征，并从缴纳税款之日起按日加收少征或者漏征税款 0.5‰的滞纳金。

思考与练习

一、单项选择题

1. 下列各项中，(　　)不属于关税的纳税义务人。

A. 进口货物的收货人　　B. 出口货物的发货人

C. 进境物品的所有人　　D. 进口货物的发货人

2. 下列项目中，属于进口关税完税价格组成部分的有(　　)。

A. 进口人向自己的境外采购代理人支付的购货佣金

B. 进口人向中介机构支付的经纪费

C. 进口设备报关后的安装调试费用

D. 货物运抵境内输入地点起卸之后的运输费用

3. 依据关税的有关规定，下列费用中不得计入进口货物关税完税价格的是(　　)。

A. 买价　　B. 境外运费

C. 由买方负担的包装费　　D. 由买方负担的购货佣金

4. 下列关于完税价格的说法，正确的是(　　)。

A. 进口货物应当以成本价格为完税价格

B. 完税价格不包括进口货物缴纳的各项税金

C. 如果买卖双方有特殊关系，只能以成本价格确定完税价格

D. 完税价格包括进口货物在境内运输途中发生的运费和保险费

5. 下列各项中，应计入出口货物完税价格的是(　　)。

A. 出口关税税额

B. 单独列明的支付给境外的佣金

C. 货物在我国境内输出地点装卸后的运输费用

D. 货物运至我国境内输出地点装卸前的运输费用

6. 某进出口公司从美国进口一批化工原料共 500 吨，货物以境外口岸离岸价格成交，单价折合人民币为 20 000 元（不包括另向卖方支付的佣金 1 000 元人民币/吨），已知该货物运抵中国海关境内输入地点起卸前的包装、运输、保险和其他劳务费用为每吨 2 000 元人民币，关税税率为 10%，则该批化工原料应缴纳的关税为(　　)万元。

A. 100　　B. 105　　C. 110　　D. 115

7. 出口货物应在货物运抵海关监管区后装货的(　　)前向出境地海关申报，海关根据税则归类和完税价格计算应缴纳的关税。

A. 15 日　　B. 14 日　　C. 24 小时　　D. 14 小时

8. 某企业海运进口一批货物，海关审定货价折合人民币 5 000 万元，运费折合人民币 20 万元，该批进口货物关税税率为 5%，则应纳关税(　　)万元。

A. 250　　B. 251　　C. 251.75　　D. 260

9. 海关对逾期未缴的关税，按日加收(　　)滞纳金。

A. 0.2%　　B. 0.05‰　　C. 2%　　D. 0.1%

10. 因收发货人或其代理人违反规定而造成的少征或漏征的税款，自纳税义务人应缴纳税款之日起，海关在(　　)年内可以追征。

A. 1　　B. 2　　C. 3　　D. 5

二、多项选择题

1. 以下关于关税分类的相关说法中，正确的有(　　)。

A. 按征税标准分类，关税可分为普通关税、优惠关税和差别关税

B. 按征税对象分类，可将关税分为进口税、出口税和过境税

C. 反倾销税、反补贴税、报复关税、紧急进口税等都属于进口关税的附加税

D. 普惠制的三条基本原则是普遍原则、非歧视原则和互惠原则

E. 最惠国待遇往往不是最优惠的关税待遇，它只是一种非歧视性的关税待遇

2. 关于出口货物关税完税价格的说法，正确的有(　　)。

A. 出口关税不计入完税价格

B. 在输出地点装卸前发生的运费，应包含在完税价格中

C. 在货物价款中单独列明由卖方承担的佣金不计入完税价格

D. 出口货物完税价格包含增值税销项税额

3. 货物的完税价格中的到岸价格包括(　　)。

A. 货价

B. 进口关税

C. 海关估定的利润

D. 货物运抵境内起卸前的包装费、运输费、保险费和其他合理费用

4. 关税的减免包括(　　)三种类型。

A. 特定减免　　B. 起征点　　C. 临时减免　　D. 法定减免

5. 下列进口货物，海关可以酌情减免关税的有(　　)。

A. 在境外运输途中或者起卸时，遭受损坏或者损失的货物

B. 起卸后海关放行前，因不可抗力遭受损坏或者损失的货物

C. 海关查验时已经破漏、损坏或者腐烂，经查为保管不慎的货物

D. 因不可抗力，缴税确有困难的纳税人进口的货物

6. 进口货物关税税率形式有(　　)。

A. 最惠国税率　　B. 协定税率　　C. 特惠税率　　D. 普通税率

7. 我国特别关税的种类包括(　　)。

A. 报复性关税　　B. 保障性关税　　C. 进口附加税　　D. 反倾销与反补贴税

三、判断题

1. 货物是非贸易性商品，物品是贸易性商品。 （ ）

2. 关税纳税义务人或其代理人应当自海关填发税款缴款书之日起15个工作日内向指定银行缴纳税款。 （ ）

3. 为鼓励出口，我国对出口关税采用差别税率，分为普通税率和优惠税率。 （ ）

4. 纳税义务人因不可抗力或者在国家税收政策调整的情形下，不能按期缴纳税款的，经海关总署批准，可以延期缴纳税款，但是最长不得超过12个月。 （ ）

5. 出口货物的成交价格，是指该货物出口时卖方为出口该货物应当向买方直接收取和间接收取的价款总额。出口关税应计入完税价格。 （ ）

6. 以租赁方式进口的货物，以海关审查确定的该货物的租金作为完税价格。 （ ）

7. 关税的征税对象是贸易型商品，不包括入境旅客携带的个人行李和物品。 （ ）

8. 关税完税价格是纳税人向海关申报的价格，即货物实际成交价格。 （ ）

9. 在确定进口货物完税价格时，货物成交价格中含进口人向卖方支付的佣金，应该从完税价格中扣除。 （ ）

10. 适用出口税率的出口货物有暂定税率的，应当适用暂定税率。 （ ）

项目六　企业所得税纳税业务

【学习目标】

- 掌握企业所得税的概念、基本法规和税款计算的知识。
- 掌握企业所得税纳税申报、年度汇算清缴的相关规定。

【能力目标】

- 会判断企业所得税纳税人类型。
- 正确计算每月（季）企业所得税预缴额。
- 会进行企业所得税应税所得额的调整，办理年度汇算清缴工作。
- 会填制企业所得税月（季）度预缴纳税申报表和企业所得税年度纳税申报表及相关附表。

【素养目标】

- 培养学生敬业精神、诚信纳税、依法纳税的责任意识。
- 具有拒绝诱惑、守住底线的职业道德修养。

【思维导图】

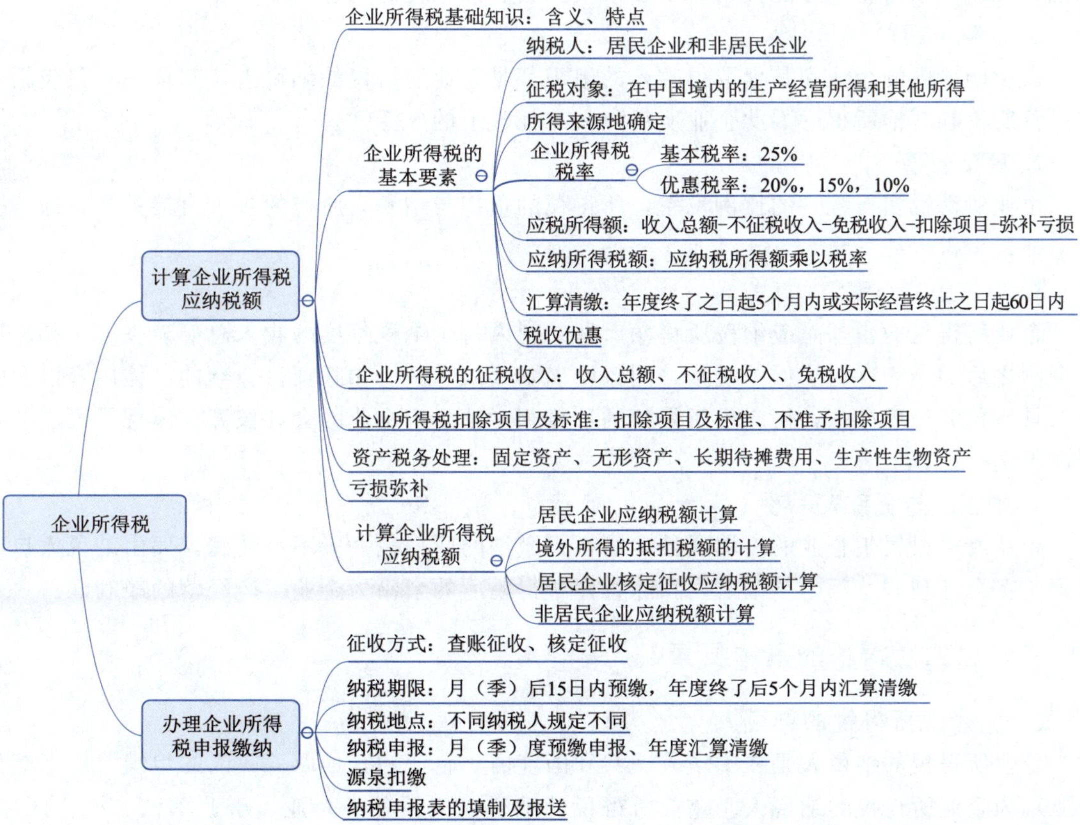

任务一　计算企业所得税应纳税额

【引导案例】

哈尔滨富强办公设备有限责任公司为居民企业，2022年发生经营业务如下：取得产品销售收入3 000万元；国债利息收入10万元；发生产品销售成本1 800万元；发生销售费用600万元（其中广告费520万元）、管理费用310万元（其中业务招待费15万元）、财务费用50万元；销售税金120万元（其中增值税90万元）；营业外收入100万元；营业外支出90万元（其中通过公益性社会团体向灾区捐款40万元，支付税收滞纳金5万元）；已计入成本、费用中的实发工资总额200万元，拨缴职工工会经费5万元，发生职工福利费31万元，发生职工教育经费7万元。本年度已预缴企业所得税72万元。

要求：计算哈尔滨富强办公设备有限责任公司2022年度实际应缴纳的企业所得税额。

【知识准备】

一、企业所得税基础知识

企业所得税是以企业取得的生产经营所得和其他所得为征税对象所征收的一种税。它是规范和处理国家与企业分配关系的重要形式，具有以下显著特点：

1. 征税范围广

在中国境内的企业和其他取得收入的组织都是企业所得税的纳税人，其征税对象包括生产经营所得和其他所得。因此企业所得税具有征收上的广泛性。

2. 税负公平

企业所得税实行统一的比例税率，所得税的负担与纳税人所得的多少直接关联，即“多得多征，少得少征”。

3. 税基约束力强

企业所得税的税基是应纳税所得额，即纳税人每个纳税年度的收入总额减去准予扣除项目金额之后的余额。为了保护税基，国家明确了收入总额、扣除项目金额的具体内容以及资产的具体税务处理办法，使应税所得额的计算相对独立于企业的会计核算，体现了税法的强制性与统一性。

4. 纳税人与负税人一致

企业所得税属于企业的终端税种，纳税人缴纳的所得税一般不易转嫁，而由纳税人自己负担，在会计利润总额的基础上，扣除企业所得税后的余额为企业生产经营的净利润。

二、企业所得税的基本要素

（一）企业所得税的纳税人

企业所得税的纳税人是在中华人民共和国境内，企业和其他取得收入的组织（以下统称企业）为企业所得税的纳税人。企业所得税的纳税人包括各类企业、事业单位、社会团体、民办非企业单位和从事经营活动的其他组织。个人独资企业、合伙企业不属于企业所得税纳税义务人。

企业所得税采取收入来源地管辖权和居民管辖权相结合的双管辖权，把企业分为居民企业和非居民企业，分别确定不同纳税义务（见图 6-1）。

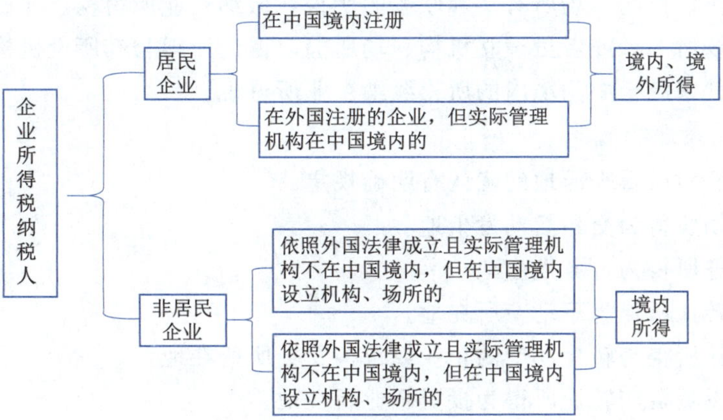

图 6-1 企业所得税纳税人

1. 居民企业

居民企业是指依照中国法律、法规在中国境内成立，或者实际管理机构在中国境内的企业。实际管理机构，是指对企业的生产经营、人员、账务、财产等实施实质性全面管理和控制的机构。

2. 非居民企业

非居民企业是指按照中国税法规定不符合居民企业标准的企业，即依照（地区）法律、法规成立且实际管理机构不在中国境内，但在中国境内设立机构场所的，或者在中国境内未设立机构、场所，但有来源于中国境内所得的企业。如在我国设立的代表处及其他分支机构等外国企业。

对在中国境内未设立机构、场所的非居民企业，或者虽设立机构、场所但取得的所得与其所设机构、场所没有实际联系的中国境内所得应缴纳的所得税，实行源泉扣缴，以支付人为扣缴义务人，税款由扣缴义务人在每次支付或者到期应支付时，从支付或者到期应支付的款项中扣缴；对非居民企业在中国境内取得工程作业和劳务所得应缴纳的所得税，税务机关可以指定工程价款或者劳务费的支付人为扣缴义务人；扣缴义务人未依法扣缴或者无法履行扣缴义务的，由纳税人在所得发生地缴纳，纳税人未依法缴纳的，税务机关可以从该纳税人在中国境内其他收入项目的支付人应付的款项中，追缴该纳税人的应纳税款。

【知识拓展】

个人独资企业不缴纳企业所得税，缴纳个人所得税。合伙企业以每一个合伙人为纳税义务人，其生产、经营所得和其他所得采取“先分后税”的原则，合伙人是自然人的，缴纳个人所得税；合伙人是法人和其他组织的，缴纳企业所得税。

（二）企业所得税的征税对象

企业所得税的征税对象为企业在中国境内的生产经营所得和其他所得。

居民企业应当就其来源于中国境内、境外的所得缴纳企业所得税。非居民企业在中国境内设立机构、场所的，应当就其所设机构、场所取得的来源于中国境内的所得，以及发生在中国境外但与其所设机构、场所有实际联系的所得，缴纳企业所得税。非居民企业在中国境内未设立机构、场所的，或者虽设立机构、场所但取得的所得与其所设机构、场所没有实际联系的，应当就其来源于中国境内的所得缴纳企业所得税。

（三）所得来源地的确定

企业所得税法对所得来源地的确认有明确规定：

（1）销售货物所得为交易活动发生地。

（2）提供劳务所得为劳务发生地。

（3）不动产转让所得为不动产所在地。

（4）动产转让所得为转让动产的企业或机构、场所所在地。

（5）权益性投资资产转让所得为投资企业所在地。

（6）股息、红利等权益性投资所得为分配所得的企业所在地。

（7）利息所得、租金所得、特许权使用费所得为负担支付所得的企业或机构、场所所在地，或负担、支付所得的个人的住所地。

（8）其他所得，由国务院财政、税务主管部门确定。

（四）企业所得税税率

企业所得税基本税率为25%；居民企业或在中国境内设有机构、场所且所得与机构、场所有关联的非居民企业适用25%税率；非居民企业适用20%税率；符合条件的小型微利企业适用20%税率；国家需要重点扶持的高新技术企业、西部鼓励类产业企业、技术先进型服务企业、从事污染防治的第三方企业，适用15%税率；在中国境内未设立机构、场所的非居民企业，或虽设立机构、场所但取得的所得与其所设机构、场所无实际联系的非居民企业适用10%税率。

【知识拓展】

小型微利企业认定标准

小型微利企业是指从事国家非限制和禁止行业，并符合下列条件的企业：工业企业，年度应纳税所得额不超过30万元，从业人数不超过100人，资产总额不超过3 000万元；其他企业，年度应纳税所得额不超过30万元，从业人数不超过80人，资产总额不超过1 000万元。在2019年1月1日至2024年12月31日期间，将小型微利企业条件放宽为从事国家非限制和禁止行业，且同时符合年度应纳税所得额不超过300万元、从业人数不超过300人、资产总额不超过5 000万元三个条件的企业。

从业人数，包括与企业建立劳动关系的职工人数和企业接受的劳务派遣用工人数。所称从业人数和资产总额指标，应按企业全年的季度平均值确定。

具体计算公式如下：

季度平均值=(季初值+季末值)÷2

全年季度平均值=全年各季度平均值之和÷4

年度中间开业或者终止经营活动的，以其实际经营期作为一个纳税年度确定上述相关指标

（五）应税所得额

应税所得额也称为应纳税所得额，是指纳税人每一纳税年度的收入总额减除不征税收入、免税收入、各项扣除以及允许弥补的以前年度亏损后的余额，是计算应纳所得税额的依据。应税所得额的计算以权责发生制为原则，属于当期的收入和费用，不论款项是否收付，均作为当期的收入和费用；不属于当期的收入和费用，即使款项已经在当期收付，均不作为当期的收入和费用。

（六）应纳所得税额

应纳所得税额是企业的应纳税所得额乘以适用税率、减除税收优惠规定的减免和抵免税额后的余额。应纳所得税额的多少，取决于应纳税所得额和适用税率两个因素。

（七）汇算清缴

汇算清缴，是指纳税人自纳税年度终了之日起5个月内或实际经营终止之日起60日内，依照税收法律、法规、规章及其他有关企业所得税的规定，自行计算本纳税年度应纳税所得额和应纳所得税额，根据月度或季度预缴企业所得税的数额，确定纳税年度应补或者应退税额，并填写企业所得税年度纳税申报表，向主管税务机关办理企业所得税年度纳税申报、提供税务机关要求提供的有关资料、结清全年企业所得税款的行为。

（八）企业所得税税收优惠

税收优惠政策是指为了照顾某些纳税人的特殊情况而给予减征或免征所得税款的规定。我国企业所得税的减免优惠政策主要有五个方面。

1. 促进技术创新和科技进步

(1) 一个纳税年度内，居民企业技术转让所得不超过500万元的部分，免征企业所得税；超过500万元的部分，减半征收企业所得税。

(2) 企业为开发新技术、新产品、新工艺过程中实际发生的研发费用，未形成无形资产计入当期损益的，在2023年1月1日起，按规定据实扣除的基础上，再按照实际发生额的100%在税前加计扣除；形成无形资产的，在上述期间按照无形资产成本的200%在税前摊销。

【素质园地】

研发费用加计扣除，推动企业创新发展

企业所得税研发费用的扣除体现了国家对科技创新和技术进步的支持和鼓励。这一政策的出台旨在激励企业增加研发投入，推动科技创新，提高企业的技术水平和竞争力，具体体现在以下几个方面：

(1) 科技创新导向：企业所得税研发费用的扣除体现了国家对科技创新的导向。政府希望通过鼓励企业增加研发投入，推动科技创新，培育新的经济增长点，提高国家的科技竞争力。

（2）企业创新动力：企业所得税研发费用的扣除政策可以提供一定的财务激励，激发企业增加研发投入的积极性。企业可以通过扣除研发费用来减少应纳税所得额，降低税负，从而释放出更多的资金用于研发活动，推动技术创新。

（3）技术进步促进：企业所得税研发费用的扣除政策有助于促进技术进步。企业通过增加研发投入，推动技术的不断创新和进步，提高产品质量和技术水平，增强企业的竞争力，推动产业升级和转型发展。

（4）产业发展引领：企业所得税研发费用的扣除政策可以引领产业发展方向。通过鼓励企业加大研发投入，政府可以引导企业在战略性新兴产业和高技术领域进行研发，推动相关产业的发展，提高国家的产业竞争力。

综上所述，企业所得税研发费用的扣除体现了国家对科技创新和技术进步的支持和鼓励，激发企业的创新动力，促进技术进步和产业发展。这一政策有助于提高企业的研发投入和技术水平，推动经济的创新和发展。

【思考】

为什么国家会对高科技企业给予税收优惠？这一政策对高科技企业和整个经济有什么影响？这一政策是否公平？这一政策是否符合国际税收治理的要求？

（3）创业投资企业采取股权投资方式投资于未上市的中小高新技术企业 2 年以上的，可以按其投资额的 70％在股权持有满 2 年的当年抵扣该创业投资企业的应纳税所得额；当年不足抵扣的，可以在以后年度结转抵扣。

（4）企业的固定资产由于技术进步等原因，确需加速折旧的，可以缩短折旧年限或采取加速折旧的方法。

采取缩短折旧年限或者财务加速折旧方法的固定资产主要包括两类：一类是由于技术进步，产品更新换代较快的固定资产；另一类是常年处于强震动、高腐蚀状态的固定资产。

采取缩短折旧年限方法的，最低折旧年限不得低于规定折旧年限的 60％，采取加速折旧方法的，可以采取双倍余额递减法或者年数总和法。

2. 鼓励基础设施建设

从事国家重点扶持的公共基础设施项目投资经营的所得，自项目取得第一笔生产经营收入所属纳税年度起，第一年至第三年免征企业所得税，第四年至第六年减半征收企业所得税。国家重点扶持的公共基础设施项目，是指《公共基础设施项目企业所得税优惠目录》规定的港口码头、机场、铁路、公路、城市公共交通、电力、水利等项目。不包括企业承包经营、承包建设和内部自建自用的项目。

3. 扶持农、林、牧、渔业发展

（1）企业从事蔬菜、谷物、薯类、油料、豆类、棉花、麻类、糖料、水果、坚果等农作物的种植，农作物新品种的选育，中药材的种植，林木的培育和种植，牲畜、家禽的饲养，林产品的采集、灌溉，农产品初加工，兽医、农技推广，农机作业和维修等农、林、牧、渔服务业项目，远洋捕捞等项目，以及“公司＋农户”经营模式从事农、林、牧、渔业项目生产的企业的所得，免征或减征企业所得税。

（2）企业从事花卉、茶以及其他饮料作物和香料作物的种植，以及海水养殖、内陆养殖等项目的所得，减半征收企业所得税。

4. 对社会福利企业的优惠

企业安置残疾人员的，在按照支付给残疾职工工资据实扣除的基础上，可按支付给残疾职工实际工资的100%加计扣除。

5. 鼓励环境保护与节能的优惠

（1）企业从事符合条件的环境保护、节能节水项目的所得，自项目取得第一笔生产经营收入所属纳税年度起，第一年至第三年免征企业所得税，第四年至第六年减半征收企业所得税。享受减免税优惠的项目，在减免税期限内转让的，受让方自受让之日起，可以在剩余期限内享受规定的减免税优惠；减免税期限届满后转让的，受让方不得就该项目重复享受减免税优惠。

（2）企业购置用于环境保护、节能节水、安全生产等专用设备的，该专用设备投资额的10%可从企业当年的应纳税额中抵免；当年不足抵免的，可以在以后5个纳税年度结转抵免。享受此款规定的税收优惠的企业，应当购置并自身实际投入使用此款规定的专用设备；企业购置上述专用设备在5年内转让、出租的，应当停止享受企业所得税优惠，并补缴已经抵免的企业所得税税款。

（3）企业综合利用资源，生产国家非限制和禁止并符合国家和行业相关标准产品取得的收入，减按90%计入收入总额。

【知识拓展】

对外国政府向中国政府提供贷款取得的利息所得、国际金融组织向中国政府居民企业提供优惠贷款取得的利息所得，以及经国务院批准的其他所得，可以免征企业所得税。

三、确定企业所得税的征税收入

按照《中华人民共和国企业所得税法》（简称《企业所得税法》）的规定，纳税人的所有收入分为收入总额、不征税收入和免税收入。

（一）收入总额

收入总额是指以货币形式和非货币形式从各种来源取得的收入，包括销售货物的收入，提供劳务的收入，转让财产收入，股息、红利等权益性投资收益，利息收入，租金收入，特许权使用费收入，接受捐赠收入，其他收入等。

【注意】

除《企业所得税法》及其实施条例另有规定外，企业销售收入的确认必须遵循权责发生制和实质重于形式原则。

（二）不征税收入

（1）财政拨款，是指各级人民政府对纳入预算管理的事业单位、社会团体等组织拨付的财政资金，但国务院以及国务院财政、税务主管部门另有规定的除外。

（2）依法收取并纳入财政管理的行政事业性收费、政府性基金。行政事业性收费是指企业根据法律、法规等有关规定，按照国务院规定程序批准，在实施社会公共管理，以及在向公民、法人或者其他组织提供特定公共服务过程中，向特定服务对象收取并纳入财政管理的费用。政府性基金是指企业根据法律、法规等有关规定，代政府收取的具有专项用途的财政资金。

（3）国务院规定的其他不征税收入，是指企业取得的，由国务院、税务主管部门规定专项用途并经国务院批准的财政性资金。

（三）免税收入

（1）国债利息收入，是指企业购买国务院财政部门发行的国家公债所取得的利息收入。

（2）符合条件的居民企业之间的股息、红利等权益性投资收益，是指居民企业直接投资于其他居民企业所取得的投资收益，不包括连续持有居民企业公开发行并上市流通的股票不足12个月取得的投资收益。

（3）在中国境内设立机构、场所的非居民企业从居民企业取得与该机构、场所有实际联系的股息、红利等权益性投资收益。

（4）符合条件的非营利组织的收入，主要是指非营利组织从事公益性或非营利性活动取得的收入，不包括从事营利性活动所取得的收入，但国务院财政、税务主管部门另有规定的除外。

四、确定企业所得税的扣除项目及标准

企业实际发生的与取得收入有关的、合理的支出，包括成本、费用、税金、损失和其他支出，准予在计算应纳税所得额时扣除。具体扣除标准如下：

（一）职工薪酬

1. 工资、薪金支出

企业发生的合理的工资、薪金支出准予据实扣除，对明显不合理的工资、薪金，则不予扣除。

企业在年度汇算清缴结束前向员工实际支付的已预提汇缴年度工资薪金，准予在汇缴年度按规定扣除。

2. 职工福利费、工会经费、职工教育经费

纳税人实际发生的职工福利费、工会经费，分别按照工资薪金总额的14%、2%计算限额扣除，超过部分不准予扣除；除国务院财政、税务主管部门另有规定外，企业实际发生的职工教育经费按工资薪金总额的2.5%计算扣除（自2018年1月1日起，从2.5%提高到8%），超过部分，准予在以后纳税年度结转扣除，本年度应调增应纳税所得额；当本年度职工教育经费低于工资薪金总额的8%时，差额准予结转以前年度累计未扣除的职工教育经费金额，应调减应纳税所得额。

【知识拓展】

软件生产企业发生的职工教育经费中的职工培训费，可以全额在企业所得税前扣除。

3. 社会保险费及其他保险费

企业按照政府规定的范围和标准缴纳的保险和公积金，即基本养老保险费、基本医疗保险费（含生育保险费）、失业保险费、工伤保险费等基本社会保险费和住房公积金准予扣除，企业为投资者或者职工支付的补充养老保险费、补充医疗保险费，分别在不超过职工工资总

额5%标准内的部分准予扣除，超过部分，不予扣除。企业依照国家有关规定为特殊工种职工支付的人身安全保险费和符合国务院财政、税务主管部门规定可以扣除的商业保险费准予扣除。

【知识拓展】

企业为投资者或者职工支付的商业保险费不得扣除，企业参加财产保险，按照规定缴纳的保险费准予扣除。

（二）利息费用

非金融企业向金融企业借款的利息支出、金融企业的各项存款利息支出和同业拆借利息支出、企业经批准发行债券的利息支出准予据实扣除；非金融企业向非金融企业借款的利息支出不超过按照金融企业同期同类贷款利率计算的数额的部分可据实扣除，超过部分不允许扣除。

（三）借款费用

企业在生产经营活动中发生的合理的不需要资本化的借款费用准予扣除；企业为购置、建造固定资产、无形资产和经过12个月以上的建造才能达到预定可销售状态的存货发生借款的，在有关资产购置、建造期间发生的合理的借款费用。应当作为资本性支出计入有关资产的成本；有关资产交付使用后发生的借款利息在发生当期扣除；企业通过发行债券、取得贷款、吸收保户储金等方式融资而发生的合理的费用支出，符合资本化条件的，应计入相关资产成本；不符合资本化条件的，应作为财务费用准予据实扣除。

（四）汇兑损失

汇率折算形成的汇兑损失，除已经计入有关资产成本以及与向所有者进行利润分配有关的部分外，准予扣除。

（五）业务招待费

企业发生的与生产经营活动有关的业务招待费支出，按照实际发生额的60%扣除，但最高不得超过当年销售（营业）收入的5‰。

（六）广告费和业务宣传费

企业发生的符合条件的广告费和业务宣传费支出，除国务院财政、税务主管部门另有规定外，不超过当年销售（营业）收入15%的部分，准予扣除；超过部分，准予在以后纳税年度结转扣除。

纳税人因行业特点等特殊原因确需提高广告费扣除比例的，须报国家税务总局批准。对化妆品制造、医药制造和饮料制造（不含酒类制造）企业发生的广告费和业务宣传费支出、不超过当年销售（营业）收入30%的部分，准予扣除，超过部分，准予在以后纳税年度结转扣除。

【知识拓展】

业务招待费、广告费和业务宣传费的扣除限额中提到的销售（营业）收入具体包括企业发生非货币性资产交换，以及将货物、财产、劳务用于捐赠、偿债、赞助、集资、广告、样品、职工福利或者利润分配等用途应当视同销售的收入额，就是会计核算中的主营业务收入、其他业务收入和视同销售收入，但不包括营业外收入和投资收益。

（七）捐赠支出

企业实际发生的公益性捐赠支出，在年度利润总额12%以内的部分，准予在计算应纳税所得额时扣除。超过部分，准予结转以后三年内扣除。

【注意】

在计算公益性捐赠支出时，应先扣除以前年度结转的捐赠支出，再扣除当年发生的捐赠支出。

公益性捐赠是指企业通过公益性社会团体或县级以上人民政府及其部门，用于下列公益事业：救助灾害、救济贫困、扶助残疾人等困难的社会群体和个人活动；教育、科学、文化、卫生、体育事业；环境保护、社会公共设施建设；促进社会发展和进步的其他社会公共和福利事业。

【素质园地】

捐赠支出扣除，彰显企业社会责任意识，提升企业社会形象和公信力

企业所得税捐赠支出扣除这一政策的出台旨在鼓励企业积极参与社会公益事业，支持慈善组织的发展。主要体现在以下几个方面：

1. 企业社会责任

企业所得税捐赠支出扣除政策体现了企业的社会责任意识。企业通过捐赠支出扣除，将一部分利润用于回馈社会，支持公益事业的发展，体现了企业对社会的关注和回报。

2. 公益事业发展

企业所得税捐赠支出扣除政策的实施，可以促进公益事业的发展。企业的捐赠可以为慈善组织提供更多的资金支持，推动公益事业的开展，改善社会福利，提高民众的生活水平。

3. 社会公信力

企业通过捐赠支出扣除，可以提升自身的社会形象和公信力。积极参与公益事业，得到社会的认可和赞赏，有助于树立企业的良好形象，增强消费者和投资者的信任度。

4. 慈善组织合规性

企业所得税捐赠支出扣除政策对慈善组织的合规性有一定的要求。企业在捐赠时需要选择符合条件的公益慈善组织，确保捐赠资金的合法合规使用，提高慈善组织的透明度和信任度。

综上所述，企业所得税捐赠支出扣除政策可以反映企业的社会责任意识，促进公益事业的发展，提升企业的社会形象和公信力，同时也对慈善组织的合规性提出了要求。

（八）环境保护专项资金

企业依照法律、行政法规有关规定提取的用于环境保护、生态恢复等方面的专项资金，准予扣除；上述专项资金提取后改变用途的，不得扣除。

（九）租赁费用

以经营性租赁发生的租入固定资产的租赁费支出，根据租赁期限均匀扣除；以融资性租赁发生的租入固定资产的租赁费支出，构成融资租入固定资产价值的部分应当提取折旧费用，分期扣除，租赁费支出不得在当期直接扣除。

（十）劳动保护费

企业发生的合理的劳动保护支出，准予扣除。劳动保护费是指确因工作需要为雇员配备或提供工作服、手套、安全保护用品、防暑降温用品等发生的支出。

（十一）有关资产的费用

企业转让各类固定资产发生的费用，允许扣除；企业按规定计算的固定资产折旧费、无形资产和递延资产的摊销费，准予扣除。

（十二）总机构分摊的费用

非居民企业在中国境内设立的机构、场所，就其中国境外总机构发生的与该机构、场所生产经营有关的费用，能够提供总机构出具的费用汇集范围、定额、分配依据和方法等证明文件，并合理分摊的，准予扣除。

（十三）资产损失

企业当期发生的固定资产和流动资产盘亏、毁损净损失，准予扣除；企业因存货盘亏、毁损、报废等原因不得从销项税额中抵扣的进项税额，应视同企业资产损失，准予与存货损失合并在企业所得税前按规定扣除。

（十四）手续费及佣金支出

1. 保险企业

企业按当年全部保费收入扣除退保金等后余额，按 18%计算限额，超过部分，允许结转以后年度扣除。

2. 其他企业

按与具有合法经营资格中介服务机构或个人（不含交易双方及其雇员、代理人和代表人等）所签订服务协议或合同确认的收入金额的 5%计算限额，超出部分不得扣除。

3. 特殊行业

从事代理服务、主营业务收入为手续费、佣金的企业为取得该类收入实际发生的营业成本（包括手续费、佣金），据实扣除。

（十五）其他项目

企业依照法律、行政法规和国家有关税法规定准予扣除的其他项目，如会员费、合理的会议费、差旅费、违约金、诉讼费用等，准予扣除。

五、不得扣除的项目

按照企业所得税法的有关规定，在计算应纳税所得额时，下列项目不得扣除：

（1）向投资者支付的股息、红利等权益性投资收益款项。

（2）企业所得税税款。

（3）税收滞纳金。

（4）因违反法律、行政法规而交付的罚金、罚款和被没收财务的损失。

（5）超过国家允许扣除的公益性捐赠以及非公益性的捐赠支出。

（6）赞助支出，是指企业发生的与生产经营活动无关的各种非广告性质的支出。

（7）未经核定的准备金支出，是指不符合国务院财政、税务主管部门规定的各种资产减值准备、风险准备等准备金支出。

（8）企业之间支付的管理费、企业内营业机构之间支付的租金和特许权使用费，以及非银行企业内营业机构之间支付的利息。

（9）与取得收入无关的其他支出。

【知识拓展】

不征税收入用于支出形成的费用，不得在计算应纳税所得额时扣除；企业的不征税收入用于支出所形成的资产，其计算的折旧、摊销不得在计算应纳税所得额时扣除；不征税收入用于形成的费用不得加计扣除。

六、资产的税务处理

（一）固定资产的税务处理

税法规定，除房屋建筑物以外未投入使用的固定资产、已足额提取折旧但仍继续使用的固定资产、与经营活动无关的固定资产和单独估价作为固定资产入账的土地不得计提折旧。

1. 固定资产的计税基础

固定资产取得的来源不同，其计税基础也不同。

（1）外购固定资产以购买价款和支付的相关税费以及直接归属于使该资产达到预定用途发生的其他支出为计税基础。

（2）融资租入的固定资产，以租赁合同约定的付款总额和承租人在签订租赁合同过程中发生的相关费用为计税基础，租赁合同未约定付款总额的，以该资产的公允价值和承租人在签订租赁合同过程中发生的相关费用为计税基础。

（3）自行建造的固定资产，以竣工结算前发生的支出为计税基础。

（4）盘盈的固定资产，以同类固定资产的重置完全价值为计税基础。

（5）通过捐赠、投资、非货币性资产交换、债务重组等方式取得的固定资产，以该资产的公允价值和支付的相关税费为计税基础。

（6）改建的固定资产，除已足额提取折旧的固定资产和租入的固定资产以外的其他固定资产，以改建过程中发生的改建支出增加计税基础。

2. 固定资产的折旧方法

税法规定，固定资产应采用直线法计提折旧。企业应当自固定资产投入使用月份的次月起开始计算折旧，停止使用的固定资产，应当自停止使用月份的次月起停止计提折旧。

企业应当根据固定资产的性质和使用情况，合理确定固定资产的预计净残值，预计净残值一经确定，不得变更。

3. 固定资产折旧计提年限

企业所得税法按不同种类固定资产分别规定了计算折旧的最低年限：房屋、建筑物为20年；飞机、火车、轮船、机器、机械和其他生产设备为10年；与生产经营活动有关的器具、工具、家具等为5年；飞机、火车、轮船以外的运输工具为4年；电子设备为3年。

4. 固定资产加速折旧

由于技术进步，产品更新换代较快，常年处于强震动、高腐蚀状态的固定资产，确需加速折旧的，可缩短折旧年限或采取加速折旧的方法。采取缩短折旧年限方法的，最低折旧年限不得低于企业所得税法规定折旧年限的 60%；采取加速折旧方法的，可以采取双倍余额递减法或年数总和法。

对生物药品制造业，专用设备制造业，铁路、船舶、航空航天和其他运输设备制造业，计算机、通信和其他电子设备制造业，仪器仪表制造业，信息传输、软件和信息技术服务业等 6 个行业的企业 2014 年 1 月 1 日后新购进的固定资产和轻工、纺织、机械、汽车 4 个领域重点行业的企业 2015 年 1 月 1 日后新购进的固定资产，可缩短折旧年限或采取加速折旧的方法。

对上述 6 个行业（2014 年 1 月 1 日后）、4 个领域（2015 年 1 月 1 日后）、全部制造业（2019 年 1 月 1 日后）的小型微利企业新购进的研发和生产经营共用的仪器、设备，单位价值不超过 100 万元的允许一次性计入当期成本费用，在计算应纳税所得额时扣除，不再分年度计算折旧，单位价值超过 100 万元的，可缩短折旧年限或采取加速折旧的方法。

对所有行业 2014 年 1 月 1 日后新购进的专门用于研发的仪器、设备，单位价值不超过 100 万元的允许一次性计入当期成本费用，在计算应纳税所得额时扣除，不再分年度计算折旧，单位价值超过 100 万元的，可缩短折旧年限或采取加速折旧的方法。

自 2014 年 1 月 1 日起，对所有行业企业持有的单位价值不超过 5 000 元的固定资产（包括 2018 年 1 月 1 日至 2023 年 12 月 31 日期间新购进，单位价值不超过 500 万元的设备、器具），允许一次性计入当期成本费用，在计算应纳税所得额时扣除，不再分年度计算折旧。

（二）无形资产的税务处理

无形资产是指企业为生产产品、提供劳务、出租或者经营管理而持有的、没有实物形态的非货币性长期资产，包括专利权、商标权、著作权、土地使用权、非专利技术、特许权使用费等。

下列无形资产不得计算摊销费用扣除：自行开发的支出已在计算应纳税所得额时扣除的无形资产；自创商誉；与经营活动无关的无形资产；其他不得计算摊销费用扣除的无形资产。

1. 无形资产的计税基础

外购的无形资产，以购买价款和支付的相关税费以及直接归属于使该资产达到预定用途发生的其他支出为计税基础；自行开发的无形资产，以开发过程中该资产符合资本化条件后达到预定用途前发生的支出为计税基础；通过捐赠、投资、非货币性资产交换、债务重组等方式取得的无形资产，以该资产的公允价值和支付的相关税费为计税基础。

2. 无形资产的摊销

无形资产按照直线法计算的摊销费用，准予扣除，摊销年限不得低于 10 年；作为投资或者受让的无形资产，有关法律规定或者合同约定了使用年限的，可以按照规定或者约定的使用年限分期摊销；外购商誉的支出，在企业整体转让或者清算时，准予扣除。

（三）长期待摊费用的税务处理

长期待摊费用是指不能全部计入当年损益，应当在以后年度内分期摊销的各项费用。包括固定资产的改建支出（含已足额提取折旧的固定资产的改建支出和租入固定资产改建支出）、固定资产的大修理支出和开办费等。

固定资产的改建支出是指改变房屋或者建筑物结构、延长使用年限等发生的支出。已足额提取折旧的固定资产的改建支出按照固定资产预计尚可使用年限分期摊销；租入固定资产的改建支出按照合同约定的剩余租赁期限分期摊销。其他改建的固定资产延长使用年限的，应当适当延长折旧年限。

固定资产的大修理支出，是指同时符合下列条件的支出：修理支出达到取得固定资产时的计税基础50%以上；修理后固定资产的使用年限延长2年以上。固定资产的大修理支出按照固定资产尚可使用年限分期摊销。

其他应当作为长期待摊费用的支出自支出发生月份的次月起，分期摊销，摊销年限不得低于3年。

（四）生产性生物资产的税务处理

生产性生物资产是指企业为生产农产品、提供劳务或者出租等而持有的生物资产，包括经济林、薪炭林、产畜和役畜等。

1. 生产性生物资产计税基础

（1）外购的生产性生物资产，以购买价款和支付的相关税费为计税基础。

（2）通过捐赠、投资、非货币性资产交换、债务重组等方式取得的生产性生物资产，以该资产的公允价值和支付的相关税费为计税基础。

2. 生产性生物资产计提折旧

生产性生物资产应当按照直线法计算折旧，企业应当自生产性生物资产投入使用月份的次月起计算折旧；停止使用的生产性生物资产，应当自停止使用月份的次月起停止计算折旧。

企业应当根据生产性生物资产的性质和使用情况，合理确定生产性生物资产的预计净残值，预计净残值一经确定，不得变更。

生产性生物资产计算折旧的最低年限如下：林木类生产性生物资产为10年；畜类生产性生物资产为3年。

七、亏损弥补

企业某一年度发生的亏损可以用下一年度的所得弥补，下一年度的所得不足以弥补的，可以逐年延续弥补，但是最长不得超过5年。弥补年限内不论是盈利还是亏损，都作为实际弥补年限计算。5年后亏损没有弥补完，可以用下一个纳税年度的税后利润进行弥补。自2018年1月1日起，高新技术企业和科技型中小企业亏损结转年限由5年延长至10年。

【注意】

亏损弥补期应连续计算，不得间断，不论弥补期间是否盈利或亏损。连续发生亏损的，其亏损弥补期应按每个年度分别计算，按先亏先补的顺序弥补，不能将每个亏损年度的亏损弥补期相加。企业境外业务之间的盈亏可以互相弥补，但企业境外投资合并、撤销、依法清算形成的亏损不得用于境内盈利弥补。

这里的盈利指的是税法中的盈利，即应纳税所得额为正数的情况，会计上有可能为亏损，但税法上有可能为盈利，反之则相反。企业自开始生产经营的年度，为开始计算企业损益的年度，企业从事生产经营之前进行筹办活动期间发生筹办费用支出，不得计算为当期的亏损。

八、计算企业所得税应纳税额

（一）居民企业应纳税额计算

企业所得税应纳税额＝应纳税所得额×企业所得税税率－减免税额－抵免税额

减免税额是指企业按照税法规定实际减免的企业所得税额，包括小微企业、高新技术企业、符合条件的集成电路生产企业等，其法定税率与实际执行税率的差额，以及其他享受企业所得税减免税的数额。

抵免税额是指企业购置用于环境保护、节能节水、安全生产等专用设备投资额的抵免额。

1. 应纳税所得额的计算

应纳税所得额的计算方法主要有两种：直接计算法和间接计算法。

直接计算法：

应纳税所得额＝收入总额－不征税收入－免税收入－各项扣除－允许弥补的以前年度亏损

间接计算法：

应纳税所得额＝会计利润总额±纳税调整项目金额

纳税调整项目是指会计制度核算与税收规定不一致的，应当进行调整，具体分为收入类调整项目、扣除类调整项目、资产类调整项目、特殊事项调整项目和特别纳税调整项目。

在实际工作中，一般企业会采用间接计算法进行计算，在会计利润总额的基础上，加减纳税调整额及相关项目金额后计算出应纳税所得额。

2. 应纳税额计算

应纳税额＝应纳税所得额×企业所得税税率

【引例分析 6-1】

第一步　计算利润总额：

利润总额＝3 000＋100＋10－1 800－600－310－50－(120－90)－90＝230(万元)。

第二步　确定并计算纳税调整项目：

(1) 国债利息收入为免税收入，应调减所得额＝10(万元)。

(2) 广告费应调增所得额＝520－3 000×15％＝70(万元)。

(3) 业务招待费：3 000×5‰＝15(万元)＞15×60％＝9(万元)，应调增所得额＝15－9＝6(万元)。

(4) 支付税收滞纳金应调增所得额＝5(万元)。

(5) 捐赠支出应调增所得额＝40－230×12％＝12.4(万元)。

(6) 工会经费应调增所得额＝5－200×2％＝1(万元)。

职工福利费应调增所得额＝31－200×14％＝3(万元)。

职工教育经费扣除限额＝200×8％＝16（万元），可全额扣除，不需要调整。

第三步　计算应纳税所得额：

应纳税所得额＝230－10＋70＋6＋5＋12.4＋1＋3＝317.4(万元)。

第四步　计算应纳税额：

应纳税额＝327.4×25%＝79.35(万元)。

【思考】

引导案例如果采用直接计算法，应如何计算?

(二) 境外所得抵免税额的计算

境外所得是指纳税人取得的境外税后所得计入利润总额的金额。其金额为纳税人中国境外税前所得减去其来源于境外的股息、红利等权益性投资收益，由外国企业在境外实际缴纳的所得税税额后的余额。

境外所得抵免税额包括本年可抵免的境外所得税款和本年可抵免以前年度所得税额两部分金额。

企业取得已在境外缴纳的所得税税额，可以从其当期应纳税额中抵免，抵免限额为该项所得依照《企业所得税法》规定计算的应纳税额；超过抵免限额的部分，可以在以后5个年度内，用每年度抵免限额抵免当年应抵税额后的余额进行抵补。

境外所得抵免税额的计算通常涉及以下步骤：

1. 确定境外所得

首先需要确定境外所得的具体金额。境外所得可以包括来自海外的转让财产所得，股息、红利等权益性投资所得，利息所得，租金所得，特许权使用费所得和其他所得。

2. 确定适用税率

根据所得类型和所在国家或地区的税法规定，确定适用的税率。不同国家或地区的税率可能有所不同。

3. 计算境外所得税额

将境外所得乘以适用的税率，得到境外所得税额。例如，如果境外所得为10 000美元，适用税率为20%，那么境外所得税额为10 000×20%＝2 000(美元)。

4. 抵免境外所得税额

根据所在国家或地区的税法规定，将境外所得税额抵免到本国的应纳税额中。具体的抵免方式和限额可能因国家或地区而异。具体计算公式如下：

抵免限额＝中国境内、境外所得依照企业所得税法和条例规定计算的应纳税总额×来源于某国（地区）的应纳税所得额÷中国境内、境外应纳税所得总额

需要注意的是，境外所得抵免税额的计算可能受到双边税收协定的影响。双边税收协定是两个国家之间达成的协议，用于避免双重征税和优化税收安排。根据双边税收协定的规定，境外所得的抵扣税额可能会有所调整。此外，境外所得抵扣税额的计算还可能受到本国税法的其他规定和限制的影响。

从2017年1月1日起，企业可以选择按国（地区）别分别计算［即抵免限额要分国（地区）不分项计算］，或者不按国（地区）别汇总计算［即部分国（地区）不分项计算］其来源于境外的应纳税所得额，方式一经选择，5年内不得改变。

纳税人来源于境外的所得在境外实际缴纳的所得税税款，低于依照税法计算的扣除限额的，可以从应纳税额中如数扣除，若有前5年境外所得已缴纳税款未抵扣的余额，可在限额内扣除；高于扣除限额的，其超过部分不得在本年度的应纳税额中扣除，也不得列为费用支出，但可用以后年度税额扣除的余额补扣，补扣期限最长不得超过5年。

【知识拓展】

境外所得抵扣税额的计算并不适用于所有类型的境外所得。具体适用与否取决于所在国家或地区的税法规定和双边税收协定的约定。以下是一些常见的境外所得类型，可能在计算抵扣税额时具有不同的规定：

(1) 工资所得：某些国家或地区可能允许将境外工资所得抵扣到本国应纳税额中，以避免双重征税。但是，抵扣的具体方式和限额可能因国家或地区而异。

(2) 股息和利息所得：一些国家或地区可能根据双边税收协定的规定，对境外股息和利息所得征收一定的税款，并允许将已缴纳的境外税款抵扣到本国应纳税额中。

(3) 特许权使用费和租金所得：境外特许权使用费和租金所得的抵扣税额计算可能受到双边税收协定的约定和本国税法的规定的影响。

需要注意的是，不同国家或地区的税法规定和双边税收协定可能存在差异，因此境外所得抵扣税额的计算可能会有所不同。

【任务案例 6-1】

哈尔滨富强办公设备有限责任公司为居民企业，该公司在甲乙两个国家设有分支机构，在甲国机构的税后所得为28万元，甲国所得税税率为30%，在乙国机构的税后所得为24万元，乙国所得税率为20%，在甲乙两个国家分别缴纳企业所得税12万元和6万元。假设该公司境内应税所得额为234.52万元，甲乙两国应税所得的计算与我国税法相同，该企业汇总时选择不分国不分项方式抵免境外所得税税额。

【问题】计算甲乙两国的抵扣限额，判断是否需要补缴所得税。

【解析】

第一步　计算境外所得换算为含税收入所得：

甲国：28÷(1−30%)＝40(万元)

乙国：24÷(1−20%)＝30(万元)

第二步　计算境外所得应纳所得税额＝(40＋30)×25%＝17.5（万元）

第三步　计算抵扣限额：

甲国的抵扣限额＝[(234.52＋40＋30)×25%×40]÷(234.52＋40＋30)＝10（万元）

乙国的抵扣限额＝[(234.52＋40＋30)×25%×30]÷(234.52＋40＋30)＝7.5（万元）

第四步　判断：

在甲国实际缴纳所得税12万元，在乙国实际缴纳企业所得税6万，合计18万元，高于抵扣限额（10＋7.5）17.5万元，在不分国不分项情况下，不需要再补缴企业所得税。

（三）居民企业核定征收应纳税额的计算

企业所得税的主要征收方式是查账征收和核定征收。对账簿健全、核算准确的企业，一般采用查账征收方式；根据《税收征收管理法》的有关规定，可对部分中小企业采取核定征收的办法计算其应纳税额。

1. 确定所得税核定征收的范围

居民纳税人具有下列情形之一的，应采取核定征收方式征收企业所得税：

(1) 依照法律、行政法规的规定可以不设置账簿的。

(2) 依照法律、行政法规的规定应当设置但未设置账簿的。

(3) 擅自销毁账簿或者拒不提供纳税资料的。

(4) 虽设置账簿，但账目混乱或者成本资料、收入凭证、费用凭证残缺不全，难以查账的。

(5) 发生纳税义务，未按规定期限申报，税务机关责令限期申报，逾期仍不申报的。

(6) 申报计税依据明显偏低，又无正当理由的。

【知识拓展】

不能核定征收的范围：

(1) 享受优惠政策的企业（不包括仅享受免税收入的企业、符合条件的小型微利企业）。

(2) 汇总纳税企业。

(3) 上市公司。

(4) 专门从事股权（股票）投资业务的企业。

(5) 银行、信用社、小额贷款公司、保险公司、证券公司、期货公司、信托投资公司、金融资产管理公司、融资租赁公司、担保公司、财务公司、典当公司等金融企业。

(6) 会计、审计、资产评估、税务、房地产估价、土地估价、工程造价、律师、价格鉴证、公证机构、基层法律服务机构、专利代理、商标代理以及其他经济鉴证类社会中介机构。

(7) 国家税务总局规定的其他企业。

2. 确定企业所得税核定征收的方法

核定征收方案分为核定应税所得率和核定应纳所得税额两种方法。

(1) 核定应税所得率。核定应税所得率是指税务机关按照一定的标准、程序和方法，预先核定纳税人的应税所得率，由纳税人根据纳税年度内的收入总额或成本费用等项目的实际发生额，按预先核定的应税所得率计算缴纳企业所得税的办法。具有下列情形之一的，核定其应税所得率：

①能正确核算（查实）收入总额，但不能正确核算（查实）成本费用总额的。

②能正确核算（查实）成本费用总额，但不能正确核算（查实）收入总额的。

③通过合理方法，能计算和推定纳税人收入总额或成本费用总额的。

纳税人不属于以上情形的，核定其应纳所得税额。

(2) 核定应纳所得税额。税务机关采用下列方法核定征收企业所得税：

①参照当地同类行业或者类似行业中经营规模和收入水平相近的纳税人的税负水平核定。

②按照应税收入额或成本费用支出额定率核定。

③按照耗用的原材料、燃料、动力等推算或测算核定。

④按照其他合理方法核定。

3. 选择应税所得率

应税所得率统一执行标准见表 6-1。

表 6-1　应税所得率统一执行标准

行业	应税所得率（%）
农、林、牧、渔业	3～10
制造业	5～15
批发和零售贸易业	4～15
交通运输业	7～15
建筑业	8～20
饮食业	8～25
娱乐业	15～30
其他行业	10～30

企业经营多种行业时，不论其经营项目是否单独核算，均由主管税务机关根据其主营项目，核定其适用某一行业的应税所得率。

4. 计算应纳所得税额

应纳所得税额计算公式如下：

应纳税所得额＝应税收入额×应税所得率（正确查实收入）

或　应纳税所得额＝成本（费用）支出额÷(1－应税所得率)×应税所得率

（正确查实成本费用总额）

应纳所得税额＝应纳税所得额×适用税率

【任务案例 6-2】

某居民企业经税务机关审核，发现其申报的收入无法核实，但成本费用核算准确。故决定对其采取核定征收企业所得税，应税所得率为 20%。假定其 2022 年发生成本费用为 300 万元。

【问题】计算该居民企业 2022 年度应缴纳企业所得税。

【解析】

应纳税所得额＝300÷(1－20%)×20%＝75（万元）

(1) 假如该企业符合小微企业相关条件：

应纳所得税额＝75×12.5%×20%＝1.875（万元）

(2) 假如该企业不符合小微企业相关条件：

应纳所得税额＝75×25%＝18.75（万元）

（四）非居民企业应纳税额计算

对于在中国境内未设立机构、场所的，或虽设立机构、场所但所得与其所设机构、场所没有实际联系的非居民企业，按照下列方法计算其应纳税所得额：

（1）股息、红利等权益性投资收益和利息、租金、特许权使用费所得，以收入全额为应纳税所得额。

（2）转让财产所得，以收入全额减除财产净值后的余额为应纳税所得额。

（3）其他所得，参照前两项规定的方法计算应纳税所得额。

应纳税额的计算公式同上。

任务二　办理企业所得税的申报缴纳

【知识准备】

企业所得税采用“按年计征、分期预缴，年终汇算清缴，多退少补”的征收方法，因此其纳税申报分为预缴申报和年终汇算清缴申报。

一、征收方式

企业所得税征收方式鉴定工作每年进行一次，时间为当年1月至3月底。当年新办企业应在领取税务登记证后3个月内鉴定完毕。企业所得税的征收方式一经确定，一般在一个纳税年度内不做变更，但对鉴定为查账征收方式的纳税人，发现下列情形之一的，可随时调整为定额或定率征收方式征收企业所得税。

（1）纳税人不据实申报纳税，不按规定提供有关财务资料接受税务检查的。

（2）在税务检查中，发现有情节严重的违反税法规定行为的。

【知识拓展】

对鉴定为定额或定率征收方式的企业，如能积极改进财务管理，建立健全账簿，规范财务核算，正确计算盈亏，依法办理纳税申报，达到查账征收方式的企业标准的，在次年鉴定时，可予以升级，鉴定为查账征收方式征收企业所得税。

一般情况下，从税务成本的方面考虑，企业主营业务的净利润率，如果高于所属行业定率征收应税所得率，则实行定率较为有利；反之，则实行查账征收较为有利。部分行业购进商品很难取得进货发票或取得发票的成本太高，建议考虑采用定率征收。如何确定征收方式，必须结合企业的业务类型、业务量的大小、客户情况等综合考虑。

二、纳税期限

企业所得税纳税期限是公历1月1日起至12月31日止。企业在一个纳税年度中间开业，或者终止经营活动，使该纳税年度的实际经营期不足十二个月的，应当以其实际经营期为一个纳税年度。企业依法清算时，应当以清算期间作为一个纳税年度。

企业所得税分月或者分季预缴。企业应当自月份或者季度终了之日起15日内，向税务机关报送预缴企业所得税纳税申报表，预缴税款。企业应当自年度终了之日起5个月内，无论盈利还是亏损，均向税务机关报送年度企业所得税纳税申报表、财务会计报告和其他资料，并汇算清缴，结清应缴应退税款。企业所得税分月或者分季预缴，由税务机关具体核定。

企业在年度中间终止经营活动的，应当自实际经营终止之日起60日内，向税务机关办理当期企业所得税汇算清缴。

企业进行清算时，应当在办理注销工商登记之前，就其清算所得向主管税务机关办理所得税申报。企业若在年度中间合并、分立、终止时，应当在停止生产经营之日起60日内，向当地税务机关办理当期所得税汇算清缴。

【知识拓展】

清算所得是指企业的全部资产可变现价值或者交易价格减去资产减值、清算费用及相关税费等后的余额。

三、纳税地点

除税收法律、行政法规另有规定外，居民企业以企业登记注册地为纳税地点；但登记注册地在境外的，以实际管理机构所在地为纳税地点。企业注册登记地是指企业依照国家有关规定登记注册的住所地。

居民企业在中国境内设立不具有法人资格的营业机构的，应当汇总计算并缴纳企业所得税。

非居民企业在中国境内设立机构、场所的，应当就其所设机构、场所取得的来源于中国境内的所得，以及发生在中国境外但与其所设机构、场所有实际联系的所得，以机构、场所所在地为纳税地点。非居民企业在中国境内设立两个或者两个以上机构、场所的，经税务机关审核批准，可以选择由其主要机构、场所汇总缴纳企业所得税。

非居民企业在中国境内设立机构、场所的，或者虽设立机构、场所但取得的所得与其所设机构、场所没有实际联系的，就其来源于中国境内的所得缴纳企业所得税，以扣缴义务人所在地为纳税地点。

除国务院另有规定外，企业之间不得合并缴纳企业所得税。

【知识拓展】

(1) 主要机构、场所，应当同时符合下列条件：

①对其他机构、场所的生产经营活动负有监督管理责任。

②设有完整的账簿、凭证，能够准确反映各机构、场所的收入、成本、费用和盈亏情况。

(2) 经税务机关审核批准，是指经各机构、场所所在地税务机关的共同上级税务机关审核批准。

非居民企业经批准汇总缴纳企业所得税后，需要增设、合并、迁移、关闭机构、场所或者停止机构、场所业务的，应当事先由负责汇总申报缴纳企业所得税的主要机构、场所向其所在地税务机关报告；需要变更汇总缴纳企业所得税的主要机构、场所的，依照前述规定办理。

四、源泉扣缴

非居民企业在中国境内未设立机构、场所但有来源于中国境内的所得，或者虽设立机构、场所但取得的与其所设机构、场所没有实际联系的所得，其应纳的所得税，实行源泉扣缴，以支付人为扣缴义务人。

对非居民企业在中国境内取得工程作业和劳务所得应纳的所得税，税务机关可以指定工程价款或者劳务费的支付人为扣缴义务人。

扣缴义务人未依法扣缴或者无法履行扣缴义务的，由纳税人在所得发生地缴纳。纳税人未依法缴纳的，税务机关可以从该纳税人在中国境内其他收入项目的支付人应付的款项中，追缴该纳税人的应纳税款。

扣缴义务人每次代扣的税款，应当自代扣之日起 7 日内缴入国库，并向所在地的税务机关报送扣缴企业所得税报告表。

五、填报企业所得税月（季）度预缴纳税申报表

企业所得税月（季）度预缴纳税申报表使用全国统一的纳税申报表，根据征收方式的不同主要有两种：中华人民共和国企业所得税月（季）度预缴纳税申报表（A 类）（见表 6-2）和中华人民共和国企业所得税月（季）度预缴纳税申报表（B 类）（见表 6-3）。实行查账征收企业所得税的居民企业和在中国设立机构的非居民纳税人应填制 A 类报表，实行核定征收企业所得税的居民企业应填制 B 类报表。

【注意】 核定征收管理办法包括核定应税所得率和核定税额征收方式两种。

表 6-2　中华人民共和国企业所得税月（季）度预缴纳税申报表（A 类）

税款所属期间：　　年　　月　　日至　　年　　月　　日

纳税人识别号（统一社会信用代码）：□□□□□□□□□□□□□□□□□□□□□□□

纳税人名称：　　　　　　　　　　　　　　　　　　金额单位：人民币元（列至角分）

优惠及附报事项有关信息									
项　目	一季度		二季度		三季度		四季度		季度平均值
	季初	季末	季初	季末	季初	季末	季初	季末	
从业人数									
资产总额（万元）									
国家限制或禁止行业	□是　□否				小型微利企业				□是　□否
	附报事项名称								金额或选项
事项 1	（填写特定事项名称）								
事项 2	（填写特定事项名称）								

<table>
<tr><th>行次</th><th colspan="2">预缴税款计算</th><th>本年累计</th></tr>
<tr><td>1</td><td colspan="2">营业收入</td><td></td></tr>
<tr><td>2</td><td colspan="2">营业成本</td><td></td></tr>
<tr><td>3</td><td colspan="2">利润总额</td><td></td></tr>
<tr><td>4</td><td colspan="2">加：特定业务计算的应纳税所得额</td><td></td></tr>
<tr><td>5</td><td colspan="2">减：不征税收入</td><td></td></tr>
<tr><td>6</td><td colspan="2">减：资产加速折旧、摊销（扣除）调减额（填写 A201020）</td><td></td></tr>
<tr><td>7</td><td colspan="2">减：免税收入、减计收入、加计扣除（7.1＋7.2＋…）</td><td></td></tr>
<tr><td>7.1</td><td colspan="2">（填写优惠事项名称）</td><td></td></tr>
<tr><td>7.2</td><td colspan="2">（填写优惠事项名称）</td><td></td></tr>
<tr><td>8</td><td colspan="2">减：所得减免（8.1＋8.2＋…）</td><td></td></tr>
<tr><td>8.1</td><td colspan="2">（填写优惠事项名称）</td><td></td></tr>
<tr><td>8.2</td><td colspan="2">（填写优惠事项名称）</td><td></td></tr>
<tr><td>9</td><td colspan="2">减：弥补以前年度亏损</td><td></td></tr>
<tr><td>10</td><td colspan="2">实际利润额（3＋4－5－6－7－8－9）\按照上一纳税年度应纳税所得额平均额确定的应纳税所得额</td><td></td></tr>
<tr><td>11</td><td colspan="2">税率（25%）</td><td></td></tr>
<tr><td>12</td><td colspan="2">应纳所得税额（10×11）</td><td></td></tr>
<tr><td>13</td><td colspan="2">减：减免所得税额（13.1＋13.2＋…）</td><td></td></tr>
<tr><td>13.1</td><td colspan="2">（填写优惠事项名称）</td><td></td></tr>
<tr><td>13.2</td><td colspan="2">（填写优惠事项名称）</td><td></td></tr>
<tr><td>14</td><td colspan="2">减：本年实际已缴纳所得税额</td><td></td></tr>
<tr><td>15</td><td colspan="2">减：特定业务预缴（征）所得税额</td><td></td></tr>
<tr><td>16</td><td colspan="2">本期应补（退）所得税额（12－13－14－15）\税务机关确定的本期应纳所得税额</td><td></td></tr>
<tr><td colspan="4">汇总纳税企业总分机构税款计算</td></tr>
<tr><td>17</td><td rowspan="4">总机构填报</td><td>总机构本期分摊应补（退）所得税额（18＋19＋20）</td><td></td></tr>
<tr><td>18</td><td>其中：总机构分摊应补（退）所得税额（16×总机构分摊比例____%）</td><td></td></tr>
<tr><td>19</td><td>财政集中分配应补（退）所得税额（16×财政集中分配比例____%）</td><td></td></tr>
<tr><td>20</td><td>总机构具有主体生产经营职能的部门分摊所得税额（16×全部分支机构分摊比例____%×总机构具有主体生产经营职能部门分摊比例____%）</td><td></td></tr>
<tr><td>21</td><td rowspan="2">分支机构填报</td><td>分支机构本期分摊比例</td><td></td></tr>
<tr><td>22</td><td>分支机构本期分摊应补（退）所得税额</td><td></td></tr>
</table>

续表

<table>
<tr><td colspan="4">实际缴纳企业所得税计算</td></tr>
<tr><td>23</td><td>减：民族自治地区企业所得税地方分享部分：（□免征 □减征：减征幅度________%）</td><td>本年累计应减免金额［（12－13－15）×40%×减征幅度］</td><td></td></tr>
<tr><td>24</td><td colspan="2">实际应补（退）所得税额</td><td></td></tr>
<tr><td></td><td colspan="3"></td></tr>
<tr><td colspan="4">谨声明：本纳税申报表是根据国家税收法律法规及相关规定填报的，是真实的、可靠的、完整的。
纳税人（签章）： 年 月 日</td></tr>
<tr><td colspan="2">经办人：
经办人身份证号：
代理机构签章：
代机构统一社会信用代码：</td><td colspan="2">受理人：
受理税务机关（章）：
受理日期： 年 月 日</td></tr>
</table>

国家税务总局监制

表 6-3　中华人民共和国企业所得税月（季）度预缴纳税申报表（B 类）

税款所属期间：　　年　月　日至　　年　月　日

纳税人识别号（统一社会信用代码）：□□□□□□□□□□□□□□□□□□□□□□

纳税人名称：　　　　　　　　　　　　　　　　　　　　金额单位：人民币元（列至角分）

<table>
<tr><td colspan="2">核定征收方式</td><td colspan="9">□核定应税所得率（能核算收入总额的） □核定应税所得率（能核算成本费用总额的）
□核定应纳所得税额</td></tr>
<tr><td colspan="11">按 季 度 填 报 信 息</td></tr>
<tr><td colspan="2" rowspan="2">项 目</td><td colspan="2">一季度</td><td colspan="2">二季度</td><td colspan="2">三季度</td><td colspan="2">四季度</td><td rowspan="2">季度平均值</td></tr>
<tr><td>季初</td><td>季末</td><td>季初</td><td>季末</td><td>季初</td><td>季末</td><td>季初</td><td>季末</td></tr>
<tr><td colspan="2">从业人数</td><td></td><td></td><td></td><td></td><td></td><td></td><td></td><td></td><td></td></tr>
<tr><td colspan="2">资产总额（万元）</td><td></td><td></td><td></td><td></td><td></td><td></td><td></td><td></td><td></td></tr>
<tr><td colspan="2">国家限制或禁止行业</td><td colspan="4">□是 □否</td><td colspan="2">小型微利企业</td><td colspan="3">□是 □否</td></tr>
<tr><td colspan="11">按 年 度 填 报 信 息</td></tr>
<tr><td colspan="2">从业人数（填写平均值）</td><td colspan="4"></td><td colspan="4">资产总额（填写平均值，单位：万元）</td><td></td></tr>
<tr><td colspan="2">国家限制或禁止行业</td><td colspan="4">□是 □否</td><td colspan="4">小型微利企业</td><td>□是 □否</td></tr>
<tr><td>行次</td><td colspan="9">项 目</td><td>本年累计金额</td></tr>
<tr><td>1</td><td colspan="9">收入总额</td><td></td></tr>
<tr><td>2</td><td colspan="9">减：不征税收入</td><td></td></tr>
<tr><td>3</td><td colspan="9">减：免税收入（4＋5＋10＋11）</td><td></td></tr>
<tr><td>4</td><td colspan="9">　　国债利息收入免征企业所得税</td><td></td></tr>
</table>

行次	项　　目	本年累计金额
5	符合条件的居民企业之间的股息、红利等权益性投资收益免征企业所得税（6＋7.1＋7.2＋8＋9）	
6	其中：一般股息红利等权益性投资收益免征企业所得税	
7.1	通过沪港通投资且连续持有H股满12个月取得的股息红利所得免征企业所得税	
7.2	通过深港通投资且连续持有H股满12个月取得的股息红利所得免征企业所得税	
8	居民企业持有创新企业CDR取得的股息红利所得免征企业所得税	
9	符合条件的居民企业之间属于股息、红利性质的永续债利息收入免征企业所得税	
10	投资者从证券投资基金分配中取得的收入免征企业所得税	
11	取得的地方政府债券利息收入免征企业所得税	
12	应税收入额（1－2－3）÷成本费用总额	
13	税务机关核定的应税所得率（%）	
14	应纳税所得额（第12×13行）÷［第12行÷（1－第13行）×第13行］	
15	税率（25%）	
16	应纳所得税额（14×15）	
17	减：符合条件的小型微利企业减免企业所得税	
18	减：实际已缴纳所得税额	
L19	减：符合条件的小型微利企业延缓缴纳所得税额（是否延缓缴纳所得税　□是　□否）	
19	本期应补（退）所得税额（16-17-18-L19）÷税务机关核定本期应纳所得税额	
20	民族自治地方的自治机关对本民族自治地方的企业应缴纳的企业所得税中属于地方分享的部分减征或免征（□免征□减征：减征幅度____%）	
21	本期实际应补（退）所得税额	
谨声明：本纳税申报表是根据国家税收法律法规及相关规定填报的，是真实的、可靠的、完整的。 纳税人（签章）：　　年　月　日		
经办人： 经办人身份证号： 代理机构签章： 代理机构统一社会信用代码：	受理人： 受理税务机关（章）： 受理日期：　年　月　日	

国家税务总局监制

六、填报企业所得税年度纳税申报表

企业所得税年度纳税申报表共有37张，包含1张基础信息表、1张主表、6张收入费用明细表、13张纳税调整表、1张亏损弥补表、9张税收优惠表、4张境外所得抵免表和2张汇总纳税表。企业所得税纳税申报表填报表单见表6-4。

企业所得税纳税人在年度汇算清缴时，无论盈利或亏损，都必须在规定的期限内进行纳税申报，填写纳税申报表。

【知识拓展】

企业所得税纳税申报表与相关附表是相互联系的整体，附表是主表的基础，主表的数据大部分来源于附表。在实际工作中，往往先填写附表，再填写主表。

下面以任务引例说明企业年度汇算清缴纳税申报表的填列方法。

（一）勾选企业所得税年度纳税申报表填报表单

表 6-4 企业所得税年度纳税申报表填报表单

表单编号	表单名称	是否填报
A000000	企业所得税年度纳税申报基础信息表	√
A100000	中华人民共和国企业所得税年度纳税申报表（A类）	√
A101010	一般企业收入明细表	□
A101020	金融企业收入明细表	□
A102010	一般企业成本支出明细表	□
A102020	金融企业支出明细表	□
A103000	事业单位、民间非营利组织收入、支出明细表	□
A104000	期间费用明细表	□
A105000	纳税调整项目明细表	□
A105010	视同销售和房地产开发企业特定业务纳税调整明细表	□
A105020	未按权责发生制确认收入纳税调整明细表	□
A105030	投资收益纳税调整明细表	□
A105040	专项用途财政性资金纳税调整明细表	□
A105050	职工薪酬支出及纳税调整明细表	□
A105060	广告费和业务宣传费等跨年度纳税调整明细表	□
A105070	捐赠支出及纳税调整明细表	□
A105080	资产折旧、摊销及纳税调整明细表	□
A105090	资产损失税前扣除及纳税调整明细表	□
A105100	企业重组及递延纳税事项纳税调整明细表	□
A105110	政策性搬迁纳税调整明细表	□
A105120	特殊行业准备金及纳税调整明细表	□
A106000	企业所得税弥补亏损明细表	□
A107010	免税、减计收入及加计扣除优惠明细表	□
A107011	符合条件的居民企业之间的股息、红利等权益性投资收益优惠明细表	□
A107012	研发费用加计扣除优惠明细表	□
A107020	所得减免优惠明细表	□
A107030	抵扣应纳税所得额明细表	□
A107040	减免所得税优惠明细表	□
A107041	高新技术企业优惠情况及明细表	□

续表

表单编号	表单名称	是否填报
A107042	软件、集成电路企业优惠情况及明细表	□
A107050	税额抵免优惠明细表	□
A108000	境外所得税收抵免明细表	□
A108010	境外所得纳税调整后所得明细表	□
A108020	境外分支机构弥补亏损明细表	□
A108030	跨年度结转抵免境外所得税明细表	□
A109000	跨地区经营汇总纳税企业年度分摊企业所得税明细表	□
A109010	企业所得税汇总纳税分支机构所得税分配表	□
说明：企业应当根据实际情况选择需要填报的表单。		

（二）填报收入、成本、费用明细表（表 6-5～表 6-7）

A101010　　表 6-5　一般企业收入明细表

行次	项　　目	金　　额
1	一、营业收入（2+9）	30 000 000.00
2	（一）主营业务收入（3+5+6+7+8）	30 000 000.00
3	1. 销售商品收入	30 000 000.00
4	其中：非货币性资产交换收入	
5	2. 提供劳务收入	
6	3. 建造合同收入	
7	4. 让渡资产使用权收入	
8	5. 其他	
9	（二）其他业务收入（10+12+13+14+15）	
10	1. 销售材料收入	
11	其中：非货币性资产交换收入	
12	2. 出租固定资产收入	
13	3. 出租无形资产收入	
14	4. 出租包装物和商品收入	
15	5. 其他	
16	二、营业外收入（17+18+19+20+21+22+23+24+25+26）	1 000 000.00
17	（一）非流动资产处置利得	
18	（二）非货币性资产交换利得	
19	（三）债务重组利得	
20	（四）政府补助利得	
21	（五）盘盈利得	

续表

行次	项　　目	金　额
22	（六）捐赠利得	1 000 000.00
23	（七）罚没利得	
24	（八）确实无法偿付的应付款项	
25	（九）汇兑收益	
26	（十）其他	

A102010

表 6-6　一般企业成本支出明细表

行次	项　　目	金　额
1	一、营业成本（2+9）	18 000 000.00
2	（一）主营业务成本（3+5+6+7+8）	18 000 000.00
3	1. 销售商品成本	18 000 000.00
4	其中：非货币性资产交换成本	
5	2. 提供劳务成本	
6	3. 建造合同成本	
7	4. 让渡资产使用权成本	
8	5. 其他	
9	（二）其他业务成本（10+12+13+14+15）	
10	1. 销售材料成本	
11	其中：非货币性资产交换成本	
12	2. 出租固定资产成本	
13	3. 出租无形资产成本	
14	4. 包装物出租成本	
15	5. 其他	
16	二、营业外支出（17+18+19+20+21+22+23+24+25+26）	900 000.00
17	（一）非流动资产处置损失	300 000.00
18	（二）非货币性资产交换损失	
19	（三）债务重组损失	150 000.00
20	（四）非常损失	
21	（五）捐赠支出	400 000.00
22	（六）赞助支出	
23	（七）罚没支出	50 000.00
24	（八）坏账损失	
25	（九）无法收回的债券股权投资损失	
26	（十）其他	

A104000　　　　　　　　　　**表 6-7　期间费用明细表**

行次	项　　目	销售费用	其中：境外支付	管理费用	其中：境外支付	财务费用	其中：境外支付
		1	2	3	4	5	6
1	一、职工薪酬		*		*	*	*
2	二、劳务费					*	*
3	三、咨询顾问费					*	*
4	四、业务招待费		*		*	*	*
5	五、广告费和业务宣传费		*		*	*	*
6	六、佣金和手续费						
7	七、资产折旧摊销费		*		*	*	*
8	八、财产损耗、盘亏及毁损损失		*		*	*	*
9	九、办公费		*		*	*	*
10	十、董事会费		*		*	*	*
11	十一、租赁费					*	*
12	十二、诉讼费		*		*	*	*
13	十三、差旅费		*		*	*	*
14	十四、保险费		*		*	*	*
15	十五、运输、仓储费					*	*
16	十六、修理费					*	*
17	十七、包装费		*		*	*	*
18	十八、技术转让费					*	*
19	十九、研究费用					*	*
20	二十、各项税费		*		*	*	*
21	二十一、利息收支	*	*	*	*		
22	二十二、汇兑差额	*	*	*	*		
23	二十三、现金折扣	*	*	*	*		*
24	二十四、党组织工作经费	*	*		*	*	*
25	二十五、其他						
26	合计（1+2+3+…+25）	6 000 000.00		3 100 000.00		500 000.00	

（三）填报纳税调整项目明细表（A105000）及附表（表 6-8～表 6-11）

A105000　　　　　　　　　　**表 6-8　纳税调整项目明细表**

行次	项　　目	账载金额	税收金额	调增金额	调减金额
		1	2	3	4
1	一、收入类调整项目（2+3+…+8+10+11）	*	*		
2	（一）视同销售收入（填写 A105010）	*			*

续表

行次	项　　目	账载金额	税收金额	调增金额	调减金额
		1	2	3	4
3	（二）未按权责发生制原则确认的收入（填写 A105020）				
4	（三）投资收益（填写 A105030）				
5	（四）按权益法核算长期股权投资对初始投资成本调整确认收益	*	*	*	
6	（五）交易性金融资产初始投资调整	*	*		*
7	（六）公允价值变动净损益		*		
8	（七）不征税收入	*	*		
9	其中：专项用途财政性资金（填写 A105040）	*	*		
10	（八）销售折扣、折让和退回				
11	（九）其他				
12	二、扣除类调整项目（13＋14＋…＋24＋26＋27＋28＋29＋30）	*	*		
13	（一）视同销售成本（填写 A105010）	*		*	
14	（二）职工薪酬（填写 A105050）	2 430 000.00	2 390 000.00	40 000.00	
15	（三）业务招待费支出	150 000.00	90 000.00	60 000.00	*
16	（四）广告费和业务宣传费支出（填写 A105060）	*	*	700 000.00	
17	（五）捐赠支出（填写 A105070）	400 000.00	276 000.00	124 000.00	
18	（六）利息支出				
19	（七）罚金、罚款和被没收财物的损失		*		*
20	（八）税收滞纳金、加收利息	50 000.00	*	50 000.00	*
21	（九）赞助支出		*		*
22	（十）与未实现融资收益相关在当期确认的财务费用				
23	（十一）佣金和手续费支出（保险企业填写 A105060）				
24	（十二）不征税收入用于支出所形成的费用	*	*		*
25	其中：专项用途财政性资金用于支出所形成的费用（填写 A105040）	*	*		*
26	（十三）跨期扣除项目				
27	（十四）与取得收入无关的支出		*		*
28	（十五）境外所得分摊的共同支出	*	*		*
29	（十六）党组织工作经费				
30	（十七）其他				
31	三、资产类调整项目（32＋33＋34＋35）	*	*		
32	（一）资产折旧、摊销（填写 A105080）				
33	（二）资产减值准备金		*		
34	（三）资产损失（填写 A105090）	*	*		

续表

行次	项　　目	账载金额	税收金额	调增金额	调减金额
		1	2	3	4
35	（四）其他				
36	四、特殊事项调整项目（37＋38＋…＋43）	*	*		
37	（一）企业重组及递延纳税事项（填写 A105100）				
38	（二）政策性搬迁（填写 A105110）	*	*		
39	（三）特殊行业准备金（39.1＋39.2＋39.4＋39.5＋39.6＋39.7）	*	*		
39.1	1. 保险公司保险保障基金				
39.2	2. 保险公司准备金				
39.3	其中：已发生未报案未决赔款准备金				
39.4	3. 证券行业准备金				
39.5	4. 期货行业准备金				
39.6	5. 中小企业融资（信用）担保机构准备金				
39.7	6. 金融企业、小额贷款公司准备金（填写 A105120）	*	*		
40	（四）房地产开发企业特定业务计算的纳税调整额（填写 A105010）	*			
41	（五）合伙企业法人合伙人应分得的应纳税所得额				
42	（六）发行永续债利息支出				
43	（七）其他	*	*		
44	五、特别纳税调整应税所得	*	*		
45	六、其他	*	*		
46	合计（1＋12＋31＋36＋44＋45）	*	*	974 000.00	

A105050　　**表 6-9　职工薪酬支出纳税调整项目明细表**

行次	项　　目	账载金额	实际发生额	税收规定扣除率	以前年度累计结转扣除额	税收金额	纳税调整金额	累计结转以后年度扣除额
		1	2	3	4	5	6（1－5）	7（2＋4－5）
1	一、工资薪金支出	2 000 000.00	2 000 000.00	*	*	2 000 000.00	0	*
2	其中：股权激励			*	*			*
3	二、职工福利费支出	310 000.00	310 000.00	14%	*	280 000.00	30 000.00	*
4	三、职工教育经费支出	70 000.00	70 000.00	*		70 000.00	0	
5	其中：按税收规定比例扣除的职工教育经费	70 000.00	70 000.00	8%		70 000.00	0	

续表

行次	项　　目	账载金额	实际发生额	税收规定扣除率	以前年度累计结转扣除额	税收金额	纳税调整金额	累计结转以后年度扣除额
		1	2	3	4	5	6（1－5）	7（2＋4－5）
6	按税收规定全额扣除的职工培训费用				*			*
7	四、工会经费支出	50 000.00	50 000.00	2%	*	40 000.00	10 000.00	*
8	五、各类基本社会保障性缴款			*	*			*
9	六、住房公积金			*	*			*
10	七、补充养老保险				*			*
11	八、补充医疗保险				*			*
12	九、其他			*	*			*
13	合计（1＋3＋4＋7＋8＋9＋10＋11＋12）	2 430 000.00	2 430 000.00	*		2 390 000.00	40 000.00	

A105060　　**表 6-10　广告费和业务宣传费等跨年度纳税调整明细表**

行次	项　　目	广告费和业务宣传费	保险企业手续费及佣金支出
		1	2
1	一、本年支出	5 200 000.00	
2	减：不允许扣除的支出		
3	二、本年符合条件的支出（1－2）	5 200 000.00	
4	三、本年计算扣除限额的基数	3 000 000.00	
5	乘：税收规定扣除率	15%	
6	四、本企业计算的扣除限额（4×5）	4 500 000.00	
7	五、本年结转以后年度扣除额（3＞6，本行＝3－6；3≤6，本行＝0）		
8	加：以前年度累计结转扣除额		
9	减：本年扣除的以前年度结转额［3＞6，本行＝0；3≤6，本行＝8与（6－3）孰小值］		
10	六、按照分摊协议归集至其他关联方的金额（10≤3与6孰小值）		*
11	按照分摊协议从其他关联方归集至本企业的金额		*
12	七、本年支出纳税调整金额（3＞6，本行＝2＋3－6＋10－11；3≤6，本行＝2＋10－11－9）		
13	八、累计结转以后年度扣除额（7＋8－9）		

A105070　　　**表 6-11　捐赠支出及纳税调整明细表**

行次	项　　目	账载金额	以前年度结转可扣除的捐赠额	按税收规定计算的扣除限额	税收金额	纳税调增金额	纳税调减金额	可结转以后年度扣除的捐赠额
		1	2	3	4	5	6	7
1	一、非公益性捐赠		*	*	*		*	*
2	二、限额扣除的公益性捐赠（3＋4＋5＋6）	400 000.00		27 6000.00	27 6000.00	124 000.00		
3	前三年度（　　　年）	*		*	*	*		*
4	前二年度（　　　年）	*		*	*	*		
5	前一年度（　　　年）	*		*	*	*		
6	本年（　　　年）	400 000.00	*	27 6000.00	27 6000.00	124 000.00	*	
7	三、全额扣除的公益性捐赠		*	*		*	*	*
8	1.		*	*		*	*	*
9	2.		*	*		*	*	*
10	3.		*	*		*	*	*
11	合计（1＋2＋7）	400 000.00		27 6000.00	27 6000.00	124 000.00		
附列资料	2015 年度至本年发生的公益性扶贫捐赠合计金额		*	*		*	*	*

（四）填报免税、减计收入及加计扣除优惠明细表（A107010）及附表（表 6-12 和表 6-13）

A107010　　　**表 6-12　免税、减计收入及加计扣除优惠明细表**

行次	项　　目	金　　额
1	一、免税收入（2＋3＋9＋…＋16）	100 000.00
2	（一）国债利息收入免征企业所得税	100 000.00
3	（二）符合条件的居民企业之间的股息、红利等权益性投资收益免征企业所得税（4＋5＋6＋7＋8）	
4	1. 一般股息红利等权益性投资收益免征企业所得税（填写 A107011）	
5	2. 内地居民企业通过沪港通投资且连续持有 H 股满 12 个月取得的股息红利所得免征企业所得税（填写 A107011）	
6	3. 内地居民企业通过深港通投资且连续持有 H 股满 12 个月取得的股息红利所得免征企业所得税（填写 A107011）	
7	4. 居民企业持有创新企业 CDR 取得的股息红利所得免征企业所得税（填写 A107011）	
8	5. 符合条件的永续债利息收入免征企业所得税（填写 A107011）	
9	（三）符合条件的非营利组织的收入免征企业所得税	

续表

行次	项 目	金 额
10	（四）中国清洁发展机制基金取得的收入免征企业所得税	
11	（五）投资者从证券投资基金分配中取得的收入免征企业所得税	
12	（六）取得的地方政府债券利息收入免征企业所得税	
13	（七）中国保险保障基金有限责任公司取得的保险保障基金等收入免征企业所得税	
14	（八）中国奥委会取得北京冬奥组委支付的收入免征企业所得税	
15	（九）中国残奥委会取得北京冬奥组委分期支付的收入免征企业所得税	
16	（十）其他	
17	二、减计收入（18＋19＋23＋24）	
18	（一）综合利用资源生产产品取得的收入在计算应纳税所得额时减计收入	
19	（二）金融、保险等机构取得的涉农利息、保费减计收入（20＋21＋22）	
20	1. 金融机构取得的涉农贷款利息收入在计算应纳税所得额时减计收入	
21	2. 保险机构取得的涉农保费收入在计算应纳税所得额时减计收入	
22	3. 小额贷款公司取得的农户小额贷款利息收入在计算应纳税所得额时减计收入	
23	（三）取得铁路债券利息收入减半征收企业所得税	
24	（四）其他（24.1＋24.2）	
24.1	1. 取得的社区家庭服务收入在计算应纳税所得额时减计收入	
24.2	2. 其他	
25	三、加计扣除（26＋27＋28＋29＋30）	
26	（一）开发新技术、新产品、新工艺发生的研究开发费用加计扣除（填写 A107012）	
27	（二）科技型中小企业开发新技术、新产品、新工艺发生的研究开发费用加计扣除（填写 A107012）	
28	（三）企业为获得创新性、创意性、突破性的产品进行创意设计活动而发生的相关费用加计扣除（加计扣除比例____%）	
29	（四）安置残疾人员所支付的工资加计扣除	
30	（五）其他	
31	合计（1＋17＋25）	100 000.00

A107011

表 6-13 符合条件的居民企业之间的股息、红利等权益性投资收益优惠明细表

行次	被投资企业	被投资企业统一社会信用代码（纳税人识别号）	投资性质	投资成本	投资比例	被投资企业利润分配确认金额		被投资企业清算确认金额			撤回或减少投资确认金额						合计
						被投资企业做出利润分配或转股决定时间	依决定归属于本公司的股息、红利等权益性投资收益金额	分得的被投资企业清算剩余资产	被清算企业累计未分配利润和累计盈余公积应享有部分	应确认的股息所得	从被投资企业撤回或减少投资取得的资产	减少投资比例	收回初始投资成本	取得资产中超过收回初始投资成本部分	撤回或减少投资应享有被投资企业累计未分配利润和累计盈余公积	应确认的股息所得	
	1	2	3	4	5	6	7	8	9	10（8与9孰小）	11	12	13（4×12）	14（11－13）	15	16（14与15孰小）	17（7+10+16）
1																	
2																	
3																	
4																	
5																	
6																	
7																	
8	合计																
9	其中：直接投资或非H股票投资																
10	股票投资—沪港通H股																
11	股票投资—深港通H股																
12	创新企业CDR																
13	永续债																

（五）填报中华人民共和国企业所得税年度纳税申报表（A类）主表（表6-14）

A100000　　表6-14　中华人民共和国企业所得税年度纳税申报表（A类）

行次	类别	项　　目	金　额
1	利润总额计算	一、营业收入（填写 A101010＼101020＼103000）	30 000 000.00
2		减：营业成本（填写 A102010＼102020＼103000）	18 000 000.00
3		减：税金及附加	300 000.00
4		减：销售费用（填写 A104000）	6 000 000.00
5		减：管理费用（填写 A104000）	3 100 000.00
6		减：财务费用（填写 A104000）	500 000.00
7		减：资产减值损失	
8		加：公允价值变动收益	
9		加：投资收益	100 000.00
10		二、营业利润（1－2－3－4－5－6－7＋8＋9）	2 200 000.00
11		加：营业外收入（填写 A101010＼101020＼103000）	1 000 000.00
12		减：营业外支出（填写 A102010＼102020＼103000）	900 000.00
13		三、利润总额（10＋11－12）	2 300 000.00
14	应纳税所得额计算	减：境外所得（填写 A108010）	
15		加：纳税调整增加额（填写 A105000）	974 000.00
16		减：纳税调整减少额（填写 A105000）	
17		减：免税、减计收入及加计扣除（填写 A107010）	100 000.00
18		加：境外应税所得抵减境内亏损（填写 A108000）	
19		四、纳税调整后所得（13－14＋15－16－17＋18）	3 174 000.00
20		减：所得减免（填写 A107020）	
21		减：弥补以前年度亏损（填写 A106000）	
22		减：抵扣应纳税所得额（填写 A107030）	
23		五、应纳税所得额（19－20－21－22）	3 174 000.00
24	应纳税额计算	税率（25%）	25%
25		六、应纳所得税额（23×24）	793 500.00
26		减：减免所得税额（填写 A107040）	
27		减：抵免所得税额（填写 A107050）	
28		七、应纳税额（25－26－27）	793 500.00
29		加：境外所得应纳所得税额（填写 A108000）	
30		减：境外所得抵免所得税额（填写 A108000）	
31		八、实际应纳所得税额（28＋29－30）	793 500.00
32		减：本年累计实际已缴纳的所得税额	720 000.00
33		九、本年应补（退）所得税额（31－32）	73 500.00
34		其中：总机构分摊本年应补（退）所得税额（填写 A109000）	

续表

行次	类别	项　　目	金　额
35	应纳税额计算	财政集中分配本年应补（退）所得税额（填写 A109000）	
36		总机构主体生产经营部门分摊本年应补（退）所得税额（填写 A109000）	
37	实际应纳税额计算	减：民族自治地区企业所得税地方分享部分：（□免征　□减征：减征幅度____%）	
38		十、本年实际应补（退）所得税额（33－37）	73 500.00

其他表略。

七、办理汇算清缴相关手续

（一）纳税申报表的报送

纳税人应在5个月内办理企业所得税年度纳税申报，查账征收纳税人应如实填写和报送下列资料：

（1）企业所得税年度纳税申报表及附表。

（2）年度申报的电子数据。

（3）财务报表。

（4）备案事项相关资料，包括企业享受减免优惠项目备案资料及纳税人会计核算与税法之间差异备案台账。

（5）总机构及分支机构基本情况、分支机构征税方式、分支机构的预缴税情况。

（6）委托中介机构代理纳税申报的，应出具双方签订的代理合同，并附送中介机构出具的包括纳税调整的项目、原因、依据、计算过程、调整金额等内容的报告。

（7）涉及关联方业务往来的，同时报送《中华人民共和国企业年度关联业务往来报告表》。

（8）税务机关要求报送的其他资料。

核定征收纳税人应如实填写和报送下列资料：

（1）企业所得税年度纳税申报表。

（2）财务报表。

（3）税务机关要求报送的其他资料。

纳税人采用电子方式办理企业所得税年度纳税申报的，应按照有关规定保存有关资料或附报纸质纳税申报资料。

主管税务机关受理纳税人年度纳税申报后，应对纳税人年度纳税申报表的逻辑性和有关资料的完整性、准确性进行审核。

【提示】

目前主要的报送方式是直接报送和网上申报，网上申报是被广泛采用的经济、快捷的报送方式。

（二）税款缴纳

纳税人在纳税年度内预缴企业所得税税款少于应缴企业所得税税款的，应在汇算清缴期内结清应补缴的企业所得税税款；预缴税款超过应缴税款的，主管税务机关应及时按有关规定办理退税，或者经纳税人同意后抵缴其下一年度应缴企业所得税税款。

纳税人在规定期限内向税务机关指定为代理金库的银行缴纳税款时，应开具税收通用缴款书。

思考与练习

一、单项选择题

1. 下列不属于企业所得税纳税人的是(　　)。

A. 私营企业　　B. 个人独资企业　　C. 国有企业　　D. 股份制企业

2. 根据税法的有关规定，符合条件的小型微利企业，可以减按较低的税率征收企业所得税，该税率是(　　)。

A. 20%　　B. 15%　　C. 3%　　D. 25%

3. 下列收入中，属于企业所得税不征税收入的是(　　)。

A. 利息收入　　B. 租金收入　　C. 政府性基金　　D. 股息

4. 某制造企业某一纳税年度发生的亏损可以用下一年度的所得弥补，下一年度的所得不足以弥补的，可以逐年延续弥补，但最长不超过(　　)年。

A. 2　　B. 3　　C. 4　　D. 5

5. 企业所得税按月或季预缴的，应当自月份或季度终了之日起(　　)日内向税务机关报送预缴企业所得税纳税申报表，预缴税款。

A. 10　　B. 15　　C. 20　　D. 25

6. 纳税人的下列支出中，在计算所得税应纳税额时可以扣除的项目是(　　)。

A. 罚金　　B. 税收滞纳金

C. 银行罚息　　D. 违法经营的罚款

7. 下列各项中，关于企业所得税所得来源地确定表述正确的是(　　)。

A. 权益性投资资产转让所得按照投资企业所在地确定

B. 销售货物所得，按照交易活动发生地确定

C. 提供劳务所得，按照所得支付地确定

D. 转让不动产，按照转让不动产的企业或机构、场所所在地确定

8. 企业发生的公益性捐赠支出，准予在计算应纳税所得额时扣除的比例为(　　)。

A. 应纳税所得额3%以内的部分　　B. 应纳税所得额10%以内的部分

C. 在年度利润总额12%以内的部分　　D. 在年度利润总额10%以内的部分

9. 在一个纳税年度内，居民企业技术转让所得不得超过(　　)万元的部分，免征企业所得税，超过部分，减半征收企业所得税。

A. 5　　B. 10　　C. 20　　D. 500

10. 已知外商投资生产型企业全年销售净额为2 000万元，业务招待费总额为15万元，准予税前列支的业务招待费为(　　)万元。

A. 9　　B. 10　　C. 6　　D. 12

二、多项选择题

1. 下列收入属于企业所得税不征税收入的是(　　)。

A. 转让财产收入　　B. 财政拨款收入

C. 国债利息收入　　D. 居民企业之间的股息收入

2. 下列项目中，属于纳税调增项目的是(　　)。

A. 超标的职工教育经费　　B. 超标的利息费用支出

C. 查补的消费税　　D. 超标的公益性捐赠支出

3. 下列关于居民企业和非居民企业的说法符合企业所得税法规定的是(　　)。

A. 企业所得税的纳税人分为居民企业和非居民企业

B. 居民企业应当就其来源于中国境内、境外所得缴纳企业所得税

C. 在中国境内设立机构场所的非居民企业，其取得的来源于中国境内、境外所得都要缴纳企业所得税

D. 非居民企业在中国境内设立机构、场所的，只就其机构、场所取得的来源于中国境内所得缴纳企业所得税

4. 下列各项中，属于企业所得税征收范围的有(　　)。

A. 居民企业来源于境外的所得

B. 设立机构、场所的非居民企业，其机构、场所来源于中国境内的所得

C. 未设立机构、场所的非居民企业来源于中国境外的所得

D. 居民企业来源于中国境内的所得

5. 在计算应纳税所得额时，下列支出中，不得扣除的是(　　)。

A. 向投资者支付的股息、红利等权益性投资收益款项

B. 税收滞纳金

C. 企业所得税税款

D. 经核定的准备金支出

6. 除国务院财政、税务主管部门另有规定外，下列关于企业固定资产计算折旧的最低年限，说法正确的是(　　)。

A. 房屋、建筑物为 20 年

B. 机器、机械为 15 年

C. 与生产经营活动有关的器具、工具等为 5 年

D. 电子设备为 3 年

7. 按照《中华人民共和国企业所得税法》和《中华人民共和国企业所得税法实施条例》的规定，企业所得税应纳税所得额为企业每一纳税年度的收入总额，减除(　　)后的余额。

A. 不征税收入　　B. 免税收入

C. 各项扣除　　D. 允许弥补的以前年度亏损

8. 属于企业所得税免税收入的有(　　)。

A. 国债利息收入　　B. 符合条件的非营利性组织的收入

C. 企业销售商品所得　　D. 企业提供劳务所得

9. 按照企业所得税征收管理的有关规定，应该以扣缴义务人所在地为纳税地点的情况有（　　）。

A. 非居民企业在中国境内未设立机构

B. 非居民企业在中国境内设立机构，但其所得与其机构无关

C. 非居民企业在中国境内设立机构，且其所得与其机构有关

D. 居民企业

10. 下列关于固定资产确定计税基础的表述正确的有（　　）。

A. 通过捐赠、投资、非货币性资产交换等方式取得的，应以重置完全价值为计税基础

B. 改建的自有固定资产，以改建过程中发生的改建支出增加计税基础

C. 盘盈的固定资产，以同类固定资产的重置完全价值为计税基础

D. 融资租入的固定资产，以租赁合同约定的付款总额和承租人在签订租赁合同过程中发生的相关费用为计税基础，租赁合同未约定付款总额的，以该资产的公允价值和承租人在签订租赁合同过程中发生的相关费用为计税基础

三、判断题

1. 企业所得税法适用于个人独资企业和合伙企业。（　　）

2. 企业发生的亏损可以在以后的五个盈利年度弥补。（　　）

3. 在计征企业所得税时，非广告性质的赞助支出不允许税前扣除，广告宣传费可以在税前正常列支。（　　）

4. 在中国境内设立机构、场所的外国企业，向其机构支付的与机构、场所有关的管理费用，在计算应税所得额时准予扣除。（　　）

5. 居民企业承担无限纳税义务，非居民企业承担有限纳税义务。（　　）

6. 企业应当自年度终了之日起 5 个月内，向税务机关报送年度企业所得税纳税申报表，并汇算清缴，结清应缴应退税款。（　　）

7. 企业为开发新技术、新产品、新工艺发生的研究开发费用，未形成无形资产的，按照实际发生额计入当期损益据实扣除。（　　）

8. 企业发生的与生产经营活动有关的业务招待费支出，在计算所得额时，按照发生额的 50%扣除，但最高不得超过当年销售（营业）收入的 5‰。（　　）

9. 为鼓励企业积极购买国债，支持国家建设，税法规定，企业因购买国债所得的利息收入免征企业所得税。（　　）

10. 企业所得税应该分国、分项计算企业来源于境外的所得在我国的扣除限额。（　　）

四、计算题

1. 某工业企业为居民企业，2022 年度发生经营业务如下：

（1）取得产品销售收入 5 600 万元，其他业务收入 800 万元。

（2）产品销售成本 4 000 万元，其他业务成本 694 万元。

（3）取得购买国债的利息收入 40 万元。

（4）缴纳非增值税销售税金及附加 300 万元。

(5) 发生管理费用760万元，其中新技术的研究开发费用60万元、业务招待费用70万元。

(6) 发生财务费用200万元。

(7) 取得直接投资其他居民企业的权益性收益34万元（已在投资方所在地按15%的税率缴纳了所得税）。

(8) 取得营业外收入100万元。

(9) 发生营业外支出250万元（其中含公益捐赠38万元）。

要求：计算该企业2022年应纳的企业所得税。

2. 某企业2022年境内总机构的应纳税所得额为440万元，其设在A国的分支机构应税所得240万元，其中生产经营所得200万元，该国规定的税率为40%；利息和特许权使用费所得40万元，税率为20%。设在B国分支机构应税所得120万元，其中生产经营所得80万元，该国税率为30%；财产转让所得40万元，税率为10%。假设境外应税所得与我国税法规定计算的应纳税所得额相一致，境外所得均已分别按该国规定的税率缴纳了所得税。

要求：计算该企业本年度应缴纳的企业所得税税额。

3. 某国有企业2022年度发生如下经济业务：

商品销售收入2 000万元，财产转让收入5万元，2022年7月1日兑付到期国债利息收入10万元，营业外收入20万元。全年产品成本1 185万元，按税法规定缴纳增值税150万元，城市维护建设税10.5万元，教育费附加4.5万元，销售费用300万元，管理费用150万元，其中工会经费3万元，职工教育经费10.35万元，职工福利费21万元（扣除标准分别为2%，8%，14%），财务费用100万元（其中金融机构利息70万元，向其他企业折借资金200万元，支付利息30万元，银行贷款年利率为7%），营业外支出30万元，其中缴纳税收滞纳金1万元，全年发放职工工资及各类奖金150万元，税务部门核定的计税工资总额为120万元。企业所得税税率为25%。

要求：根据以上条件，计算该企业2022年应纳税所得额和应纳税额。

项目七 个人所得税纳税业务

【学习目标】

- 掌握个人所得税的征税范围、计算方法。
- 掌握个人所得税纳税人、税率、税收优惠政策。
- 了解个人所得税的含义、特点。

【能力目标】

- 辨析个人所得需征收个税的项目，正确计算分类所得应纳税额。
- 会填写个税代扣代缴申报表、年度自行纳税申报表。
- 能计算居民个人代扣代缴、年度汇算清缴应纳税额。

【素养目标】

- 培养学生遵纪守法、诚信纳税的责任意识与使命。
- 培养学生正确的价值观，强化学生的爱国主义情怀。

【思维导图】

- 个人所得税
  - 计算个人所得税应纳税额
    - 个人所得税基础
      - 个人所得税，是以个人（自然人）取得的各项应税所得为征税对象征收的一种税
      - 征税范围：9个应税项目
      - 税收优惠：公益性捐赠税前扣除，免税项目、减税项目、暂免征税项目
      - 纳税义务人：居民个人，非居民个人（依据住所和居住时间两个标准划分）
      - 税率：有超额累进税率和比例税率两种
    - 个人所得应纳税额的计算
      - 居民个人综合所得平时预扣预缴
        - 工资薪金所得计算公式为：本期应预扣预缴税额=（累计预扣预缴应纳税所得额×预扣率-速算扣除数）-累计减免税额-累计已预扣预缴税额，累计预扣预缴应纳税所得额=累计收入-累计免税收入-累计减除费用-累计专项扣除-累计专项附加扣除-累计依法确定的其他扣除
        - 劳务报酬所得计算公式为：预扣预缴税额=预扣预缴应纳税所得额×预扣率-速算扣除数
        - 稿酬所得、特许权使用费所得计算公式为：预扣预缴税额=预扣预缴应纳税所得额×20%
      - 居民个人综合所得年度汇算清缴：全年应纳税额=全年应纳税所得额×适用税率-速算扣除数，全年应纳税所得额=全年收入额-60 000-专项扣除-专项附加扣除-依法确定的其他扣除，汇算清缴补缴（应退）税额=全年应纳税额-累计已预缴税额。全年一次性奖金、特殊情况下应纳税额的计算
      - 非居民个人4项所得分别计算应纳税额
        - 工资薪金所得计算公式为：应纳税额=（每月收入-5 000×适用税率-速算扣除数
        - 劳务报酬、特许权使用费所得计算公式为：应纳税额=每次（月）收入×（1-20%）×适用税率-速算扣除数
        - 稿酬所得计算公式为：应纳税额=每次（月）收入×（1-20%）×70%×适用税率-速算扣除数
      - 经营所得应纳税额的计算：应纳税额=全年应纳税所得额×适用税率-速算扣除数，应纳税额=全年应纳税所得额×适用税率-速算扣除数
      - 利息、股息、红利所得应纳税额的计算：应纳税额=每次收入额×适用税率
      - 财产租赁所得应纳税额的计算：应纳税额=应纳税所得额×适用税率，应纳税所得额=[每次（月）收入额-财产租赁过程中缴纳的税费-由纳税人负担的租赁财产实际开支的修缮费用（800元为限）]-800或×（1-20%）
      - 财产转让所得应纳税额的计算：应纳税额=应纳税所得额×适用税率，应纳税所得额=每次转让财产收入额-财产原值-合理税费
      - 偶然所得应纳税额的计算：应纳税额=每次收入额×20%
      - 境外所得已纳税额的扣除：来源于一国（地区）综合所得的抵免限额=中国境内和境外综合所得依照中国税法规定计算的综合所得应纳税额×来源于该国（地区）的综合所得收入额÷中国境内和境外综合所得收入额合计来源于一国（地区）经营所得的抵免限额=中国境内和境外经营所得依照中国税法规定计算的经营所得应纳税×来源于该国（地区）的经营所得应纳税所得额÷中国境内和境外经营所得应纳税所得额合计来源于一国（地区）其他分类所得的抵免限额=该国（地区）的其他分类所得依照中国税法规定计算的应纳税额
        来源于一国（地区）所得的抵免限额=来源于该国（地区）综合所得抵免限额+来源于该国（地区）经营所得抵免限额+来源于该国（地区）其他分类所得抵免限额
  - 个人所得税申报缴纳
    - 纳税方法：支付单位代扣代缴、自行纳税申报两种
    - 扣缴义务人下月15日内，不同应税所得规定不同
    - 纳税地点：不同应税所得规定不同
    - 纳税申报：代扣代缴、自行申报

任务一 计算个人所得税应纳税额

【引导案例】

哈尔滨宏图建筑设计有限责任公司社会统一信用代码为245689651235000045，李晓艳是公司会计。公司发放工资见表7-1。

赵俊有一儿一女，儿子正在读小学一年级，女儿正在读初中一年级，夫妻商量子女教育都由赵俊扣除。耿玉在哈尔滨无房，在2022年11月耿玉与房主签订租赁合同，租期三年。

柴娟不是哈尔滨宏图建筑设计有限责任公司员工，2023年5月从哈尔滨宏图建筑设计有限责任公司取得设计费15 000元，Sam是外国人，2023年在我国工作4个月。赵俊、耿玉2023年每月工资、三险一金与5月相同，专项附加扣除从2023年1月开始扣除。

表7-1 哈尔滨宏图建筑设计有限责任公司2023年5月工资表

单位：元

序号	姓名	应发工资合计	支付养老保险	支付医疗保险	支付失业保险	支付住房公积金
01	赵俊	14 000.00	880.00	220.00	110.00	1 296.00
02	耿玉	28 000.00	2 140.00	540.00	280.00	3 090.00
03	Sam	23 000.00	0.00	0.00	0.00	0.00

2023年5月李晓艳应如何办理扣缴个人所得税工作？

【知识准备】

一、个人所得税含义、特点

（一）个人所得税含义

个人所得税，是以个人（自然人）取得的各项应税所得为征税对象征收的一种税。

1980年9月10日第五届全国人大第三次会议通过《中华人民共和国个人所得税法》（以下简称《个人所得税法》），此后全国人大常委会先后作出了七次修正，2019年1月1日开始执行（截至目前）最后一次修正的个人所得税法。

（二）个人所得税特点

（1）实行综合所得税制和分类所得税制相结合征收。把个人取得的各项应税所得划分为9类，对某些应税项目实行不同的税率和不同的费用扣除标准，但对另一些项目（工资、薪金所得；劳务报酬所得；稿酬所得；特许权使用费所得）实行综合扣除费用后合并计税。

（2）累进税率与比例税率并用。工资薪金所得、经营所得适用累进税率，累进税率有平衡贫富悬殊差异的作用，更有利于合理调节收入。然而比例税率对个人收入的影响不大。

（3）免征额从2018年10月起动态调整为每月5 000元。

（4）采取代扣代缴和自行申报两种征纳方法。

【素质园地】

个税制度改革释放红利惠及民生

个税改革优化了税制结构，调整了税率级距，扩大了3%、10%、20%三档税率的级距，缩小了25%税率的级距，其余三档税率的级距不变，免征额由原来的3 500元/月调整为5 000元/月。另外，还增加了六项专项附加扣除：子女教育、继续教育、大病医疗、住房贷款利息或住房租金、赡养老人、3岁以下婴幼儿照护费用。减轻了居民的负担，降低了中低收入者的税负，起到了调节社会公平的作用，缩短了社会贫富差距，减少了社会分配的不公，缓解了社会矛盾，凸显了公平公正，有利于社会的繁荣稳定发展。

二、个人所得税的征税范围

并非个人所有的收入都要缴纳个人所得税，只是税法规定的应税项目需要缴纳，个人所得税法列举了9个应税项目。

（一）工资、薪金所得

工资、薪金所得是指个人因任职或者受雇而取得的工资、薪金、奖金、年终加薪、劳动分红、津贴、补贴以及与任职或者受雇有关的其他所得。

对下列不属于工资、薪金性质的补贴、津贴项目，不征收个人所得税：

（1）独生子女补贴。

（2）执行公务员工资制度未纳入基本工资总额的补贴、津贴差额和家属成员的副食补贴。

（3）托儿补助费。

（4）差旅费津贴、误餐补助。

误餐补助是指按照财政部规定，个人因公在城区、郊区工作，不能在工作单位或返回就餐的，根据实际误餐顿数，按规定的标准领取的误餐费。单位以误餐补助名义发给职工的补助、津贴不包括在内，应当并入当月工资、薪金所得计征个人所得税。

（二）劳务报酬所得

劳务报酬所得是指个人从事劳务取得的所得，包括从事设计、装潢、安装、制图、化验、测试、医疗、法律、会计、咨询、讲学、翻译、审稿、书画、雕刻、影视、录音、录像、演出、表演、广告、展览、技术服务、介绍服务、经纪服务、代办服务以及其他劳务取得的所得。

一项收入如何区分是“劳务报酬所得”还是“工资、薪金所得”，主要看支付所得的单位和个人之间是否存在雇佣与被雇佣关系。“工资、薪金所得”是个人从事非独立劳动，而从单位（雇主）领取的报酬，存在雇佣与被雇佣的关系。“劳务报酬所得”是个人独立从事某种技艺，独立提供某种劳务而取得的报酬，一般不存在雇佣关系。

（三）稿酬所得

稿酬所得是指个人因其作品以图书、报刊形式出版、发表而取得的所得。作品包括文学作品、书画作品、摄影作品，以及其他作品。作者去世后，财产继承人取得的遗作稿酬，也应按“稿酬所得”征收个人所得税。

任职、受雇于“报纸、杂志”等单位的记者、编辑等“专业人员”，因在本单位的报纸、杂志上发表作品取得的所得，属于因任职、受雇而取得的所得，应与其当月工资收入合并，按“工资、薪金所得”项目计算缴纳个人所得税。

除上述专业人员以外，其他人员在本单位的报纸、杂志上发表作品取得的所得，应按“稿酬所得”项目计算缴纳个人所得税。

“出版社”的专业作者撰写、编写或翻译的作品，由本社以图书形式出版而取得的稿费收入，应按“稿酬所得”项目计算缴纳个人所得税。

（四）特许权使用费所得

特许权使用费所得是指个人提供专利权、商标权、著作权、非专利技术以及其他特许权的使用权取得的所得；提供著作权的使用权取得的所得，不包括稿酬所得。

居民个人需将工资和薪金所得、劳务报酬所得、稿酬所得、特许权使用费所得合并为综合所得汇算清缴。非居民个人取得工资、薪金所得、劳务报酬所得、稿酬所得、特许权使用费所得，按月或者按次分项计算个人所得税。

（五）经营所得

下列所得属于经营所得：

（1）个体工商户从事生产、经营活动取得的所得，个人独资企业投资人、合伙企业的个人合伙人来源于境内注册的个人独资企业、合伙企业生产、经营的所得。

（2）个人依法从事办学、医疗、咨询以及其他有偿服务活动取得的所得。

（3）个人对企业、事业单位承包经营、承租经营以及转包、转租取得的所得。

（4）个人从事其他生产、经营活动取得的所得。

个人独资企业、合伙企业的投资者需按“经营所得”项目缴纳个人所得税，不缴纳企业所得税。

个人独资企业、合伙企业的个人投资者以企业资金为本人、家庭成员及其相关人员支付与企业生产经营无关的消费性支出及购买汽车、住房等财产性支出，视为企业对个人投资者的利润分配，并入投资者个人的生产经营所得，依照“经营所得”项目缴纳个人所得税。

（六）利息、股息、红利所得

利息、股息、红利所得是指个人拥有债权、股权而取得的利息、股息、红利所得。其中，利息一般包括存款利息、贷款利息和债券利息。股息即股票的利息，是指股份公司从提取了公积金、公益金的税后利润中按照股息率派发给股东的收益。红利则是在上市公司分派股息之后按持股比例向股东分配的剩余利润。红利与股息的区别在于，股息的利率是固定的，而红利数额通常是不确定的，它随着公司每年可分配盈余的多少而上下浮动。

除个人独资企业、合伙企业以外的其他企业的个人投资者，以企业资金为本人、家庭成员及其相关人员支付与企业生产经营无关的消费性支出及购买汽车、住房等财产性支出，视为企业对个人投资者的红利分配，依照“利息、股息、红利所得”项目缴纳个人所得税。

（七）财产租赁所得

财产租赁所得是指个人出租不动产、机器设备、车船以及其他财产取得的所得。

（1）个人取得的财产转租收入，属于“财产租赁所得”项目，个人所得税由财产转租人缴纳。

（2）房地产开发企业与商店购买者个人签订协议，以优惠价格出售其商店给购买者个人，购买者个人在一定期限内必须将购买的商店无偿提供给房地产开发企业对外出租使用。该行为实质上是购买者个人以所购商店交由房地产开发企业出租而取得的房屋租赁收入支付了部分购房价款。对购买者个人少支出的购房价款，应视同个人财产租赁所得，按照“财产租赁所得”项目征收个人所得税。每次财产租赁所得的收入额，按照少支出的购房价款和协议规定的租赁月份数平均计算确定。

（八）财产转让所得

财产转让所得是指个人转让有价证券、股权、合伙企业中的财产份额、不动产、机器设备、车船以及其他财产取得的所得。个人转让股票所得暂免征收个人所得税。

（九）偶然所得

偶然所得是指个人得奖、中奖、中彩以及其他偶然性质的所得。得奖是指参加各种有奖竞赛活动，取得名次得到的奖金；中奖、中彩是指参加各种有奖活动，如有奖储蓄、购买彩票，经过规定程序，抽中、摇中号码而取得的奖金。发奖单位为偶然所得的代扣代缴义务人。

个人购买福利彩票、体育彩票一次中奖收入超过 1 万元的，应全额按照“偶然所得”项目征收个人所得税。个人取得单张有奖发票奖金所得超过 800 元的，应全额按照“偶然所得”项目征收个人所得税。

纳税人取得经营所得，利息、股息、红利所得，财产租赁所得，财产转让所得，偶然所得，依照法律规定分别计算个人所得税。

三、个人所得税税收优惠

（一）税前扣除

个人通过公益性社会组织、县级以上人民政府及其部门等国家机关，用于符合法律规定的公益慈善事业捐赠支出，准予按税法规定在计算应纳税所得额时扣除。

个人捐赠在个人所得税前扣除方式有三种：全额扣除；限额扣除；不得扣除。

1. 全额扣除

（1）对特定事项的捐赠：通过非营利机构对教育事业、老年服务机构，青少年活动场所，以及 2022 年冬奥会、冬残奥会、测试赛的捐赠。

（2）捐赠给特定的公益组织：中国医药卫生事业发展基金会、中华健康快车基金会、孙冶方经济科学基金会、中华慈善总会、中国法律援助基金会、中华见义勇为基金会、宋庆龄基金会、中国福利会、中国残疾人福利基金会、中国扶贫基金会、中国煤矿尘肺病治疗基金会、中华环境保护基金会、中国老龄事业发展基金会、中国华文教育基金会、中国绿化基金会、中国妇女发展基金会、中国关心下一代健康体育基金会、中国生物多样性保护基金会、中国儿童少年基金会、中国光彩事业基金会、中国医药卫生事业发展基金会、中国教育发展基金会。

2. 限额扣除

个人将其所得对教育、扶贫、济困等公益慈善事业进行捐赠，捐赠额未超过纳税人申报的应纳税所得额百分之三十的部分，可以从其应纳税所得额中扣除。

居民个人按照以下规定扣除公益捐赠支出：

（1）居民个人发生的公益捐赠支出可以在财产租赁所得、财产转让所得、利息股息红利所得、偶然所得（以下统称分类所得）、综合所得或者经营所得中扣除。在当期一个所得项目扣除不完的公益捐赠支出，可以按规定在其他所得项目中继续扣除。

（2）居民个人发生的公益捐赠支出，在综合所得、经营所得中扣除的，扣除限额分别为当年综合所得、当年经营所得应纳税所得额的百分之三十；在分类所得中扣除的，扣除限额为当月分类所得应纳税所得额的百分之三十。

（3）居民个人根据各项所得的收入、公益捐赠支出、适用税率等情况，自行决定在综合所得、分类所得、经营所得中扣除公益捐赠支出的顺序。

3. 不得扣除

纳税人直接向受赠人捐赠的，不允许从个人所得税应纳税所得额中扣除。

（二）免税项目

（1）省级人民政府、国务院部委和中国人民解放军军以上单位，以及外国组织、国际组织颁发的科学、教育、技术、文化、卫生、体育、环境保护等方面的奖金。

（2）国债和国家发行的金融债券利息。其中，国债利息，是指个人持有中华人民共和国财政部发行的债券而取得的利息；国家发行的金融债券利息，是指个人持有经国务院批准发行的金融债券而取得的利息。

（3）按照国家统一规定发给的补贴、津贴，是指按照国务院规定发给的政府特殊津贴、院士津贴，以及国务院规定免纳个人所得税的其他补贴、津贴。

（4）福利费、抚恤金、救济金。其中，福利费，是指根据国家有关规定，从企业、事业单位、国家机关、社会组织提留的福利费或者工会经费中支付给个人的生活补助费；救济金，是指各级人民政府民政部门支付给个人的生活困难补助费。

（5）保险赔款。

（6）军人的转业费、复员费、退役金。

（7）按照国家统一规定发给干部、职工的安家费、退职费、基本养老金或者退休费、离休费、离休生活补助费。

（8）依照有关法律规定应予免税的各国驻华使馆、领事馆的外交代表、领事官员和其他人员的所得。该所得是指依照《中华人民共和国外交特权与豁免条例》和《中华人民共和国领事特权与豁免条例》规定免税的所得。

（9）中国政府参加的国际公约、签订的协议中规定免税的所得。

（10）国务院规定的其他免税所得。该项免税规定，由国务院报全国人大常委会备案。

（三）减税项目

（1）残疾、孤老人员和烈属的所得。

（2）因自然灾害造成重大损失的。

上述减税项目的减征幅度和期限，由省、自治区、直辖市人民政府规定，并报同级人大常委会备案。

国务院可以规定其他减税情形，报全国人大常委会备案。

（四）暂免征税项目

（1）外籍个人以非现金形式或实报实销形式取得的住房补贴、伙食补贴、搬迁费、洗衣费。

（2）外籍个人按合理标准取得的境内、外出差补贴。

（3）外籍个人取得的探亲费、语言训练费、子女教育费等，经当地税务机关审核批准为合理的部分。

（4）外籍个人从外商投资企业取得的股息、红利所得。

（5）凡符合下列条件之一的外籍专家取得的工资、薪金所得可免征个人所得税：

①根据世界银行专项贷款协议由世界银行直接派往我国工作的外国专家。

②联合国组织直接派往我国工作的专家。

③为联合国援助项目来华工作的专家。

④援助国派往我国专为该国无偿援助项目工作的专家。

⑤根据两国政府签订文化交流项目来华工作 2 年以内的文教专家，其工资、薪金所得由该国负担的。

⑥根据我国大专院校国际交流项目来华工作 2 年以内的文教专家，其工资、薪金所得由该国负担的。

⑦通过民间科研协定来华工作的专家，其工资、薪金所得由该国政府机构负担的。

自 2022 年 1 月 1 日起，外籍个人符合居民个人条件的，不再享受住房补贴、语言训练费、子女教育费津补贴免税优惠政策，应按规定享受专项附加扣除。

（6）对个人在上海证券交易所、深圳证券交易所转让从上市公司公开发行和转让市场取得的上市公司股票所得，继续免征个人所得税。

（7）自 2018 年 11 月 1 日起，对个人转让全国中小企业股份转让系统（新三板）挂牌公司非原始股取得的所得，暂免征收个人所得税。非原始股是指个人在新三板挂牌公司挂牌后取得的股票，以及由上述股票孳生的送、转股。

（8）个人举报、协查各种违法、犯罪行为而获得的奖金暂免征收个人所得税。

（9）个人办理代扣代缴手续，按规定取得的扣缴手续费暂免征收个人所得税。

（10）个人转让自用达 5 年以上，并且是唯一的家庭生活用房取得的所得，暂免征收个人所得税。

（11）对个人购买福利彩票、体育彩票，一次中奖收入在 1 万元以下（含 1 万元）的暂免征收个人所得税，超过 1 万元的，全额征收个人所得税。

（12）个人取得单张有奖发票奖金所得不超过 800 元（含 800 元）的，暂免征收个人所得税。

（13）达到离休、退休年龄，但确因工作需要，适当延长离休、退休年龄的高级专家（指享受国家发放的政府特殊津贴的专家、学者），其在延长离休、退休期间的工资、薪金所得，视同离休、退休工资免征个人所得税。

（14）个人领取原提存的住房公积金、基本医疗保险金、基本养老保险金，以及失业保险金，免予征收个人所得税。

（15）对工伤职工及其近亲属按照《工伤保险条例》规定取得的工伤保险待遇，免征个人所得税。

(16) 企事业单位按照国家或省（自治区、直辖市）人民政府规定的缴费比例或办法实际缴付的基本养老保险费、基本医疗保险费和失业保险费，免征个人所得税；个人按照国家或省（自治区、直辖市）人民政府规定的缴费比例或办法实际缴付的基本养老保险费、基本医疗保险费和失业保险费，允许在个人应纳税所得额中扣除。

(17) 企业和事业单位根据国家有关政策规定的办法和标准，为在本单位任职或者受雇的全体职工缴付的企业年金或职业年金单位缴费部分，在计入个人账户时，个人暂不缴纳个人所得税。

个人根据国家有关政策规定缴付的年金个人缴费部分，在不超过本人缴费工资计税基数的4%标准内的部分，暂从个人当期的应纳税所得额中扣除。

年金基金投资运营收益分配计入个人账户时，个人暂不缴纳个人所得税。

(18) 企业依照国家有关法律规定宣告破产，企业职工从该破产企业取得的一次性安置费收入，免征个人所得税。

(19) 自2008年10月9日起，对储蓄存款利息所得暂免征收个人所得税。

(20) 自2015年9月8日起，个人从公开发行和转让市场取得的上市公司股票，持股期限超过1年的，股息红利所得暂免征收个人所得税。

(21) 自2019年7月1日至2024年6月30日，个人持有全国中小企业股份转让系统挂牌公司的股票，持股期限超过1年的，对股息红利所得暂免征收个人所得税。

(22) 对被拆迁人按照国家有关城镇房屋拆迁管理办法规定的标准取得的拆迁补偿款，免征个人所得税。

(23) 以下情形的房屋产权无偿赠与的，对当事人双方不征收个人所得税：

①房屋产权所有人将房屋产权无偿赠与配偶、父母、子女、祖父母、外祖父母、孙子女、外孙子女、兄弟姐妹。

②房屋产权所有人将房屋产权无偿赠与对其承担直接抚养或者赡养义务的抚养人或者赡养人。

③房屋产权所有人死亡，依法取得房屋产权的法定继承人、遗嘱继承人或者受遗赠人。

(24) 个体工商户、个人独资企业和合伙企业或个人从事种植业、养殖业、饲养业、捕捞业取得的所得，暂不征收个人所得税。

(25) 企业在销售商品（产品）和提供服务过程中向个人赠送礼品，属于下列情形之一的，不征收个人所得税：

①企业通过价格折扣、折让方式向个人销售商品（产品）和提供服务。

②企业在向个人销售商品（产品）和提供服务的同时给予赠品，如通信企业对个人购买手机赠话费、入网费，或者购话费赠手机等。

③企业对累积消费达到一定额度的个人按消费积分反馈礼品。

(26) 自2022年1月1日起，对法律援助人员按照《中华人民共和国法律援助法》规定获得的法律援助补贴，免征个人所得税。

(27) 自2022年1月1日至2023年12月31日，对出售自有住房并在现住房出售后1年内在市场重新购买住房的纳税人，对其出售现住房已缴纳的个人所得税予以退税优惠。其中，新购住房金额大于或等于现住房转让金额的，全部退还已缴纳的个人所得税；新购住房金额小于现住房转让金额的，按新购住房金额占现住房转让金额的比例退还出售现住房已缴纳的个人所得税。现住房转让金额为该房屋转让的市场成交价格。

新购住房为新房的，购房金额为纳税人在住房城乡建设部门网签备案的购房合同中注明的成交价格；新购住房为二手房的，购房金额为房屋的成交价格。纳税人出售和重新购买的住房应在同一城市范围内。同一城市范围是指同一直辖市、副省级城市、地级市（地区、州、盟）所辖全部行政区划范围。出售自有住房的纳税人与新购住房之间须直接相关，应为新购住房产权人或产权人之一。

税收法律、行政法规、部门规章和规范性文件中未明确规定纳税人享受减免税必须经税务机关审批，且纳税人取得的所得完全符合减免税条件的，无须经主管税务机关审核，纳税人可自行享受减免税。

税收法律、行政法规、部门规章和规范性文件中明确规定纳税人享受减免税必须经税务机关审批的，或者纳税人无法准确判断其取得的所得是否应享受个人所得税减免的，必须经主管税务机关按照有关规定审核或批准后，方可减免个人所得税。

四、个人所得税纳税义务人

个人所得税纳税义务人，是取得 9 项应税所得的中国公民、个体工商户、个人独资企业投资人、合伙企业的个人合伙人、在中国有所得的外籍人员、无国籍人员。

依据住所和居住时间两个标准，个人所得税纳税人分为居民个人和非居民个人，分别承担不同的纳税义务。

（一）居民个人

居民个人是指在中国境内有住所，或者无住所而一个纳税年度内在中国境内居住累计满 183 天的个人。

在中国境内有住所，是指因户籍、家庭、经济利益关系而在中国境内习惯性居住。习惯性居住，是判定纳税义务人是居民个人或非居民个人的一个法定标准，不是指实际居住或在某一个特定时期内的居住地。对因学习、工作、探亲、旅游等原因而在中国境外居住，在其原因消除后，必须回到境内居住的个人，其习惯性居住地是中国。

纳税年度是指从公历 1 月 1 日起到 12 月 31 日止。累计居住天数，按照个人在中国境内累计停留的天数计算。在中国境内停留的当天满 24 小时的，计入中国境内居住天数，在中国境内停留的当天不足 24 小时的，不计入中国境内居住天数。

居民个人来源于中国境内和境外的所得，都应依法缴纳个人所得税，负无限纳税义务。

无住所的个人如果此前 6 年在中国境内每年累计居住天数都满 183 天而且没有任何一年单次离境超过 30 天，该纳税年度来源于中国境内、境外所得应当缴纳个人所得税；如果此前 6 年的任一年在中国境内累计居住天数不满 183 天或者单次离境超过 30 天，该纳税年度来源于中国境外且由境外单位或者个人支付的所得，免予缴纳个人所得税。

此前 6 年，是指该纳税年度的前 1 年至前 6 年的连续 6 个年度，此前 6 年的起始年度自 2019 年（含）以后年度开始计算。

扣缴义务人需要代表纳税人向税务机关上缴应缴纳的个人所得税。代缴的所得包括工资、薪金、承包经营所得、劳务报酬所得、稿酬所得、特许权使用费、利息、股息、红利所得、财产租赁所得、财产转让所得、偶然所得等各种所得。无论这些所得对应的纳税人是否属于本单位，扣缴义务人都应代扣代缴其应纳的个人所得税税款。支付方式包括现金支付、汇拨支付、转账支付、其他形式的支付等。

（二）非居民个人

非居民个人是指在中国境内无住所又不居住，或者无住所而一个纳税年度内在中国境内居住累计不满 183 天的个人。非居民个人仅就中国境内取得的所得，依法缴纳个人所得税，负有限纳税义务。

在中国境内无住所的个人，在一个纳税年度内在中国境内居住累计不超过 90 天的，其来源于中国境内的所得，由境外雇主支付并且不由该雇主在中国境内的机构、场所负担的部分，免予缴纳个人所得税。

（三）确定所得来源地

1. 来源于中国境内的所得

除国务院财政、税务主管部门另有规定外，下列所得，不论支付地点是否在中国境内，均为来源于中国境内的所得：

（1）因任职、受雇、履约等在中国境内提供劳务取得的所得。

（2）将财产出租给承租人在中国境内使用而取得的所得。

（3）许可各种特许权在中国境内使用而取得的所得。

（4）转让中国境内的不动产等财产或者在中国境内转让其他财产取得的所得。

（5）从中国境内企业、事业单位、其他组织以及居民个人取得的利息、股息、红利所得。

2. 来源于中国境外的所得

（1）因任职、受雇、履约等在中国境外提供劳务取得的所得。

（2）中国境外企业以及其他组织支付且负担的稿酬所得。

（3）许可各种特许权在中国境外使用而取得的所得。

（4）在中国境外从事生产、经营活动而取得的与生产、经营活动相关的所得。

（5）从中国境外企业、其他组织以及非居民个人取得的利息、股息、红利所得。

（6）将财产出租给承租人在中国境外使用而取得的所得。

（7）转让中国境外的不动产、转让对中国境外企业以及其他组织投资形成的股票、股权以及其他权益性资产（以下称权益性资产）或者在中国境外转让其他财产取得的所得。但转让对中国境外企业以及其他组织投资形成的权益性资产，该权益性资产被转让前 3 年（连续 36 个公历月份）内的任一时间，被投资企业或其他组织的资产公允价值 50%以上直接或间接来自位于中国境内的不动产的，取得的所得为来源于中国境内的所得。

（8）中国境外企业、其他组织以及非居民个人支付且负担的偶然所得。

（9）财政部、税务总局另有规定的，按照相关规定执行。

五、个人所得税税率

个人所得税税率有超额累进税率和比例税率两种。

(一) 七级超额累进税率

居民个人综合所得适用3%～45%的七级超额累进税率，见表7-2。

表7-2　个人所得税税率表一

(综合所得适用)

级数	全年应纳税所得额	税率(%)	速算扣除数(元)
1	不超过36 000元的	3	0
2	超过36 000元至144 000元的部分	10	2 520
3	超过144 000元至300 000元的部分	20	16 920
4	超过300 000元至420 000元的部分	25	31 920
5	超过420 000元至660 000元的部分	30	52 920
6	超过660 000元至960 000元的部分	35	85 920
7	超过960 000元的部分	45	181 920

注：①本表所称全年应纳税所得额是指依照法律规定，居民个人取得综合所得以每一纳税年度收入额减除费用6万元以及专项扣除、专项附加扣除和依法确定的其他扣除后的余额；②非居民个人取得工资、薪金所得、劳务报酬所得、稿酬所得和特许权使用费所得，依照本表按月换算后计算应纳税额。

(二) 五级超额累进税率

经营所得适用5%～35%的五级超额累进税率，见表7-3。

表7-3　个人所得税税率表二

(经营所得适用)

级数	全年应纳税所得额	税率(%)	速算扣除数(元)
1	不超过30 000元的	5	0
2	超过30 000元至90 000元的部分	10	1 500
3	超过90 000元至300 000元的部分	20	10 500
4	超过300 000元至500 000元的部分	30	40 500
5	超过500 000元的部分	35	65 500

注：本表所称全年应纳税所得额是指依照法律规定，以每一纳税年度的收入总额减除成本、费用以及损失后的余额。

(三) 比例税率

利息、股息、红利所得，财产租赁所得，财产转让所得和偶然所得适用20%的比例税率。

自2001年1月1日起，对个人出租住房取得的所得暂减按10%的税率征收个人所得税。

六、个人所得税的计算

(一) 综合所得应纳税额的计算

根据个人所得税法规定，从2019年1月1日起居民个人取得的工资、薪金所得，劳务报酬所得，稿酬所得，特许权使用费所得按纳税年度合并计算个人所得税。有扣缴义务人的，由扣缴义务人按月或按次预扣预缴税额，需要办理汇算清缴的，在取得所得的次年3月

1 日到 6 月 30 日办理汇算清缴。

非居民个人取得的工资、薪金所得，劳务报酬所得，稿酬所得，特许权使用费所得，按月或按次分别计算个人所得税。

1. 居民个人综合所得应纳税额的计算

居民个人取得工资、薪金所得，劳务报酬所得，稿酬所得，特许权使用费所得，有扣缴义务人的，由扣缴义务人按月或按次预扣预缴税额。

1）计算居民个人综合所得预扣预缴税额

（1）计算工资、薪金所得预扣预缴税额。扣缴义务人向居民个人支付工资、薪金所得时，应当按照“累计预扣法”计算预扣预缴税额，并按月办理全员全额扣缴申报。

累计预扣法是指扣缴义务人在一个纳税年度内预扣预缴税款时，以纳税人在本单位截至当前月份工资、薪金所得累计收入减除累计免税收入、累计减除费用、累计专项扣除、累计专项附加扣除和累计依法确定的其他扣除后的余额为累计预扣预缴应纳税所得额，计算累计应预扣预缴税额，再减除累计减免税额和累计已预扣预缴税额，其余额为本期应预扣预缴税额。余额为负值时，暂不退税。纳税年度终了后余额仍为负值时，由纳税人通过办理综合所得年度汇算清缴，税款多退少补。

具体计算公式为：

本期应预扣预缴税额＝（累计预扣预缴应纳税所得额×预扣率－速算扣除数）－累计减免税额－累计已预扣预缴税额

累计预扣预缴应纳税所得额＝累计收入－累计免税收入－累计减除费用－累计专项扣除－累计专项附加扣除－累计依法确定的其他扣除

其中：累计减除费用，按照 5 000 元/月乘以纳税人当年截至本月在本单位的任职受雇月份数计算。

上述公式中的预扣率、速算扣除数，按表 7-4 执行。

表 7-4 个人所得税预扣率表一

（居民个人工资、薪金所得预扣预缴适用）

级数	累计预扣预缴应纳税所得额	预扣率（%）	速算扣除数（元）
1	不超过 36 000 元的部分	3	0
2	超过 36 000 元至 144 000 元的部分	10	2 520
3	超过 144 000 元至 300 000 元的部分	20	16 920
4	超过 300 000 元至 420 000 元的部分	25	31 920
5	超过 420 000 元至 660 000 元的部分	30	52 920
6	超过 660 000 元至 960 000 元的部分	35	85 920
7	超过 960 000 元的部分	45	181 920

《个人所得税法》规定，专项扣除包括居民个人按照国家规定的范围和标准缴纳的基本养老保险、基本医疗保险、失业保险等社会保险费和住房公积金等。

【任务案例 7-1】

2023 年 1 月李某从任职公司取得工资收入 8 000 元，加班费 1 500 元，奖金 3 000 元，差旅费津贴 2 000 元，李某缴纳三险一金 1 800 元。

【问题】 2023 年 1 月李某任职公司预扣预缴李某工资、薪金所得个人所得税多少？

【答案】 2023 年 1 月李某任职公司预扣预缴李某工资、薪金所得个人所得税＝(8 000＋1 500＋3 000－5 000－1 800)×3%＝171（元）

专项附加扣除，包括子女教育、继续教育、大病医疗、住房贷款利息或者住房租金、赡养老人、3 岁以下婴幼儿照护等支出。具体规定内容如下：

①子女教育。子女教育专项附加扣除是指纳税人的子女（婚生子女、非婚生子女、继子女、养子女）接受学前教育（年满 3 岁至小学入学前）和全日制学历教育的相关支出，按照每个子女每月 2 000 元的标准定额扣除。学历教育包括义务教育（小学、初中教育）、高中阶段教育（普通高中、中等职业、技工教育）、高等教育（大学专科、大学本科、硕士研究生、博士研究生教育）。

接受教育子女的父母（生父母、继父母、养父母。父母之外的其他人担任未成年人的监护人的，比照本办法规定执行）可以选择由其中一方按扣除标准的 100%扣除，也可以选择由双方分别按扣除标准的 50%扣除，具体扣除方式在一个纳税年度内不得变更。子女在中国境外接受教育的，纳税人需留存境外学校录取通知书、留学签证等相关教育的证明资料备查。

纳税人享受子女教育专项附加扣除时间：学前教育阶段，为子女年满 3 周岁当月至小学入学前一月；学历教育，为子女接受全日制学历教育入学的当月至全日制学历教育结束的当月。学历教育和学历（学位）继续教育的期间，包含因病或其他非主观原因休学但学籍继续保留的休学期间，以及施教机构按规定组织实施的寒暑假等假期。

②继续教育。继续教育专项附加扣除是指纳税人在中国境内接受学历（学位）继续教育的支出，在学历（学位）教育期间按每月 400 元定额扣除。同一学历（学位）继续教育的扣除期限不能超过 48 个月。学历（学位）继续教育起止时间为在中国境内接受学历（学位）继续教育入学的当月至学历（学位）继续教育结束的当月，子女已工作并正在接受本科及以下学历（学位）继续教育，符合规定扣除条件的，可以选择由其父母按照子女教育扣除，也可以选择由子女按照继续教育扣除。

纳税人接受技能人员职业资格继续教育、专业技术人员职业资格继续教育（人力资源和社会保障部门发布的《国家职业资格目录》）的支出，在取得相关证书的当年（取得相关职业资格继续教育证书上载明的发证日期，也就是批准日期的所属年度），按照 3 600 元定额扣除。应当留存技能人员职业资格证书、专业技术人员职业资格证书等资料备查。

③大病医疗。大病医疗专项附加扣除是指在一个纳税年度内，纳税人发生的与基本医保相关的医药费用支出，扣除医保报销后个人负担（指医保目录范围内的自付部分）累计超过 15 000 元的部分，由纳税人在办理年度汇算清缴时，在 80 000 元限额内据实扣除。纳税人及其配偶、未成年子女发生的医药费用支出，按照扣除标准分别计算扣除额。

纳税人发生的医药费用支出可以选择由本人或者其配偶扣除；未成年子女发生的医药费用支出可以选择由其父母一方扣除。纳税人应当留存医药服务收费及医保报销相关票据原件（或者复印件）或者医疗保障部门出具的医药费用清单等资料备查。

④住房贷款利息。住房贷款利息专项附加扣除是指纳税人本人或者配偶单独或者共同使

用商业银行或者住房公积金个人住房贷款为本人或者其配偶购买中国境内住房，发生的首套住房贷款利息支出，在贷款合同约定开始还款的当月至贷款全部归还或贷款合同终止的当月，可按照每月 1 000 元的标准定额扣除，扣除期限最长不超过 240 个月。纳税人只能享受一次首套住房贷款的利息扣除。首套住房贷款是指购买住房享受首套住房贷款利率的住房贷款。经夫妻双方约定，可以选择由其中一方扣除，具体扣除方式在一个纳税年度内不得变更。

夫妻双方婚前分别购买住房发生的首套住房贷款，其贷款利息支出，婚后可以选择其中一套购买的住房，由购买方按扣除标准的 100%扣除，也可以由夫妻双方对各自购买的住房分别按扣除标准的 50%扣除，具体扣除方式在一个纳税年度内不能变更。纳税人应当留存住房贷款合同、贷款还款支出凭证备查。

⑤住房租金。纳税人本人及其配偶在纳税人的主要工作城市没有自有住房而发生的住房租金支出，可以按照以下标准定额扣除：

在直辖市、省会（首府）城市、计划单列市以及国务院确定的其他城市承租住房的，扣除标准为每月 1 500 元。在其他城市承租住房的，市辖区户籍人口（以国家统计局公布的数据为准）超过 100 万的，扣除标准为每月 1 100 元；市辖区户籍人口不超过 100 万的，扣除标准为每月 800 元。

主要工作城市是指纳税人任职受雇的直辖市、计划单列市、副省级城市、地级市（地区、州、盟）全部行政区域范围；纳税人无任职受雇单位的，为受理其综合所得汇算清缴的税务机关所在城市。夫妻双方主要工作城市相同的，只能由一方扣除（签订租赁住房合同的承租人）住房租金支出。夫妻双方主要工作城市不相同的，且各自在其主要工作城市都没有住房的，可以分别扣除。纳税人应当留存住房租赁合同、协议等有关资料备查。纳税人及其配偶在一个纳税年度内不能同时分别享受住房贷款利息和住房租金专项附加扣除。

纳税人享受住房租金专项附加扣除的时间为租赁合同（协议）约定的房屋租赁期开始的当月至租赁期结束的当月。提前终止合同（协议）的，以实际租赁期限为准。

⑥赡养老人。赡养老人专项附加扣除是指纳税人赡养 1 位及以上被赡养人的赡养支出，按照以下标准定额扣除：纳税人为独生子女的，按照每月 3 000 元的标准定额扣除；纳税人为非独生子女的，需与其兄弟姐妹分摊每月 3 000 元的扣除额度，每人分摊的额度不能超过每月 1 500 元。可以由赡养人均摊或者约定分摊，也可以由被赡养人指定分摊。约定或者指定分摊的须签订书面分摊协议，指定分摊优先于约定分摊。具体分摊方式和额度在一个纳税年度内不得变更。

被赡养人是指年满 60 周岁的父母，以及子女均已去世的年满 60 周岁的祖父母、外祖父母。这里的父母是指生父母、继父母、养父母；子女是指婚生子女、非婚生子女、继子女、养子女。父母之外的其他人担任未成年人的监护人的，比照上述规定执行。

纳税人享受赡养老人专项附加扣除的时间为被赡养人年满 60 周岁的当月至赡养义务终止的年末。赡养人采用约定分摊或者被赡养人指定分摊的，纳税人应当留存书面分摊协议备查。

⑦3 岁以下婴幼儿照护。婴幼儿照护专项附加扣除是指纳税人照护 3 岁以下婴幼儿子女的相关支出，从 2023 年 1 月 1 日开始，按照每个婴幼儿每月 2 000 元的标准定额扣除。

父母可以选择由其中一方按扣除标准的100%扣除，也可以选择由双方分别按扣除标准的50%扣除，具体扣除方式在一个纳税年度内不能变更。

3岁以下婴幼儿照护专项附加扣除的时间为婴幼儿出生的当月至年满3周岁的前一个月。纳税人需留存子女出生医学证明等资料备查。

【引例分析 7-1】

赵俊、耿玉是居民个人所得税纳税人，2023年取得的工资收入需按工资、薪金所得每月预缴个人所得税，计算方法是累计预扣预缴法。

赵俊每月子女教育专项附加扣除4 000元，每月生计费5 000元，2023年4月累计预缴个人所得税=(14 000×4－5 000×4－880×4－220×4－110×4－1 296×4－4 000×4)×3%=9 976×3%=299.28（元）。

赵俊2023年5月预缴个人所得税=[(14 000×5－5 000×5－880×5－220×5－110×5－1 296×5－4 000×5)×3%]－299.28=12 470×3%－299.28=374.1－299.28=74.82(元)。

耿玉每月租房专项附加扣除1 500元，每月生计费5 000元，2023年4月累计预缴个人所得税=(28 000×4－5 000×4－2 140×4－540×4－280×4－3 090×4－1 500×4)×10%－2 520=61 800×10%－2 520=3 660(元)。

耿玉2023年5月预缴个人所得税=[(28 000×5－5 000×5－2 140×5－540×5－280×5－3 090×5－1 500×5)×10%－2 520]－3 660=(77 250×10%－2 520)－3 660=1 545(元)。

依法确定的其他扣除，包括个人缴付符合国家规定的企业年金、职业年金，个人购买符合国家规定的商业健康保险、税收递延型商业养老保险的支出，以及国务院规定可以扣除的其他项目。

个人自行购买符合规定的商业健康保险产品的支出，允许在当月（年）计算应纳税所得额时予以税前扣除，扣除限额为200元/月（2 400元/年）。单位统一为员工购买符合规定的商业健康保险产品的支出，应当分别计入员工个人工资、薪金，视同个人购买，按扣除限额予以扣除。享受商业健康保险税收优惠政策的纳税人包括取得工资薪金所得、连续性劳务报酬所得的个人，以及取得个体工商户生产经营所得、对企事业单位的承包承租经营所得的个体工商户业主、个人独资企业投资者、合伙企业合伙人和承包承租经营者。

专项扣除、专项附加扣除和依法确定的其他扣除，以居民个人一个纳税年度的应纳税所得额为限额；一个纳税年度扣除不完的，不结转以后年度扣除。

【任务案例 7-2】

任某在上海某公司任职，2023年每月取得工资收入20 000元，每月缴纳三险一金2 200元，任某是父母的独生子，父亲已年满60周岁，任某有一女儿正在读高二（子女教育由任某自己扣除），任某租房居住，任某前七个月已预交个税1 890元。

【问题】2023年8月任某任职公司预扣预缴任某多少个税？

【答案】2023年8月任某任职公司预扣预缴任某个税=(20 000－5 000－2 200－6 500)×8×10%－2 520－1 890=630(元)

(2) 计算劳务报酬所得、稿酬所得、特许权使用费所得预扣预缴税额。

【引例分析 7-2】

柴娟是居民个人所得税纳税人，非哈尔滨宏图建筑设计有限责任公司员工，2023 年 5 月从哈尔滨宏图建筑设计有限责任公司取得设计费 15 000 元，属于劳务报酬所得，需按次预缴个人所得税，应预扣预缴个人所得税＝15 000×(1－20％)×20％＝2 400（元）。

扣缴义务人向居民个人支付劳务报酬所得、稿酬所得、特许权使用费所得，按次或者按月预扣预缴个人所得税。此三项所得属于一次性收入的，以取得该项收入为 1 次；属于同一项目连续性收入的，以 1 个月内取得的收入为 1 次。具体预扣预缴方法如下：

劳务报酬所得、稿酬所得、特许权使用费所得以收入减除费用后的余额为收入额。其中，稿酬所得的收入额减按 70％计算。

减除费用：劳务报酬所得、稿酬所得、特许权使用费所得每次收入不超过 4 000 元的，减除费用按 800 元计算；每次收入 4 000 元以上的，减除费用按 20％计算。

应纳税所得额：劳务报酬所得、稿酬所得、特许权使用费所得，以每次收入额为预扣预缴应纳税所得额。

劳务报酬所得适用 20％～40％的超额累进预扣率（见表 7-5），稿酬所得、特许权使用费所得适用 20％的比例预扣率。

表 7-5　　个人所得税预扣率表二

（居民个人劳务报酬所得预扣预缴适用）

级数	累计预扣预缴应纳税所得额	预扣率（％）	速算扣除数（元）
1	不超过 20 000 元的部分	20	0
2	超过 20 000 元至 50 000 元的部分	30	2 000
3	超过 50 000 元的部分	40	7 000

劳务报酬所得应预扣预缴税额＝预扣预缴应纳税所得额×预扣率－速算扣除数

【任务案例 7-3】

2023 年 1 月杨某为某公司提供一项咨询服务，该公司分两次支付劳务报酬，第一次付 2 000元，第二次付 6 000 元。

【问题】该公司预扣预缴杨某多少个税？

【答案】该公司预扣预缴杨某个税＝(2 000＋6 000)×(1－20％)×20％＝1 280（元）

【任务案例 7-4】

2023 年 7 月吴某出版一部专著，出版社支付稿酬收入 30 000 元。

【问题】出版社预扣预缴吴某多少个税？

【答案】出版社预扣预缴吴某个税＝30 000×(1－20％)×70％×20％＝3 360（元）

稿酬所得、特许权使用费所得应预扣预缴税额＝预扣预缴应纳税所得额×20％

居民个人工资、薪金所得，劳务报酬所得，稿酬所得，特许权使用费所得平时预扣预缴，会计年度终了后应在次年 3 月 1 日至 6 月 30 日向主管税务机关办理综合所得年度汇算清缴，税款多退少补。

2）计算居民个人综合所得应纳税额

居民个人的综合所得，以每一纳税年度的收入额减除费用 6 万元以及专项扣除、专项附加扣除和依法确定的其他扣除后的余额，为应纳税所得额。

工资、薪金所得以每个会计年度的收入为收入额，劳务报酬所得、稿酬所得、特许权使用费所得以收入减除 20％的费用后的余额为收入额。稿酬所得的收入额减按 70％计算。

综合所得应纳税额的计算公式为：

应纳税额＝应纳税所得额×适用税率－速算扣除数＝（每一纳税年度的收入额－60 000－专项扣除－专项附加扣除－依法确定的其他扣除）×适用税率－速算扣除数

【任务案例 7-5】

柴某在上海某公司工作，是居民个人，2022 年取得工资收入 22 万元，交纳三险一金 6 万元，共支付企业年金 1.5 万元。4 月为 A 公司提供设计服务一项，取得收入 4 万元，6 月授权 B 公司使用自己的实用新型专利一项，取得使用费收入 10 万元，8 月出版小说一部，取得稿酬收入 3 万元。柴某没有自己的住房，只能租房居住。2022 年柴某因患病住院治疗，医保目录范围内医药费自付 3 万元。

【问题】柴某 2022 年应纳个人所得税是多少？

【答案】柴某 2022 年应纳税所得额＝22＋4×(1－20％)＋10×(1－20％)＋3×(1－20％)×70％－6－6－0.15×12－(3－1.5)－1.5＝22＋3.2＋8＋1.68－12－1.8－1.5－1.5＝34.88－16.8＝18.08（万元）

柴某 2022 年应纳个人所得税＝18.08×20％－1.692＝1.924（万元）

3）居民个人综合所得的汇算清缴

居民个人取得综合所得，平时由扣缴义务人代扣代缴税款，纳税年度终了后的次年 3 月 1 日至 6 月 30 日需办理汇算清缴。

（1）应当办理汇算清缴的情形。只要符合下列情形之一，纳税人就需办理汇算清缴：

①已预缴税额大于汇算应纳税额且申请退税的。

②本年取得的综合所得收入超过 12 万元且汇算需要补税金额超过 400 元的。

③因适用所得项目错误或者扣缴义务人未依法履行扣缴义务，造成本年少申报或者未申报综合所得的，纳税人应当依法据实办理汇算。

（2）不办理汇算清缴的情形。纳税人在本年已依法预缴个人所得税且符合下列情形之一的，不需办理汇算清缴：

①汇算需补税但综合所得收入全年不超过 12 万元的。

②汇算需补税金额不超过 400 元的。

③已预缴税额与汇算应纳税额一致的。

④符合汇算退税条件但不申请退税的。

（3）汇算清缴的具体办法。居民个人（以下称纳税人）汇总其本纳税年度取得的工资薪金、劳务报酬、稿酬、特许权使用费四项综合所得的收入额，减除费用 6 万元以及专项扣除、专项附加扣除、依法确定的其他扣除和符合条件的公益慈善事业捐赠后，适用综合所得个人所得税税率并减去速算扣除数（税率表见表 7-2），计算本纳税年度最终应纳税额，再减去本纳税年度已预缴税额，得出本纳税年度应退或应补税额，向税务机关申报并办理退税或补税。具体计算公式如下：

应退或应补税额＝［（综合所得收入额－60 000 元－“三险一金”等专项扣除－子女教育等专项附加扣除－依法确定的其他扣除－符合条件的公益慈善事业捐赠）×适用税率－速算扣除数］－已预缴税额

4）计算居民个人全年一次性奖金的应纳税额

居民个人取得全年一次性奖金，在 2027 年 12 月 31 日前，可以选择不并入当年综合所得，以全年一次性奖金收入除以 12 个月得到的数额，按表 7-4 确定适用税率和速算扣除数，单独计算纳税。计算公式为：

应纳税额＝全年一次性奖金收入×适用税率－速算扣除数

在一个纳税年度内，该计税方法每一个纳税人只允许采用一次；实行年薪制和绩效工资的单位，个人取得年终兑现的年薪和绩效工资按上述计税方法执行；个人取得除全年一次性奖金以外的其他各种名目的奖金，如半年奖、季度奖、加班奖、先进奖、考勤奖等，一律与当月工资、薪金收入合并，按综合所得缴纳个人所得税。

5）特殊情况下个人所得税应纳税额的计算

（1）提前退休一次性补贴收入的应纳税额。个人办理提前退休手续取得的一次性补贴收入，应按照办理提前退休手续至法定离退休年龄之间实际年度数平均分摊，确定适用税率和速算扣除数，单独适用综合所得税率表，计算纳税。计算公式为：

应纳税额＝｛［（一次性补贴收入÷办理提前退休手续至法定退休年龄的实际年度数）－费用扣除标准］×适用税率－速算扣除数｝×办理提前退休手续至法定退休年龄的实际年度数

【任务案例 7-6】

万某 2023 年 7 月因身体原因提前 3 年办理退休手续，公司按照规定发给万某一次性补贴 300 000 元。

【问题】万某领取一次性补贴应缴纳多少个人所得税？

【答案】万某领取一次性补贴应缴纳个人所得税＝［(300 000÷3－60 000)×10%－2 520］×3＝4 440（元）

（2）内部退养一次性收入的应纳税额。内部退养，也称“内退”，是指国有企业职工距离退休年龄不到五年的，经本人申请，企业领导批准，可以退出工作岗位休养。

实行内部退养的个人在其办理内部退养手续后至法定离退休年龄之间从原任职单位取得的工资、薪金，不属于离退休工资，应按“工资、薪金所得”项目计征个人所得税。个人在办理内部退养手续后从原任职单位取得的一次性收入，应按办理内部退养手续后至法定离退休年龄之间的所属月份进行平均，并与领取当月的工资、薪金所得合并后减除当月费用扣除标准，以余额为基数确定适用税率，再将当月工资、薪金加上取得的一次性收入，减去费用扣除标准，按适用税率计算个人所得税。

【任务案例 7-7】

按公司减员增效政策，卢某在距法定退休还有 4 年的 2023 年 7 月办理内部退养手续。当月领取工资 9 000 元及一次性补贴 210 000 元。

【问题】 2023 年 7 月卢某应缴纳多少个人所得税？

【答案】 分摊收入＝内退补贴÷内退月数＝210 000÷48＝4 375（元）

确定"适用税率"和"速算扣除数"[4 375＋9 000－5 000＝8 375（元）]，经对照"综合所得月度税率表"，可确定适用税率为 10%，速算扣除数为 210 元。

2023 年 7 月卢某应缴纳个人所得税＝（内退补贴＋当月工资－当月费用扣除标准）×适用税率－速算扣除数＝(210 000＋9 000－5 000)×10%－210＝21 190（元）

个人在办理内部退养手续后至法定离退休年龄之间重新就业取得的工资、薪金所得，应与其从原任职单位取得的同一月份的工资、薪金所得合并，并依法自行向主管税务机关申报缴纳个人所得税。

(3) 个人领取企业年金、职业年金的应纳税额。个人达到国家规定的退休年龄，领取的企业年金、职业年金，符合相关规定的，不并入综合所得，全额单独计算应纳税款。其中按月领取的，适用月度税率表计算纳税；按季领取的，平均分摊计入各月，按每月领取额适用月度税率表计算纳税；按年领取的，适用综合所得税率表计算纳税。

个人因出境定居而一次性领取的年金个人账户资金，或个人死亡后，其指定的受益人或法定继承人一次性领取的年金个人账户余额，适用综合所得税率表计算纳税。对个人除上述特殊原因外一次性领取年金个人账户资金或余额的，适用月度税率表计算纳税。

(4) 解除劳动关系一次性补偿收入的应纳税额。个人与用人单位解除劳动关系取得一次性补偿收入（包括用人单位发放的经济补偿金、生活补助费和其他补助费），在当地上年职工平均工资 3 倍数额以内的部分，免征个人所得税；超过 3 倍数额的部分，不并入当年综合所得，单独适用综合所得税率表，计算纳税。

应纳税额＝（一次性补偿收入－当地上一年度职工年平均工资×3）×税率－速算扣除数

【任务案例 7-8】

居民个人常某在哈尔滨某公司工作，2023 年 7 月与该公司解除劳动关系，取得一次性经济补偿收入 280 000 元。已知哈尔滨 2022 年职工年平均工资为 84 800 元。

【问题】 常某取得的一次性经济补偿收入应缴纳多少个人所得税？

【答案】 常某取得的一次性经济补偿收入应缴纳个人所得税＝(280 000－84 800×3)×3%
＝768（元）

(5) 个人取得公务交通、通信补贴收入的应纳税额。个人因公务用车和通信制度改革而取得的公务用车、通信补贴收入，扣除一定标准的公务费用后，按照"工资、薪金所得"项目计征个人所得税。

(6) 退休人员再任职取得收入的应纳税额。退休人员再任职取得的收入，在减除按个人所得税法规定的费用扣除标准后，按"工资、薪金所得"应税项目缴纳个人所得税。

(7) 离退休人员从原任职单位取得各类补贴、奖金、实物的应纳税额。离退休人员除按规定领取离退休工资或养老金外，另从原任职单位取得的各类补贴、奖金、实物，不属于免税的退休工资、离休工资、离休生活补助费，应在减除费用扣除标准后，按“工资、薪金所得”应税项目缴纳个人所得税。

(8) 保险营销员、证券经纪人佣金收入的应纳税额。保险营销员、证券经纪人取得的佣金收入，属于“劳务报酬所得”，以不含增值税的收入减除20％的费用后的余额为收入额，收入额减去展业成本以及附加税费后，并入当年综合所得，计算缴纳个人所得税。保险营销员、证券经纪人展业成本按照收入额的25％计算。

扣缴义务人向保险营销员、证券经纪人支付佣金收入时，应按照规定的累计预扣法计算预扣税款。

(9) 个人转让限售股的应纳税额。自2010年1月1日起，对个人转让限售股取得的所得，按照“财产转让所得”项目征收个人所得税。

个人转让限售股，以每次限售股转让收入，减除股票原值和合理税费后的余额，为应纳税所得额。即：

应纳税所得额＝限售股转让收入－（限售股原值＋合理税费）

应纳税额＝应纳税所得额×20％

限售股转让收入，是指转让限售股股票实际取得的收入。限售股原值，是指限售股买入时的买入价及按照规定缴纳的有关费用。合理税费，是指转让限售股过程中发生的印花税、佣金、过户费等与交易相关的税费。

(10) 出租车驾驶员收入的应纳税额。出租汽车经营单位对出租车驾驶员采取单车承包或承租方式运营，出租车驾驶员从事客货营运取得的收入，按“工资、薪金所得”项目征税。

出租车属于个人所有，但挂靠出租汽车经营单位或企事业单位，驾驶员向挂靠单位缴纳管理费的，或出租汽车经营单位将出租车所有权转移给驾驶员的，出租车驾驶员从事客货运营取得的收入，比照“经营所得”项目征税。

从事个体出租车运营的出租车驾驶员取得的收入，按“经营所得”项目缴纳个人所得税。

(11) 企业为个人购房或其他财产的应纳税额。符合以下情形的房屋或其他财产，不论所有权人是否将财产无偿或有偿交付企业使用，其实质均为企业对个人进行了实物性质的分配，应依法计征个人所得税：

①企业出资购买房屋及其他财产，将所有权登记为投资者个人、投资者家庭成员或企业其他人员的。

②企业投资者个人、投资者家庭成员或企业其他人员向企业借款用于购买房屋及其他财产，将所有权登记为投资者、投资者家庭成员或企业其他人员，且借款年度终了后未归还借款的。

③对个人独资企业、合伙企业的个人投资者或其家庭成员取得的上述所得，视为企业对个人投资者的利润分配，按照“经营所得”项目计征个人所得税；对除个人独资企业、合伙企业以外其他企业的个人投资者或其家庭成员取得的上述所得，视为企业对个人投资者的红利分配，按照“利息、股息、红利所得”项目计征个人所得税；对企业其他人员取得的上述

所得，按照“综合所得”项目计征个人所得税。

2. 非居民个人分类所得应纳税额的计算

非居民个人取得工资、薪金所得，劳务报酬所得，稿酬所得和特许权使用费所得，有扣缴义务人，由扣缴义务人按月或者按次代扣代缴个人所得税，不需要办理汇算清缴。

【引例分析 7-3】

Sam 是外国人，2023 年在我国工作 4 个月，属于非居民个人所得税纳税人，5 月工资所得应纳个人所得税＝(23 000－5 000)×20％－1 410＝2 190（元）。

非居民个人劳务报酬所得、稿酬所得、特许权使用费所得以收入减除 20％的费用后的余额为收入额。稿酬所得的收入额减按 70％计算。

非居民个人的工资、薪金所得，以每月收入减除费用 5 000 元后的余额为应纳税所得额；劳务报酬所得、稿酬所得、特许权使用费所得，以每次收入额为应纳税所得额，适用按月换算后的非居民个人月度税率表计算应纳税额，见表 7-6。

表 7-6　个人所得税税率表三

（非居民个人工资、薪金所得，劳务报酬所得，稿酬所得，特许权使用费所得适用）

级数	应纳税所得额	税率（％）	速算扣除数（元）
1	不超过 3 000 元的部分	3	0
2	超过 3 000 元至 12 000 元的部分	10	210
3	超过 12 000 元至 25 000 元的部分	20	1 410
4	超过 25 000 元至 35 000 元的部分	25	2 660
5	超过 35 000 元至 55 000 元的部分	30	4 410
6	超过 55 000 元至 80 000 元的部分	35	7 160
7	超过 80 000 元的部分	45	15 160

非居民个人工资、薪金所得，劳务报酬所得，稿酬所得，特许权使用费所得应纳税额＝应纳税所得额×税率－速算扣除数

其中：工资、薪金所得应纳税所得额＝每月收入－5 000

劳务报酬所得、特许权使用费所得应纳税所得额＝每次收入×(1－20％)

稿酬所得应纳税所得额＝每次收入×(1－20％)×70％

【任务案例 7-9】

2023 年 6 月艾伦（属于非居民个人）从任职公司取得工资 9 000 元，加班费 2 000 元，奖金 3 000 元。

【问题】2023 年 6 月艾伦任职公司代扣代缴艾伦多少个税？

【答案】2023 年 6 月艾伦任职公司代扣代缴艾伦个税＝(9 000＋2 000＋3 000－5 000)×10％－210＝690（元）

【任务案例 7-10】

2023 年 6 月艾伦（属于非居民个人）为某公司提供一项咨询服务，该公司分两次支付

劳务报酬，第一次付 2 000 元，第二次付 6 000 元。

【问题】该公司代扣代缴艾伦多少个税？

【答案】该公司代扣代缴艾伦个税＝(2 000＋6 000)×(1－20％)×10％－210＝430（元）

（二）经营所得应纳税额的计算

经营所得以每一纳税年度的收入总额减除成本、费用以及损失后的余额，为应纳税所得额。即：

全年应纳税所得额＝全年收入总额－成本、费用以及损失

应纳税额＝全年应纳税所得额×适用税率－速算扣除数

成本、费用，是指生产、经营活动中发生的各项直接支出和分配计入成本的间接费用以及销售费用、管理费用、财务费用；所称损失，是指生产、经营活动中发生的固定资产和存货的盘亏、毁损、报废损失，转让财产损失，坏账损失，自然灾害等不可抗力因素造成的损失以及其他损失。

取得经营所得的个人，没有综合所得的，计算其每一纳税年度的应纳税所得额时，应当减除费用 6 万元、专项扣除、专项附加扣除以及依法确定的其他扣除。专项附加扣除在办理汇算清缴时减除。

从事生产、经营活动，未提供完整、准确的纳税资料，不能正确计算应纳税所得额的，由主管税务机关核定应纳税所得额或者应纳税额。

1. 应纳税所得额的计算

1）个体工商户经营所得

个体工商户的生产、经营所得，以每一纳税年度的收入总额，减除成本、费用、税金、损失、其他支出以及允许弥补的以前年度亏损后的余额，为应纳税所得额。

（1）收入总额。收入总额是指个体工商户从事生产经营以及与生产经营有关的活动（以下简称生产经营）取得的货币形式和非货币形式的各项收入。包括：销售货物收入、提供劳务收入、转让财产收入、利息收入、租金收入、接受捐赠收入、其他收入。其他收入包括个体工商户资产溢余收入、逾期一年以上的未退包装物押金收入、确实无法偿付的应付款项、已作坏账损失处理后又收回的应收款项、债务重组收入、补贴收入、违约金收入、汇兑收益等。

（2）允许扣除项目及标准。

①成本是指个体工商户在生产经营活动中发生的销售成本、销货成本、业务支出以及其他耗费。

②费用是指个体工商户在生产经营活动中发生的销售费用、管理费用和财务费用，已经计入成本的有关费用除外。

③税金是指个体工商户在生产经营活动中发生的除个人所得税和允许抵扣的增值税以外的各项税金及其附加。

④损失是指个体工商户在生产经营活动中发生的固定资产和存货的盘亏、毁损、报废损失，转让财产损失，坏账损失，自然灾害等不可抗力因素造成的损失以及其他损失。

⑤其他支出是指除成本、费用、税金、损失外，个体工商户在生产经营活动中发生的与生产经营活动有关的、合理的支出。

个体工商户发生的支出应当区分收益性支出和资本性支出。收益性支出在发生当期直接扣除；资本性支出应当分期扣除或者计入有关资产成本，不得在发生当期直接扣除。

①工资、薪金支出。个体工商户实际支付给员工的合理工资、薪金支出允许扣除。个体工商户业主的工资、薪金支出不得税前扣除。

②保险费、住房公积金支出。个体工商户按照国务院有关主管部门或者省人民政府规定的范围和标准为其业主和员工缴纳的基本养老保险费、基本医疗保险费、失业保险费、生育保险费、工伤保险费和住房公积金允许扣除。

个体工商户为员工缴纳的补充养老保险费和医疗保险费，分别在不超过员工工资总额5%标准内的部分实际扣除；超过部分不得扣除。

个体工商户业主缴纳的补充养老保险费和补充医疗保险费，按当地（地级市）上一年度社会平均工资的3倍为计算基数，分别在不超过计算基数5%标准内的部分实际扣除；超过部分不得扣除。

除个体工商户按照国家有关规定为特殊工种从业人员支付的人身安全保险费和财政部、国家税务总局规定可以扣除的其他商业保险费外，不得扣除个体工商户业主或者为从业人员支付的商业保险费。

个体工商户参加财产保险，按照规定缴纳的保险费，准予扣除。

③工会经费、福利费、职工教育经费支出。个体工商户向当地工会组织拨付的工会经费、实际发生的职工福利费支出、职工教育经费支出，分别在工资、薪金总额的2%、14%、2.5%的标准内实际扣除。

工资、薪金总额是指当期税前允许扣除的工资、薪金支出数额。

职工教育经费的实际发生额超过规定比例当期不能扣除的，可以在以后的纳税年度结转扣除。

个体工商户业主本人向当地工会组织缴纳的工会经费、实际发生的职工福利费支出、职工教育费用支出，按当地（地级市）上一年度社会平均工资的3倍为计算基数。

④借款费用。个体工商户在生产经营活动中发生的合理的借款费用（费用化支出）允许扣除。

个体工商户购买、建设固定资产、无形资产、建设12个月以上达到预定销售状态的存货发生借款的，在相关资产购买、建设期间发生的合理的借款费用作为资本化支出计入资产的成本，按照本办法的规定扣除。

⑤业务招待费。与生产经营活动有关的个体工商户发生的业务招待费，按实际发生金额的60%扣除，但最高不得超过当年销售（营业）收入的5‰。

业主自申请营业执照之日起至生产经营之日止发生的业务招待费，按实际发生金额的60%计入个体工商户开办费。

⑥利息支出。个体工商户在生产经营活动中发生的以下利息支出允许扣除：向金融企业借款的利息支出；向非金融企业和个人借款的利息支出，不得超过金融企业同期同类贷款利率计算的金额。

⑦租赁费。以经营租赁方式租赁固定资产发生的租赁费用，按租赁期限均匀扣除；以融资租赁方式租赁固定资产发生的租赁费用，按规定构成融资租赁固定资产价值的部分，应当

提取折旧费用，分期扣除。

⑧广告和业务宣传费。个体工商户每个纳税年度发生的与其生产经营活动直接相关的广告费和营业宣传费不得超过当年销售（营业）收入的15%的部分，可以实际扣除；超过部分，以后纳税年度允许结转扣除。

【任务案例 7-11】

个体工商户赵某2023年取得营业收入300万元，当年发生广告费40万元，上年度结转未扣除的广告费20万元。

【问题】 2023年赵某在计算个人所得税应纳税所得额时，允许扣除的广告费是多少？

【答案】 2023年广告费扣除限额＝300×15%＝45（万元）

2023年赵某在计算个人所得税应纳税所得额时，允许扣除的广告费＝40＋5＝45（万元），上年度未扣除的广告费15万元结转以后年度扣除。

⑨研发费用及设备费用。个体工商户研发新产品、新技术、新工艺所发生的开发费用，以及研发新产品、新技术购买单台价值在10万元以上（含10万元）的测试仪器、试验性装置的购买费用，按固定资产管理，不得在当期直接扣除。

⑩捐赠费用。个体工商户通过公益性社会团体或者县级以上人民政府及其部门，用于《中华人民共和国公益事业捐赠法》规定的公益事业捐赠，捐赠额不超过应纳税所得额30%的部分据实扣除。财政部、国家税务总局规定全额扣除的捐赠支出项目，按规定执行。

个体工商户生产经营活动中，应当分别核算生产经营费用和个人、家庭费用。对于生产经营与个人、家庭生活混用难以分清的费用，其40%视为与生产经营有关费用，准予扣除。

个体工商户纳税年度发生的亏损，准予向以后年度结转，用以后年度的生产经营所得弥补，但结转年限最长不得超过5年。亏损是指个体工商户按照规定计算的应纳税所得额小于零的数额。

个体工商户以下支出不得扣除：个人所得税税款；税收滞纳金；罚金、罚款和被没收财物的损失；不符合扣除规定的捐赠支出；非广告性的赞助支出；用于个人和家庭的支出；与取得生产经营收入无关的其他支出；国家税务总局规定不准扣除的支出。

2）个人独资企业、合伙企业经营所得

（1）查账征收。个人独资企业的投资者，应当将其全部生产经营收入作为应纳税所得额；合伙企业的投资者应当按照合伙企业的生产经营收入总额和合伙协议约定的比例确定其应纳税所得额。合伙协议未规定分配比例的，按生产经营收入总额和合伙人人数平均计算各投资人的应纳税所得额。

扣除项目如下：

①投资者扣除费用：自2018年10月1日起，个人独资、合伙企业的自然人投资者扣除费用为5 000元/月。投资者的工资不得在税前扣除；投资者设立两个以上企业的，扣除费用由投资者选择从其中一个企业的生产经营收入中扣除。

②职工工资：个人独资企业、合伙企业实际支付给职工的合理工资薪金，允许在税前扣除。

③投资者及其家属的生活费：投资者及其家属的生活费不得在税前扣除。投资者及其家

属发生的生活费与企业的生产经营费用混杂，难以区分的，均视为投资者及其家属发生的生活费，不得税前扣除。

④企业与投资者及其家属生产经营共享的固定资产：企业与投资者及其家属生产经营共享的固定资产，难以分割的，由主管税务机关根据具体资产情况确定。

⑤工会经费、职工福利费、职工教育费：个人独资企业、合伙企业拨付的工会经费、职工福利费、职工教育费分别为工资、薪金总额2%、14%、2.5%的标准内，根据实际情况扣除。

⑥广告费和业务宣传费：个人独资企业和合伙企业在每个纳税年度发生的广告费和业务宣传费不超过当年销售（经营）收入的15%；超出部分允许在以后的纳税年度结转扣除。

⑦业务招待费：个体工商户、个人独资企业、合伙企业在每个纳税年度发生的与其生产经营业务直接相关的业务招待费，按照发生额的60%扣除，但最高不得超过当年的销售收入的5‰。

⑧准备金：企业计提的各类准备金不得扣除。

个人独资企业的投资者以其全部生产经营所得为应纳税所得额；合伙企业的投资者按照合伙企业的全部生产经营所得和合伙协议约定的分配比例确定应纳税所得额，合伙协议没有约定分配比例的，以全部生产经营所得和合伙人数量平均计算每个投资者的应纳税所得额。前面所称生产经营所得，包括企业分配给投资者个人的所得和企业当年留存的所得（利润）。个人独资企业和合伙企业的经营所得，以每一年纳税年度的收入总额减除成本、费用以及损失后的余额，为应纳税所得额。合伙企业的投资者先根据上述分配原则计算出每个投资者的应纳税所得额后，再按5%至35%的超额累进税率计算各自的应纳税额。

纳税人办理年度个人所得税综合所得汇算清缴，同时取得综合所得和经营所得的纳税人，可在综合所得或经营所得中申报减除费用6万元、专项扣除、专项附加扣除以及依法确定的其他扣除，但不得重复申报减除。

个人独资企业、合伙企业发生的公益性捐赠支出，其个人投资者应当按照捐赠年度合伙企业的分配比例（个人独资企业分配比例为100%），计算归属每一个投资者的公益捐赠支出，个人投资者应将其归属的个人独资企业、合伙企业公益捐赠支出和本人需要在经营所得扣除的其他公益捐赠支出合并，在其经营所得中扣除。

综上，个人独资企业和合伙企业投资者汇算清缴时应纳税所得额计算公式如下：

应纳税所得额＝（收入总额－成本费用－损失）×分配比例（个人独资企业分配比例为100%）－60 000－专项扣除－专项附加扣除－其他扣除－准予扣除的公益性捐赠

需注意的是，扣除成本、费用不含投资者本人的工资薪金。

自2022年1月1日起，持有股权、股票、合伙企业财产份额等权益性投资的个人独资企业、合伙企业，一律适用查账征收方式计征个人所得税。

(2) 核定征收。

①核定的情形。有下列情形之一的，主管税务机关应当采用核定征收方式征收个人所得税：

- 企业应当按照国家有关规定设立但未设立账簿。
- 企业虽已设立账簿，但账目混乱或成本资料、收入凭证、费用凭证不全，难以核对。

●纳税人有纳税义务，未在规定期限内申报纳税的。税务机关责令其限期申报，逾期不申报的。

②审批方式。经批准的征收方式，包括定额征收、核定应税所得率征收等合理征收方式。

按年核定应税所得率征收应纳税额的计算公式：

应交所得税＝应纳税所得额×适用税率－速算扣除数

应纳税所得额＝收入总额×应税所得率

＝成本费用支出额/（1－应税所得率）×应税所得率

个人所得税应税所得率见表 7-7。

表 7-7 个人所得税应税所得率表

行业	应税所得率（%）
工业、交通运输业、商业	5～20
建筑业、房地产业	7～20
饮食餐饮业	7～25
娱乐业	20～40
其他行业	10～30

企业经营多业的，无论其经营项目是否单独核算，均应根据其主营项目确定其适用的应税所得率。

实行核定征收的投资者，不能享受个人所得税的优惠政策。

实行查账征收方式的个人独资企业和合伙企业改为核定征收方式后，在查账征收方式下认定的年度经营亏损未弥补完的部分，不得再继续弥补。

2. 经营所得应纳税额的计算

1）个体工商户的生产、经营所得应纳税额的计算

（1）有综合所得的，计算公式为：

应纳税额＝应纳税所得额×适用税率－速算扣除数＝（全年收入总额－成本、费用、税金、损失、其他支出及以前年度亏损）×适用税率－速算扣除数

自 2023 年 1 月 1 日至 2024 年 12 月 31 日，对个体工商户经营所得年应纳税所得额不超过 100 万元的部分，在现行优惠政策基础上，再减半征收个人所得税。

个体工商户不区分征收方式，均可享受。个体工商户在预缴税款时即可享受，其年应纳税所得额暂按截至本期申报所属期末的情况进行判断，并在年度汇算清缴时按年计算、多退少补。若个体工商户从两处以上取得经营所得，需在办理年度汇总纳税申报时，合并个体工商户经营所得年应纳税所得额，重新计算减免税额，多退少补。

个体工商户按照以下方法计算减免税额：

减免税额＝（个体工商户经营所得应纳税所得额不超过 100 万元部分的应纳税额－其他政策减免税额×个体工商户经营所得应纳税所得额不超过 100 万元部分÷经营所得应纳税所得额）×（1－50%）

（2）没有综合所得的，计算公式为：

应纳税额＝[（收入总额－成本－费用－损失）×分配比例－60 000－专项扣除－专项附

加扣除－依法确定的其他扣除－准予扣除的捐赠]×适用税率－速算扣除数

应纳税额＝全年应纳税所得额×适用税率－速算扣除数

个体工商户的生产、经营所得应纳税额的计算公式为：

应纳税额＝应纳税所得额×适用税率－速算扣除数＝(全年收入总额－成本、费用、税金、损失、其他支出及以前年度亏损)×适用税率－速算扣除数

【任务案例 7-12】

个体工商户陈浩 2023 年取得经营收入 230 万元，发生经营成本 140 万元、税金及附加 10 万元（包含已经预缴的个人所得税 4 万元），经营费用 11 万元，管理费用 24 万元（其中陈浩的工资薪金 5 万元），财务费用 0.4 万元，陈浩未取得综合所得。陈浩全年基本养老保险支出 1 万元，基本医疗保险支出 0.3 万元，陈浩有一个儿子读小学三年级，子女教育由陈浩单独扣除。

【问题】 陈浩 2023 年个人所得税应纳税额是多少？

【答案】 经营所得利润总额＝230－140－10－11－24－0.4＝44.6（万元）

不允许扣除的项目包括陈浩的工资薪金 5 万元、个人所得税 4 万元。

应纳税所得额＝44.6＋5＋4－6－1－0.3－0.2＝46.1（万元）

应纳税额＝46.1×30％－4.05＝9.78（万元）

2）个人独资企业、合伙企业经营所得应纳税额的计算

查账征收方式下：

应纳税所得额＝收入总额－成本－费用－税金－损失－其他支出－弥补以前年度亏损

应纳税额＝应纳税所得额×适用税率－速算扣除数

经营所得税率为 5％～35％超额累进税率，税率见表 7-3。

【任务案例 7-13】

2023 年某个人独资企业，取得全年销售收入 500 万元；销售成本和期间费用 380 万元，其中业务招待费 5 万元、广告费 8 万元、业务宣传费 4 万元、投资者工资 12 万元；增值税以外的各种税费 75 万元，没有其他涉税调整事项。

【问题】 2023 年该个人独资企业应纳多少个人所得税？

【答案】 业务招待费实际发生额的 60％，即 5×60％＝3（万元），扣除限额＝500×5‰＝2.5（万元），按照限额 2.5 万元扣除；投资者工资税前不能扣除；广告费扣除限额＝500×15％＝75（万元），实际发生＝4＋8＝12（万元），可以据实扣除。

应纳税所得额＝500－380＋5－2.5＋12－75－0.5×12＝53.5（万元）

应缴纳个人所得税＝53.5×10 000×35％－65 500＝121 750（元）

（三）利息、股息、红利所得应纳税额的计算

个人从公开发行和转让市场取得的上市公司股票，持股期限在 1 个月以内（含 1 个月）的，其股息红利所得全额计入应纳税所得额；持股期限在 1 个月以上至 1 年（含 1 年）的，暂减按 50％计入应纳税所得额；上述所得统一适用 20％的税率计征个人所得税。

利息、股息、红利所得以每次收入为应纳税所得额，不得扣除任何费用。

利息、股息、红利所得应纳税额的计算公式为：

应纳税额＝应纳税所得额×适用税率＝每次收入额×适用税率

（四）财产租赁所得应纳税额的计算

财产租赁所得一般以个人每次取得的收入，定额或定率减除规定费用后的余额为应纳税所得额。财产租赁所得以一个月内取得的收入为一次。

个人出租财产取得的财产租赁收入，在计算缴纳个人所得税时，应依次扣除以下费用：

（1）财产租赁过程中缴纳的税费。在确定财产租赁的应纳税所得额时，纳税人在出租财产过程中缴纳的税金和教育费附加，可持完税（缴款）凭证，从其财产租赁收入中扣除。

（2）由纳税人负担的该出租财产实际开支的修缮费用（最高以800元为限/月）。能够提供有效、准确凭证，证明由纳税人负担的该出租财产实际开支的修缮费用。允许扣除的修缮费用，以每次800元为限。一次扣除不完的，准予在下一次继续扣除，直到扣完为止。

（3）税法规定的费用扣除标准。每次收入不超过4 000元，定额减除费用800元；每次收入在4 000元以上，定率减除20%的费用。

财产租赁所得应纳税额的计算公式分为以下两种情形。

（1）每次（月）收入不超过4 000元的：

应纳税额＝[每次(月)收入额－财产租赁过程中缴纳的税费－由纳税人负担的租赁财产实际开支的修缮费用(800元为限)－800元]×20%

（2）每次（月）收入超过4 000元的：

应纳税额＝[每次(月)收入额－财产租赁过程中缴纳的税费－由纳税人负担的租赁财产实际开支的修缮费用(800元为限)]×(1－20%)×20%

个人出租房屋的个人所得税应税收入不含增值税，计算房屋出租所得可扣除的税费不包括本次出租缴纳的增值税。个人转租房屋的，其向房屋出租方支付的租金及增值税额，在计算转租所得时予以扣除。

【任务案例7-14】

2023年7月刘某出租商铺取得不含增值税收入12 000元，租赁商铺过程中缴纳的税费1 452元，商铺卫生间漏水发生修缮费用1 500元，已取得合法有效的支出票据。

【问题】刘某2023年7月出租商铺应纳个人所得税是多少？

【答案】刘某2023年7月出租商铺应纳个人所得税＝(12 000－1 452－800)×(1－20%)×20%＝1 559.68（元）

（五）财产转让所得应纳税额的计算

财产转让所得按个人每次（不管分多少次支付，均应合并为一次转让财产收入）转让财产的收入减除财产原值和合理费用后的余额为应纳税所得额计算纳税。每次是指一件财产的所有权一次转让取得的收入为一次。

财产转让所得应纳税额的计算公式为：

应纳税额＝应纳税所得额×适用税率＝（每次转让财产的收入额－财产原值－合理税费）×20%

财产原值的确定，有以下几种情况：

(1) 有价证券，为买入价以及买入时按照规定缴纳的有关费用。

(2) 建筑物，为建造费或者购进价格以及其他有关费用。

(3) 土地使用权，为取得土地使用权所支付的金额、开发土地的费用以及其他有关费用。

(4) 机器设备、车船，为购进价格、运输费、安装费以及其他有关费用。

(5) 其他财产原值，参照以上四种办法确定。

上述财产原值的确定，个人必须提供有关的合法凭证；对未能提供完整、准确的财产原值合法凭证而不能正确计算财产原值的，税务部门可根据当地实际情况核定其财产原值。

个人转让房屋的个人所得税应税收入不含增值税，其取得房屋时所支付价款中包含的增值税计入财产原值，计算转让所得时可扣除的税费不包括本次转让缴纳的增值税。

【任务案例 7-15】

2023 年 6 月耿某将一件祖传的瓷碗在拍卖行拍卖，取得不含增值税收入 300 000 元，拍卖时支付相关税费 30 000 元，主管税务机关核定耿某收藏祖传的瓷碗发生费用 120 000 元。

【问题】 耿某 2023 年 6 月拍卖瓷碗应纳个人所得税是多少？

【答案】 耿某 2023 年 6 月拍卖瓷碗应纳个人所得税＝(300 000－120 000－30 000)×20%

＝30 000（元）

个人拍卖除文字作品原稿及复印件外的其他财产，按照“财产转让所得”项目缴纳个人所得税。通过祖传收藏的，财产原值为其收藏该拍卖品而发生的费用。

（六）偶然所得应纳税额的计算

偶然所得应纳税额的计算公式为：

应纳税额＝应纳税所得额×适用税率＝每次收入额×20%

【任务案例 7-16】

2023 年 6 月王某购买福利彩票取得一次中奖收入 30 000 元，将其中 8 000 元通过红十字会向红十字事业捐赠。

【问题】 王某 2023 年 6 月福利彩票中奖收入应纳个人所得税是多少？

【答案】 王某 2023 年 6 月福利彩票中奖收入应纳个人所得税＝(30 000－8 000)×20%

＝4 400（元）

（七）境外所得已纳税额的扣除

居民个人应当就其来源于中国境内、境外的所得纳税个人所得税。

(1) 居民个人来源于中国境外的综合所得，应当与境内综合所得合并计算应纳税额；居民个人来源于中国境外的经营所得，应当与境内经营所得合并计算应纳税额，居民个人来源于境外的经营所得，按照中国税法规定计算的亏损，不得抵减其境内或他国（地区）的应纳税所得额，但可以用来源于同一国家（地区）以后年度的经营所得按中国税法规定弥补；居民个人来源于中国境外的利息、股息、红利所得，财产租赁所得，财产转让所得和偶然所得，不与境内所得合并，应当分别单独计算应纳税额。

(2) 纳税人境外所得依据中国税法规定计算的应纳税额，是居民个人抵免已在境外缴纳的综合所得、经营所得以及其他所得的所得税税额的限额（以下简称抵免限额）。除国务院财政、税务主管部门另有规定外，来源于中国境外一个国家（地区）的综合所得抵免限额、经营所得抵免限额以及其他所得抵免限额之和，为来源于该国家（地区）所得的抵免限额。

（3）居民个人来源于一国（地区）的综合所得、经营所得以及其他分类所得项目的抵免限额，计算公式为：

来源于一国（地区）综合所得的抵免限额＝中国境内和境外综合所得依照中国税法规定计算的综合所得应纳税额×来源于该国（地区）的综合所得收入额÷中国境内和境外综合所得收入额合计

来源于一国（地区）经营所得的抵免限额＝中国境内和境外经营所得依照中国税法规定计算的经营所得应纳税额×来源于该国（地区）的经营所得应纳税所得额÷中国境内和境外经营所得应纳税所得额合计

来源于一国（地区）其他分类所得的抵免限额＝该国（地区）的其他分类所得依照中国税法规定计算的应纳税额

来源于一国（地区）所得的抵免限额＝来源于该国（地区）综合所得抵免限额＋来源于该国（地区）经营所得抵免限额＋来源于该国（地区）其他分类所得抵免限额

居民个人在中国境外一个国家（地区）实际已经缴纳的个人所得税税款，低于来源于该纳税年度该国家（地区）所得的抵免限额的，应当在中国缴纳差额部分的税款；超过来源于该纳税年度该国家（地区）所得的抵免限额的，其超过部分不得在本纳税年度的应纳税额中抵免，但是可以在以后纳税年度来源于该国家（地区）所得的抵免限额的余额中补扣。补扣期限最长不得超过 5 年。

居民个人申报境外所得税收抵免时，除另有规定外，应当提供境外征税主体出具的税款所属年度的完税证明、税收缴款书或者纳税记录等纳税凭证，未提供符合要求的纳税凭证，不予抵免。

任务二 办理个人所得税申报缴纳

【知识准备】

一、支付单位代扣代缴

个人所得税采用支付单位代扣代缴和纳税人自行申报两种纳税方法。

（一）扣缴义务人规定

个人所得税以所得人为纳税人，以支付（包括现金支付、汇拨支付、转账支付和以有价证券、实物以及其他形式的支付）所得的单位或者个人为代扣代缴义务人。扣缴义务人应当依法办理全员全额扣缴申报，扣缴义务人应在预扣或代扣税款的次月 15 日内，向主管税务机关报送其支付所得的所有个人的基本信息、支付所得项目和数额、扣除事项和数额、扣缴税款的具体数额和总额以及其他相关涉税信息资料。

税务机关对扣缴义务人按照所扣缴的税款，付给 2%的手续费。

表 7-8 所示为个人所得税扣缴申报表。

表 7-8 个人所得税扣缴申报表

税款所属期：2023 年 5 月 1 日至 2023 年 5 月 31 日

扣缴义务人名称：哈尔滨宏图建筑设计有限责任公司

扣缴义务人纳税人识别号（统一社会信用代码）：245689651235000045

金额单位：人民币元（列至角分）

序号	姓名	身份证件类型	身份证件号码	纳税人识别号	是否为非居民个人	所得项目	本月（次）情况														累计情况										减按计税比例	准予扣除的捐赠额	税款计算							备注
							收入额计算			减除费用	专项扣除				其他扣除						累计收入额	累计减除费用	累计专项扣除	累计专项附加扣除						累计其他扣除			应纳税所得额	税率/预扣率	速算扣除数	应纳税额	减免税额	已缴税额	应补/退税额	
							收入	费用	免税收入		基本养老保险费	基本医疗保险费	失业保险费	住房公积金	年金	商业健康保险	税延养老保险	财产原值	允许扣除的税费	其他				子女教育	继续教育	住房贷款利息	住房租金	赡养老人	3岁以下婴幼儿照护											
1	2	3	4	5	6	7	8	9	10	11	12	13	14	15	16	17	18	19	20	21	22	23	24	25	26	27	28	29	30	31	32	33	34	35	36	37	38	39	40	41
01	赵俊	身份证	232…	232…	否	工资	14000.00	0.00	0.00	5000.00	880.00	220.00	110.00	1296.00	0.00	0.00	0.00	0.00	0.00	0.00	70000.00	25000.00	12530.00	20000.00	0.00	0.00	0.00	0.00	0.00	0.00	0.00	0.00	12470.00	3%	0.00	374.10	0.00	299.28	74.82	
02	耿玉	身份证	243…	243…	否	工资	28000.00	0.00	0.00	5000.00	2240.00	560.00	280.00	3080.00	0.00	0.00	0.00	0.00	0.00	0.00	140000.00	25000.00	30250.00	0.00	0.00	0.00	7500.00	0.00	0.00	0.00	0.00	0.00	77250.00	10%	2520.00	5205.00	0.00	3660.00	1545.00	
03	Sam	护照			是	工资	23000.00	—	0.00	5000.00	—	—	—	—	—	—	—	—	—	—	—	—	—	—	—	—	—	—	—	—	0.00	0.00	18000.00	20%	1410.00	2190.00	0.00	0.00	2190.00	
04	柴娟	身份证	251…	251…	否	劳务报酬	15000.00	3000.00	0.00	—	—	—	—	—	—	—	—	—	0.00	0.00	—	—	—	—	—	—	—	—	—	—	0.00	0.00	12000.00	20%	0.00	2400.00	0.00	0.00	2400.00	
合计																																								

谨声明：本表是根据国家税收法律法规及相关规定填报的，是真实的、可靠的、完整的。

扣缴义务人（签章）： 年 月 日

经办人签字： 经办人身份证件号码： 代理机构签章： 代理机构统一社会信用代码：	受理人： 受理税务机关（章）： 受理日期： 年 月 日

国家税务总局监制

（二）准确提供专项附加扣除信息

居民个人取得工资、薪金所得时，可以向扣缴义务人提供专项附加扣除有关信息，由扣缴义务人扣缴税款时减除专项附加扣除。纳税人同时从两处以上取得工资、薪金所得，并由扣缴义务人减除专项附加扣除的，对同一专项附加扣除项目，在一个纳税年度内只能选择从一处取得的所得中减除。

居民个人取得劳务报酬所得、稿酬所得、特许权使用费所得，应当在汇算清缴时向税务机关提供有关信息，减除专项附加扣除。

纳税人、扣缴义务人应当按照规定保存与专项附加扣除相关的资料。税务机关可以对纳税人提供的专项附加扣除信息进行抽查，具体办法由国务院税务主管部门另行规定。税务机关发现纳税人提供虚假信息的，应当责令改正并通知扣缴义务人；情节严重的，有关部门应当依法予以处理，纳入信用信息系统并实施联合惩戒。

二、自行纳税申报

自行申报纳税是指纳税人在税法规定的纳税期限内，自行向税务机关申报取得的应税所得项目和数额，如实填写个人所得税纳税申报表，并按税法规定计算应纳税额，依此缴纳个人所得税的一种纳税方法。有下列情形之一的，纳税人应自行申报纳税：

（1）取得综合所得需要办理汇算清缴。

（2）取得应税所得没有扣缴义务人。

（3）取得应税所得，扣缴义务人未扣缴税款。

（4）取得境外所得。

（5）因移居境外注销中国户籍。

（6）非居民个人在中国境内从两处以上取得工资、薪金所得。

（7）国务院规定的其他情形。

纳税人可以委托扣缴义务人或者其他单位和个人办理汇算清缴。

（一）综合所得需要办理汇算清缴的自行申报

（1）从两处或者两处以上取得综合所得，且综合所得年收入额减去专项扣除后的余额超过 6 万元。

（2）取得劳务报酬所得、稿酬所得、特许权使用费所得中一项或者多项所得，且综合所得年收入额减去专项扣除后的余额超过 6 万元。

（3）纳税年度内预缴税额低于应纳税额。

（4）纳税人申请退税。纳税人申请退税，应当提供其在中国境内开设的银行账户，并在汇算清缴地就地办理税款退库。

纳税人需要办理汇算清缴的，应在取得所得的次年 3 月 1 日至 6 月 30 日内，向任职受雇单位所在地的主管税务机关办理自行纳税申报，填报个人所得税年度自行纳税申报表及其他相关资料。纳税人从我国境内两处或者两处以上取得工资、薪金所得的，应于取得所得的次月十五日内，自主选择并固定在其中一处任职受雇单位所在地的主管税务机关办理自行纳税申报。申报时填制个人所得税两处或两处以上工资、薪金所得纳税申报表。将各处取得工资、薪金所得合并后，按税法规定的税率计算出应纳税额，扣除所有单位发放时代扣代缴的个税后，为自行申报补缴的个税。

纳税人没有任职受雇单位的，向其户籍所在地、经常居住地或者主要收入来源地（一个纳税年度内向纳税人累计发放劳务报酬、稿酬及特许权使用费金额最大的扣缴义务人所在地）的主管税务机关申报。

（二）经营所得的自行申报

纳税人取得经营所得，按年计算个人所得税，由纳税人在月度或者季度终了后十五日内向经营管理所在地主管税务机关报送个人所得税经营所得纳税申报表（A 表），并预缴税款；年度内只取得一处经营所得，在取得所得的次年 1 月 1 日至 3 月 31 日向经营管理所在地主管税务机关办理汇算清缴，并报送个人所得税经营所得纳税申报表（B 表）；年度内从两处及以上取得经营所得，需分别向经营管理所在地主管税务机关报送个人所得税经营所得纳税申报表（B 表），再选择向其中一处经营管理所在地主管税务机关办理年度汇总申报，并报送个人所得税经营所得纳税申报表（C 表）。

（三）取得应税所得、扣缴义务人未扣缴税款的自行申报

纳税人取得应税所得，扣缴义务人未扣缴税款的，应当区别以下情形办理纳税申报：

（1）居民个人取得综合所得的，应当依照个人所得税法的规定办理汇算清缴。

（2）非居民个人取得工资、薪金所得，劳务报酬所得，稿酬所得，特许权使用费所得的，应当在取得所得的次年 6 月 30 日前，向扣缴义务人所在地主管税务机关办理纳税申报，并报送个人所得税自行纳税申报表（A 表）。有两个以上扣缴义务人均未扣缴税款的，选择向其中一处扣缴义务人所在地主管税务机关办理纳税申报。

非居民个人在次年 6 月 30 日前离境（临时离境除外）的，应当在离境前办理纳税申报。

（3）纳税人取得利息、股息、红利所得，财产租赁所得，财产转让所得和偶然所得的，应当在取得所得的次年 6 月 30 日前，按相关规定向主管税务机关办理纳税申报，并报送个人所得税自行纳税申报表（A 表）。

（四）境外所得的自行申报

居民个人从中国境外取得所得的，应当在取得所得的次年 3 月 1 日至 6 月 30 日内，向中国境内任职、受雇单位所在地主管税务机关办理纳税申报；在中国境内没有任职、受雇单位的，向户籍所在地或中国境内经常居住地主管税务机关办理纳税申报；户籍所在地与中国境内经常居住地不一致的，选择其中一地主管税务机关办理纳税申报；在中国境内没有户籍的，向中国境内经常居住地主管税务机关办理纳税申报。

（五）因移居境外注销中国户籍的自行申报

纳税人因移居境外注销中国户籍的，应当在申请注销中国户籍前，向户籍所在地主管税务机关办理纳税申报，进行税款清算。

（六）非居民个人在中国境内从两处以上取得工资、薪金所得的自行申报

非居民个人在中国境内从两处以上取得工资、薪金所得的，应当在取得所得的次月 15 日内，向其中一处任职、受雇单位所在地主管税务机关办理纳税申报，并报送个人所得税自行纳税申报表（A 表）。

2019 年 1 月 1 日开始执行的《个人所得税法》实行综合与分类相结合的税制。居民个人工资、薪金所得，劳务报酬所得，稿酬所得，特许权使用费所得平时分别按月或按次预扣

预缴，年度终了合并计算综合所得应纳税额，进行汇算清缴；非居民个人这四项所得分别按月或按次缴纳，不合并汇算清缴。利息、股息、红利所得，财产租赁所得，财产转让所得，偶然所得分项按次或按月缴纳；经营所得按季或按月预缴，年度终了汇算清缴。个人所得税与个人利益密切相关，每个人应根据自己收入情况充分享受个人所得税税收优惠政策，填写个人所得税扣缴申报表，并于次年3月1日～6月30日进行汇算清缴，申报缴纳税款。

思考与练习

一、单项选择题

1. 根据个人所得税法律制度的规定，在中国境内有住所，或者无住所而一个纳税年度内在中国境内居住累计满183天的个人，为居民个人。其中的住所是指(　　)。

A. 住房　　B. 实际居住地

C. 习惯性住所　　D. 某一特定时期内的居住地

2. 根据个人所得税法律制度的规定，下列各项中，应按照工资、薪金所得项目计算缴纳个人所得税的是(　　)。

A. 托儿补助费

B. 季度奖

C. 执行公务员工资制度未纳入基本工资总额的补贴

D. 误餐补助

3. 根据个人所得税法律制度的规定，下列不按照“特许权使用费所得”项目征收个人所得税的是(　　)。

A. 个人提供商标权的使用权

B. 作者将自己的文字作品手稿复印件公开竞价拍卖取得的所得

C. 转让住房

D. 编剧从电视剧的制作单位取得的剧本使用费

4. 根据个人所得税法律制度的规定，个人投资从上市公司取得的股息、红利所得，下列说法中，不正确的是（　　）。

A. 持股期限超过1年的，股息、红利所得暂免征收个人所得税

B. 持股期限超过1年的，股息、红利所得暂减按20%计入应纳税所得额

C. 持股期限在1个月以上至1年（含1年）的，股息红利所得暂减按50%计入应纳税所得额

D. 持股期限在1个月以内（含1个月）的，股息红利所得全额计入应纳税所得额

5. 根据个人所得税法律制度的规定，居民个人的下列各项所得中，按次计征个人所得税的是(　　)。

A. 工资、薪金所得　　B. 稿酬所得

C. 劳务报酬所得　　D. 财产转让所得

6. 下列各项中，不属于免征个人所得税的是(　　)。

A. 按照国家统一规定发给的补贴、津贴

B. 保险赔款

C. 市人民政府为科研工作者颁发的科学奖金

D. 军人的转业费、复员费、退役金

7. 根据个人所得税法律制度的规定，下列各项中，暂减按10%的税率征收个人所得税的是(　　)。

A. 出租住房取得的所得　　B. 出租写字楼取得的所得

C. 出租电脑取得的所得　　D. 出租机动船舶取得的所得

8. 根据个人所得税法律制度的规定，下列各项中，在计算综合所得应纳税所得额时，属于专项附加扣除的是(　　)。

A. 住房公积金　　B. 基本养老保险　　C. 基本医疗保险　　D. 赡养老人支出

9. 2023年6月朱某出版一部小说，取得收入50 000元，出版社应预扣预缴朱某个人所得税(　　)元。

A. 6 888　　B. 5 600　　C. 9 840　　D. 8 000

10. 2023年6月卫某与其任职企业解除劳动合同，企业支付卫某一次性补偿250 000元，当地上年职工年平均工资为70 000元，则李某取得上述补偿收入应纳个人所得税(　　)元。

A. 1 480　　B. 1 280　　C. 1 080　　D. 2 480

二、多项选择题

1. 根据个人所得税法律制度的规定，下列各项中，属于我国非居民纳税人的是(　　)。

A. 在中国境内无住所而一个纳税年度内在中国境内居住累计满183天的个人

B. 在中国境内无住所且一个纳税年度内在中国境内居住累计不满183天的个人

C. 在中国境内有住所的个人

D. 在中国境内无住所且不在我国境内居住的个人

2. 根据个人所得税法律制度的规定，下列关于确定来源于中国境内所得的表述中，正确的有(　　)。

A. 许可各种特许权在中国境内使用而取得的所得

B. 将财产出租给承租人在中国境内使用而取得的所得

C. 转让中国境内的不动产、土地使用权取得的所得

D. 因任职、受雇、履约等在中国境内提供劳务取得的所得

3. 根据个人所得税法律制度的规定，下列选项中，应按照“劳务报酬所得”项目征收个人所得税的有(　　)。

A. 法律服务收入　　B. 安装服务收入

C. 出版摄影作品收入　　D. 翻译收入

4. 根据个人所得税法律制度的规定，个人发生的下列公益性捐赠支出中，准予税前全额扣除的有 (　　)。

A. 个人捐赠北京2022年冬奥会、冬残奥会测试赛的资金和物资支出

B. 通过中国教育发展基金会用于公益救济性捐赠

C. 通过国家机关向自然灾害地区的捐赠

D. 通过非营利性的社会团体和政府部门向福利性、非营利性的老年服务机构的捐赠

5. 以下属于个人所得税综合所得的是(　　)。

A. 劳务报酬所得　　B. 利息、股息、红利所得

C. 特许权使用费所得　　D. 财产转让所得

6. 个人所得税专项附加扣除项目包括(　　)。

A. 赡养老人支出　　B. 住房贷款利息或住房租金支出

C. 婴幼儿照护支出　　D. 大病医疗支出

7. 房屋产权所有人将房屋产权无偿赠与(　　)，免征个人所得税。

A. 配偶　　B. 闺蜜　　C. 祖父母　　D. 孙子女

8. 个人所得税实行全员全额扣缴申报的应税所得有（　　）。

A. 特许权使用费　　B. 财产租赁所得

C. 偶然所得　　D. 财产转让所得

9. 个人所得税法规定，纳税人需自行办理纳税申报的是（　　）。

A. 取得综合所得需要办理汇算清缴

B. 因移居境外注销中国户籍

C. 非居民个人在中国境内从两处以上取得工资、薪金所得的

D. 居民个人从中国境外取得所得的

10. 个人所得税规定，外籍个人取得的下列所得中，暂免征收个人所得税的是（　　）。

A. 按合理标准取得的境内、境外出差补贴

B. 以现金形式取得的住房补贴、伙食补贴、搬迁费、洗衣费

C. 从外商投资企业取得的股息、红利所得

D. 取得的语言训练费、子女教育费，经当地税务机关审核批准为合理的部分

三、判断题

1. 个人租赁房屋的，其支付的财产租赁有关税费和修缮费用，在计算应纳税所得额时准予扣除。（　　）

2. 个人取得的劳务报酬所得、稿酬所得、偶然所得、财产租赁所得、财产转让所得、利息股息红利所得，适用20%的比例税率计算征收个人所得税。（　　）

3. 居民个人取得的工资薪金所得，以每月收入额减除费用5 000元后的余额为应纳税所得额。（　　）

4. 自2023年1月1日起，纳税人照护3岁以下婴幼儿子女的相关支出，按照每个婴幼儿每月1 000元的标准定额扣除。父母可以选择由其中一方按扣除标准的100%扣除，也可以选择由双方分别按扣除标准的50%扣除，具体扣除方式在一个纳税年度内不能变更。（　　）

5. 纳税人取得经营所得，按年计算个人所得税，由纳税人在月度或者季度终了后15日内向税务机关报送纳税申报表，并预缴税款；在取得所得的次年5月31日前办理汇算清缴。（　　）

6. 居民个人向扣缴义务人提供专项附加扣除信息的，扣缴义务人按月预扣预缴税款时可以拒绝不予扣除。（　　）

7. 纳税人同一学历（学位）继续教育的扣除期限最长不能超过 24 个月。（　　）

8. 子女教育专项附加扣除的标准是每个子女每月 1 000 元定额扣除。（　　）

9. 非独生子女赡养老人专项附加扣除的分摊方式可以是赡养人指定分摊。（　　）

10. 特许权使用费所得属于分类所得的项目。（　　）

四、计算题

1. 中国公民侯某 2023 年收入及部分支出情况如下：

(1) 2023 年取得工资收入 480 000 元，当年侯某支付“三险一金”40 200 元。

(2) 侯某和妻子均是独生子女，侯某的母亲已年满 60 周岁，父亲年满 59 周岁。另外侯某每月给岳母汇款 3 000 元。

(3) 侯某与妻子 8 年前（结婚前）分别贷款购买了第一套住房，夫妻双方商定选择侯某购买的住房作为首套住房贷款利息支出扣除。

(4) 侯某的儿子 2018 年 12 月 15 日出生，女儿 2021 年 11 月 23 日出生，夫妻双方商定子女教育支出、婴幼儿照护费支出由侯某扣除。

(5) 12 月取得全年一次性奖金 350 000 元（侯某选择全年一次性奖金不并入当年综合所得计算纳税）。

要求：

(1) 计算侯某 2023 年综合所得应纳多少个人所得税。

(2) 计算侯某全年一次性奖金应纳多少个人所得税。

2. 居民个人吴某及妻子名下均无住房，在哈尔滨工作并租房居住，2021 年 9 月吴某开始攻读建筑硕士。2023 年吴某收入及部分支出情况如下：

(1) 吴某每月从单位领取扣除社会保险费用及住房公积金后的收入为 9 000 元，截至 11 月底累计已经预扣预缴个人所得税税款 723 元。

(2) 利用业余时间提供设计服务，取得劳务报酬收入 30 000 元。

(3) 每月支付房租 3 000 元。（上述专项附加扣除均由吴某 100% 扣除）

要求：

(1) 计算 2023 年 12 月吴某应预扣预缴多少个人所得税。

(2) 计算吴某取得劳务报酬应预扣预缴多少个人所得税。

(3) 计算吴某就 2023 年综合所得汇算清缴时应补或退多少税额。

3. 刘某注册登记了个体工商户，经营超市。2023 年取得经营收入 62 万元，发生成本、费用、税金等相关支出 18 万元（其中包括刘某的每月工资 8 500 元）。刘某未取得综合所得。

要求：计算 2023 年刘某应缴纳多少个人所得税。

4. 非居民个人贝克，2023 年 5 月在我国境内翻译一部著作，取得劳务报酬收入 80 000 元。

要求：计算贝克在我国应缴纳多少个人所得税。

5. 王某为居民纳税人，系独生子。2023 年全年取得扣除三险一金后的工资薪金 30 万元，稿酬收入 10 万元，兼职收入 12 万元。王某有两个小孩（均上小学）且均由其扣除子女教育专项附加，王某父母均年满 60 岁。

要求：计算王某 2023 年应缴纳的个人所得税。

项目八　印花税纳税业务

【学习目标】

- 掌握印花税的概念、基本法规和税款计算的知识。
- 掌握印花税纳税申报的相关规定。

【能力目标】

- 能确定印花税的纳税人及其适用税费率。
- 会根据业务资料计算印花税税费金额。

【素养目标】

- 培养学生诚实守信、依法纳税的责任意识。
- 能根据企业自身情况与税务部门沟通，积极争取税务部门的支持，使企业获得税收优惠。
- 向其他财会人员宣传印花税等税费法规政策，依法纳税。
- 培养敬业精神、团队合作能力和良好的职业道德修养。

【思维导图】

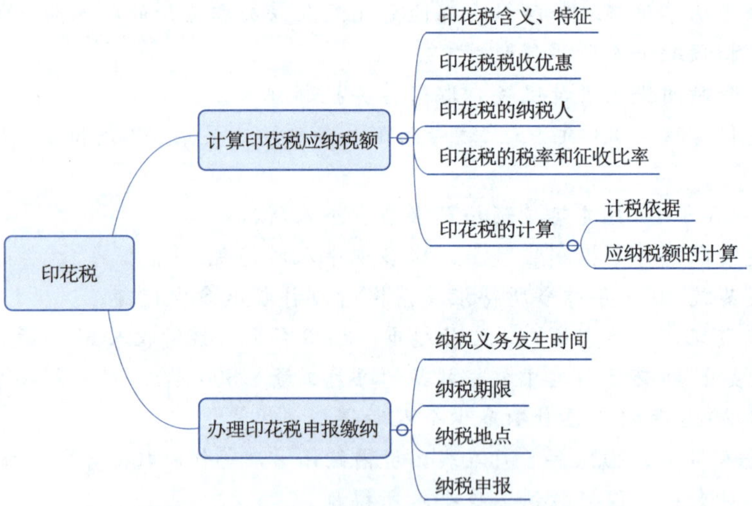

任务一　计算印花税应纳税额

【引导案例】

2023 年 5 月哈尔滨市富强办公设备有限责任公司发生如下经济业务：

(1) 1 日，公司为扩大规模增加注册资本 200 万元。

(2) 4 日，签订房屋租赁合同 1 份，租让给某公司办公楼一栋，合同记载应收取租赁金额共计 200 万元。

(3) 6 日，向中国工商银行申请 3 年期的借款，签订合同取得借款金额 1 600 万元，年利率为 7%。

(4) 10 日，将自有价值 1 000 万元的房屋换入价值 1 400 万元的房屋，支付给对方差价款 400 万元，并签订房屋产权交换合同 1 份，合同记载金额为 1 400 万元。

(5) 11 日，签订购销合同 3 份，共记载金额 1 600 万元。

(6) 14 日，启用新的记载库存现金和银行存款日记账各 2 本，总分类账簿 2 本，存货明细分类账簿 4 本。

(7) 17 日，签订转让专利权合同 1 份，合同上记载金额为 400 万元。

(8) 19 日，签订加工合同 1 份，为某企业加工产品一批，对方提供原材料价值 200 万元，合同记载加工费金额为 80 万元。

(9) 23 日，与保险公司签订财产保险合同 1 份，合同记载的保险费为 10 万元。

(10) 24 日，与某铁路运输公司签订运输合同 1 份，合同记载运费金额共 40 万元。

(11) 26 日，与某建筑公司签订房屋建筑合同 1 份，合同记载建筑承包金额为 4 000 万元。

(12) 29 日，领取土地使用证 2 份，房屋产权证 2 份，专利证书 2 份。

要求：计算该公司 2023 年 5 月应纳印花税税额，公司采取按月汇贴办法缴纳印花税。填报有关印花税的纳税申报表，并缴纳当月的印花税税额。

【知识准备】

一、印花税含义

印花税是对经济活动和经济交往中书立、使用应税凭证、进行证券交易的单位和个人征收的一种税。印花税是一种具有行为税性质的凭证税，凡发生书立、使用应税凭证和进行证券交易的行为，就必须依照印花税法有关规定履行纳税义务。2021 年 6 月 10 日，第十三届全国人民代表大会常务委员会第二十九次会议通过了《中华人民共和国印花税法》，自 2022 年 7 月 1 日起施行。1988 年 8 月 6 日国务院发布的《中华人民共和国印花税暂行条例》同时废止。

二、印花税的征税范围

印花税的征税范围包括四大类：

(1) 合同或具有合同性质的凭证，包括借款合同、融资租赁合同、买卖合同、承揽合同、建设工程合同、运输合同、技术合同、租赁合同、保管合同、仓储合同和财产保险合同 11 种。

(2) 产权转移书据，包括土地使用权、房屋等建筑物和构筑物所有权、股权、商标专用权、著作权、专利权、专有技术使用权等转移书据。

(3) 营业账簿，是指单位或者个人记载生产经营单位资本金数额增减变化的账簿。

(4) 证券交易，是指转让在依法设立的证券交易所、国务院批准的其他全国性证券交易场所交易的股票和以股票为基础的存托凭证；交易印花税对证券交易的出让方征收，不对受让方征收。

三、印花税税收优惠

下列凭证免征印花税：

（1）应税凭证的副本或者抄本。

（2）依照法律规定应当予以免税的外国驻华使馆、领事馆和国际组织驻华代表机构为获得馆舍书立的应税凭证。

（3）中国人民解放军、中国人民武装警察部队书立的应税凭证。

（4）农民、家庭农场、农民专业合作社、农村集体经济组织、村民委员会购买农业生产资料或者销售农产品书立的买卖合同和农业保险合同。

（5）无息或者贴息借款合同、国际金融组织向中国提供优惠贷款书立的借款合同。

（6）财产所有权人将财产赠予政府、学校、社会福利机构、慈善组织书立的产权转移书据。

（7）非营利性医疗卫生机构采购药品或者卫生材料书立的买卖合同。

（8）个人与电子商务经营者订立的电子订单。

四、不征收印花税项目

根据国民经济和社会发展的需要，国务院对居民住房需求保障、企业改制重组、破产、支持小型微型企业发展等情形可以规定减征或者免征印花税，报全国人民代表大会常务委员会备案。

五、印花税的纳税人

印花税的纳税人，是指在中国境内书立应税凭证、进行证券交易的单位和个人，在境外书立在境内使用应税凭证的单位和个人，也应缴纳印花税。所谓单位和个人，是指国内各类企业、事业、机关、团体、部队以及中外合资企业、中外合作企业、外资企业、外国公司和其他经济组织及其在华机构等单位和个人。根据书立、使用应税凭证的不同，印花税纳税人分别为立合同人、立据人、立账簿人、使用人和各类电子应税凭证的签订人以及证券交易出让方六种。

（1）立合同人，是指合同当事人，即对凭证有直接权利义务关系的单位和个人，但不包括合同的担保人、证人、鉴定人。各类合同包括借款、融资租赁、买卖、承揽、建设工程、运输、技术、租赁、保管、财产保险合同或具有合同性质的凭证。

（2）立据人，是指书立产权转移书据的单位和个人。

（3）立账簿人，是指开立并使用营业账簿的单位和个人。

（4）使用人，在境外书立但在境内使用的应税凭证，其纳税人是该凭证的使用人。

（5）各类电子应税凭证的签订人，即以电子形式签订的各类应税凭证的当事人。

（6）证券交易出让方。交易印花税对证券交易的出让方征收，不对受让方征收。

纳税人为境外单位或者个人，在境内有代理人的，以其境内代理人为扣缴义务人；在境内没有代理人的，由纳税人自行申报缴纳印花税。证券登记结算机构为证券交易印花税的扣缴义务人。

值得注意的是，对应税凭证，凡由两方或两方以上当事人共同书立的，其当事人都是印花税的纳税人，应按照各自涉及的金额分别计算应纳税额，履行纳税义务。

【提示】

在境外书立但在境内使用的、在我国境内具有法律效力、受我国法律保护的凭证，也是印花税应税凭证，其使用人为纳税人。

六、印花税的税目、税率

印花税共 17 个税目，采用比例税率形式。印花税比例税率分为 0.05‰、0.3‰、0.5‰、0.25‰、1‰五档，具体见表 8-1。

表 8-1　印花税税目税率表

<table>
<tr><th colspan="2">税目</th><th>税率</th><th>备注</th></tr>
<tr><td rowspan="11">合同（指书面合同）</td><td>借款合同</td><td>借款金额的 0.05‰贴花</td><td>指银行业金融机构、经国务院银行业监督管理机构批准设立的其他金融机构与借款人（不包括同业拆借）签订的借款合同</td></tr>
<tr><td>融资租赁合同</td><td>租金的 0.05‰</td><td></td></tr>
<tr><td>买卖合同</td><td>价款的 0.3‰</td><td>指动产买卖合同（不包括个人书立的动产买卖合同）</td></tr>
<tr><td>承揽合同</td><td>报酬的 0.3‰</td><td></td></tr>
<tr><td>建设工程合同</td><td>价款的 0.3‰</td><td></td></tr>
<tr><td>运输合同</td><td>运输费用的 0.3‰</td><td>指货运合同和多式联运合同（不包括管道运输合同）</td></tr>
<tr><td>技术合同</td><td>价款、报酬或者使用费的 0.3‰</td><td>不包括专利权、专有技术使用权转让书据</td></tr>
<tr><td>租赁合同</td><td>租金的 1‰</td><td></td></tr>
<tr><td>保管合同</td><td>保管费的 1‰</td><td></td></tr>
<tr><td>仓储合同</td><td>仓储费的 1‰</td><td></td></tr>
<tr><td>财产保险合同</td><td>保险费的 1‰</td><td>不包括再保险合同</td></tr>
<tr><td rowspan="6">产权转移书据</td><td>土地使用权出让书据</td><td>价款的 0.5‰</td><td></td></tr>
<tr><td>土地使用权、房屋等建筑物和构筑物所有权转让书据（不包括土地承包经营权和土地经营权转移）</td><td>价款的 0.5‰</td><td rowspan="3">转让包括买卖（出售）、继承、赠予、互换、分割</td></tr>
<tr><td>股权转让书据（不包括应缴纳证券交易印花税）</td><td>价款的 0.5‰</td></tr>
<tr><td>商标专用权、著作权、专利权、专有技术使用权转让书据</td><td>价款的 0.3‰</td></tr>
<tr><td>营业账簿</td><td>实收资本（股本）、资本公积合计金额的 0.25‰</td><td></td></tr>
<tr><td>证券交易</td><td>成交金额的 1‰</td><td></td></tr>
</table>

注：①除记载资金账簿外，其他营业账簿不征收印花税。

②以下合同和书据不征收印花税：个人书立的动产买卖合同；管道运输合同；再保险合同；同业拆借合同；土地承包经营权和土地经营权转移书据。

七、印花税的计算

（一）计税依据的确定

印花税的计税依据是应税凭证的计税金额，具体为：

（1）应税合同的计税依据，为合同所列的金额，不包括列明的增值税税款。

（2）应税产权转移书据的计税依据，为产权转移书据所列的金额，不包括列明增值税税款。

（3）应税营业账簿的计税依据，为账簿记载的实收资本（股本）、资本公积合计金额。

（4）证券交易的计税依据，为成交金额。

应税合同、产权转移书据未列明金额的，印花税的计税依据按照实际结算的金额确定，仍不能确定的，按照书立合同、产权转移书据时的市场价格确定；依法应当执行政府定价或者政府指导价的，按照国家有关规定确定。

证券交易无转让价格的，按照办理过户登记手续时该证券前一个交易日收盘价计算确定计税依据；无收盘价的，按照证券面值计算确定计税依据。

同一凭证，载有两个或两个以上经济事项而适用不同税目税率，如分别记载金额的，应分别计算应纳税额；如未分别记载金额的，从高适用税率。

已缴纳印花税的营业账簿，以后年度记载的实收资本（股本）、资本公积合计金额比已缴纳印花税的实收资本（股本）、资本公积合计金额增加的，按照增加部分计算应纳税额。

（二）应纳税额的计算

（1）实行比例税率的凭证，印花税应纳税额的计算公式为：

应纳税额＝应税凭证计税金额×比例税率

（2）营业账簿中记载资金的账簿，印花税应纳税额的计算公式为：

应纳税额＝（实收资本＋资本公积）×0.25‰

【引例分析 8-1】

哈尔滨市富强办公设备有限责任公司 2023 年 5 月应纳印花税税额为：

（1）增加注册资本应缴纳印花税税额＝2 000 000×0.25‰＝500（元）

（2）因签订房屋租赁合同应缴纳印花税税额＝2 000 000×1‰＝2 000（元）

（3）取得银行借款应缴纳印花税税额＝16 000 000×0.05‰＝800（元）

（4）签订房屋产权交换合同应缴纳印花税税额＝14 000 000×0.5‰＝7 000（元）

（5）因签订购销合同应缴纳印花税税额＝16 000 000×0.3‰＝4 800（元）

（6）启用新账簿不征印花税。

（7）签订转让专利权合同应缴纳印花税税额＝4 000 000×0.3‰＝1 200（元）

（8）签订加工合同应缴纳印花税税额＝800 000×0.3‰＝240（元）

（9）签订财产保险合同应缴纳印花税税额＝100 000×1‰＝100（元）

（10）签订运输合同应缴纳印花税税额＝400 000×0.3‰＝120（元）

（11）签订房屋建筑合同应缴纳印花税税额＝40 000 000×0.3‰＝12 000（元）

（12）领取有关权利证照不征印花税。

合计应纳印花税税额＝500＋2 000＋800＋7 000＋4 800＋1 200＋240＋100＋120＋12 000＝28 760（元）

任务二　办理印花税申报缴纳

一、纳税义务发生时间

印花税的纳税义务发生时间为纳税人书立应税凭证或者完成证券交易的当日。证券交易印花税扣缴义务发生时间为证券交易完成的当日。

二、纳税期限

印花税按季、按年或者按次计征。实行按季、按年计征的，纳税人应当自季度、年度终了之日起 15 日内申报缴纳税款；实行按次计征的，纳税人应当自纳税义务发生之日起 15 日内申报缴纳税款。

证券交易印花税按周解缴。证券交易印花税扣缴义务人应当自每周终了之日起 5 日内申报解缴税款以及银行结算的利息。

三、纳税地点

印花税一般实行就地纳税。纳税人为单位的，应当向其机构所在地的主管税务机关申报缴纳印花税；纳税人为个人的，应当向应税凭证书立地或者纳税人居住地的主管税务机关申报缴纳印花税。

不动产产权发生转移的，纳税人应当向不动产所在地的主管税务机关申报缴纳印花税。证券交易印花税由扣缴义务人向其机构所在地的主管税务机关申报解缴税款以及银行结算的利息。

四、纳税申报

印花税可以采用粘贴印花税票或者由税务机关依法开具其他完税凭证的方式缴纳。印花税票粘贴在应税凭证上的，由纳税人在每枚税票的骑缝处盖戳注销或者画销。印花税票由国务院税务主管部门监制。

自 2021 年 6 月 1 日起，纳税人申报缴纳城镇土地使用税、房产税、车船税、印花税、耕地占用税、资源税、土地增值税、契税、环境保护税、烟叶税中一个或多个税种时，使用“财产和行为税纳税申报表”，并如实填写（见表 8-2）。在规定期限内向指定代理金库的银行缴纳税款，取得税收缴款书。

承接引导案例，哈尔滨市富强办公设备有限责任公司纳税人识别号 912301048888567833，开户银行工商银行哈尔滨市友好路支行，账号 16521100223300117777。法定代表人赵航，财务负责人王亮，税务会计杨树。哈尔滨市富强办公设备有限责任公司采用按期汇总缴纳方式缴纳印花税，请填报 2023 年 5 月份印花税的纳税申报表。

【操作步骤】

第一步，计算并确定印花税应纳税额。

经主管税务机关同意，哈尔滨市富强办公设备有限责任公司采用按期汇总缴纳方式缴纳印花税，2023 年 5 月份该公司应纳印花税税额 28 760 元。

第二步，填报印花税纳税申报表。

哈尔滨市富强办公设备有限责任公司应按照印花税法的有关规定，及时办理纳税申报，并如实填写“财产和行为税纳税申报表”（见表 8-2）。

第三步，缴纳印花税税款。

哈尔滨市富强办公设备有限责任公司将纳税申报表及其他相关材料送主管税务机关审核，根据主管税务机关审定的意见，在规定期限内向指定代理金库的银行缴纳税款，取得税收缴款书。

表 8-2　财产和行为税纳税申报表

纳税人识别号（统一社会信用代码）：912301048888567833

纳税人名称：哈尔滨市富强办公设备有限责任公司　　　　金额单位：人民币元（列至角分）

序号	税种	税目	税款所属期起	税款所属期止	计税依据	税率	应纳税额	减免税额	已缴税额	应补（退）税额
1	印花税	借款合同	2023.5.1	2023.5.31	16 000 000.00	0.05‰	800.00			800.00
2	印花税	买卖合同	2023.5.1	2023.5.31	16 000 000.00	0.3‰	4 800.00			4 800.00
3	印花税	承揽合同	2023.5.1	2023.5.31	800 000.00	0.3‰	240.00			240.00
4	印花税	建筑工程合同	2023.5.1	2023.5.31	40 000 000.00	0.3‰	12 000.00			12 000.00
5	印花税	运输合同	2023.5.1	2023.5.31	400 000.00	0.3‰	120.00			120.00
6	印花税	租赁合同	2023.5.1	2023.5.31	2 000 000.00	1‰	2 000.00			2 000.00
7	印花税	财产保险合同	2023.5.1	2023.5.31	100 000.00	1‰	100.00			100.00
8	印花税	房屋等建筑物和构筑物所有权转让书据	2023.5.1	2023.5.31	14 000 000.00	0.5‰	7 000.00			7 000.00
9	印花税	专利权转移书据	2023.5.1	2023.5.31	4 000 000.00	0.3‰	1 200.00			1 200.00
10	印花税	营业账簿	2023.5.1	2023.5.31	2 000 000.00	0.25‰	500.00			500.00
11	合计	—	—	—	—	—	28 760.00			28 760.00

声明：此表是根据国家税收法律法规及相关规定填写的，本人（单位）对填报内容（及附带资料）的真实性、可靠性、完整性负责。

纳税人：　　2023 年 6 月 14 日

经办人：杨树 经办人身份证号：×××××××××××××××××× 代理机构签章： 代理机构统一社会信用代码：	受理人：××× 受理税务机关（章）： 受理日期：　年　月　日

思考与练习

一、单项选择题

1. 下列各项中，属于印花税应税凭证的是(　　)。

A. 审计咨询合同

B. 南方电网系统内部各级电网互供电合同

C. 银行为管理而使用的现金收付登记簿

D. 家庭财产保险合同

2. 下列合同和凭证中，应纳印花税的是(　　)。

A. 企业因改制签订的产权转移书据

B. 劳务输出合同

C. 国际金融组织向我国国家金融机构提供优惠贷款所书立的合同

D. 企业与银行之间的借款合同

3. 下列合同中，应当征收印花税的是(　　)。

A. 技术合同　　B. 法律咨询合同　　C. 审计咨询合同　　D. 会计咨询合同

4. 下列各项中，不属于印花税征税范围的有(　　)。

A. 融资租赁合同　　B. 家庭财产保险合同

C. 电网与用户之间签订的供电合同　　D. 发电厂与电网之间签订的购售电合同

5. 下列合同中，应按照“财产租赁合同”征收印花税的是(　　)。

A. 企业与个体工商户签订的租赁合同

B. 企业与主管部门签订的租赁承包合同

C. 企业与金融机构签订的融资租赁合同

D. 房地产管理部门与个人签订的生活居住用房租赁合同

6. 下列各项中，属于印花税纳税义务人的是(　　)。

A. 签订应税凭证的当事人　　B. 合同的代理人

C. 权利许可证照的发放人　　D. 合同的保证人

7. 下列关于印花税计税依据的表述中，符合印花税法规定的是(　　)。

A. 对采用易货方式进行商品交易签订的合同，应以易货差价为计税依据

B. 货物运输合同的计税依据是运输费用总额，含装卸费和保险费

C. 建筑安装工程承包合同的计税依据是承包总额

D. 对于由委托方提供辅助材料的加工合同，无论加工费和辅助材料金额是否分开记载，均以其辅助材料与加工费的合计数，依照加工承揽合同计税贴印花

8. 某汽车修配厂买设备向中国工商银行签订 500 万元的借款合同。后因故购销合同作废，改签融资租赁合同，租赁费 200 万元。根据上述情况，该厂共应缴纳印花税税额为(　　)元。

A. 350　　B. 180　　C. 35　　D. 210

9. A公司与B公司签订了一份货物交换合同，A公司以价值40万元的货物交换B公司价值48万元的货物，A公司再支付8万元的差价给B公司，则A公司应缴纳的印花税税额为(　　)元。

A. 264　　B. 120　　C. 134　　D. 288

10. 2023年8月，甲公司将闲置厂房出租给乙公司，合同约定每月租金4 500元，租期未定。签订合同时，预收租金9 000元，双方已按定额贴花。12月底合同解除，甲公司收到乙公司补交租金18 000元。甲公司12月份应补缴印花税(　　)元。

A. 27　　B. 22　　C. 18　　D. 12

11. 某公司2023年10月开业，领受房屋产权证、工商营业执照、商标注册证、土地使用证、专利证和税务登记证各一份，公司实收资本为800万元，除资金账簿外，启用了6本营业账簿，则该公司以上业务共应缴纳印花税税额为(　　)元。

A. 2 000　　B. 4 055　　C. 40 055　　D. 2 025

12. 某企业2023年实收资本为6 000万元，资本公积为5 000万元。该企业2023年资金账簿上已按规定贴印花10 000元。该企业2023年应纳印花税税额为(　　)元。

A. 5 000　　B. 17 500　　C. 45 000　　D. 35 000

13. 某运输公司以价值100万元的仓库作抵押，从银行取得抵押贷款80万元，并在合同中规定了还款日期，但是到了还款日期后，由于资金周转困难而无力偿还，按合同规定将抵押财产的产权转移给银行以抵偿贷款本息100万元，签订了产权转移书据。以上经济事项该运输公司应缴纳印花税税额为（　　）元。

A. 575　　B. 265　　C. 765　　D. 540

14. 某企业与某运输公司签订一份合同，载明运输货物的金额为90万元，运输费用3万元，装卸费用5 000元，保险费800元，保管费2万元，该企业应缴纳印花税税额为(　　)元。

A. 102　　B. 29　　C. 250　　D. 400

15. 某企业与某运输公司签订一份合同，载明运输货物的金额为300万元，运输费用12万元，其中装卸费用2万元，保险费1万元，该企业应缴纳印花税税额为(　　)元。

A. 27　　B. 60　　C. 50　　D. 40

16. 某电厂与某货运公司签订一份运输保管合同，合同载明的费用为500 000元（运费和保管费未分别记载）。该项合同双方各应缴纳的印花税税额为(　　)元。

A. 500　　B. 250　　C. 375　　D. 1 000

17. A公司从B汽车运输公司租入5辆载重汽车，双方签订的合同规定，5辆载重汽车的总价值为240万元，租期3个月，租金为128万元。则A公司应缴纳印花税税额为(　　)元。

A. 32　　B. 128　　C. 600　　D. 2 400

二、多项选择题

1. 下列各项中，应当征收印花税的项目有（　　）。

A. 产品加工合同　　B. 法律咨询合同

C. 技术合同　　D. 出版印刷合同

2. 依据印花税的有关规定，技术转让合同包括（　　）。

A. 专利申请转让合同　　B. 专利权转让合同

C. 专利实施许可合同　　D. 非专利技术转让合同

3. 以下各项中，按照“产权转移书据”缴纳印花税的是（　　）。

A. 商品房销售合同　　B. 土地使用权出让合同

C. 专利申请权转让合同　　D. 个人无偿赠与不动产登记表

4. 下列凭证免纳印花税的有（　　）。

A. 个人将财产赠给政府所立书据　　B. 农民销售粮食给军队食堂的销售合同

C. 企业改制中经评估增加的资金　　D. 企业改制签订的产权转移书据

5. 下列合同不征收印花税的有（　　）。

A. 未按期兑现的合同　　B. 列明购货金额的合同

C. 企业与主管部门签订的租赁承包合同　　D. 企业仓库设置的不记载金额的登记簿

6. 下列合同，应缴纳印花税的有（　　）。

A. 购货合同　　B. 贴息贷款合同

C. 企业出租门店合同　　D. 已缴纳印花税的合同副本

7. 下列单位或个人属于印花税纳税义务人的有（　　）。

A. 贷款合同的担保人

B. 借款合同的贷款人

C. 与个人签订的用于生活居住的房产租赁合同的房地产管理部门

D. 运输合同的托运方

8. 关于印花税的纳税义务人，下列表述正确的有（　　）。

A. 建立账簿的以立账簿人为纳税人

B. 订立财产转移书据的以立据人为纳税人

C. 书立经济合同的以合同各方当事人为纳税人

D. 在国外书立凭证转国内使用的以使用人为纳税人

9. 下列项目中，符合印花税计税依据规定的有（　　）。

A. 建筑安装工程承包合同的计税依据为转包金额

B. 仓储保管合同的计税依据为仓储保管的费用

C. 产权转移书据的计税依据是书据中所载的金额

D. 对采用易货方式进行商品交易签订的合同，应以易货差价为计税依据

10. 下列关于印花税纳税贴花的表述中，正确的有（　　）。

A. 签订应税凭证后，自凭证生效之日起贴花完税

B. 多贴印花税票者，不得申请退还或抵扣印花税

C. 已经贴花的凭证，修改后所载金额增加的，其增加部分应补贴印花

D. 企业启用新账簿后，实收资本和资本公积两项的合计金额大于原已贴花金额的，仅就增加的部分补贴印花

11. 下列各项中，符合印花税有关规定的有（　　）。

A. 作为正本使用的合同副本，交印花税

B. 对技术合同，以合同所载的报酬金额和研究开发经费作为计税依据

C. 房地产管理部门与个人签订的房屋租赁合同，凡用于生活居住的，可免贴花

D. 在国外签订，在国内使用的应税合同，其纳税义务发生时间为合同签订时

12. 某企业2023年10月份开业，领受房屋产权证、工商营业执照、商标注册证、土地使用证、税务登记证各一件；与其他企业订立销售合同一份，所载金额100万元；订立房屋租赁合同一份，所载金额100万元；订立加工合同一份，列明加工收入10万元，受托方提供原材料金额90万元。以下关于该企业发生上述业务应纳印花税的说法中，正确的有（　　）。

A. 权利、许可证照不缴纳印花税　　B. 加工合同应缴纳印花税50元

C. 销售合同应缴纳印花税400元　　D. 该企业所有业务应缴纳印花税1 600元

13. 以下关于纳税人缴纳印花税的说法，正确的有（　　）。

A. 纳税人自行申报应税行为　　B. 纳税人自行计算应纳税额

C. 纳税人自行购买印花税票　　D. 纳税人自行贴花并注销或划销

14. 下列各项中，符合印花税有关规定的有（　　）。

A. 已贴用的印花税票，不得揭下重用

B. 凡多贴印花税票者，不得申请退税或者抵扣

C. 应税合同不论是否兑现或按期兑现，均应贴花

D. 修改合同并增加合同所载金额的，应补贴印花

15. 下列各项中，不属于印花税免税项目的有（　　）。

A. 无息贷款合同　　B. 专利证

C. 已缴纳印花税的合同副本　　D. 技术合同

三、判断题

1. 根据《中华人民共和国印花税法》的规定，合同的担保人也是印花税的纳税人。（　　）

2. 对于同一凭证，如果由两方或两方以上当事人签订并各执一份的，其中一方为纳税人，其他各方均不再缴纳印花税。（　　）

3. 已缴纳印花税的凭证的副本和抄本免税，但副本或抄本视同正本使用的，应按规定贴花纳税。（　　）

4. 甲公司与乙公司签订一份受托加工合同，甲公司提供价值500万元的原材料，并且提供30万元的辅助材料，另收取加工费25万元，合同中分别记载了各项金额。甲公司应纳印花税275元。（　　）

5. 甲企业与乙企业签订以货易货合同，以市价30万元的产品换取30万元的材料，则按60万元计税贴花。（　　）

6. 甲乙双方签订一份仓储保管合同，合同上注明货物金额500万元，保管费用10万元。甲乙双方共应缴纳印花税200元。（　　）

7. A企业与B企业签订货物购销合同，所载购销金额150万元，后因不可抗力的影响未能履行，恢复正常生产经营后，又另行签订180万元的货物购销合同，可向税务机关申请只按30万元计征印花税。（　　）

8. 不记载金额的营业账簿，以账簿的件数为计税依据缴纳印花税。（　　）

9. 建筑安装工程承包合同中的总包和分包合同，应分别计缴印花税。（　　）

10. 投资者购买封闭式证券投资基金应缴纳印花税。（　　）

项目九　车辆购置税纳税业务

【学习目标】

- 掌握车辆购置税的概念、基本法规和税款计算的知识。
- 掌握车辆购置税纳税申报的相关规定。

【能力目标】

- 能确定车辆购置税的纳税人及其适用税费率。
- 会根据业务资料计算车辆购置税税费金额。

【素养目标】

- 培养学生诚实守信、依法纳税的责任意识。
- 能根据企业自身情况与税务部门沟通，积极争取税务部门的支持，使企业获得税收优惠。
- 能向其他财会人员宣传车辆购置税等税费法规政策，依法纳税。
- 培养敬业精神、团队合作能力和良好的职业道德修养。

【思维导图】

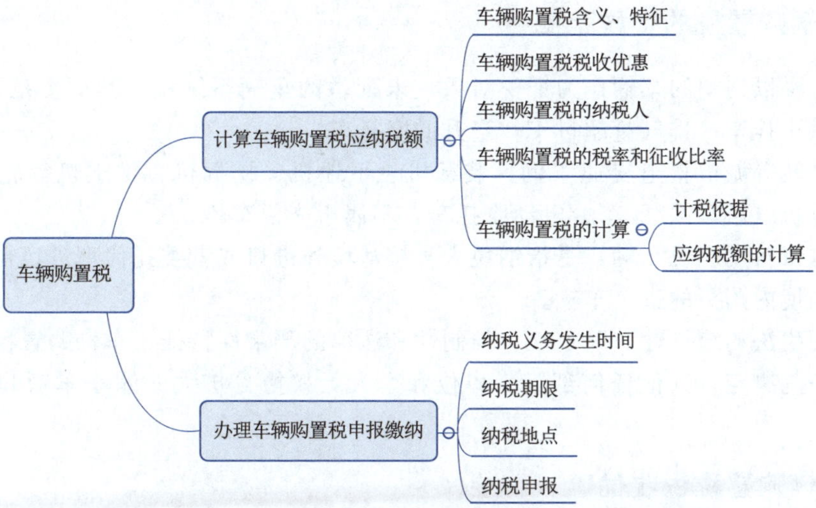

任务一　计算车辆购置税应纳税额

【引导案例】

（1）2023 年 5 月小王从某汽车有限公司购买一辆小汽车供自己使用，支付了含增值税税款在内的款项 232 780 元，所支付的款项由该汽车有限公司开具“机动车销售统一发票”。

（2）美佳外贸进出口公司 2023 年 5 月从国外进口 10 辆某公司生产的某型号小轿车。该公司报关进口这批小轿车时，经报关地海关对有关报关资料的审查，确定关税完税价格为每辆 185 000 元人民币，海关按关税政策规定每辆征收了关税 46 200 元，并按消费税、增值税有关规定分别代征了每辆小轿车的进口消费税 40 800 元和增值税 35 360 元。由于联系业务需要，该公司将一辆小轿车留在本单位使用。

（3）长江客车制造厂将自产的一辆某型号的客车，用于本厂后勤服务，该厂在办理车辆上牌落籍前，出具该车的发票，注明金额为 80 000 元。

问题：（1）小王 2023 年 5 月应纳多少车辆购置税？

（2）美佳外贸进出口公司应纳多少车辆购置税？

（3）长江客车制造厂应纳多少车辆购置税？

【知识准备】

一、车辆购置税含义

车辆购置税，是指国家制定的用以调整车辆购置税征收与缴纳权利及义务关系的法律规范。现行车辆购置税法的基本规范，是 2018 年 12 月 29 日第十三届全国人民代表大会常务委员会第七次会议通过，并于 2019 年 7 月 1 日起施行的《中华人民共和国车辆购置税法》（以下简称《车辆购置税法》）。征收车辆购置税有利于合理筹集财政资金，规范政府行为，调节收入差距，也有利于配合打击车辆走私和维护国家权益。

二、车辆购置税的征税范围

车辆购置税以列举的车辆作为征税对象，未列举的车辆不纳税。其征税范围包括汽车、有轨电车、汽车挂车、排气量超过 150 毫升的摩托车。

地铁、轻轨等城市轨道交通车辆，装载机、平地机、挖掘机、推土机等轮式专用机械车，以及起重机（吊车）、叉车、电动摩托车，不属于应税车辆。

纳税人进口自用应税车辆，是指纳税人直接从境外进口或者委托代理进口自用的应税车辆，不包括在境内购买的进口车辆。

为了体现税法的统一性、固定性、强制性和法律的严肃性特征，车辆购置税征收范围的调整，由国务院决定，其他任何部门、单位和个人无权擅自扩大或缩小车辆购置税的征税范围。

三、车辆购置税税收优惠

我国车辆购置税实行法定减免，减免税范围的其体规定是：

（1）外国驻华使馆、领事馆和国际组织驻华机构及其外交人员自用车辆免税。

（2）中国人民解放军和中国人民武装警察部队列入装备订货计划的车辆免税。

（3）悬挂应急救援专用号牌的国家综合性消防救援车辆免税。

（4）设有固定装置的非运输专用作业车辆免税。

(5) 城市公交企业购置的公共汽电车辆免税。

(6) 回国服务的在外留学人员用现汇购买1辆个人自用国产小汽车和长期来华定居专家进口1辆自用小汽车免征车辆购置税。

(7) 防汛部门和森林消防部门用于指挥、检查、调度、报汛（警）、联络的由指定厂家生产的设有固定装置的指定型号的车辆免征车辆购置税。

(8) 对购置日期在2023年1月1日至2023年12月31日期间内的新能源汽车，免征车辆购置税。

(9) 中国妇女发展基金会“母亲健康快车”项目的流动医疗车免征车辆购置税。

(10) 北京2022年冬奥会和冬残奥会组织委员会新购置车辆免征车辆购置税。

(11) 原公安现役部队和原武警黄金、森林、水电部队改制后换发地方机动车牌证的车辆（公安消防、武警森林部队执行灭火救援任务的车辆除外），一次性免征车辆购置税。

(12) 对购置日期在2022年6月1日至2022年12月31日期间内且单车价格（不含增值税）不超过30万元的2.0升及以下排量乘用车，减半征收车辆购置税。

四、车辆购置税的纳税人

车辆购置税是以在中国境内购置规定车辆为课税对象、在特定的环节向车辆购置者征收的一种税。就其性质而言，属于直接税的范畴。

车辆购置税的纳税人是指在中华人民共和国境内购置汽车、有轨电车、汽车挂车、排气量超过150毫升的摩托车（以下统称应税车辆）的单位和个人。其中购置是指以购买、进口、自产、受赠、获奖或者其他方式取得并自用应税车辆的行为。车辆购置税实行一次性征收。购置已征车辆购置税的车辆，不再征收车辆购置税。

五、车辆购置税的税目、税率

车辆购置税实行统一比例税率，税率为10％。

六、车辆购置税的计算

（一）计税依据的确定

计税依据为应税车辆的计税价格，按照下列规定确定：

(1) 纳税人购置应税车辆，以发票电子信息中的不含增值税价作为计说价格。纳税人依据相关规定提供其他有效价格凭证的情形除外。

应税车辆存在多条发票电子信息或者没有发票电子信息的，纳税人按照购置应税车辆实际支付给销售方的全部价款（不包括增值税税款）申报纳税。

(2) 纳税人进口自用应税车辆的计税价格，为关税完税价格加上关税和消费税；纳税人进口自用应税车辆，是指纳税人直接从境外进口或者委托代理进口自用的应税车辆，不包括在境内购买的进口车辆。

(3) 纳税人自产自用应税车辆的计税价格，按照纳税人生产的同类应税车辆（即车辆配置序列号相同的车辆）的销售价格确定，不包括增值税税款；没有同类应税车辆销售价格的，按照组成计税价格确定。组成计税价格计算公式为：

组成计税价格＝成本×（1＋成本利润率）

属于应征消费税的应税车辆，其组成计税价格中应加计消费税税额。

上述公式中的成本利润率，由国家税务总局各省、自治区、直辖市和计划单列市税务局确定。

（4）纳税人以受赠、获奖或者其他方式取得自用应税车辆的计税价格，按照购置应税车辆时相关凭证载明的价格确定，不包括增值税税款。

这里所称的购置应税车辆时相关凭证，是指原车辆所有人购置或者以其他方式取得应税车辆时载明价格的凭证。无法提供相关凭证的，参照同类应税车辆市场平均交易价格确定其计税价格。原车辆所有人为车辆生产或者销售企业，未开具机动车销售统一发票的，按照车辆生产或者销售同类应税车辆的销售价格确定应税车辆的计税价格。无同类应税车辆销售价格的，按照组成计税价格确定应税车辆的计税价格。

纳税人以外汇结算应税车辆价款的，按照申报纳税之日的人民币汇率中间价折合成人民币计算缴纳税款。

（二）应纳税额的计算

车辆购置税实行从价定率的方法计算应纳税额，计算公式为：

应纳税额＝计税依据×税率

由于应税车辆的来源、应税行为的发生以及计税依据组成的不同，车辆购置税应纳税额的计算方法也有区别。

1. 购买自用应税车辆应纳税额的计算

纳税人购买自用的应税车辆的计税价格，为纳税人实际支付给销售者的全部价款，不包括增值税税款。

【引例分析 9-1】

小王 2023 年 5 月应纳车辆购置税税额为：

（1）计税依据＝232 780÷(1＋13％)＝206 000（元）

（2）应纳税额＝206 000×10％＝20 600（元）

2. 进口自用应税车辆应纳税额的计算

纳税人进口自用应税车辆的计税价格，为关税完税价格加上关税和消费税。纳税人进口自用的应税车辆应纳税额的计算公式为：

应纳税额＝（关税完税价格＋关税＋消费税）×税率

【引例分析 9-2】

美佳外贸进出口公司应纳车辆购置税税额为：

（1）计税依据＝185 000＋46 200＋40 800＝272 000（元）

（2）应纳税额＝272 000×10％＝27 200（元）

3. 其他自用应税车辆应纳税额的计算

纳税人自产自用应税车辆的计税价格，按照纳税人生产的同类应税车辆的销售价格确定，不包括增值税税款。

纳税人以受赠、获奖或者其他方式取得自用应税车辆的计税价格，按照购置应税车辆时相关凭证载明的价格确定，不包括增值税税款。

【引例分析 9-3】

长江客车制造厂应纳车辆购置税税额为：

应纳税额＝80 000×10%＝8 000（元）

任务二　办理车辆购置税申报缴纳

【知识准备】

一、纳税义务发生时间

车辆购置税的纳税义务发生时间以纳税人购置应税车辆所取得的车辆相关凭证上注明的时间为准。

（1）购买自用应税车辆的为购买之日，即车辆相关价格凭证的开具日期。

（2）进口自用应税车辆的为进口之日，即《海关进口增值税专用缴款书》或者其他有效凭证的开具日期。

（3）自产、受赠、获奖或者以其他方式取得并自用应税车辆的为取得之日，即合同、法律文书或者其他有效凭证的生效或者开具日期。

二、纳税期限

纳税人应当自纳税义务发生之日起 60 日内申报缴纳车辆购置税。

三、纳税地点

纳税人应当在向公安机关交通管理部门办理车辆注册登记前，缴纳车辆购置税。

自 2019 年 7 月 1 日起，纳税人应到下列地点办理车辆购置税纳税申报：

（1）需要办理车辆登记注册手续的纳税人，向车辆登记地的主管税务机关申报纳税。

（2）不需要办理车辆登记注册手续的纳税人，单位纳税人向其机构所在地的主管税务机关申报纳税，个人纳税人向其户籍所在地或者经常居住地的主管税务机关申报纳税。

四、纳税申报

（1）车辆购置税实行一车一申报制度。

（2）纳税人办理纳税申报时应当如实填报车辆购置税纳税申报表（见表 9-1），同时提供车辆合格证明和车辆相关价格凭证。

（3）自 2020 年 6 月 1 日起，纳税人办理车辆购置税纳税申报时，提供发票电子信息办理纳税申报。纳税人依据相关规定提供其他有效价格凭证的情形除外。

表 9-1 车辆购置税纳税申报表

填表日期：　　年　月　日　　　　　　　　　　　　　　　　　　　　　金额单位：元

<table>
<tr><td>纳税人名称</td><td colspan="2"></td><td>申报类型</td><td colspan="2">□征税　□免税　□减税</td></tr>
<tr><td>证件名称</td><td colspan="2"></td><td>证件号码</td><td colspan="2"></td></tr>
<tr><td>联系电话</td><td colspan="2"></td><td>地址</td><td colspan="2"></td></tr>
<tr><td>合格证编号
（货物进口证明书号）</td><td colspan="2"></td><td>车辆识别代号/
车架号</td><td colspan="2"></td></tr>
<tr><td>厂牌型号</td><td colspan="5"></td></tr>
<tr><td>排量（cc）</td><td colspan="2"></td><td>机动车销售统一
发票代码</td><td colspan="2"></td></tr>
<tr><td>机动车销售统一
发票号码</td><td colspan="2"></td><td>不含税价</td><td colspan="2"></td></tr>
<tr><td colspan="4">海关进口关税专用缴款书（进出口货物征免税证明）号码</td><td colspan="2"></td></tr>
<tr><td>关税完税价格</td><td></td><td>关税</td><td></td><td>消费税</td><td></td></tr>
<tr><td>其他有效凭证名称</td><td></td><td>其他有效凭证号码</td><td></td><td>其他有效凭证价格</td><td></td></tr>
<tr><td>购置日期</td><td></td><td>申报计税价格</td><td></td><td>申报免（减）税
条件或者代码</td><td></td></tr>
<tr><td>是否办理车辆登记</td><td></td><td>车辆拟登记地点</td><td colspan="3"></td></tr>
<tr><td colspan="6">纳税人声明：
本纳税申报表是根据国家税收法律法规及相关规定填报的，我确定它是真实的、可靠的、完整的。
纳税人（签名或盖章）：</td></tr>
<tr><td colspan="6">委托声明：
现委托（姓名）________（证件号码）__________________办理车辆购置税涉税事宜，提供的凭证、资料是真实、可靠、完整的。任何与本申报表有关的往来文件，都可交予此人。
委托人（签名或盖章）：　　　　　　　　　　被委托人（签名或盖章）：</td></tr>
<tr><td colspan="6">以下由税务机关填写</td></tr>
<tr><td colspan="2">免（减）税条件代码</td><td colspan="4"></td></tr>
<tr><td>计税价格</td><td>税率</td><td>应纳税额</td><td>免（减）税额</td><td>实纳税额</td><td>滞纳金金额</td></tr>
<tr><td></td><td></td><td></td><td></td><td></td><td></td></tr>
<tr><td colspan="2">受理人：
年　月　日</td><td colspan="2">复核人（适用于免、减税申报）：
年　月　日</td><td colspan="2">主管税务机关（章）</td></tr>
</table>

思考与练习

单项选择题

1. 某汽车专卖店购入小汽车（非新能源车辆）12 辆，下列行为中，应当由某汽车专卖店作为纳税人缴纳车辆购置税的是(　　)。

A. 将其中 7 辆销售给客户

B. 将其中 1 辆作为董事长、总经理的专用轿车

C. 将其中 2 辆赠送给大华公司

D. 库存 2 辆尚未售出

2. 根据车辆购置税法律制度的规定，下列不属于车辆购置税征税范围的是(　　)。

A. 三轮农用运输车　　B. 电动自行车

C. 无轨电车　　D. 挂车

3. 根据车辆购置税法律制度的规定，下列各项非新能源车辆中，免征车辆购置税的是(　　)。

A. 个人购买自用的汽车　　B. 个人受赠自用的摩托车

C. 外国驻华使馆购买自用的汽车　　D. 企业自产自用的汽车

4. 根据车辆购置税法律制度的规定，下列费用中计入车辆购置税价外费用的是(　　)。

A. 销售方价外向购买方收取的保管费

B. 向购买方收取的代购买方缴纳的车辆购置税

C. 向购买方收取的代购买方缴纳的车辆牌照费

D. 代办保险而向购买方收取的保险费

项目十　车船税纳税业务

【学习目标】

- 掌握车船税的概念、基本法规和税款计算的知识。
- 掌握车船税纳税申报的相关规定。

【能力目标】

- 能确定车船税的纳税人及其适用税费率。
- 会根据业务资料计算车船税税费金额。

【素养目标】

- 培养学生诚实守信、依法纳税的责任意识。
- 能根据企业自身情况与税务部门沟通，积极争取税务部门的支持，使企业获得税收优惠。
- 能向其他财会人员宣传车船税等税费法规政策，依法纳税。
- 培养敬业精神、团队合作能力和良好的职业道德修养。

【思维导图】

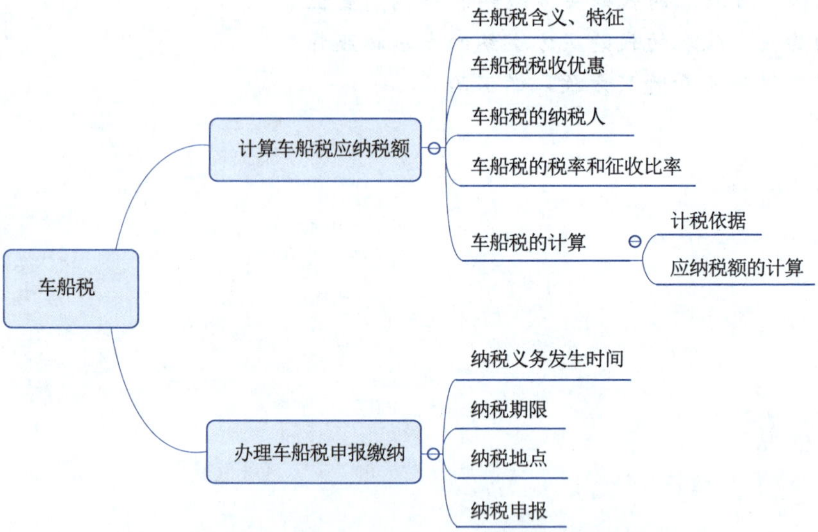

任务一　计算车船税应纳税额

【引导案例】

2023 年 5 月哈尔滨市富强办公设备有限责任公司账面拥有车辆情况如下：客车 10 辆，

其中商用客车 2 辆，2.4 升乘用车 4 辆，1.6 升小型客车 4 辆，单位税额分别为 900 元、700 元、500 元；拥有商用货车 12 辆，其中 6 辆每辆整备质量吨位为 9.3 吨，另 6 辆每辆整备质量吨位为 19.9 吨，单位税额分别为 40 元、80 元。当地政府规定车船税按年计征，在购买交通事故责任强制保险时缴纳，定于每年 3 月为缴纳当年车船税的时间。

要求：计算该公司 2023 年应纳车船税税额，并缴纳当年的车船税。

【知识准备】

一、车船税含义

车船税是指对在中华人民共和国境内的车辆（包括乘用车、商用车、挂车、摩托车和其他车辆）、船舶（包括机动船舶和游艇）依法征收的一种税。2011 年 2 月 25 日第十一届全国人大第十九次常务会议通过了《中华人民共和国车船税法》（简称《车船税法》），自 2012 年 1 月 1 日起施行，《中华人民共和国车船税暂行条例》同时废止。

二、车船税的征税范围

车船税的征税范围为在我国境内使用的车船（除规定减免的车船外），分为车辆和船舶两大类。

（1）车辆为机动车，即依靠燃油、电力等能源作为动力运行的车辆，包括乘用车、商用客车、商用货车、挂车、摩托车、专项作业车和轮式专用机械车。

（2）船舶为机动船、非机动驳船和游艇，机动船是指依靠燃料等能源作为动力运行的船舶，包括客船、货船、气垫船、拖船等；非机动驳船是指依靠其他力量运行的驳船；游艇是指具备内置机械推进动力装置，长度在 90 米以下，主要用于游览观光、休闲娱乐、水上体育运动等活动，并应当具有船舶检验证书和适航证书的船舶。

三、车船税税收优惠

（一）法定减免

（1）捕捞、养殖渔船。捕捞、养殖渔船是指在渔业船舶管理部门登记为捕捞船、养捞船或者养殖船的渔业船舶。不包括在渔业船舶管理部门登记为捕捞船或者养殖船以外类型的渔业船舶。

（2）军队、武警部队专用的车船。军队、武警部队专用的车船是指按照规定在军队、武警部队车船管理部门登记，并领取军用牌照、武警牌照的车船。

（3）警用车船。警用车船是指公安机关、国家安全机关、监狱、劳动教养管理机关和人民法院、人民检察院领取警用牌照的车辆和执行警务的专用船舶。

（4）悬挂应急救援专用号牌的国家综合性消防救援车辆和国家综合性消防救援专用船舶。

（5）依照我国有关法律规定应当予以免税的外国驻华使馆、领事馆和国际组织驻华机构及其有关人员的车船。

（二）特定减免

省、自治区、直辖市人民政府根据当地实际情况，可以对公共交通车船，农村居民拥有并主要在农村地区使用的摩托车、三轮汽车和低速载货汽车定期减征或免征车船税。

自 2018 年 7 月 10 日起，对符合标准的节约能源的乘用车、商用车，减半征收车船税；对使用符合标准的新能源的车辆（指纯电动商用车、插电式混合动力汽车、燃料电池商用车），免征车船税；纯电动乘用车和燃料电池乘用车不属于车船税征税范围，对其不征车船税。

对受严重自然灾害影响纳税以及有其他特殊原因确需减、免税的，可以减征或免征车船税。

四、车船税的纳税人

车船税的纳税人是指在中华人民共和国境内，车辆、船舶（简称车船）的所有人或管理人。其中，所有人是指在我国境内拥有车船的单位和个人；管理人是指对车船具有管理使用权，但不具有所有权的单位。上述所称的单位包括国有企业、集体企业、私营企业、股份制企业、外商投资企业、外国企业以及其他企业和事业单位、社会团体、国家机关、军队以及其他单位；所称的个人，包括个体工商户以及其他个人。

一般情况下，拥有与使用车船的单位和个人是同一的，纳税人既是车船使用人，又是车船拥有人。如存在租赁关系，车船拥有人与使用人不一致时则应由租赁双方协商确定纳税人；租赁双方未商定的，由车船的使用人纳税。

从事机动车第三者责任强制保险业务的保险机构为机动车车船税的扣缴义务人，在销售机动车交通事故责任强制保险时代收车船税，并出具代收税款凭证。

五、车船税的税目、税率

车船税实行幅度定额税率，即对各类车船分别规定税目和税额幅度，各省、自治区、直辖市人民政府在规定的税额幅度内，根据当地实际情况，确定具体的适用税额。车船税税目税额（2012 年 1 月 1 日起执行）见表 10-1。

表 10-1　车船税税目税额表

税目		计税单位	每年税额	备注
一、乘用车	1.0升（含，发动机汽缸排气量，下同）以下	每辆	60 元至 360 元	核定载客人数9人（含）以下
	1.0升以上至1.6升（含）的	每辆	300 元至 540 元	
	1.6升以上至2.0升（含）的	每辆	360 元至 660 元	
	2.0升以上至2.5升（含）的	每辆	660 元至 1 200 元	
	2.5升以上至3.0升（含）的	每辆	1200 元至 2 400 元	
	3.0升以上至4.0升（含）的	每辆	2 400 元至 3 600 元	
	4.0升以上的	每辆	3 600 元至 5 400 元	

续表

税目		计税单位	每年税额	备注
二、商用车	客车	每辆	480元至1 440元	核定载客人数9人以上，包括电车
	货车	整备质量每吨	16元至120元	包括半挂牵引车、三轮汽车和低速载货汽车等
三、挂车		整备质量每吨	按照货车税额的50%计算	
四、其他车辆	专用作业车	整备质量每吨	16元至120元	不包括拖拉机
	轮式专用机械车	整备质量每吨	16元至120元	不包括拖拉机
五、摩托车		每辆	36元至180元	
六、船舶	机动船舶	净吨位每吨	3元至6元	拖船和非机动驳船分别按机动船舶税额的50%计算
	游艇	艇身长度每米	600元至2 000元	

注 ①车辆具体适用税额，由省、自治区、直辖市人民政府在规定的税额幅度内，按照以下原则确定具体的适用税额，并报国务院备案：a. 乘用车依排气量从小到大递增税额；b. 客车按照核定载客人数20人以下和20人（含）以上两挡划分，递增税额。②机动船舶具体适用税额。a. 净吨位不超过200吨的，每吨3元；b. 净吨位超过200吨但不超过2 000吨的，每吨4元；c. 净吨位超过2 000吨但不超过10 000吨的，每吨5元；d. 净吨位超过10 000吨的，每吨6元。③游艇具体适用税额。a. 艇身长度不超过10米的，每米600元；b. 艇身长度超过10米但不超过18米的，每米900元；c. 艇身长度超过18米但不超过30米的，每米1 300元；d. 艇身长度超过30米的，每米2 000元；辅助动力帆艇，每米600元。

六、车船税的计算

（一）计税依据的确定

车船税的计税依据按车船种类和性能，分别确定为辆、整备质量吨位、净吨位和艇身长度四种，具体规定如下：

（1）乘用车、商用客车、摩托车按辆计税。

（2）商用货车、挂车、专业作业车、轮式专用机械车按整备质量吨位计税。

（3）机动船舶按净吨位计税，拖船按照发动机功率每1千瓦折合净吨位0.67吨计税。

（4）游艇按艇身长度计税。

需要说明的是：

（1）这里所涉及的整备质量吨位、净吨位、艇身长度等计税标准，以车船管理部门核发的车船登记证书或者行驶证书相应项目所载数额为准。纳税人未按照规定到车船管理部门办理登记手续的，上述计税标准以车船出厂合格证明或者进口凭证相应项目所载数额为准；不能提供车船出厂合格证明或者进口凭证的，由主管地方税务机关根据车船自身状况并参照同类车船核定。整备质量也就是人们常说的一辆汽车的自重，即汽车在正常条件下准备行驶时，尚未载人（包括驾驶员）、载物时的空车重量。

（2）车辆整备质量尾数在 0.5 吨以下（含 0.5 吨）的，按照 0.5 吨计算；超过 0.5 吨的，按照 1 吨计算。整备质量不超过 1 吨的车辆，按照 1 吨计算。船舶净吨位尾数在 0.5 吨以下（含 0.5 吨）的不予计算，超过 0.5 吨的按照 1 吨计算。净吨位不超过 1 吨的船舶，按照 1 吨计算。

（二）应纳税额的计算

车船税的计算按照计税依据不同，其计算方法有以下几种：

乘用车、商用客车、摩托车应纳税额＝车辆数×适用单位税额

商用货车、专业作业车、轮式专用机械车应纳税额＝整备质量吨位×适用单位税额

挂车应纳税额＝整备质量吨位×适用单位税额×50%

机动船舶应纳税额＝净吨位×适用单位税额

拖船、非机动驳船应纳税额＝净吨位×适用单位税额×50%

游艇应纳税额＝艇身长度×适用单位税额

新购置的车船自购置使用当月起按月计算。

【引例分析 10-1】

哈尔滨市富强办公设备有限责任公司 2023 年 5 月应纳车船税税额为：

（1）载客汽车应纳税额＝2×900＋4×700＋4×500＝6 600（元）

（2）载货汽车应纳税额＝6×9.5×40＋6×20×80＝11 880（元）

合计应纳车船税税额＝6 600＋11 880＝18 480（元）

任务二　办理车船税申报缴纳

【知识准备】

一、纳税义务发生时间

车船税的纳税义务发生时间为车船管理部门核发的车船登记证书或者行驶证书所记载日期的当月，纳税人未按照规定到车船管理部门办理应税车船登记手续的，以车船购置发票开具时间的当月作为车船税的纳税义务发生时间。对未办理车船登记手续且无法提供车船购置发票的，由主管地方税务机关核定纳税义务发生时间。

二、纳税期限

车船税按年申报缴纳。纳税年度是指自公历 1 月 1 日起至 12 月 31 日止，具体申报纳税期限由省、自治区、直辖市人民政府确定。

三、纳税地点

车船税由地方税务机关征收。纳税地点为车船的登记地或者车船税扣缴义务人所在地；

依法不需要办理登记的车船，车船税的纳税地点为车船的所有人或者管理人所在地。

四、纳税申报

车船税纳税人在购买机动车交通事故责任强制保险的同时缴纳车船税，由从事机动车交通事故责任强制保险业务的保险机构在销售机动车交通事故责任强制保险时代收代缴，纳税人不得拒绝，对扣缴义务人代收代缴税款有异议的，可以向纳税所在地的主管地方税务机关提出。

纳税人在购买机动车交通事故责任强制保险时缴纳车船税的，不再向地方税务机关申报纳税。扣缴义务人在代收车船税时，应当在机动车交通事故责任强制保险的保险单上注明已收税款的信息，作为纳税人完税的证明。除另有规定外，扣缴义务人不再给纳税人开具代扣代缴税款凭证。纳税人如有需要，可以持注明已收税款信息的保险单，到主管地方税务机关开具完税凭证。

扣缴义务人应及时解缴代收代缴的税款，并向地方税务机关申报。解缴税款的具体期限由各省、自治区、直辖市地方税务机关依法律、行政法规的规定确定。地方税务机关应按照规定及时支付扣缴义务人代收代缴车船税的手续费。手续费标准由国务院财政部门、税务主管部门制定。

在一个纳税年度内，已完税的车船被盗抢、报废、灭失的，纳税人可以凭有关管理机关出具的证明和完税证明，向纳税所在地的主管地方税务机关申请退还自被盗抢、报废、灭失月份起至该年度终了期间的税款，已办理退税的被盗抢车船失而复得的，从公安机关出具相关证明的当月起纳税。

承接引导案例，哈尔滨市富强办公设备有限责任公司 2023 年 5 月向中国人民财产保险股份有限公司哈尔滨市分公司购买 2023 年 5 月 31 日至 2024 年 5 月 31 日交通事故责任强制保险，支付保险费 66 210 元，同时缴纳 2023 年度车船税，纳税人识别号 912301048888567833，开户银行工商银行哈尔滨市友好路支行，账号 16521100223300117777。财务负责人王亮。

【操作步骤】

第一步，计算并确定车船税应纳税额。

车船税以年为单位一次性缴纳，2023 年共计应纳车船税额 18 480 元。

第二步，缴纳车船税款。

哈尔滨市富强办公设备有限责任公司 2023 年 5 月在向从事机动车交通事故责任强制保险业务的保险机构购买机动车交通事故责任强制保险的同时缴纳车船税，并取得注明代收车船税金额的保险业务专用发票。

第三步，填报车船税纳税申报表。

哈尔滨市富强办公设备有限责任公司应按照车船税法的有关规定，及时办理纳税申报，并如实填写“财产和行为税纳税申报表”（见表 10-2）。

表 10-2　财产和行为税纳税申报表

纳税人识别号（统一社会信用代码）：912301048888567833

纳税人名称：哈尔滨市富强办公设备有限责任公司

金额单位：人民币元（列至角分）

序号	税种	税目	税款所属期起	税款所属期止	计税依据	税率	应纳税额	减免税额	已缴税额	应补（退）税额
1	车船税	客车	2023.1.1	2023.12.31			6 600.00			6 600.00
2	车船税	货车	2023.1.1	2023.12.31			11 880.00			11 880.00
3										
4										
5										
6										
7										
8										
9										
10										
11	合计	—	—	—	—	—	18 480.00			18 480.00

声明：此表是根据国家税收法律法规及相关规定填写的，本人（单位）对填报内容（及附带资料）的真实性、可靠性、完整性负责。

纳税人：　　　　2023 年 5 月 15 日

经办人：杨树 经办人身份证号：×××××××××××××××××× 代理机构签章： 代理机构统一社会信用代码：	受理人：××× 受理税务机关（章）： 受理日期：　　年　月　日

思考与练习

一、单项选择题

1. 车船税采用的税率类型是(　　)。

A. 比例税率　　B. 超率累进税率　　C. 定额幅度税率　　D. 超额累进税率

2. 根据车船税的相关规定，机动船舶的计税单位是(　　)。

A. 每辆　　B. 整备质量每吨　　C. 净吨位每吨　　D. 艇身长度每米

3. 车船税由(　　)负责征收。

A. 国家税务总局　　B. 地方主管税务机关

C. 车船管理部门　　D. 财政部门

4. 机动车车船税的扣缴义务人是(　　)。

A. 销售车船的一方　　B. 车船管理部门

C. 公安机关　　D. 保险机构

5. 根据当地实际情况可以对公共交通车船，农村居民拥有并主要在农村地区使用的摩托车、三轮汽车，低速载货汽车定期减征或者免征车船税的有关机关是(　　)。

A. 国务院　　B. 省、自治区、直辖市税务机关

C. 车船管理部门　　D. 省、自治区、直辖市人民政府

6. 根据《车船税法》的有关规定，机场、港口内部行驶或作业的车船，自《车船税法》实施之日起(　　)年内免征车船税。

A. 1　　B. 2　　C. 3　　D. 5

7. 依法需要办理登记的车船，车船税的纳税地点是(　　)。

A. 纳税人机构所在地　　B. 纳税人经常居住地

C. 车船登记地　　D. 车船的购买地

8. 某企业2022年年初拥有货车2辆，每辆整备质量为6吨；2022年7月2日购买了1辆摩托车、1辆纯电动汽车，当月取得购置发票。当地规定货车车船税年税额为100元/吨，摩托车车船税年税额为150元/辆，则该企业当年应缴纳车船税(　　)元。

A. 1 262.5　　B. 1 275　　C. 1 325　　D. 1 350

9. 根据《中华人民共和国车船税法》的规定，车船税的纳税义务发生时间为(　　)。

A. 取得车船所有权或管理权的次月　　B. 取得车船所有权或管理权的当月

C. 车船交付的次月　　D. 购买车船的发票所载日期的次月

10. 根据《中华人民共和国车船税法》的规定，下列表述正确的是(　　)。

A. 依法应当在车船管理部门登记的机动车辆和船舶属于车船税的征收范围

B. 依法不需要在车船管理部门登记的机动车辆和船舶不属于车船税的征收范围

C. 在单位内部场所行驶的机动车辆和船舶不属于车船税的征收范围

D. 在单位内部场所作业的机动车辆和船舶属于车船税的征收范围

11. 某企业2022年年初拥有插电式混合动力汽车2辆，其他混合动力汽车3辆，汽车核定载客人数均为9人；机动船舶5艘，每艘净吨位2 000吨；非机动驳船6艘，每艘净吨位1 800吨；当地规定9人载客汽车车船税年税额为400元/辆，机动船舶净吨位201吨至2 000吨的，车船税年税额为每吨4元。则该企业当年应缴纳车船税（　　）元。

A. 62 000　　B. 62 200　　C. 62 600　　D. 63 600

12. 下列各项中，不属于专用作业车的是(　　)。

A. 高空作业车　　B. 洒水车　　C. 扫路车　　D. 救护车

13. 客货两用车依照(　　)的计税单位和年基准税额计征车船税。

A. 客车　　B. 货车　　C. 专用作业车　　D. 轮式专用机械车

14. 根据车船税的有关规定，下列说法中，不正确的是(　　)。

A. 车辆的具体适用税额由省、自治区、直辖市人民政府依照车船税税目税额表规定的税额幅度和国务院的规定确定

B. 拖船按照机动船舶税额的50%计算车船税

C. 已办理退税的被盗抢车船，失而复得的，纳税人应当从税务机关出具相关证明的次月起计算缴纳车船税

D. 按照规定缴纳船舶吨税的机动船舶，自《中华人民共和国车船税法》实施之日起5年内免征车船税

15. 下列关于车船税计税单位的说法中，不正确的是(　　)。

A. 摩托车以每辆为计税单位　　B. 客车以整备质量每吨为计税单位

C. 机动船舶以净吨位每吨为计税单位　　D. 游艇以艇身长度每米为计税单位

二、多项选择题

1. 下列车船中，应当征收车船税的有（　　）。

A. 自行车　　B. 商用客车　　C. 摩托车　　D. 拖船　　E. 游艇

2. 下列车船中，属于车船税征税范围的有（　　）。

A. 乘用车　　B. 低速载货汽车　　C. 挂车　　D. 电动自行车　　E. 非机动驳船

3. 下列车船中，以“整备质量每吨”作为车船税计税单位的有（　　）。

A. 商用货车　　B. 挂车　　C. 游艇　　D. 电车　　E. 半挂牵引车

4. 下列关于车船税应税车船的年基准税额的说法中，正确的有（　　）。

A. 半挂牵引车按照货车税额的50%计算车船税

B. 挂车按照货车税额的50%计算车船税

C. 拖船按照非机动驳船税额的50%计算车船税

D. 拖船按照机动船舶税额的50%计算车船税

E. 非机动驳船按照机动船舶税额的50%计算车船税

5. 下列关于车船税应纳税额计算的表述中，正确的有（　　）。

A. 购置的新车船，购置当年的应纳税额自纳税义务发生的当月起按月计算

B. 已办理退税的被盗抢车船，失而复得的，纳税人应当从公安机关出具相关证明的次月起计算缴纳车船税

C. 在一个纳税年度内，纳税人在非车辆登记地由保险机构代收代缴机动车车船税，且能够提供合法有效完税证明的，不再向车辆登记地的地方税务机关缴纳车辆车船税

D. 已缴纳车船税的车船在同一纳税年度内办理转让过户的，对新承受方征税，但对原纳税人不予退税

E. 已缴纳车船税的车船在同一纳税年度内办理转让过户的，对新承受方征税，同时对原纳税人应退税

6. 根据《中华人民共和国车船税法》的相关规定，下列表述正确的有（　　）。

A. 保险机构作为车船税的扣缴义务人应当在收取保险费时依法代收车船税，并出具代收税款凭证

B. 纳税人以前年度没有缴纳车辆车船税的，保险机构在代收代缴税款的同时，还应代收代缴欠缴税款的滞纳金

C. 扣缴义务人应当及时解缴代收代缴的税款，并向国家税务机关申报

D. 扣缴义务人向税务机关解缴税款时，应当同时报送明细的税款扣缴报告

E. 车辆的具体适用税额由省、自治区、直辖市人民政府依照车船税税目税额表规定的税额幅度和国务院的规定确定

7. 下列车船中，属于法定免征车船税的有（　　）。

A. 捕捞渔船　　B. 军队专用的车船

C. 非插电式混合动力汽车　　D. 外国驻华使领馆的车船

E. 纯电动汽车

8. 下列关于车船税减免税优惠政策的表述，正确的有（　　）。

A. 经批准临时入境的外国车船，不征收车船税

B. 插电式混合动力汽车按照同类车辆适用税额减半征税

C. 按照规定缴纳船舶吨税的机动船舶，自《中华人民共和国车船税法》实施之日起3年内免征车船税

D. 燃料电池汽车免征车船税

E. 对节约能源的车船减半征收车船税，对使用新能源的车船免征车船税

9. 根据《中华人民共和国车船税法》的相关规定，下列表述正确的有（　　）。

A. 对于依法不需要办理登记的车船，车船税的纳税地点为车船的所有人或者管理人所在地

B. 扣缴义务人代收代缴车船税的，纳税地点为车船税扣缴义务人所在地

C. 从事机动车第三者责任强制保险业务的保险机构为车船税的扣缴义务人

D. 税务机关可以在车船管理部门、车船检验机构的办公场所集中办理车船税征收事宜

E. 对于依法不需要购买机动车交通事故责任强制保险的车辆，纳税人应当向主管税务机关申报缴纳车船税

10. 下列关于车船税计税单位的相关表述中，正确的有（　　）。

A. 乘用车以“每辆”为车船税的计税单位

B. 低速载货汽车以“每辆”为车船税的计税单位

C. 挂车以“每辆”为车船税的计税单位

D. 商用货车以“整备质量每吨”为车船税的计税单位

E. 半挂牵引车以“整备质量每吨”为车船税的计税单位

11. 根据《中华人民共和国车船税法》的有关规定，下列车船中，属于法定免征车船税的有（　　）。

A. 拖船

B. 挂车

C. 燃料电池汽车

D. 非机动驳船

E. 警用车船

12. 下列关于车船税的申报和缴纳，说法不正确的有（　　）。

A. 车船税纳税义务发生时间为取得车船所有权或管理权的当月

B. 依法需要办理登记的车船，纳税人自行申报缴纳车船税的，车船税的纳税地点为车船所有人或管理人所在地

C. 依法不需要办理登记的车船，车船税的纳税地点为车船的所有人或者管理人所在地

D. 车船税按季申报，分月计算

E. 车船税具体纳税申报期限由省、自治区、直辖市税务机关规定

13. 下列关于车船税的说法中，正确的有（　　）。

A. 车船税由车船管理部门负责征收

B. 购置的新车船，购置当年的应纳税额自纳税义务发生的次月起按月计算

C. 已办理退税的被盗抢车船，失而复得的，纳税人应当从公安机关出具相关证明的次月起计算缴纳车船税

D. 在一个纳税年度内，纳税人在非车辆登记地由保险机构代收代缴机动车车船税，且能够提供合法有效完税证明的，纳税人不再向车辆登记地的地方主管税务机关缴纳车辆车船税

E. 拖船和非机动驳船分别按照机动船舶税额的50%计算车船税

14. 下列关于车船税的说法中，正确的有（　　）。

A. 车船税采用定额幅度税率

B. 小吨位船舶的税负轻于大船舶

C. 挂车按照货车税额的50%计算车船税

D. 从事机动车第三者责任强制保险业务的保险机构为机动车车船税的扣缴义务人

E. 车辆的具体适用税额由省、自治区、直辖市地方主管税务机关依照车船税税目税率表规定的税额幅度和国务院的规定确定

15. 下列关于车船税的说法中，正确的有（　　）。

A. 游艇的计税单位是艇身长度每米

B. 车船管理部门为机动车车船税的扣缴义务人

C. 拖船按照机动船舶税额的50%计算征收车船税

D. 依法应当在车船管理部门登记的机动车辆和船舶属于车船税的征收范围

E. 省、自治区、直辖市地方主管税务机关可以根据当地实际情况对公共交通车船，

农村居民拥有并主要在农村地区使用的摩托车、三轮汽车和低速载货汽车定期减征或者免征车船税

三、判断题

1. 船舶净吨位尾数在半吨以下的不予计算，超过半吨的按1吨计算。 （　）

2. 1吨以下的小型车辆，一律按照1吨计算。 （　）

3. 拖船和非机动驳船分别按船舶税额的50%计算。 （　）

4. 叉车、铲车等部分专用作业车或轮式专用机械车有的没有标明整备质量（自重），只有总质量。对于不装载、运输物资的专用作业车和轮式专用机械车，可以按总质量计算征车船税。 （　）

5. 一主一挂的半挂载货汽车分别投保，应分别按各自的自重吨位征税。 （　）

6. 救护车、运钞车应按照载客汽车税额标准征税。 （　）

7. 对于交强险保费额度较大的单位和个人，保费分期支付，车船税也可分期缴纳。 （　）

8. 在中华人民共和国境内，车辆、船舶的所有人或者管理人为车船税的纳税人。 （　）

9. 车船税的纳税义务发生时间，为车船管理部门核发的车船登记证书或者行驶证书所记载日期的当月。 （　）

10. 车船的所有人或者管理人未缴纳车船税的，使用人应当代为缴纳车船税。 （　）

11. 从事机动车交通事故责任强制保险业务的保险机构为机动车车船税的扣缴义务人。 （　）

12. 在机场、港口以及其他企业内部场所行驶或者作业，并在车船管理部门登记的车船，应当缴纳车船税。 （　）

项目十一　城镇土地使用税纳税业务

【学习目标】

●掌握城镇土地使用税的概念、基本法规和税款计算的知识。

●掌握城镇土地使用税纳税申报的相关规定。

【能力目标】

●能确定城镇土地使用税的纳税人及其适用税费率。

●会根据业务资料计算城镇土地使用税税费金额。

【素养目标】

●培养学生诚实守信、依法纳税的责任意识。

●能根据企业自身情况与税务部门沟通，积极争取税务部门的支持，使企业获得税收优惠。

●能向其他财会人员宣传城镇土地使用税等税费法规政策，依法纳税。

●培养敬业精神、团队合作能力和良好的职业道德修养。

【思维导图】

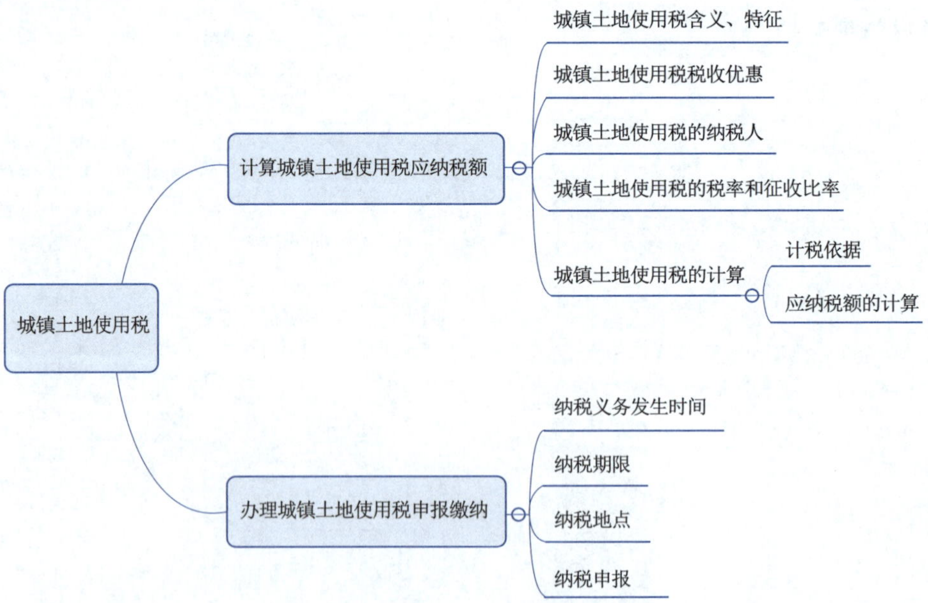

任务一　计算城镇土地使用税应纳税额

【引导案例】

2023 年 5 月哈尔滨市富强办公设备有限责任公司账面实际拥有土地面积 40 000 m^2，经税务机关核定，其中公司自办医院用地 1 000 m^2，幼儿园占地 1 000 m^2，公司无偿提供给当地公安派出所一间平房使用，占地面积 400 m^2，且这些用地能与公司其他用地明确区分，当地政府规定的城镇土地使用税税率为 2 元/m^2，并采取按年计征，分季度缴纳方式征收。

要求：请计算哈尔滨市富强办公设备有限责任公司 2023 全年应纳多少城镇土地使用税。

【知识准备】

一、城镇土地使用税含义

城镇土地使用税是对城市、县城、建制镇和工矿区范围内使用土地的单位和个人，按其实际占用的土地面积分等定额征收的一种税。我国现行城镇土地使用税法规是国务院 1988 年发布、2019 年最新修订的《中华人民共和国城镇土地使用税暂行条例》。

二、城镇土地使用税的征税范围

城镇土地使用税的征税对象是土地。征税范围包括在城市、县城、建制镇和工矿区内的国家所有的土地和集体所有的土地，不包括农村土地。建立在城市、县城、建制镇和工矿区以外的工矿企业则不需缴纳城镇土地使用税。

自 2009 年 1 月 1 日起，公园、名胜古迹内的索道公司经营用地，按规定缴纳城镇土地使用税。自 2009 年 12 月 1 日起，单独建造的地下建筑用地，按规定征收城填土地使用税。

三、城镇土地使用税税收优惠

（一）法定免缴城镇土地使用税的优惠

（1）国家机关、人民团体、军队自用的土地。

（2）由国家财政部门拨付事业经费的单位自用的土地。

（3）宗教寺庙、公园、名胜古迹自用的土地。

（4）市政街道、广场、绿化地带等公共用地。

（5）直接用于农、林、牧、渔业的生产用地。

（6）经批准开山填海整治的土地和改造的废弃土地，从使用的月份免缴土地使用税 5 年至 10 年。

（7）非营利性医疗机构、疾病控制机构和妇幼保健机构等卫生机构自用的土地。

（8）企业办的学校、医院、托儿所、幼儿园，其用地能与企业其他用地明确区分的。

（9）免税单位无偿使用纳税单位的土地（如公安、海关等单位使用铁路、民航等单位的土地），免税。纳税单位无偿使用免税单位的土地，纳税单位应照章纳税。纳税单位与免税单位共同使用、共有使用权土地的多层建筑，对纳税单位可按其占用的建筑面积占建筑总面积的比例计税。

（10）部分特殊行业用地暂免征收土地使用税的规定：①高校后勤实体用地；②企业的铁路专用线及公路等用地；③企业厂区以外的公共绿化用地和向社会开放的公园用地；④港口的码头用地；⑤盐场的盐滩和盐矿的矿井用地；⑥水利设施管护用地；⑦机场飞行区。

（11）从 2015 年 7 月 1 日起，下列用地暂免征城镇土地使用税：①石油天然气（含页岩气、煤层气）生产建设用地（包括地质勘探、钻井、井下作业、油气田地面工程等施工临时用地；企业厂区以外的铁路专用线、公路及输油、输气、输水管道用地；油气长输管线用地）；②在城市、县城、建制镇以外工矿区内的消防、防洪排涝、防风、防沙设施用地。

（二）省、自治区、直辖市地方税务局确定减免土地使用税的优惠

（1）下列土地由省级地方税务局确定减免土地使用税：个人所有的居住房屋及院落用地；免税单位职工家属的宿舍用地；集体和个人办的各类学校、医院、托儿所及幼儿园用地；民政部门举办的安置残疾人占一定比例的福利工厂用地；基建项目在建期间使用的土地以及城镇集贸市场用地；各类危险品仓库、厂房所需的防火、防爆、防毒等安全防范用地等。

（2）纳税人缴纳土地使用税确有困难需要定期减免的，由省、自治区、直辖市税务机关审核后，报国家税务局批准。

四、城镇土地使用税的纳税人

在城市、县城、建制镇和工矿区范围内使用土地的单位和个人，为城镇土地使用税的纳税人。

单位，包括国有企业、集体企业、私营企业、股份制企业、外商投资企业、外国企业以及其他企业和事业单位、社会团体、国家机关、军队以及其他单位；个人，包括个体工商户以及其他个人。具体来说，通常包括以下几类：

（1）拥有土地使用权的单位和个人。

（2）拥有土地使用权的单位和个人不在土地所在地的，其土地的实际使用人和代管人为纳税人。

（3）土地使用权未确定或权属纠纷未解决的，其实际使用人为纳税人。

（4）土地使用权共有的，共有各方都是纳税人，由共有各方分别纳税。

五、城镇土地使用税的税目、税率

城镇土地使用税采用定额税率，即采用有幅度的差别税额，按大、中、小城市和县城、建制镇、工矿区分别规定每平方米土地使用税年应纳税额，具体标准见表 11-1。

表 11-1　城镇土地使用税税率表

级别	人口/人	每平方米税额/元
大城市	50 万以上	1.5～30
中等城市	20 万～50 万	1.2～24
小城市	20 万以下	0.9～18
县城、建制镇、工矿区		0.6～12

各省、自治区、直辖市人民政府可根据市政建设情况和经济繁荣程度在规定税额幅度内，确定所辖地区的适用税额幅度。经济落后地区，土地使用税的适用标准可适当降低，但降低额不得超过上述规定最低税额的30%。经济发达地区的适用税额标准可适当提高，但须报财政部批准。

六、城镇土地使用税的计算

（一）计税依据的确定

城镇土地使用税以纳税人实际占用的土地面积为计税依据，计税单位为平方米。纳税人实际占用的土地面积按下列办法确定：

（1）由省、自治区、直辖市人民政府确定的单位组织测定土地面积的，以测定的面积为准。

（2）尚未组织测量，但纳税人持有政府部门核发的土地使用证书的，以证书确认的土地面积为准。

（3）尚未核发土地使用证书的，应由纳税人申报土地面积，据以纳税，待核发土地使用证后再作调整。

（二）应纳税额的计算

城镇土地使用税按纳税人实际占用的土地面积和规定的税额按年计算，分期纳税。

年度应纳税额＝应税土地实际占用面积×适用单位税额

月（或季、半年）度应纳税额＝年度应纳税额/12（或4、2）

【引例分析11-1】

哈尔滨市富强办公设备有限责任公司2023年应纳城镇土地使用税的计税依据，即：

实际占用土地面积＝40 000－1 000－1 000－400＝37 600（m^2）。

2023年全年应纳城镇土地使用税额＝37 600×2＝75 200（元）。

任务二　办理城镇土地使用税申报缴纳

【知识准备】

一、纳税义务发生时间

（1）纳税人购置新建商品房，自房屋交付使用之次月起纳税。

（2）纳税人购置存量房，自办理房屋权属转移、变更登记手续，房地产权属登记机关签发房屋权属证书之次月起纳税。

（3）纳税人出租、出借房产，自交付出租、出借房产之次月起纳税。

（4）以出让或转让方式有偿取得土地使用权的，应由受让方从合同约定交付土地时间的次月起纳税；合同未约定交付时间的，由受让方从合同签订的次月起纳税。

（5）纳税人新征用的耕地，自批准征用之日起满一年时开始纳税。

（6）纳税人新征用的非耕地，自批准征用次月起纳税。

二、纳税期限

城镇土地使用税实行按年计算，分期缴纳的征收办法，一般按月、季或半年征收一次，具体纳税期限由省、自治区、直辖市人民政府确定。

三、纳税地点

城镇土地使用税在土地所在地缴纳。

纳税人使用的土地不属于同一省、自治区、直辖市管辖的，由纳税人分别向所在地的税务机关纳税；在同一省、自治区、直辖市管辖范围内，纳税人跨地区使用的土地，其纳税地点由各省、自治区、直辖市税务机关确定。城镇土地使用税由土地所在地的税务机关征收，其收入纳入地方财政预算管理。

四、纳税申报

从 2021 年 6 月 1 日起，纳税人申报城镇土地使用税时，统一使用“财产和行为税纳税申报表”（见表 11-2），并在规定期限内缴纳税款，取得完税凭证。

承接引导案例，哈尔滨市富强办公设备有限责任公司纳税人识别号 912301048888567833，开户银行工商银行哈尔滨市友好路支行，账号 1652110022330011777。法定代表人赵航，财务负责人王亮，税务会计杨树。请填报 2023 年第一季度城镇土地使用税的纳税申报表。

【操作步骤】

第一步，计算并确定城镇土地使用税应纳税额。

当地政府规定，城镇土地使用税采取按年计算、分季度缴纳方式征收，因此，2023 年第一季度公司应纳城镇土地使用税税额＝75 200/4＝18 800（元）。

第二步，填报城镇土地使用税纳税申报表。

哈尔滨市富强办公设备有限责任公司应按照城镇土地使用税法的有关规定，及时办理纳税申报，并如实填写“财产和行为税纳税申报表”（见表 11-2）。

第三步，缴纳城镇土地使用税税款。

哈尔滨市富强办公设备有限责任公司将纳税申报表、财务报表及其他相关材料送主管税务机关审核，根据主管税务机关审定的意见，在规定期限内向指定代理金库的银行缴纳税款，取得税收缴款书。

表 11-2　财产和行为税纳税申报表

纳税人识别号（统一社会信用代码）：912301048888567833

纳税人名称：哈尔滨市富强办公设备有限责任公司

金额单位：人民币元（列至角分）

序号	税种	税目	税款所属期起	税款所属期止	计税依据	税率	应纳税额	减免税额	已缴税额	应补（退）税额
1	城镇土地使用税	土地面积	2023. 1. 1	2023. 3. 31	75200/4	2	18 800.00			18 800.00
2										
3										
4										
5										
6										
7										
8										
9										
10										
11	合计	—	—	—	—	—	18 800.00			18 800.00

声明：此表是根据国家税收法律法规及相关规定填写的，本人（单位）对填报内容（及附带资料）的真实性、可靠性、完整性负责。

纳税人：　　　　2023 年 5 月 15 日

经办人：杨树 经办人身份证号：×××××××××××××××××× 代理机构签章： 代理机构统一社会信用代码：	受理人：××× 受理税务机关（章）： 受理日期：　　年　月　日

思考与练习

一、单项选择题

1. 根据城镇土地使用税法律制度的规定，下列土地中，不属于城镇土地使用税征税范围的是(　　)。

A. 城市土地　　B. 县城土地　　C. 农村土地　　D. 建制镇土地

2. 土地使用权未确定或权属纠纷未解决的，以(　　)为土地使用税纳税人。

A. 原拥有人　　B. 实际使用人　　C. 代管人　　D. 产权所有人

3. 根据城镇土地使用税的规定，下列说法正确的是(　　)。

A. 城镇土地使用税实行分级幅度税额

B. 城镇土地使用税的纳税人是所有占用土地的单位和个人

C. 城镇土地使用税的计税依据是纳税人用于生产经营活动的土地面积

D. 企业内的广场、道路占地免征城镇土地使用税

4. 下列单位的用地，征收城镇土地使用税的是(　　)。

A. 由国家财政部门拨付经费、实行全额预算管理的事业单位的自用土地

B. 由国家财政部门拨付经费、实行差额预算管理的事业单位的自用土地

C. 厂区以外的公共绿化用地和向社会开放的公园用地

D. 盐场、盐矿的生产厂房、办公、生活区用地

5. 几个单位共同拥有一块土地使用权，则纳税人为(　　)。

A. 其主管部门　　B. 税务机关核定的单位

C. 其中实际占用土地面积最大的单位　　D. 对这块土地拥有使用权的每一个单位

6. 位于某县城的一化工厂，2022 年 1 月企业土地使用证书记载占用土地的面积为 30 000 m^2，5 月新征用耕地 2 000 m^2，该县城适用的城镇土地使用税税率为 12 元/m^2，则 2022 年该化工厂应缴纳城镇土地使用税(　　)元。

A. 336 000　　B. 360 000　　C. 384 000　　D. 374 000

7. A 公司与 B 事业单位共同使用一块面积为 10 000 m^2 的土地，其中事业单位占用 60%，当地城镇土地使用税单位税额 4 元/m^2。下列说法正确的是(　　)。

A. A 公司应纳 16 000 元土地使用税，B 单位免税

B. A 公司和 B 单位均免税

C. A 公司应纳 40 000 元土地使用税，B 单位免税

D. A 公司应纳 16 000 元土地使用税，单位应纳 24 000 元土地使用税

8. 下列各项中，免征城镇土地使用税的是(　　)。

A. 基建项目在建期间使用的土地

B. 宗教寺庙内的宗教人员生活用地

C. 从事农、林、牧、渔业生产单位的办公用地

D. 企业关闭、撤销后，其占地用于出租的

9. 2021 年某企业占用某市二等地段土地 3 250 m^2，三等地段 14 500 m^2（其中 500 m^2 为该企业幼儿园用地），2021 年 4 月该企业在城郊征用耕地 3 000 m^2，同年 8 月征用非耕地 5 000 m^2。该市城镇土地使用税税额：二等地段 7 元/m^2，三等地段 4 元/m^2，城郊征用的耕地和非耕地 1.2 元/m^2。该企业 2021 年和 2022 年共应缴纳城镇土地使用税(　　)元。

A. 168 200　　B. 128 600　　C. 80 750　　D. 87 450

10. 某企业 2022 年年初在市区的总公司实际占用土地面积共 30 000 m^2，其中 5 000 m^2 为厂区内的绿化区，企业的医院共占地 500 m^2，另有 1 000 m^2 土地无偿借给武警部队作为训练场地；另外 2021 年 6 月新征用非耕地土地 5 000 m^2。企业在市区分设的 A 机构占地 3 000 m^2，其中无偿使用公安机关的一块场地 100 m^2；企业分设的 B 机构在郊区，占地面积 2 000 m^2。税率为：市区的土地 5 元/m^2，郊区的土地 3 元/m^2。该企业 2022 年应缴纳的城镇土地使用税是(　　)万元。

A. 16.3　　B. 15.1　　C. 17.6　　D. 17.8

11. 下列占用耕地的情形中，不需要计算缴纳耕地占用税的是(　　)。

A. 航道占用耕地　　B. 医院占用耕地

C. 港口占用耕地　　D. 外商投资企业占用耕地建造厂房

12. 下列各项中，减半征收耕地占用税的是(　　)。

A. 民营企业临时占用耕地　　B. 军事设施占用耕地

C. 农村居民占用耕地新建住宅　　D. 公路线路占用耕地

13. 某企业经批准占用园地 8 000 m^2 用于建造厂房，占用菜地 2 000 m^2 用于种植经济作物。已知，当地耕地占用税适用税额为 18 元/m^2，则该企业应缴纳耕地占用税(　　)元。

A. 40 000　　B. 144.000　　C. 180 000　　D. 36 000

14. 某航空企业经批准占用耕地 40 000 m^2 用于建设民用机场，其中飞机场跑道占用耕地 24 000 m^2，停机坪占用耕地 10 000 m^2，停车场占用耕地 6 000 m^2。已知该地区耕地占用税适用税额为 10 元/m^2，则该航空企业应缴纳耕地占用税(　　)元。

A. 102 000　　B. 128 000　　C. 60 000　　D. 400 000

15. 根据耕地占用税的有关规定，下列表述不正确的是(　　)。

A. 经批准占用耕地的，耕地占用税纳税义务发生时间为纳税人收到土地管理部门办理占用耕地手续通知的当天

B. 未经批准占用耕地的，耕地占用税纳税义务发生时间为纳税人实际占用耕地的当天

C. 未经批准占用耕地的，不征收耕地占用税，但由地方税务机关按规定进行处罚

D. 纳税人占用耕地或其他农用地，应当在耕地或其他农用地所在地申报缴纳耕地占用税

二、多项选择题

1. 城镇土地使用税的征税范围是(　　)。

A. 城市　　B. 县城　　C. 工矿区　　D. 建制镇

2. 下列各项中，符合城镇土地使用税有关规定的有（　　）。

A. 拥有土地使用权的单位和个人是纳税人，但不包括外商投资企业、外国企业

B. 在农村用于经营用的土地应缴纳土地使用税

C. 土地使用权未确定的或权属纠纷未解决的，其实际使用人为土地使用税的纳税人
D. 对企业厂区外的公共绿化用地暂免征收城镇土地使用税

3. 下列各项中，应当缴纳城镇土地使用税的有（　　）。
A. 用于渔场的办公楼及职工宿舍用地　　B. 某公园内专设游客餐厅用地
C. 公园中管理单位的办公用地　　D. 学校食堂对外营业的餐馆用地

4. 对纳税人实际占用的土地面积，可以按照下列（　　）方法确定。
A. 凡由省、自治区、直辖市人民政府确定的单位组织测定土地面积的，以测定面积为准
B. 尚未组织测量，但纳税人持有政府部门核发的土地使用证书的，以证书确认面积为准
C. 尚未核发土地使用证书的，应由纳税人申报土地面积据以纳税，待核发土地使用证以后再作调整
D. 尚未核发土地使用证书的，应由当地人民政府予以确定，作为计税依据

5. 下列选项中，可以作为城镇土地使用税的计税依据的有（　　）。
A. 实际占用的土地面积
B. 房地产管理部门核发的土地使用证书确认的土地面积
C. 税务机关核定的土地面积
D. 纳税人据实申报的土地面积

6. 下列说法符合城镇土地使用税的税率规定的是（　　）。
A. 有幅度差别的比例税率
B. 分级幅度税额
C. 经省、自治区、直辖市人民政府批准，经济发达地区的税率可以适当提高
D. 经省、自治区、直辖市人民政府批准，经济落后地区的税率可以适当降低

7. 以下属于现行城镇土地使用税的特点的有（　　）。
A. 城镇土地使用税属于准财产税
B. 城镇土地使用税的征税对象包括国有土地和农业土地
C. 城镇土地使用税实行差别幅度税额
D. 城镇土地使用税征税范围限定在城市、县城、建制镇、工矿区

8. 下列关于城镇土地使用税的陈述，正确的有（　　）。
A. 建立在农村的工矿企业不需缴纳城镇土地使用税
B. 对非营利性医疗机构自用的土地，免征城镇土地使用税
C. 对企业的铁路专用线、公路等用地，征收城镇土地使用税
D. 经批准开山填海整治的土地和改造的废弃土地，从使用的月份起免缴城镇土地使用税5年至10年

9. 城镇土地使用税的纳税人包括（　　）。
A. 土地的实际使用人　　B. 土地的代管人
C. 拥有土地使用权的单位和个人　　D. 土地使用权共有的各方

10. 以下关于城镇土地使用税的表述中，正确的有（　　）。

A. 纳税人使用的土地不属于同一市（县）管辖范围内的，由纳税人分别向土地所在地的税务机关申报缴纳

B. 纳税人使用的土地在同一省（自治区、直辖市）管辖范围内，纳税人跨地区使用的土地，由纳税人分别向土地所在地的税务机关申报缴纳

C. 纳税人新征用的土地，必须于批准新征用之日起15日内申报登记

D. 纳税人如有住址变更、土地使用权属转换等情况，从转移之日起，按规定期限办理申报变更登记

11. 根据耕地占用税的有关规定，下列各项土地中属于耕地的有（　　）。

A. 菜地　　B. 园地　　C. 田地　　D. 田间道路

12. 下列关于耕地占用税税收要素的说法中，不正确的有（　　）。

A. 纳税义务人是占用耕地建房或从事非农业建设的单位和个人

B. “耕地”是指种植农业作物的土地，包括菜地、园地，但不包括鱼塘

C. 耕地占用税以纳税人占用耕地的面积为计税依据

D. 经济特区、经济技术开发区和经济发达、人均耕地特别少的地区，适用税额可以适当提高，但最多不得超过上述规定税额的30%

13. 下列情形免征耕地占用税的有（　　）。

A. 养老院占用耕地　　B. 军事设施占用耕地

C. 幼儿园占用耕地　　D. 农村居民占用耕地新建住宅

14. 关于耕地占用税的说法，正确的有（　　）。

A. 耕地占用税收入专用于耕地开发与改良

B. 耕地占用税采用地区差别税率，按年课征

C. 耕地占用税的适用税额可以适当提高，但最多不得超过规定税额的50%

D. 占用鱼塘及其他农用土地建房或从事其他非农业建设，视同占用耕地

15. 下列符合耕地占用税法规定的有（　　）。

A. 纳税义务人是占用耕地建设非农业用房的单位和个人，但从事农业用房建设的不属于耕地占用税的纳税义务人

B. 纳税义务人包括从事非农业建设的单位和个人

C. 征税范围包括国家和集体所有的耕地

D. 征税范围不包括茶园、果园和其他种植经济林木的土地

三、判断题

1. 城镇土地使用税是对占用土地的行为征税，征税对象是土地。（　　）

2. 凡在中华人民共和国境内拥有土地使用权的单位和个人，均应依法缴纳城镇土地使用税。（　　）

3. 经济落后地区，城镇土地使用税的适用税额标准可适当降低，但降低额不得超过规定的最低税额的30%。（　　）

4. 企业厂区外公共绿化用地暂免征城镇土地使用税，厂区内绿化用地也暂免征城镇土地使用税。（　　）

5. 土地使用权未确定的，由土地所有人缴纳城镇土地使用税。（ ）

6. 实行自收自支、自负盈亏的事业单位的经营用地需要缴纳城镇土地使用税。（ ）

7. 公园中管理单位的办公用地需要征收城镇土地使用税。（ ）

8. 只要占用耕地就需要缴纳耕地占用税。（ ）

9. 耕地占用税采用地区差别定额税率。（ ）

10. 耕地占用税的适用税额可以适当提高，但最多不得超过规定税额的50%。（ ）

项目十二　房产税纳税业务

【学习目标】

- 掌握房产税的概念、基本法规和税款计算的知识。
- 掌握房产税纳税申报的相关规定。

【能力目标】

- 能确定房产税的纳税人及其适用税费率。
- 会根据业务资料计算房产税税费金额。

【素养目标】

- 培养学生诚实守信、依法纳税的责任意识。
- 能根据企业自身情况与税务部门沟通，积极争取税务部门的支持，使企业获得税收优惠。
- 能向其他财会人员宣传房产税等税费法规政策，依法纳税。
- 培养敬业精神、团队合作能力和良好的职业道德修养。

【思维导图】

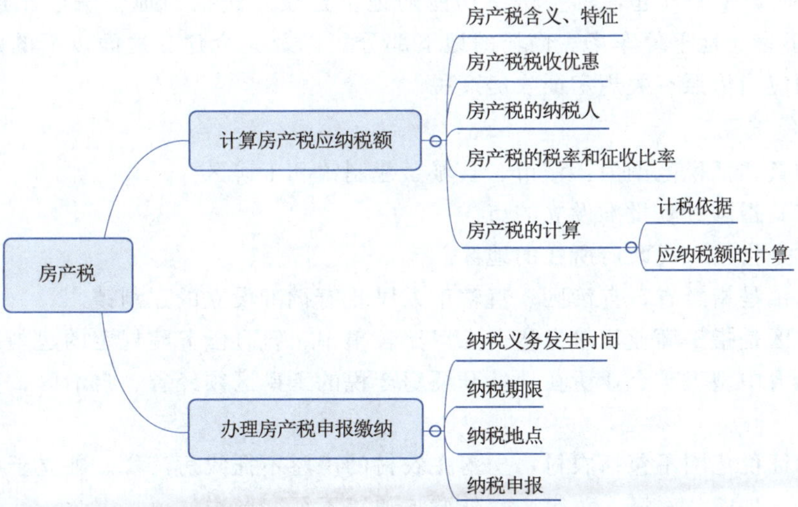

任务一　计算房产税应纳税额

【引导案例】

2022 年 12 月哈尔滨市幸福办公设备有限责任公司账面拥有办公楼 1 栋，总价值为 200 万元，生产车间 2 间，总价值 100 万元，临街商业门面 1 间，总价值 400 万元，办公楼和生产车间均自用，临街门面于 2023 年 4 月 1 日全部出租给某商场经营，合同约定年租金为 52.5 万元（含增值税），当地政府规定房产原值扣除率为 30%，并采取按年计征，分季度缴纳方式征收。

要求：计算哈尔滨市幸福办公设备有限责任公司 2023 年应纳多少房产税。

【知识准备】

一、房产税含义

房产税是以房产为征税对象，按照房产的计税价值或房产租金收入向房产所有人或经营管理人征收的一种税。我国现行房产税法规是国务院 1986 年 9 月颁布、同年 10 月 1 日起施行、2011 年 1 月修订的《中华人民共和国房产税暂行条例》及国家财政、税务部门陆续发布的有关房产税的规定。

二、房产税的征税对象和征税范围

（一）征税对象

房产税以房产为征税对象。房产，是指有屋面和围护结构（有墙或两边有柱），能够遮风避雨，可供人们在其中生产、学习、工作、娱乐、居住或贮藏物资的场所。房地产开发企业建造的商品房，在出售前，不征收房产税；但对出售前房地产开发企业已使用或出租、出借的商品房应按规定征收房产税。

从 2006 年 1 月 1 日起，具备房屋功能的地下建筑，包括与地上房屋相连的地下建筑（如房屋的地下室、地下停车场、商场的地下部分）以及完全建在地面以下的建筑、地下人防设施等，均应当依照有关规定征收房产税。

（二）征税范围

房产税的具体征税范围为：城市、县城、建制镇和工矿区。

（1）城市是指国务院批准设立的市。

（2）县城是指县人民政府所在的地区。

（3）建制镇是指经省、自治区、直辖市人民政府批准设立的建制镇。

（4）工矿区是指工商业比较发达、人口比较集中、符合国务院规定的建制镇标准但尚未设立建制镇的大中型工矿企业所在地。开征房产税的工矿区须经省、自治区、直辖市人民政府批准。

房产税的征税范围不包括农村，坐落在农村的房屋不征收房产税。独立于房屋之外的建筑物，如围墙、烟囱、水塔、菜窖、室外游泳池等不征房产税。

三、房产税税收优惠

目前房产税的税收优惠政策主要有：

（1）国家机关、人民团体、军队自用的房产免征房产税。但上述免税单位的出租房产以及非自身业务使用的生产、经营用房，不属于免税范围。

（2）由国家财政部门拨付事业经费的单位，如学校、医疗卫生单位、托儿所、幼儿园、敬老院、文化、体育、艺术等实行全额或差额预算管理的事业单位所有的，本身业务范围内使用的房产免征房产税。

由国家财政部门拨付事业经费的单位，其经费来源实行自收自支后，从事业单位实行自收自支的年度起，免征房产税 3 年。

上述单位所属的附属工厂、商店、招待所等不属于单位公务、业务的用房，应照章纳税。

（3）宗教寺庙、公园、名胜古迹自用的房产免征房产税。但宗教寺庙、公园、名胜古迹中附设的营业单位，如影剧院、饮食部、茶社、照相馆等使用的房产及出租的房产，不属于免税范围，应照章纳税。

（4）个人所有非营业用的房产免征房产税。但个人拥有的营业用房或者出租的房产，不属于免税房产，应照章纳税。

（5）对行使国家行政管理职能的中国人民银行总行（含国家外汇管理局）所属分支机构自用的房产，免征房产税。

（6）经财政部批准免税的其他房产，主要有：

①损坏不堪使用的房屋和危险房屋，经有关部门鉴定，在停止使用后，可免征房产税。

②纳税人因房屋大修导致连续停用半年以上的，在房屋大修期间免征房产税。

③在基建工地为基建工地服务的各种工棚、材料棚、休息棚和办公室、食堂、茶炉房、汽车房等临时性房屋，在施工期间，一律免征房产税。但工程结束后，施工企业将这种临时性房屋交还或估价给基建单位的，应从基建单位接收的次月起，照章纳税。

（7）为鼓励利用地下人防设施，暂不征收房产税。

（8）从 1998 年 1 月 1 日起，对房管部门经租的居民住房，在房租调整改革之前收取的租金偏低的，可暂缓征收房产税。对房管部门经租的其他非营业用房，是否给予照顾，由各省、自治区、直辖市根据当地具体情况按税收管理体制的规定办理。

（9）对高校后勤实体免征房产税。

（10）对非营利性医疗机构、疾病控制机构和妇幼保健机构等卫生机构自用的房产，免征房产税。

（11）老年服务机构自用的房产，免征房产税。

（12）从 2001 年 1 月 1 日起，对按政府规定价格出租的公有住房和廉租住房，包括企业和自收自支事业单位向职工出租的单位自有住房，房管部门向居民出租的公有住房，落实私房政策中带户发还产权并以政府规定租金标准向居民出租的私有住房等，暂免征收房产税。

（13）向居民供热并向居民收取采暖费的供热企业暂免征收房产税。

四、房产税的纳税人

房产税的纳税人是指在我国城市、县城、建制镇和工矿区内拥有房屋产权的单位和个人，具体包括产权所有人、承典人、房产代管人或者使用人。其中：

（1）产权属于国家所有的，由经营管理单位纳税；产权属于集体和个人所有的，由集体单位和个人纳税。

单位，包括国有企业、集体企业、私营企业、股份制企业、外商投资企业、外国企业以及其他企业和事业单位、社会团体、国家机关、军队以及其他单位；个人，包括个体工商户以及其他个人。

（2）产权出典的，由承典人纳税。产权出典，是指产权所有人将房屋、生产资料等的产权，在一定期限内典当给他人使用而取得资金的一种融资业务。由于在房屋出典期间，产权所有人已无权支配房屋，因此，税法规定由对房屋具有支配权的承典人为纳税人。

（3）产权所有人、承典人不在房地产所在地的，由房产代管人或者使用人纳税。

（4）产权未确定及租典纠纷未解决的，由房产代管人或者使用人纳税。

（5）纳税单位和个人无租使用房产管理部门、免税单位及纳税单位的房产，应由使用人代为缴纳房产税。

五、房产税的税目、税率

我国现行房产税采用的是比例税率。由于房产税的计税依据分为从价计征和从租计征两种形式，所以房产税的税率也有两种：

（1）以房产原值一次减除10%至30%后的余值计征的，税率为1.2%。

（2）以房产租金收入计征的，税率为12%。从2001年1月1日起，对个人按市场价格出租的居民住房，用于居住的，可暂减按4%的税率计征房产税。

六、房产税的计算

（一）计税依据的确定

房产税的计税依据是房产的计税价值或房产的租金收入。

（二）应纳税额的计算

1. 从价计征

从价计征是指以房产原值一次减除10%～30%后的余值为计税依据。各地扣除比例由当地省、自治区、直辖市人民政府确定。房产原值是指纳税人会计账簿中记录的原始价值，若没有记载原始价值的，可参照同类房屋确定房产原值。对原有房产进行改扩建的，应相应增加房产原值。

应纳税额＝应税房产原值×（1－扣除比例）×1.2%

同时应注意以下两个问题：

（1）对投资联营的房产，在计征房产税时应予以区别对待。对于以房产投资联营，投资者参与投资利润分红，共担风险的，按房产余值作为计税依据计征房产税；对以房产投资，收取固定收入，不承担联营风险的，实际是以联营名义取得房产租金，应由出租方按租金收入计缴房产税。

（2）对融资租赁的房产，其实际是一种变相的分期付款购买房产的形式，所以应按房产余值计算征收房产税，至于租赁期内的纳税人，由当地税务机关根据实际情况确定。

2. 从租计征

从租计征是指以房屋出租取得的不含增值税的租金收入为计税依据。如果以劳务或者其他形式为报酬抵付房产租金收入的，应根据当地同类房产的租金水平，确定一个标准租金额从租计征。

$$应纳税额=租金收入\times 12\%$$

【引例分析 12-1】

哈尔滨市幸福办公设备有限责任公司自用的办公楼和生产车间以及第一季度的临街商业门面采取从价计征房产税，4 月 1 日出租的临街门面采取从租计征房产税。

（1）从价计征应纳房产税税额＝(2 000 000＋1 000 000)×(1－30％)×1.2％＋4 000 000×(1－30％)×1.2％÷4＝25 200＋8 400＝33 600（元）

（2）从租计征应纳房产税税额＝525 000÷(1＋5％)×12％÷4×3＝45 000（元）

（3）2023 年应纳房产税税额＝33 600＋45 000＝78 600（元）

任务二　办理房产税申报缴纳

【知识准备】

一、纳税义务发生时间

（1）纳税人将原有房产用于生产经营，自生产经营之月起纳税。

（2）纳税人自建新房用于生产经营，自建成之次月起纳税。

（3）纳税人委托施工企业建造房产，自办理验收手续之次月起纳税。

（4）纳税人购置新建商品房，自房屋交付使用之次月起纳税。

（5）纳税人购置存量房产，自办理产权转移、变更登记手续，房地产权属登记机关签发房屋产权证书之次月起纳税。

（6）纳税人出租、出借房产，自交付出租、出借房产之次月起纳税。

（7）房地产开发企业自用、出租、出借本企业建造的商品房，自房屋使用或交付之次月起纳税。

二、纳税期限

房产税实行按年计征、分期缴纳的征收方法，具体期限由省、自治区、直辖市人民政府确定。

三、纳税地点

房产税在房产所在地缴纳。房产不在同一地方的纳税人，应按房产的坐落地点分别向房产所在地的税务机关纳税。

四、纳税申报

从 2021 年 6 月 1 日起，纳税人申报房产税时，统一使用“财产和行为税纳税申报表”（见表 12-1），在规定期限内向指定代理金库的银行缴纳税款，取得税收缴款书。

承接引导案例，哈尔滨市幸福办公设备有限责任公司纳税人识别号 912301048888544768，开户银行为工商银行哈尔滨市学习路支行，账号1652110022330022888。法定代表人李趣，财务负责人赫良，税务会计赵羞。哈尔滨市幸福办公设备有限责任公司采用按期汇总缴纳方式缴纳房产税，请填报2023年第二季度房产税的纳税申报表。

【操作步骤】

第一步，计算并确定房产税应纳税额。

当地政府规定，房产税采取按年计征，分季度缴纳方式征收，因此，2023年第二季度应纳房产税税额＝(2 000 000＋1 000 000)×(1－30%)×1.2%÷4＋525 000÷(1＋5%)×12%÷4＝21 300（元）。

第二步，填报有关房产税纳税申报表。

哈尔滨市幸福办公设备有限责任公司应按照房产税法的有关规定，及时办理纳税申报，并如实填写“财产和行为税纳税申报表”(见表12-1)。

第三步，缴纳房产税税款。

哈尔滨市幸福办公设备有限责任公司将纳税申报表、财务报表及其他相关材料送主管税务机关审核，根据主管税务机关审定的意见，在规定期限内向指定代理金库的银行缴纳税款，取得税收缴款书。

表 12-1　财产和行为税纳税申报表

纳税人识别号（统一社会信用代码）：912301048888544768

纳税人名称：哈尔滨市幸福办公设备有限责任公司　　　　金额单位：人民币元（列至角分）

序号	税种	税目	税款所属期起	税款所属期止	计税依据	税率	应纳税额	减免税额	已缴税额	应补（退）税额
1	房产税	房产价值	2023.4.1	2023.6.30	2 100 000/4	1.2%	6 300.00			6 300.00
2	房产税	租金收入	2023.4.1	2023.6.30	500 000/4	12%	15 000.00			15 000.00
3										
4										
5										
6										
7										
8										
9										
10										
11	合计	—	—	—	—	—	21 300.00			21 300.00

声明：此表是根据国家税收法律法规及相关规定填写的，本人（单位）对填报内容（及附带资料）的真实性、可靠性、完整性负责。

纳税人：　　2023 年 6 月 14 日

经办人：赵羞 经办人身份证号：×××××××××××××××××× 代理机构签章： 代理机构统一社会信用代码：	受理人：××× 受理税务机关（章）： 受理日期：　年　月　日

思考与练习

一、单项选择题

1. 下列各项中，属于房产税的征税范围的是（　　）。

A. 围墙　　B. 水塔　　C. 室外游泳池　　D. 办公楼

2. 对个人出租住房，不区分实际用途，均按（　　）的税率计算缴纳房产税。

A. 1.2%　　B. 4%　　C. 6%　　D. 12%

3. 对出租房产，租赁双方签订的租赁合同约定有免收租金期限的，免收租金期间由（　　）按照房产原值缴纳房产税。

A. 承租人　　B. 产权所有人

C. 税务机关确定纳税人　　D. 房产使用人

4. 下列各项中，应当征收房产税的是（　　）。

A. 行政机关所属招待所使用的房产

B. 自收自支事业单位向职工出租的单位自有住房

C. 施工期间施工企业在基建工地搭建的临时办公用房

D. 邮政部门坐落在城市、县城、建制镇、工矿区以外的房产

5. 某企业2022年年初委托施工企业建造厂房一幢，3月末办理验收手续，厂房入账原值1 200万元，3月31日将原值为600万元的旧厂房对外投资联营，不承担联营风险，当年收取固定收入20万元。已知当地省政府规定计算房产余值的减除比例为20%。2022年该企业上述房产应缴纳房产税（　　）万元。

A. 12.48　　B. 11.04　　C. 14.40　　D. 10.08

6. 李某在市区拥有A、B两栋住房，A栋房产原值为200万元，用于自己及家人居住，B栋房产原值为150万元，自2022年7月1日起按市场价格出租给居民王某居住，租期1年，每月收取租金0.4万元（不含增值税）。2022年6月30日B栋房产租赁到期，李某自2022年7月1日起，由A栋住房搬至B栋住房居住，同时将A栋住房用于经营美容店。已知当地省政府规定计算房产余值的减除比例为20%。2022年度李某应缴纳房产税（　　）万元。

A. 1.06　　B. 1.25　　C. 2.01　　D. 2.21

7. 2022年3月甲工业企业委托某施工企业建造一幢办公楼，工程于2023年1月25日完工，2月15日办妥（竣工）验收手续，3月5日付清全部工程价款，4月1日开始使用该办公楼。甲工业企业此幢办公楼房产税的纳税义务发生时间是（　　）。

A. 2023年1月　　B. 2023年2月　　C. 2023年3月　　D. 2023年4月

8. 2022年年初王某在市区拥有两套住房：一套原值为80万元的住房供自己和家人居住；另一套原值为100万元的住房于2022年7月1日按市场价格出租给李某居住，每月收取租金8 000元（不含增值税）。2022年王某应缴纳房产税（　　）元。

A. 0　　B. 1 920　　C. 5 760　　D. 9 600

9. 某企业购置一宗面积 3 000 m^2 的土地建立厂房，支付土地使用权价款 900 万元，厂房建筑面积 1 200 m^2，"固定资产"账面记录房产造价 2 000 万元（不含地价），当地省政府规定计算房产余值的减除比例为 20%，则该企业每年应缴纳房产税(　　)万元。

A. 16.8　　B. 22.57　　C. 26.11　　D. 27.84

10. 某企业拥有一栋房产原值为 1 600 万元的办公楼，2022 年 5 月 1 日为该办公楼更换电梯，将原价值为 100 万元的旧电梯更换为价值 300 万元的新电梯，5 月 20 日更换完毕。已知当地省政府规定计算房产余值的减除比例为 20%。该企业此栋办公楼 2022 年应缴纳房产税(　　)万元。

A. 16.48　　B. 16.67　　C. 16.32　　D. 15.36

11. 某房产租赁公司企业 2022 年拥有的租赁房产原值 5 000 万元，全年取得租房总收入 250 万元，其中经营公租房所取得的租金收入为 80 万元（不含增值税）。企业所在省规定计算房产余值的扣除比例为 30%，该企业 2022 年租赁房屋应缴纳房产税(　　)万元。

A. 20　　B. 20.4　　C. 25.64　　D. 25.44

12. 某企业拥有 A、B 两栋房产，A 栋自用，B 栋出租。A、B 两栋房产原值分别为 800 万元和 600 万元，2022 年 4 月底 B 栋房产租赁到期。自 2022 年 5 月 1 日起，该企业由 A 栋搬至 B 栋办公，同时对 A 栋房产开始进行大修至年底完工。企业出租 B 栋房产的月租金为 10 万元（不含增值税），当地政府规定房产税扣除比例为 25%。该企业 2022 年应缴纳房产税(　　)万元。

A. 10.8　　B. 8　　C. 9.5　　D. 12.36

13. 按照从价计征方法计征房产税，在确定房产计税余值时，房产原值的具体减除比例，由（　　）在法定的减除幅度内自行确定。

A. 省、自治区、直辖市人民政府　　B. 省、自治区、直辖市地方税务机关

C. 国家税务总局　　D. 财政部

14. 某小区内有一栋房产原值为 200 万元的老年活动中心，属于业主共有，因长时间荒废，2022 年年底李某经过批准遂将其中的 1/4 承租后用于经营超市和居住，每月支付租金 1 000元（不含增值税），剩下的 3/4 由业主共同开设一家健身房，取得的经营收入用于冲抵小区物业费。已知：当地政府规定的计算房产余值的扣除比例为 20%，则上述房产 2022 年应缴纳房产税(　　)万元。

A. 2.06　　B. 1.963　　C. 1.584　　D. 4.56

15. 2022 年某企业拥有房产原值共计 8 000 万元，其中生产经营用房原值 6 500 万元，内部职工医院用房原值 500 万元、托儿所用房原值 300 万元、超市用房原值 700 万元。当地政府规定计征房产税的扣除比例为 20%，2022 年该企业应缴纳房产税(　　)万元。

A. 62.4　　B. 69.12　　C. 76.8　　D. 77.92

16. 某房地产开发企业 2022 年开发 10 栋房产待售，房产原值共计 1 500 万元，2022 年 5 月 1 日将其中的 8 栋对外出售，另外 2 栋对外出租，年租金共计为 12 万元（不含增值税），则该房地产开发企业 2022 年应纳房产税(　　)万元。

A. 1.68　　B. 0.84　　C. 1.44　　D. 0.96

二、多项选择题

1. 下列关于房产税计税依据的说法中，正确的有（　　）。

A. 纳税人对原有房屋进行改建、扩建的，要相应增加房屋的原值

B. 以房产投资联营，投资者参与投资利润分红，共担风险的，不征收房产税

C. 对出租房产，租赁双方签订的租赁合同约定有免收租金期限的，免收租金期间不征收房产税

D. 以劳务为报酬抵付房租收入的，应根据当地同类房产的租金水平，确定一个标准出租金额，从租计征房产税

2. 下列关于房产税纳税人的表述中，正确的有（　　）。

A. 产权出典的，由出典人纳税

B. 产权所有人不在房屋所在地的，由房产代管人或者使用人纳税

C. 产权属于国家所有的，由经营管理单位纳税

D. 纳税单位和个人无租使用房产管理部门、免税单位及纳税单位的房产，应由使用人代为缴纳房产税

3. 下列关于房产税的有关规定，表述正确的有（　　）。

A. 对个人出租住房，不区分用途，按 4% 的税率征收房产税

B. 融资租赁的房产，由承租人自融资租赁合同约定开始日的次月起依照房产余值缴纳房产税，合同未约定开始日的，由承租人自合同签订的次月起依照房产余值缴纳房产税

C. 出租的地下建筑，按照出租地上房屋建筑的有关规定计算征收房产税

D. 自 2021 年 1 月 1 日至 2023 年 12 月 31 日，对高校学生公寓、商品储备管理公司及其直属库承担商品储备业务自用的房产，应计算缴纳房产税

4. 下列关于房产原值的说法中，正确的有（　　）。

A. 对依照房产原值计税的房产，如果未记载在会计账簿固定资产科目中的，不计算缴纳房产税

B. 房产原值应包括与房屋不可分割的各种附属设备或一般不单独计算价值的配套设施

C. 纳税人对原有房屋进行改建、扩建的，要相应增加房屋的原值

D. 对附属设备和配套设施中易损坏、需要经常更换的零配件，更新后不再计入房产原值

5. 纳税人从租计征房产税时，适用的税率有（　　）。

A. 1.2%　　B. 4%　　C. 10%　　D. 12%

6. 根据房产税的有关规定，下列说法正确的有（　　）。

A. 对以房产投资联营，投资者参与投资利润分红，共担风险的，不计征房产税

B. 对以房产投资联营，收取固定收入，不承担联营风险的，按房产余值作为计税依据计征房产税

C. 融资租赁的房屋，在计征房产税时应以房产余值计算征收

D. 宗地容积率低于 0.5 的，按房产建筑面积的 2 倍计算土地面积并据此确定计入房

产原值的地价

7. 下列各项中，免征房产税的有（　　）。

A. 国家机关自用的房产

B. 施工期间在基建工地为基建工地服务的材料棚

C. 企业因季节性停用的房产

D. 老年服务机构自用的房产

8. 下列关于房产税纳税人的说法中，正确的有（　　）。

A. 产权属于国家所有的，由经营管理单位纳税

B. 产权属于集体和个人所有的，由经营管理单位纳税

C. 产权出典的，由出典人纳税

D. 产权未确定及租典纠纷未解决的，由房产代管人或者使用人纳税

E. 纳税单位无租使用免税单位的房产，由使用人代为缴纳房产税

9. 下列各项中，应将其价值计入房产原值计征房产税的有（　　）。

A. 照明设备　　B. 中央空调

C. 电梯　　D. 更换的易损坏的零配件

E. 智能化楼宇设备

10. 下列关于房产税纳税义务发生时间的说法中，正确的有（　　）。

A. 将原有房产用于生产经营的，从生产经营的次月起，计征房产税

B. 自建的房屋用于生产经营的，从建成之日的次月起计征房产税

C. 购置新建商品房，自房屋交付使用之月起计征房产税

D. 出租的房产，自交付出租房产之次月起计征房产税

E. 房地产开发企业自用本企业建造的商品房，自房屋使用之次月起计征房产税

11. 下列关于房产税的申报与缴纳的说法中，不正确的有（　　）。

A. 房产税实行按年征收，一次性缴纳

B. 纳税人对原有房产进行扩建引起房产原值发生变化的，应及时向税务机关办理注销登记

C. 房产税在房产所在地缴纳

D. 房产不在同一地方的纳税人，应该在纳税人所在地计算缴纳房产税

E. 房产不在同一地方的纳税人，应按房产的坐落地点分别向房产所在地的税务机关缴纳房产税

12. 下列单位和个人取得的收入中，应按4%的税率计算缴纳房产税的有（　　）。

A. 企业向个人出租住房取得的租金

B. 企业向关联方企业出租职工宿舍取得的租金

C. 社会团体按市场价格向个人出租用于居住的住房取得的租金

D. 事业单位按市场价格向个人出租用于居住的住房取得的租金

E. 个人向其他个人出租厂房取得的租金

13. A政府机关与B公司共同使用一幢写字楼，房产原值共6 000万元，A政府机关占用房产原值5 000万元，B公司占用房产原值1 000万元。2022年3月1日A政府机关将其

使用房产的30%对外出租，当年取得租金收入150万元（不含增值税）。2022年7月31日B公司将其使用房产的30%对外投资，不承担联营风险，投资期限4年，当年取得固定利润分红8万元。已知该省人民政府统一规定计算房产余值的扣除比例为20%。根据上述资料，下列说法正确的有（　　）。

A. 政府机关2022年应纳房产税18万元

B. 政府机关2022年无须缴纳房产税

C. B公司2022年应纳房产税9.36万元

D. B公司2022年应纳房产税7.68万元

E. 该写字楼2022年合计应缴纳房产税25.68万元

14. 下列关于融资租赁房产的房产税处理，说法正确的有（　　）。

A. 由承租人在合同约定开始日的次月起，按照房产余值缴纳房产税

B. 由出租人在合同约定开始日的次月起，按照房产余值缴纳房产税

C. 合同未约定开始日的，由承租人在合同签订的次月起依照房产余值缴纳房产税

D. 合同未约定开始日的，由出租人在合同签订的当月起依照房产余值缴纳房产税

E. 合同未约定开始日的，由承租人在合同签订的当月起依照房产余值缴纳房产税

三、判断题

1. 从1994年开始，对邮电部门所属企业一律恢复征收房产税。（　　）

2. 对自用的售货亭应征收房产税。（　　）

3. 房产税以租金收入为计税依据的，年税率为1.2%。（　　）

4. 个人所有非营业用的房产免纳房产税。（　　）

5. 房产税建制镇的征税范围为镇人民政府所在地，不包括所辖的行政村。（　　）

6. 房产原值是指纳税人按照会计制度规定，在账簿“固定资产”科目中记载的房屋原价。对房产原值明显不合理的，应重新予以评估。（　　）

7. 实行差额预算管理的事业单位本身自用的房产免征房产税。（　　）

8. 房产不在一地的纳税人，应按房产的坐落地点，分别向房产所在地的税务机关缴纳房产税。（　　）

9. 纳税人自建的房屋，自建成之月起征收房产税。（　　）

10. 纳税单位和个人无租使用免税单位的房产可免纳房产税。（　　）

项目十三　土地增值税纳税业务

【学习目标】

- 掌握土地增值税的概念、基本法规和税款计算的知识。
- 掌握土地增值税纳税申报的相关规定。

【能力目标】

- 能确定土地增值税的纳税人及其适用税费率。
- 会根据业务资料计算土地增值税税费金额。

【素养目标】

- 培养学生诚实守信、依法纳税的责任意识。
- 能根据企业自身情况与税务部门沟通，积极争取税务部门的支持，使企业获得税收优惠。
- 能向其他财会人员宣传土地增值税等税费法规政策，依法纳税。
- 培养敬业精神、团队合作能力和良好的职业道德修养。

【思维导图】

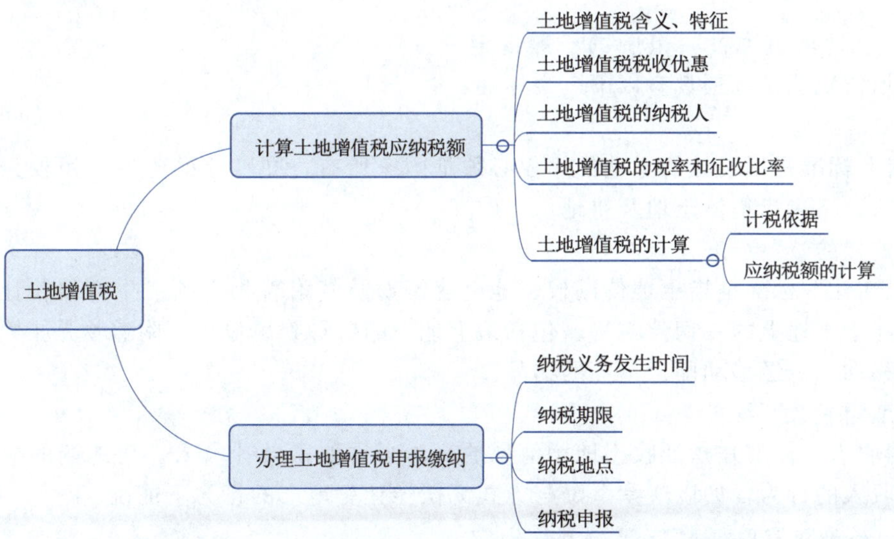

任务一　计算土地增值税应纳税额

【引导案例】

哈尔滨海天房地产开发有限责任公司 2023 年开发写字楼一幢，6 月份取得销售收入

109 000万元（含增值税），公司按规定缴纳了增值税 9 000 万元，城建税、教育费附加、地方教育费附加 1 080 万元。该公司为取得土地使用权而支付的金额为 10 000 万元；投入房地产开发成本 30 000 万元；开发费用 8 000 万元，其中计算分摊给这幢写字楼的利息支出 2 400万元（有金融机构证明），比按商业银行同类同期贷款利率计算的利息多 100 万元。公司所在地政府规定的其他开发费用的计算扣除比例为 5%。

要求：请计算哈尔滨海天房地产开发有限责任公司 2023 年 6 月开发写字楼应纳多少土地增值税。

【知识准备】

一、土地增值税含义

土地增值税是对转让国有土地使用权、地上建筑物及其附着物（简称转让房地产）并取得收入的单位和个人，就其转让房地产所取得的增值额征收的一种税。现行土地增值税的基本规范，是 1993 年 12 月 13 日国务院颁布并于 1994 年 1 月 1 日起实施的《中华人民共和国土地增值税暂行条例》和 1995 年 1 月 27 日财政部制定的《中华人民共和国土地增值税暂行条例实施细则》。

土地增值税是国家为了规范土地、房地产市场交易秩序，合理调节土地增值收益，维护国家权益而开征的税种。开征土地增值税是加强对房地产市场的调控能力的客观需要，对抑制房地产的炒作等投机行为，规范房地产市场健康、有序地发展有着重要的作用。

二、土地增值税的征税范围

（一）土地增值税征税范围的一般规定

土地增值税征税范围具有以下三个标准：

1. “国有”标准

“国有”标准是指转让的土地使用权必须是国家所有，即转让的土地使用权只能是国有土地使用权，不包括集体土地及耕地。

2. “产权转让”标准

“产权转让”标准是指土地使用权、地上建筑物及其附着物必须发生产权转让。地上建筑物是指建于土地上的一切建筑物，包括地上地下的各种附属设施。附着物是指附着于土地上的不能移动，一经移动即遭损坏的物品。

3. “取得收入”标准

“取得收入”标准是指征收土地增值税的行为必须取得转让收入。房地产的权属虽转让但未取得收入的行为，如以继承、赠与方式无偿转让房地产的行为不征税。

（二）土地增值税征税范围的特殊规定

（1）以房地产进行投资、联营的，投资、联营的一方以房地产作价入股进行投资或作为联营条件，将房地产转让到所投资、联营的企业时，暂免征收土地增值税；投资、联营企业将上述房地产再转让时，应征收土地增值税。

（2）对于一方出地，一方出资金，双方合作建房，建成后按比例分房自用的，暂免征收土地增值税；建成后转让的，应征收土地增值税。

（3）在企业兼并中，对被兼并企业将房地产转让到兼并企业中的，暂免征收土地增值税。

（4）房地产交换，应征土地增值税，但个人之间互换自有居住用房的，经当地税务机关核实，可以免征土地增值税。

（5）房地产抵押的，抵押期间不征土地增值税；抵押期满以房产抵债而发生房地产权属转让的，应征土地增值税。

（6）代建行为，房地产开发公司代客户进行房地产的开发，开发完成后向客户收取代建收入，由于没有发生房地产权属的转移，其收入属于劳务收入性质，不属于土地增值税的征税范围。

（7）房地产的重新评估，国有企业在清产核资时对房地产进行重新评估而产生的评估增值，既没有发生房地产权属的转移，也未取得收入，不属于土地增值税的征税范围。

三、土地增值税税收优惠

（1）纳税人建造普通标准住宅出售，增值额未超过扣除项目金额 20%的，免征土地增值税；增值额超过扣除项目金额 20%的，应就其全部增值额按规定计税。

（2）因国家建设需要依法征用、收回的房地产，免征土地增值税。

（3）个人拥有的普通住宅，在其转让时暂免征收土地增值税；个人因工作调动或改善居住条件而转让非普通住宅，经向税务机关申报核准，凡居住满 5 年或 5 年以上的，免征土地增值税；居住满 3 年未满 5 年的，减半征收土地增值税；居住未满 3 年的，按规定征收土地增值税。

四、土地增值税的纳税人

转让国有土地使用权、其地上建筑物和附着物并取得收入的单位和个人为土地增值税的纳税人。所称的单位包括各类企业单位、事业单位、国家机关、社会团体及其他组织；所称的个人包括个体经营者，此外，还包括港澳台同胞，以及外商投资企业、外国企业、外国驻华机构及海外华侨和外国公民。

五、土地增值税的税目、税率

土地增值税实行四级超率累进税率，是我国唯一采用超率累进税率的税种，具体见表 13-1。

表 13-1　土地增值税税率表

级次	增值额占扣除项目金额的比例	税率（%）	速算扣除系数（%）
1	50%（含）以下	30	0
2	50%～100%（含）	40	5
3	100%～200%（含）	50	15
4	200%以上	60	35

六、土地增值税的计算

（一）计税依据的确定

土地增值税的计税依据是纳税人转让房地产所取得的增值额，即纳税人转让房地产所取得的收入额减除规定的扣除项目金额后的余额，因此，要准确地界定增值额必须确定应税的收入额和扣除项目金额。

1. 应税收入的确定

应税收入主要包括转让房地产的全部价款及有关的经济收益，体现为货币收入、实物收入和其他收入。“营改增”后，转让房地产取得的应税收入为不含增值税收入。免征增值税的，转让房地产取得的收入不扣减增值税税额。

（1）货币收入，是指纳税人转让房地产而取得的现金、银行存款和国库券、金融债券、企业债券、股票等有价证券。

（2）实物收入，是指纳税人转让房地产而取得的各种实物形态的收入，如钢材、水泥等建材，房屋、土地等不动产。对于这些实物收入一般要按公允价值确认应税收入。

（3）其他收入，是指纳税人转让房地产而取得的无形资产收入或具有财产价值的权利，如专利权、商标权、著作权、专有技术使用权、土地使用权、商誉权等。

2. 扣除项目及其金额的确定

根据税法规定，准予从转让收入中扣除的项目包括以下六个方面：

（1）取得土地使用权所支付的金额，包括纳税人为取得土地使用权所支付的地价款和在取得土地使用权时按国家统一规定缴纳的有关费用。其中：以出让方式取得的，以支付的土地出让金为地价款；以行政划拨方式取得的，以补交的土地出让金为地价款；以转让方式取得的，以向原土地使用人实际支付金额为地价款。

（2）房地产开发成本，是指房地产开发项目实际发生的成本，包括土地征用及拆迁补偿费、前期工程费、建筑安装工程费、基础设施费、公共配套设施费、开发间接费用等。

（3）房地产开发费用，是指与房地产开发项目有关的销售费用、管理费用和财务费用。从转让收入中扣除的房地产开发费用，不按实际发生额扣除，而是按税法规定标准计算扣除。具体计算方法视财务费用中的利息支出的不同分别处理：

①财务费用中的利息支出，凡能够按转让房地产项目计算分摊并提供金融机构证明的，允许据实扣除，但最高不能超过按商业银行同类、同期贷款利率计算的金领；其他房地产开发费用，按取得土地使用权所支付的金额和房地产开发成本金额之和的5%以内计算扣除。计算公式如下：

房地产开发费用＝利息＋（取得土地使用权所支付的金额＋房地产开发成本）×5%

②财务费用中的利息支出，凡不能按转让房地产项目计算分摊利息或不能提供金融机构证明的，房地产开发费用按取得土地使用权支付金额和房地产开发成本之和的10%以内计算扣除。计算公式如下：

房地产开发费用＝（取得土地使用权所支付的金额＋房地产开发成本）×10%

（4）与转让房地产有关的税金，包括在转让房地产时缴纳的城建税、印花税、教育费附加。扣除项目涉及的增值税进项税额，允许在销项税额中计算抵扣的，不计入扣除项目，不允许在销项税额中计算抵扣的，可以计入扣除项目。

（5）其他扣除项目，特指从事房地产开发的纳税人，可按取得土地使用权所支付的金额和房地产开发成本金额之和的20%加计扣除，除此之外的其他纳税人不适用。计算公式如下：

加计扣除费用＝（取得土地使用权所支付的金额＋房地产开发成本金额）×20%

（6）旧房及建筑物的评估价格，即在转让已使用房屋及建筑物时，由政府批准设立的房地产评估机构评定的重置成本乘以成新度折扣率后的价格。不能取得评估价格的，参见国家税务总局公告 2016 年第 70 号。

（二）应纳税额的计算

土地增值税应纳税额计算步骤如下：

第一步，计算增值额。

$$增值额=转让收入-扣除项目金额$$

第二步，计算增值率。

$$增值率=增值额\div扣除项目金额\times100\%$$

第三步，确定适用税率和速算扣除系数。

第四步，计算应纳税额。

$$\begin{aligned}应纳税额&=\sum(每级距增值额\times适用税率)\\&=增值额\times适用税率-扣除项目金额\times速算扣除系数\end{aligned}$$

新建房地产和存量房地产，在计算土地增值税时，两者的扣除项目内容不同，具体见表 13-2。

表 13-2　新建房地产与存量房地产扣除项目的比较

扣除项目	新建房地产		存量房地产	
	非房地产企业	房地产企业	旧房及建筑物	土地使用权
取得土地使用权所支付的金额	√	√	√	√
房地产开发成本	√	√	—	—
房地产开发费用	√	√	—	—
与转让房地产有关的税金	√	√	√	—
其他扣除项目（即加计扣除）	—	√	—	√
旧房及建筑物的评估价格	—	—	√	—

【引例分析 13-1】

哈尔滨海天房地产开发有限责任公司 2023 年 6 月开发写字楼应纳土地增值税计算如下：

开发写字楼各扣除项目金额分别为：

（1）取得土地使用权而支付的金额为 10 000 万元。

（2）房地产开发成本为 30 000 万元

（3）房地产开发费用＝利息＋（取得土地使用权所支付的金额＋房地产开发成本）×5%
＝2 400－100＋(10 000＋30 000)×5%＝4 300（万元）

（4）与转让房地产有关的税金＝城市维护建设税＋教育费附加＋地方教育费附加＝1 080（万元）

（5）房地产开发企业加计扣除金额＝(取得土地使用权所支付的金额＋房地产开发成本)×20%
＝(10 000＋30 000)×20%＝8 000（万元）

（6）开发写字楼准予扣除项目金额合计＝10 000＋30 000＋4 300＋1 080＋8 000＝53 380（万元）

（7）增值额＝109 000÷(1＋9%)－53 380＝46 620（万元）

（8）增值额与准予扣除项目金额的比率＝46 620÷53 380×100%≈87.34%

（9）应纳土地增值税税额＝46 620×40%－53 380×5%＝15 979（万元）

任务二　办理土地增值税申报缴纳

【知识准备】

一、纳税期限

土地增值税的纳税人应在转让房地产合同签订后的 7 日内，到房地产所在地主管税务机关办理纳税申报，并向税务机关提交房屋及建筑物产权证、土地使用权证书、土地转让与房产买卖合同、房地产评估报告及其他与转让房地产有关的资料。纳税人因经常发生房地产转让而难以在每次转让后申报的，经税务机关审核同意，可以定期进行纳税申报，具体期限由税务机关确定。纳税人预售房地产取得的收入，凡当地税务机关规定预征土地增值税的，纳税人应当到主管税务机关办理纳税申报，并按规定比例预交，待办理决算后，多退少补；凡当地税务机关规定不预征土地增值税的，也应在取得收入时先到税务机关登记或备案。

二、纳税地点

土地增值税的纳税地点确定，根据纳税人性质不同有两种情况：

（1）法人纳税人。转让的房地产坐落地与其机构所在地一致的，以办理税务登记的原管辖税务机关为纳税地点；转让的房地产坐落地与其机构所在地或经营所在地不一致的，以房地产坐落地所管辖的税务机关为纳税地点。

（2）自然人纳税人。转让的房地产坐落地与其居住所在地一致的，以住所所在地税务机关为纳税地点；转让的房地产坐落地与其居住所在地或经营所在地不一致的，以办理过户手续所在地税务机关为纳税地点。

三、纳税申报

从 2021 年 6 月 1 日起，纳税人申报土地增值税时，统一使用“财产和行为税纳税申报表”，并在规定期限内缴纳税款，取得完税凭证。

承接引导案例，哈尔滨海天房地产开发有限责任公司纳税人识别号 91446765976743OO16，开户银行为工商银行哈尔滨市幸福路支行，账号 19377008776669822436。法定代表人王威，财务负责人张彤，税务会计李霞。要求填报哈尔滨海天房地产开发有限责任公司 2023 年开发写字楼土地增值税的纳税申报表并缴纳税款。

【操作步骤】

第一步，计算并确定土地增值税应纳税额。

根据前面计算，2023 年开发的写字楼应纳土地增值税税额＝159 790 000（元）。

第二步，填报土地增值税纳税申报表。

哈尔滨海天房地产开发有限责任公司按照有关规定，及时办理纳税申报，并如实填写“财产和行为税纳税申报表”（见表 13-3）。

第三步，缴纳土地增值税税款。

哈尔滨海天房地产开发有限责任公司将纳税申报表及其他相关材料送主管税务机关审核，根据主管税务机关审定的意见，在规定期限内向指定代理金库的银行缴纳税款，取得税收缴款书。

表 13-3　财产和行为税纳税申报表

纳税人识别号（统一社会信用代码）：914467659767430016
纳税人名称：哈尔滨海天房地产开发有限责任公司

金额单位：人民币元（列至角分）

序号	税种	税目	税款所属期起	税款所属期止	计税依据	税率	应纳税额	减免税额	已缴税额	应补（退）税额
1	土地增值税	房地产开发项目	2023.5.1	2023.5.31	466 200 000.00	40%	159 790 000.00			159 790 000.00
2										
3										
4										
5										
6										
7										
8										
9										
10										
11	合计	—	—	—	—	—	159 790 000.00			159 790 000.00

声明：此表是根据国家税收法律法规及相关规定填写的，本人（单位）对填报内容（及附带资料）的真实性、可靠性、完整性负责。

纳税人：　　　　2023 年 6 月 14 日

经办人：李霞 经办人身份证号：×××××××××××××××××××× 代理机构签章： 代理机构统一社会信用代码：	受理人：××× 受理税务机关（章）： 受理日期：　　年　月　日

思考与练习

一、单项选择题

1. 下列各项中，属于土地增值税征收范围的是（　　）。

A. 出让国有土地使用权　　B. 转让国有土地使用权

C. 出租国有土地使用权　　D. 继承国有土地使用权

2. 下列各项中，应征收土地增值税的是（　　）。

A. 赠与社会公益事业的房地产　　B. 个人之间互换自有居住用房地产

C. 抵押期满权属转让给债权人的房地产　　D. 兼并企业从被兼并企业得到的房地产

3. 下列不属于我国土地增值税特点的是（　　）。

A. 以转让房地产的增值额为计税依据　　B. 征税面比较广

C. 实行超率累进税率　　D. 实行按年计征，按次预缴

4. 下列各项中，应缴纳土地增值税的是（　　）。

A. 房屋所有人将房屋产权赠与直系亲属

B. 土地管理部门出让国有土地使用权

C. 房地产开发商将自己开发的房地产无偿赠送给关联企业

D. 某企业将一栋楼房的产权通过国家机关赠与一所希望小学

5. 根据土地增值税的相关规定，下列行为中，需要缴纳土地增值税的是（　　）。

A. 某房地产企业以开发的商品房抵偿债务

B. 企业兼并中，被兼并企业将房地产转让到兼并企业中

C. 某工业企业将自建厂房作价投入某生产企业进行联营

D. 某人将自己一套闲置的住房出售

6. 下列各项中，不属于土地增值税纳税人的是（　　）。

A. 销售自建商品房的某外资房地产开发公司

B. 转让国有土地使用权的某高等学校

C. 出租厂房的某工业企业

D. 转让办公楼的某国家机关

7. 企业开发房地产取得土地使用权所支付的金额为 300 万元，房地产开发成本为 1 000 万元，向金融机构借入资金利息支出 50 万元，可提供金融机构的贷款证明，发生其他开发费用 90 万元。该企业允许扣除的房地产开发费用限额为（　　）万元。

A. 50　　B. 65　　C. 115　　D. 1 350

8. 位于县城的某商贸公司于 2022 年 12 月销售一栋旧办公楼，取得收入 1 000 万元，缴纳印花税 0.5 万元，因无法取得评估价格，公司提供了购房发票，该办公楼购于 2017 年 1 月，购价为 600 万元，销售时缴纳相关税费 21.6 万元，缴纳契税 18 万元。该公司销售办公楼计算土地增值税时，可扣除项目金额的合计数为（　　）万元。

A. 820.1　　B. 760.1　　C. 639.6　　D. 640.1

9. 转让旧房，计征土地增值税时不可以作为扣除项目的是（　　）。

A. 房屋及建筑物的评估价格　　B. 取得土地使用权所支付的地价款

C. 房屋的重置成本价　　D. 转让环节缴纳的税金

10. 某房地产公司开发A、B两栋商业用房，各支付地价款及有关费用800万元，开发成本均为1 200万元，假设A商业用房发生利息支出130万元，能按房地产开发项目分摊且能提供金融机构证明，发生其他开发费用110万元，B商业用房发生利息支出60万元，不能提供金融机构证明，发生其他开发费用150万元。则该房地产公司开发这两栋商业用房的开发费用限额总计为(　　)万元。

A. 230　　B. 200　　C. 190　　D. 430

11. 某国有企业在市区购置一栋办公楼，支付8 000万元。现该企业将办公楼转让，取得收入10 000万元，签订产权转移书据。办公楼经税务机关认定的重置成本价为12 000万元，成新率70%，销售时缴纳相关税费115万元。该企业在缴纳土地增值税时计算的增值额为(　　)万元。

A. 400　　B. 1 485　　C. 1 490　　D. 200

12. 某工业企业转让一幢新建办公楼取得收入5 000万元，计算土地增值税时可以扣除的取得土地使用权金额、房地产开发成本和房地产开发费用为3 700万元，缴纳与转让办公楼相关的可扣除税金275万元。该企业应缴纳土地增值税(　　)万元。

A. 96.75　　B. 97.50　　C. 306.75　　D. 307.50

13. 某房地产开发公司转让一栋写字楼取得收入2 100万元，已知该公司为取得土地使用权所支付的金额为80万元，房地产开发成本为350万元，房地产开发费用为60万元，该公司全部用自有资金开发该项目，没发生利息支出，转让房地产的可扣除税金为50万元。该公司应缴纳的土地增值税为(　　)万元。

A. 894.6　　B. 681.45　　C. 529.2　　D. 1 107.75

14. 纳税人建造普通标准住宅出售，增值额超过扣除项目金额20%的，应就其(　　)按规定计算缴纳土地增值税。

A. 超过部分的金额　B. 全部增值额　　C. 扣除项目金额　　D. 出售金额

15. 下列项目中，属于土地增值税免税范围的有(　　)。

A. 建造普通标准住宅出售，增值额超过扣除项目金额之和20%的房产

B. 个人转让住房

C. 非房地产开发企业对外投资（投资于房地产开发企业）的房产

D. 企事业单位转让旧房

16. 出售旧房及建筑物计算土地增值税的增值额时，其扣除项目金额中的旧房及建筑物的评估价格应按(　　)计算。

A. 账载余额　　B. 账载原值乘以成新度折扣率

C. 重置成本　　D. 重置成本价乘以成新度折扣率

17. 土地增值税纳税人应在签订房地产转让合同(　　)日内，到房地产所在地税务机关办理纳税申报。

A. 3　　B. 7　　C. 15　　D. 30

18. 下列情形中，不属于主管税务机关可要求房地产开发企业进行土地增值税清算的是(　　)。

A. 取得销售（预售）许可证满3年仍未销售完毕的

B. 整体转让未竣工决算房地产开发项目的

C. 纳税人审批注销税务登记但未办理土地增值税清算手续的

D. 已竣工验收的房地产开发项目70%用于销售，其余可销售部分自用或出租的

19. 清算土地增值税时，房地产开发企业建造的与清算项目配套的会所等公共设施，其成本费用可以扣除的情形是(　　)。

A. 建成后开发企业转为自用的　　B. 建成后开发企业用于出租的

C. 建成后直接赠与其他企业的　　D. 建成后产权属于全体业主的

20. 对于应进行土地增值税清算的项目，须在满足清算条件之日起(　　)日内到主管税务机关办理清算手续。

A. 15　　B. 30　　C. 60　　D. 90

二、多项选择题

1. 下列各项中，属于土地增值税征税范围的有（　　）。

A. 转让地上建筑物　　B. 转让地上附着物产权

C. 转让地下建筑物产权　　D. 出让国有土地使用权

2. 下列行为中，应当征收土地增值税的有（　　）。

A. 双方合作建房后按比例分配房产，各自出售房产的

B. 以房地产作价入股投资于房地产开发公司的

C. 以房地产抵押贷款，未发生房地产产权转让的

D. 被兼并企业将房地产转让到兼并企业的

3. 以下应征土地增值税的项目有（　　）。

A. 取得奥运会占地的拆迁补偿金

B. 将一项房产直接赠与某私立学校以支援教育事业

C. 被兼并企业将房产转让到兼并企业中

D. 房地产开发商销售楼房

4. 下列属于土地增值税纳税义务人的有（　　）。

A. 社会团体　　B. 外商投资企业　　C. 个人　　D. 事业单位

5. 下列单位中，属于土地增值税纳税人的有（　　）。

A. 建造房屋的施工单位　　B. 中外合资房地产公司

C. 出售国有土地使用权的事业单位　　D. 房地产管理的物业公司

6. 下列各项中，属于土地增值税纳税义务人的有（　　）。

A. 转让闲置房产的某事业单位　　B. 转让办公楼的某外商投资企业

C. 转让我国国有土地使用权的外资企业　　D. 与某公司互换房产的集体企业

7. 下列情形中，应按评估价格计征土地增值税的有（　　）。

A. 提供扣除项目金额不实的

B. 隐瞒、虚报房地产成交价格的

C. 房地产开发项目全部竣工完成销售需要进行清算的

D. 转让房地产的成交价格低于房地产评估价格，又无正当理由的

8. 计算土地增值税扣除项目金额中不得扣除的利息支出有（　　）。

A. 10 年以上的借款利息

B. 境外借款利息

C. 超过国家有关规定的上浮幅度的部分

D. 超过贷款期限的利息部分和加罚的利息

9. 房地产开发公司支付的下列相关税费，可以列入加计 20%扣除范围的有（　　）。

A. 取得土地使用权缴纳的契税　　　　B. 占用耕地缴纳的耕地占用税
C. 销售过程中发生的销售费用　　　　D. 支付建筑工人的工资福利费

10. 下列各项中，房地产开发公司应进行土地增值税清算的有（　　）。
A. 直接转让土地使用权的
B. 房地产开发项目全部竣工完成销售的
C. 整体转让未竣工决算房地产开发项目的
D. 取得销售（预售）许可证满 2 年仍未销售完毕的

三、判断题

1. 转让集体土地应缴纳土地增值税。（　　）
2. 某单位以低于取得成本的价格转让其房产，不交土地增值税。（　　）
3. 评估增值的房地产应征收土地增值税。（　　）
4. 某房地产开发商将所开发的部分商品出租，取得了收入，应征收土地增值税。（　　）
5. 出让土地使用权，出让方取得了收入，应征收土地增值税。（　　）
6. 某房地产开发企业以开发的商品房抵偿债务应缴纳土地增值税。（　　）
7. 房地产开发商支付的土地征用及拆迁补偿费属于开发费用，不能加计扣除。（　　）
8. 以自产的房屋安置拆迁户，应视同销售计算缴纳土地增值税。（　　）
9. 房地产开发商以自有资金进行商品房的开发，不能扣除利息支出。（　　）
10. 非房地产开发企业销售开发产品不得加计扣除“取得土地使用权所支付的金额＋开发成本”。（　　）
11. 纳税人转让旧房，不能提供评估价格，但能提供购买发票的，可按发票所载金额从购买年度至转让年度止每年加计 20%计算扣除。（　　）
12. 土地增值税的纳税人应在转让房地产合同签订后的 7 日内，到房地产所在地主管税务机关办理纳税申报。（　　）
13. 纳税人按规定预缴土地增值税后，清算补缴的土地增值税，在主管税务机关规定的期限内补缴的，不加收滞纳金。（　　）
14. 房地产公司分期开发同一个项目的，应在项目全部完工后，统一汇算清缴土地增值税。（　　）
15. 某纳税人提前知道其房产所在地因城市规划需要而要拆迁，自行转让了房产，其行为需要交纳土地增值税。（　　）

项目十四　契税纳税业务

【学习目标】

- 掌握契税的概念、基本法规和税款计算的知识。
- 掌握契税纳税申报的相关规定。

【能力目标】

- 能确定契税的纳税人及其适用税费率。
- 会根据业务资料计算契税税费金额。

【素养目标】

- 培养学生诚实守信、依法纳税的责任意识。
- 能根据企业自身情况与税务部门沟通，积极争取税务部门的支持，使企业获得税收优惠。
- 能向其他财会人员宣传契税等税费法规政策，依法纳税。
- 培养敬业精神、团队合作能力和良好的职业道德修养。

【思维导图】

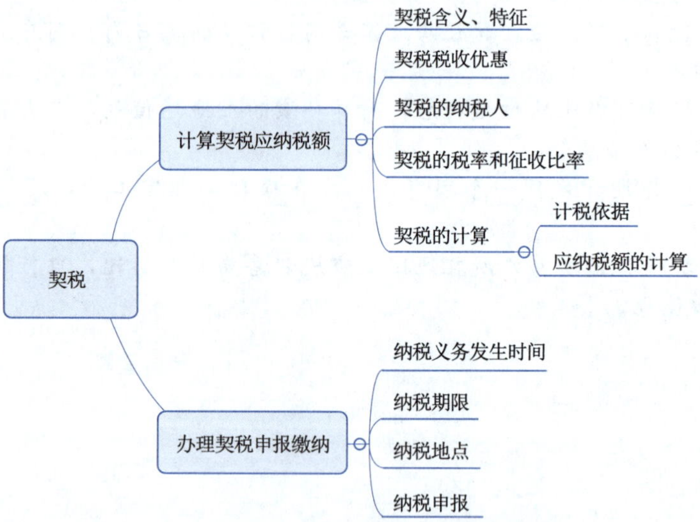

任务一　计算契税应纳税额

【引导案例】

2023 年 5 月哈尔滨市富强办公设备有限责任公司向哈尔滨华润房地产开发有限公司购

入办公房一幢，支付房屋款1 090万元（含增值税），当地政府规定契税税率为3%。

要求：计算该公司2023年5月份应纳契税税额，填报有关契税的纳税申报表并缴纳5月份契税款。

【知识准备】

一、契税的含义、特征

契税是以所有权发生转移变动的不动产为征税对象，向产权承受人征收的一种财产税。现行契税的基本规范是第十三届全国人大常委会第二十一次会议2020年8月11日通过、2021年9月1日起施行的《中华人民共和国契税法》。

我国目前房地产类税收主要有契税、房产税、城镇土地使用税、土地增值税、耕地占用税等，契税是对土地、房屋权属转移行为征收的一种税，是唯一从需求方进行调节的税种。具有课税范围广泛性、取得收入及时性和税基相对稳定性等特点，筹集财政收入的功能特别强，同时具有调控房地产市场、促进社会经济健康发展的作用。

二、契税的征税对象

契税以在我国境内转移土地、房屋权属的行为作为征税对象，土地、房屋权属未发生转移的，不征收契税。如国有土地使用权出让、土地使用权转让、房屋买卖、房屋赠与和房屋交换等行为要征契税；土地及房屋的典当、继承、分拆、出租或抵押等行为不征契税。

下列方式实现土地、房屋权属转移的，视同土地使用权转让、房屋买卖或赠与征收契税：①以土地、房屋权属作价投资入股；②以土地、房屋权属抵债；③以获奖方式承受土地、房屋权属；④以预购方式或者预付集资建房款方式承受土地、房屋权属等。

三、契税税收优惠

(1) 国家机关、事业单位、社会团体、军事单位承受土地、房屋用于办公、教学、医疗、科研和军事设施的，免征契税。

(2) 非营利性的学校、医疗机构、社会福利机构承受土地、房屋权属用于办公、教学、医疗、科研、养老、救助的，免征契税。

(3) 承受荒山、荒地、荒滩土地使用权用于农、林、牧、渔业生产的，免征契税。

(4) 婚姻关系存续期间夫妻之间变更土地、房屋权属的，免征契税。

(5) 法定继承人通过继承承受土地、房屋权属的，免征契税。

(6) 依照法律规定应当予以免税的外国驻华使馆、领事馆和国际组织驻华代表机构承受土地、房屋权属的，免征契税。

(7) 根据国民经济和社会发展的需要，国务院对居民住房需求保障、企业改制重组、灾后重建等情形可以规定免征或者减征契税，报全国人民代表大会常务委员会备案。

(8) 下列情形免征或者减征契税，由省、自治区、直辖市人民政府提出，报同级人民代表大会常务委员会决定，并报全国人民代表大会常务委员会和国务院备案：①因土地、房屋被县级以上人民政府征收、征用，重新承受土地、房屋权属；②因不可抗力灭失住房，重新承受住房权属。

经批准减征、免征契税的纳税人，改变有关土地、房屋的用途的，就不再属于减征、免征契税范围，应当缴纳已经减征、免征的税款。

四、契税的纳税人

契税的纳税人是指在我国境内承受土地、房屋权属转移的单位和个人。契税由权属的承受方缴纳，所说的“承受”是指以受让、购买、受赠、交换等方式取得土地、房屋权属的行为；“土地、房屋权属”是指土地使用权和房屋所有权；“单位”是指企业单位、事业单位、国家机关、军事机关和社会团体以及其他组织；“个人”是指个体经营者和其他个人。

五、契税的税目、税率

契税采用比例税率，并实行3%～5%的幅度税率。契税的具体适用税率，由省、自治区、直辖市人民政府在规定的税率幅度内提出，报同级人民代表大会常务委员会决定，并报全国人民代表大会常务委员会和国务院备案。省、自治区、直辖市可以依照规定的程序对不同主体、不同地区、不同类型的住房的权属转移确定差别税率，以适应不同地区纳税人的负担水平和调控房地产交易市场价格。

自2010年10月1日起，对个人购买家庭唯一住房，面积为90 m^2 及以下的，减按1%的税率征收契税；面积为90 m^2 以上的，减按1.5%的税率征收契税。对个人购买家庭第二套改善性住房，面积为90 m^2 及以下的，减按1%的税率征收契税；面积为90 m^2 以上的，减按2%的税率征收契税。

六、契税的计算

（一）计税依据的确定

契税的计税依据是在土地、房屋权属转移时双方当事人签订的签约价格，按照土地、房屋权属转移的形式、定价不同，具体规定如下：

（1）土地使用权出让、出售，房屋买卖的，以土地、房屋权属转移合同确定的成交价格为计税依据，包括应交付的货币以及实物、其他经济利益对应的价款。

（2）土地使用权赠予、房屋赠予以及其他没有价格的转移土地、房屋权属行为的，由税务机关参照土地使用权出售、房屋买卖的市场价格依法核定的价格为计税依据。

（3）土地使用权互换、房屋互换的，以所互换的土地使用权、房屋价格的差额为计税依据。交换价格相等的，免征契税；交换价格不相等的，由支付差价款的一方缴纳契税。

（4）房屋附属设施计税依据按下列规定确定：采取分期付款方式购买房屋、附属设施土地使用权、房屋所有权的，按合同规定的总价款计征契税；承受的房屋附属设施权属如为单独计价的，按当地确定的适用税率征收契税，如与房屋统一计价的，适用与房屋相同的税率征税。

纳税人申报的成交价格、互换价格差额明显偏低且无正当理由的，由税务机关依照《税收征收管理法》的规定核定。

（二）应纳税额的计算

契税应纳税额依照省、自治区、直辖市人民政府确定的适用税率和税法规定的计税依据计算征收，其计算公式如下：

应纳税额＝计税依据×税率

【引例分析14-1】

哈尔滨市富强办公设备有限责任公司购进办公用房应纳契税税额计算如下：

应纳税额＝1 090÷(1＋9%)×3%＝30（万元）

任务二　办理契税申报缴纳

【知识准备】

一、纳税义务发生时间

契税的纳税义务发生时间是纳税人签订土地、房屋权属转移合同的当天，或者纳税人取得其他具有土地、房屋权属转移合同性质凭证的当天。

二、纳税期限

纳税人应当在依法办理土地房屋权属登记手续前，向土地、房屋所在地的税收征收机关办理纳税申报，并缴纳税款。

三、纳税地点

契税实行属地征收管理，纳税人发生契税纳税义务时，应向土地、房屋所在地的税收征收机关申报纳税。

四、纳税申报

从 2021 年 6 月 1 日起，纳税人申报契税时，统一使用“财产和行为税纳税申报表”，向契税的征收机关办理纳税申报，并在办理土地、房屋权属登记手续前缴纳税款。契税征收机关一般为土地、房屋所在地的税务机关，具体由省、自治区、直辖市人民政府确定。

在依法办理土地、房屋权属登记前，权属转移合同、权属转移合同性质凭证不生效、无效、被撤销或者被解除的，纳税人可以向税务机关申请退还已缴纳的税款，税务机关应当依法办理。

承接引导案例，哈尔滨市富强办公设备有限责任公司纳税人识别号 912301048888567833，开户银行为工商银行哈尔滨市友好路支行，账号 1652110022330011777 7。法定代表人赵航，财务负责人王亮，税务会计杨树。新购办公用房为江州市中山路 29 号，建筑面积1 300 m^2，办税员陈新。要求填报哈尔滨市富强办公设备有限责任公司 2023 年 5 月新购房产有关契税的纳税申报表。

【操作步骤】

第一步，计算并确定契税应纳税额。

当地政府规定，契税在依法办理房屋权属登记手续前向房产所在地的主管税务机关申报纳税。新购房产应纳契税税额＝300 000（元）。

第二步，填报契税纳税申报表。

哈尔滨市富强办公设备有限责任公司应按有关规定，及时办理纳税申报，并如实填写“财产和行为税纳税申报表”（见表 14-1）。

第三步，缴纳契税款。

哈尔滨市富强办公设备有限责任公司将有关契税的纳税申报表及其他相关材料送主管税务机关审核，根据主管税务机关审定的意见，缴纳税款，取得完税凭证，办理房屋权属登记。

表 14-1　财产和行为税纳税申报表

纳税人识别号（统一社会信用代码）：912301048888567833

纳税人名称：哈尔滨市富强办公设备有限责任公司

金额单位：人民币元（列至角分）

序号	税种	税目	税款所属期起	税款所属期止	计税依据	税率	应纳税额	减免税额	已缴税额	应补（退）税额
1	契税	房屋权属	2023.5.1	2023.5.31	10 000 000.00	3%	300 000.00			300 000.00
2										
3										
4										
5										
6										
7										
8										
9										
10										
11	合计	—	—	—	—	—	300 000.00			300 000.00

声明：此表是根据国家税收法律法规及相关规定填写的，本人（单位）对填报内容（及附带资料）的真实性、可靠性、完整性负责。

纳税人：　　2023 年 6 月 14 日

经办人：杨树
经办人身份证号：××××××××××××××××××
代理机构签章：
代理机构统一社会信用代码：

受理人：×××
受理税务机关（章）：
受理日期：　年　月　日

思考与练习

一、单项选择题

1. 根据契税的有关规定，下列说法中，不正确的是(　　)。

A. 契税的征税对象为发生权属转移的土地和房屋

B. 转让房产的单位和个人需要缴纳契税

C. 契税属于财产转移税

D. 土地、房屋产权未发生转移的，不征收契税

2. 根据契税的有关规定，下列行为中，产权承受方应缴纳契税的是(　　)。

A. 以自有房产作股投入本人独资经营的企业

B. 等价交换房屋

C. 买房拆料

D. 债权人承受破产企业抵偿债务的房屋权属

3. 国有企业整体出售，被出售企业的法人予以注销，并且买受人按照规定妥善安置原企业全部职工，与原企业全部职工签订服务年限不少于3年的劳动用工合同的，对其承受所购企业的土地、房屋权属(　　)。

A. 免征契税　　B. 减半征收契税　　C. 不征收契税　　D. 照章征收契税

4. 根据契税的有关规定，下列表述中，不正确的是（　　）。

A. 企业合并，原投资主体存续的，对其合并后的企业承受原合并各方的土地、房屋权属，免征契税

B. 农村集体土地承包经营权的转移属于契税的征税范围

C. 公司按照法律规定、合同约定分设为两个或两个以上与原公司投资主体相同的公司，对派生方、新设方承受原企业土地、房屋权属，免征契税

D. 对金融租赁公司开展售后回租业务，承受承租人房屋、土地权属的，照章征收契税

5. 刘某于2022年9月购买一栋别墅，成交价格950万元，另按照与房地产开发公司的合同约定支付别墅装修费用150万元。已知，当地契税适用税率为3%，则刘某应缴纳契税(　　)万元。

A. 28.5　　B. 29.5　　C. 30　　D. 33

6. 2022年6月，李某以价值30万元的小汽车和价值70万元的货物与张某一套价值120万元的房产进行交换，李某另支付差价款20万元。已知，当地契税适用税率为5%，则李某应缴纳契税(　　)万元。

A. 1　　B. 3　　C. 5　　D. 6

7. 根据契税的有关规定，某企业2022年5月发生的下列业务中，应缴纳契税的是(　　)。

A. 接受某破产企业用来抵债的房屋　　B. 接受甲某用于投资的房屋

C. 与A公司等价交换房屋　　D. 将其拥有的土地使用权出售

8. 甲企业将一套价值160万元的房屋给乙企业用以抵偿140万元的债务，甲企业取得乙企业支付的差价款20万元。已知，当地契税适用税率为5%，则乙企业应缴纳契税

(　　)万元。

A. 1　　B. 7　　C. 8　　D. 10

9. 甲企业破产清算时将其账面价值1 800万元的房产以2 000万元的价格转让给非债权人乙企业，乙企业与原甲企业80%的职工签订了服务年限为5年的劳动用工合同。已知，当地契税适用税率为5%，则乙企业应缴纳契税(　　)万元。

A. 50　　B. 100　　C. 0　　D. 45

10. 2022年5月，甲企业将一套房产销售给王某，取得收入340万元，该房产原值400万元，已提折旧100万元。王某取得房产后，以房产作价投资转让给乙企业。上述业务涉及的当事人各方合计应缴纳契税(　　)万元（当地契税适用税率为3%）。

A. 18　　B. 19.2　　C. 20.4　　D. 25

11. 居民甲某有三套房产，2022年将第一套市价为80万元的房产给乙某抵偿了100万元的债务，并支付乙某差价款20万元；将第二套市价65万元的房产与丙某进行房屋交换，并取得丙某支付的差价款15万元；将第三套房产出售取得收入90万元，并以90万元的价格购买一宗土地使用权。已知当地契税税率为5%，则甲某应缴纳契税(　　)万元。

A. 9.5　　B. 6.25　　C. 5.25　　D. 4.5

12. 甲企业于2022年8月从某房地产开发企业处购置一栋办公楼，合同中注明办公楼总价款1 500万元。甲企业采取分期付款的方式，分五年支付，每年付款300万元，当年购买时支付价款300万元。甲企业应缴纳契税(　　)万元（契税适用税率为3%）。

A. 9　　B. 18　　C. 36　　D. 45

13. 甲企业购买乙企业一处闲置的房产，合同上注明土地使用权价款2 000万元，厂房和附着物价款共计1 500万元。已知，当地契税适用税率5%，则甲企业应缴纳契税(　　)万元。

A. 100　　B. 175　　C. 75　　D. 200

14. 从2010年10月1日起，对个人购买90 m^2及以下且属家庭唯一住房的普通住房，(　　)契税。

A. 免征　　B. 减半征收

C. 减按1%税率征收　　D. 按照当地确定的适用税率征收

15. 位于甲县的A公司从位于乙县的B公司购买一栋位于丙县的办公楼，根据契税的有关规定，A公司应向(　　)的契税征收机关办理纳税申报。

A. 甲县　　B. 乙县　　C. 甲县或乙县　　D. 丙县

二、多项选择题

1. 根据契税的有关规定，下列行为应征收契税的有（　　）。

A. 以实物交换房屋　　B. 以获奖方式取得房屋产权

C. 国有土地使用权出让　　D. 以划拨方式取得土地使用权的

E. 购买房产翻新建房

2. 根据契税的有关规定，下列行为应征收契税的有（　　）。

A. 以房抵债　　B. 以土地使用权作价投资到其他企业

C. 以受赠方式承受土地使用权　　D. 以经营租赁方式租入房屋

E. 购买旧房

3. 下列关于企事业单位改制重组的契税政策的说法中，正确的有（　　）。

A. 国有控股公司以部分资产投资组建新公司，且该国有控股公司占新公司股份超过85%的，对新公司承受该国有控股公司的土地、房屋权属，免征契税

B. 在股权转让中，单位、个人承受公司股权，企业土地、房屋权属不发生转移，不征收契税

C. 经批准实施债权转股权的企业，对债权转股权后新设立的公司承受原企业的土地、房屋权属，减半征收契税

D. 承受县级以上人民政府按规定进行行政性调整、划转国有土地权属的单位，免征契税

E. 事业单位按规定改制为企业的过程中，投资主体没有发生变化的，改制后的企业承受原事业单位的土地、房屋权属，免征契税

4. 根据契税的有关规定，下列表述不正确的有（　　）。

A. 采取分期付款方式购买房屋附属设施土地使用权、房屋所有权的，应按各期实际收到的价款计征契税

B. 承受的房屋附属设施权属单独计价的，按照当地确定的适用税率征收契税

C. 承受国有土地使用权减免土地出让金的，可以减免契税

D. 对纳税人因改变土地用途而签订土地使用权出让合同变更协议或者重新签订土地使用权出让合同的，应征收契税

E. 土地使用者将土地使用权及所附建筑物转让给他人的，应按照转让的总价款计征契税

5. 下列各项中，可以作为契税计税依据的有（　　）。

A. 房地产的成交价格　　B. 房地产的重置价格

C. 房地产交换时的价格差额　　D. 补缴的土地出让金和其他出让费用

E. 由征收机关参照房地产市场价格核定的价格

6. 以竞价方式出让国有土地使用权的，其契税计税价格一般应确定为竞价的成交价格，包括（　　）。

A. 土地出让金　　B. 土地补偿费用

C. 青苗补偿费　　D. 市政建设配套款

E. 相关手续费

7. 根据契税的有关规定，下列各项中，以土地使用权或房屋的成交价格作为契税计税依据的有（　　）。

A. 土地使用权交换　　B. 房屋交换

C. 接受土地使用权赠与　　D. 购买房屋

E. 购买土地使用权

8. 根据契税的有关规定，下列表述中正确的有（　　）。

A. 以协议方式出让国有土地使用权的，其契税计税价格为成交价格

B. 以协议方式出让国有土地使用权，没有成交价格的，不征收契税

C. 以竞价方式出让国有土地使用权的，其契税计税价格一般应确定为竞价的成交价格

D. 先以划拨方式取得土地使用权，后经批准改为出让方式取得该土地使用权的，应依法缴纳契税，其计税依据为应补缴的土地出让金和其他出让费用

E. 已购公有住房经补缴土地出让金和其他出让费用成为完全产权住房的，免征土地

权属转移的契税

9. 某生产企业从房地产开发企业购入一栋办公楼，双方签订了合同。针对此业务，该生产企业需要缴纳的税种有（　　）。

A. 消费税　B. 土地增值税　C. 契税　D. 印花税　E. 城市维护建设税

10. 2022 年 9 月，居民甲某将其自有的市场价格 160 万元的房产给乙某用于抵债。乙某以该房产换取丙某价值 140 万元的房产，同时丙某免除了乙某所欠的债务 20 万元。已知当地契税适用税率为 4%，下列关于契税的处理正确的有（　　）。

A. 甲某不缴纳契税　B. 乙某缴纳契税 6.4 万元

C. 乙某缴纳契税 7.2 万元　D. 丙某不缴纳契税

E. 丙某缴纳契税 0.8 万元

11. 根据契税的有关规定，下列各项中，免征契税的有（　　）。

A. 城镇职工按规定购买公有住房的

B. 个人购买属于家庭唯一住房的普通住房

C. 承受荒山、荒丘土地使用权用于农业生产的

D. 土地、房屋被县级以上人民政府征用、占用后，重新承受土地、房屋权属的

E. 婚姻关系存续期间，房屋、土地权属原归夫妻一方所有，变更为夫妻双方共有的

12. 根据契税的有关规定，下列表述不正确的有（　　）。

A. 因不可抗力丧失住房而重新购买住房的，酌情准予减征或者免征契税

B. 对拆迁居民因拆迁重新购置住房的，免征契税

C. 对国家石油储备基地第一期项目建设过程中涉及的契税予以免征

D. 已缴纳契税的购房单位在未办理房屋权属变更登记前退房的，退还已缴纳契税

E. 符合减免税规定的纳税人，应在土地、房屋权属转移合同生效的 15 日内向契税征收机关提出减免税申报

13. 根据契税的有关规定，下列表述正确的有（　　）。

A. 居民因个人房屋被征收而选择房屋产权调换，对新换房屋免征契税

B. 以招拍挂方式出让国有土地使用权的，契税纳税人为最终与土地管理部门签订出让合同的土地使用权承受人

C. 企业承受土地使用权用于房地产开发，并在该土地上代政府建设保障性住房的，计税价格为取得全部土地使用权的成交价格

D. 合伙企业的合伙人将其名下的房屋、土地权属转移至合伙企业名下，减半征收契税

E. 对售后回租合同期满，承租人回购原房屋、土地权属的，免征契税

14. 下列关于契税申报和缴纳的表述中，正确的有（　　）。

A. 纳税人签订土地、房屋权属转移合同的当天即发生契税纳税义务

B. 纳税人取得土地、房屋使用权的当天即发生契税纳税义务

C. 契税纳税人应当自纳税义务发生之日起 7 日内，向土地、房屋所在地的契税征收机关办理纳税申报

D. 契税纳税人应当自纳税义务发生之日起 10 日内，向土地、房屋所在地的契税征收机关办理纳税申报

E. 纳税人办理纳税事宜后，征收机关应向纳税人开具契税完税凭证

三、判断题

1. 甲企业将原值28万元的房产评估作价30万元投资乙企业，乙企业办理产权登记后又将该房产以40万元价格售与丙企业，当地契税税率为3%，则乙企业缴纳契税0.84万元。（　）

2. 城镇职工按规定第一次购买商品住房，免征契税。（　）

3. 纳税人在签订土地、房屋权属转移合同的当天为纳税义务发生时间。（　）

4. 企业改制重组过程中，同一投资主体内部所属企业之间土地、房屋权属的无偿划转，照章征收契税。（　）

5. 企业合并中，新设方或者存续方承受被解散方土地、房屋权属，如合并前各方为相同投资主体的，不征契税，其余的则征收契税。（　）

6. 国有、集体企业出售，被出售企业法人予以注销，并且买受人妥善安置原企业20%以上职工的，对其承受所购企业的土地、房屋权属，减半征收契税；全部安置原企业职工的，免征契税。（　）

7. 甲企业与乙企业属相同投资主体，在2022年7月进行合并。新设方承受原企业土地使用权，价值30 000万元，房屋2 000万元。该土地使用权和房屋应该缴纳契税。（　）

8. 某大型国有企业承受国有土地使用权，国家给予其照顾，减按应支付土地出让金的70%缴纳出让金，该企业实际支付140万元，当地规定的契税适用税率为3%，该企业应缴纳的契税为4.2万元。（　）

项目十五　资源税纳税业务

【学习目标】

- 掌握资源税的概念、基本法规和税款计算的知识。
- 掌握资源税纳税申报的相关规定。

【能力目标】

- 能确定资源税的纳税人及其适用税费率。
- 会根据业务资料计算资源税税费金额。

【素养目标】

- 培养学生诚实守信、依法纳税的责任意识。
- 能根据企业自身情况与税务部门沟通，积极争取税务部门的支持，使企业获得税收优惠。
- 能向其他财会人员宣传资源税等税费法规政策，依法纳税。
- 培养敬业精神、团队合作能力和良好的职业道德修养。

【思维导图】

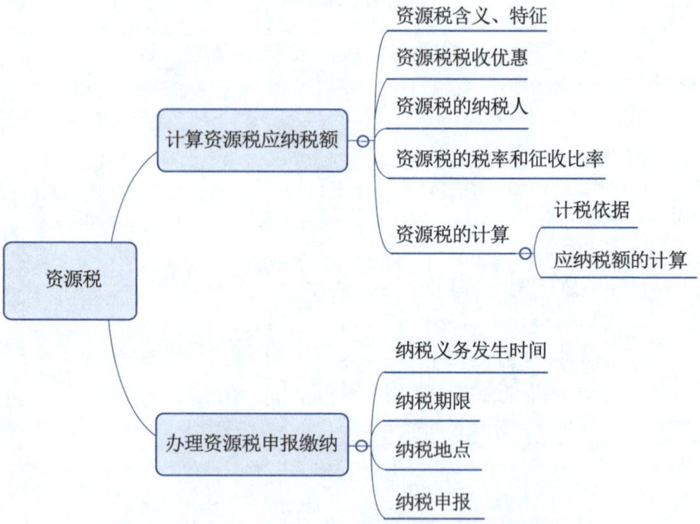

任务一　计算资源税应纳税额

【引导案例】

中南冶金有限责任公司附属的矿山，2023 年 5 月开采铝土矿 3 000 吨，销售 2 000 吨，每吨销售价格 4 000 元（不含增值税），铝土矿适用资源税税率为 6%。

要求：计算该公司 2023 年 5 月应纳资源税税额，填报有关资源税的纳税申报表并缴纳税款。

【知识准备】

一、资源税含义

资源税是对在我国领域及我国管辖的其他海域从事应税资源开采的单位和个人征收的一种税。2019 年 8 月 26 日第十三届全国人大常委会第十二次会议通过了《中华人民共和国资源税法》，自 2020 年 9 月 1 日起施行。1993 年 12 月 25 日国务院发布的《中华人民共和国资源税暂行条例》同时废止。

对资源占用行为征税不仅为当今许多国家广泛采用，而且具有十分悠久的历史，我国对资源占用征税的历史至少可以追溯到周朝，当时的“山泽之赋”就是对伐木、采矿、狩猎、捕鱼、煮盐等开发、利用自然资源的生产活动课征的赋税。此后，我国历代政府一直延续了对矿冶资源、盐业资源等自然资源开发利用课税的制度。

二、资源税的征税范围

资源税的课税对象是各种自然资源，我国目前只选择对矿产品和盐两类资源征收资源税。具体征税范围如下：

（1）能源矿产，包括原油，天然气、页岩气、天然气水合物，煤，煤成（层）气，铀、钍，油页岩、油砂、天然沥青、石煤，地热。不包括人造石油。

（2）金属矿产，包括黑色金属：铁、锰、铬、钒、钛；有色金属：铜、铅、锌、锡、锑、镁、钴、铋、汞，铝土矿，钨、钼、金、银、铂、钯、钌、铱、铑，轻稀土，中重稀土等。

（3）非金属矿产，包括矿物类，如高岭土，石灰岩，磷，石墨，萤石、硫铁矿、自然硫，天然石英砂，叶蜡石和其他粘土等；岩石类，如大理岩、花岗岩、砂石等；宝玉石类，如宝石、玉石、宝石级金刚石等。

（4）水气矿产，包括二氧化碳气、硫化氢气、氦气、氡气和矿泉水。

（5）盐，包括钠盐、钾盐、镁盐、锂盐；天然卤水；海盐。

开展水资源税改革试点工作，自 2016 年 7 月 1 日起先在河北省试点；逐步将森林、草场、滩涂等其他自然资源纳入征收范围。

三、资源税税收优惠

有下列情形之一的，免征资源税：

（1）开采原油以及在油田范围内运输原油过程中用于加热的原油、天然气。

（2）煤炭开采企业因安全生产需要抽采的煤成（层）气。

有下列情形之一的，减征资源税：

（1）从低丰度油气田开采的原油、天然气，减征 20%资源税。

（2）高含硫天然气、三次采油和从深水油气田开采的原油、天然气，减征 30%资源税。

（3）稠油、高凝油减征 40%资源税。

（4）从衰竭期矿山开采的矿产品，减征30%资源税。

根据国民经济和社会发展需要，国务院对有利于促进资源节约集约利用、保护环境等情形可以规定免征或者减征资源税，报全国人民代表大会常务委员会备案。

有下列情形之一的，省、自治区、直辖市可以决定免征或者减征资源税：

（1）纳税人开采或生产应税产品过程中，因意外事故或自然灾害等原因遭受重大损失。

（2）纳税人开采共伴生矿、低品位矿、尾矿。

上述规定的免征或者减征资源税的具体办法，由省、自治区、直辖市人民政府提出，报同级人民代表大会常务委员会决定，并报全国人民代表大会常务委员会和国务院备案。

纳税人的免税、减税项目，应当单独核算销售额或者销售数量；未单独核算或者不能准确提供销售额或者销售数量的，不予免税或者减税。

纳税人开采或者生产同一应税产品，其中既有享受减免税政策的，又有不享受减免税政策的，按照免税、减税项目的产量占比等方法分别核算确定免税、减税项目的销售额或者销售数量。纳税人开采或者生产同一应税产品同时符合两项或者两项以上减征资源税优惠政策的，除另有规定外，只能选择其中一项执行。

四、资源税的纳税人

在我国领域及我国管辖的其他海域开发应税资源的单位和个人为资源税的纳税人，包括各类企业、行政单位、事业单位、军事单位、社会团体及个人。收购未税矿产品的单位为资源税的扣缴义务人，包括独立矿山、联合企业和其他收购未税矿产品的单位。

五、资源税税率、税目

从2020年9月1日起，资源税实行新的税率。规定实行幅度税率的，其具体适用税率由省、自治区、直辖市人民政府统筹考虑应税资源的品位、开采条件以及对生态环境的影响等情况，在规定的税率幅度内提出，报同级人民代表大会常务委员会决定，并报全国人民代表大会常务委员会和国务院备案。规定征税对象为原矿或者选矿的，应当分别确定具体适用税率。具体见表15-1。

表15-1 资源税税目税率表

税目		征税对象	税率
能源矿产	原油	原矿	6%
	天然气、页岩气、天然气水合物	原矿	6%
	煤	原矿或选矿	2%～10%
	煤成（层）气	原矿	1%～2%
	铀、钍	原矿	4%
	油页岩、油砂、天然沥青、石煤	原矿或选矿	1%～4%
	地热	原矿	1%～20%或每立方米1～30元

续表

税目			征税对象	税率
金属矿产	黑色金属	铁、锰、铬、钒、钛	原矿或选矿	1%～9%
	有色金属	铜、铅、锌、锡、镍、锑、镁、钴、铋、汞	原矿或选矿	2%～10%
		铝土矿	原矿或选矿	2%～9%
		钨	原矿	6.5%
		钼	原矿	8%
		金、银	原矿或选矿	2%～6%
		铂、钯、钌、锇、铱、铑	原矿或选矿	5%～10%
		轻稀土	原矿	7%～12%
		中重稀土	原矿	20%
		铍、锂、锆、锶、铷、铯、铌、钽、锗、镓、铟、铊、铪、铼、镉、硒、碲	原矿或选矿	2%～10%
非金属矿产	矿物类	高岭土	原矿或选矿	1%～6%
		石灰岩	原矿或选矿	1%～6%或每吨（或每立方米）1～10元
		磷	原矿或选矿	3%～8%
		石墨	原矿或选矿	3%～12%
		萤石、硫铁矿、自然硫	原矿或选矿	1%～8%
		天然石英砂、脉石英、粉石英、水晶、工业用金刚石、冰洲石、蓝晶石、硅线石（矽线石）、长石、滑石、刚玉、菱镁矿、颜料矿物、天然碱、芒硝、钠硝石、明矾石、砷、硼、碘、溴、膨润土、硅藻土、陶瓷土、耐火粘土、铁钒土、凹凸棒石粘土、海泡石粘土、伊利石粘土、累托石粘土	原矿或选矿	1%～12%
		叶蜡石、硅灰石、透辉石、珍珠岩、云母、沸石、重晶石、毒重石、方解石、蛭石、透闪石、工业用电气石、白垩、石棉、蓝石棉、红柱石、石榴子石、石膏	原矿或选矿	2%～12%
		其他粘土（铸型用粘土、砖瓦用粘土、陶粒用粘土、水泥配料用粘土、水泥配料用红土、水泥配料用黄土、水泥配料用泥岩、保温材料用粘土）	原矿或选矿	1%～5%或每吨（或每立方米）0.1～5元
	岩石类	大理岩、花岗岩、白云岩、石英岩、砂岩、辉绿岩、安山岩、闪长岩、板岩、玄武岩、片麻岩、角闪岩、页岩、浮石、凝灰岩、黑曜岩、霞石正长岩、蛇纹岩、麦饭石、泥灰岩、含钾岩石、含钾砂页岩、天然油石、橄榄岩、松脂岩、粗面岩、辉长岩、辉石岩、正长岩、火山灰、火山渣、泥炭	原矿或选矿	1%～10%
		砂石	原矿或选矿	1%～5%或每吨（或每立方米）0.1～5元
	宝玉石类	宝石、玉石、宝石级金刚石、玛瑙、黄玉、碧玺	原矿或选矿	4%～20%

续表

税目		征税对象	税率
水气矿产	二氧化碳气、硫化氢气、氦气、氡气	原矿	2%～5%
	矿泉水	原矿	1%～20%或每立方米1～30元
盐	钠盐、钾盐、镁盐、锂盐	选矿	3%～15%
	天然卤水	原矿	3%～15%或每吨（或每立方米）1～10元
	海盐		2%～5%

纳税人开采或者生产不同税目应税产品的，应当分别核算不同税目应税产品的销售额或者销售数量；未分别核算或者不能准确提供不同税目应税产品的销售额或者销售数量的，从高适用税率。

纳税人以自采原矿（经过采矿过程采出后未进行选矿或者加工的矿石）直接销售，或者自用于应当缴纳资源税情形的，按照原矿计征资源税。

纳税人以自采原矿洗选加工为选矿产品（通过破碎、切割、洗选、筛分、磨矿、分级、提纯、脱水、干燥等过程形成的产品，包括富集的精矿和研磨成粉、粒级成型、切割成型的原矿加工品）销售，或者将选矿产品自用于应当缴纳资源税情形的，按照选矿产品计征资源税，在原矿移送环节不缴纳资源税。对于无法区分原生岩石矿种的粒级成型砂石颗粒，按照砂石税目征收资源税。

六、资源税的计算

（一）计税依据的确定

自2020年9月1日起，资源税按照《资源税税目税率表》实行从价计征或者从量计征。《资源税税目税率表》中规定可以选择实行从价计征或者从量计征的，具体计征方式由省、自治区、直辖市人民政府提出，报同级人民代表大会常务委员会决定，并报全国人民代表大会常务委员会和国务院备案。

实行从价计征的，应纳税额按照应税资源产品的销售额乘以具体适用税率计算。实行从量计征的，应纳税额按照应税产品的销售数量乘以具体适用税率计算。其计税依据规定如下：

1. 计税销售额的确定

销售额按照纳税人销售应税产品向购买方收取的全部价款确定，但不包括增值税税款。计入销售额中的相关运杂费用，凡取得增值税发票或者其他合法有效凭据的，准予从销售额中扣除。相关运杂费用是指应税产品从坑口或者洗选（加工）地到车站、码头或者购买方指定地点的运输费用、建设基金以及随运销产生的装卸、仓储、港杂费用。

纳税人以人民币以外的货币结算销售额的，应当折合成人民币计算。其销售额的人民币折合率可以选择销售额发生的当天或者当月1日的人民币汇率中间价，纳税人应在事先确定采用何种折合率计算方法，确定后1年内不得变更。

纳税人自用应税产品应当缴纳资源税的情形包括纳税人以应税产品用于非货币性资产交换、捐赠、偿债、赞助、集资、投资、广告、样品、职工福利、利润分配或者连续生产非应税产品等。

纳税人申报的应税产品销售额明显偏低且无正当理由的，或者有自用应税产品行为而无销售额的，主管税务机关可以按下列方法和顺序确定其应税产品销售额：

（1）按纳税人最近时期同类产品的平均销售价格确定。

（2）按其他纳税人最近时期同类产品的平均销售价格确定。

（3）按后续加工非应税产品销售价格，减去后续加工环节的成本利润后确定。

（4）按应税产品组成计税价格确定。

组成计税价格＝成本×（1＋成本利润率）÷（1－资源税税率）

上述公式中的成本利润率由省、自治区、直辖市税务机关确定。

2. 课税数量的确定

应税产品的销售数量，包括纳税人开采或者生产应税产品的实际销售数量和自用于应当缴纳资源税情况的应税产品数量。

（1）各种应税产品，凡直接对外销售的，以实际销售数量为课税数量。

（2）各种应税产品，凡产品自用的，以移送自用数量为课税数量。

（3）纳税人不能准确提供应税产品销售数量的，以应税产品的产量或者主管税务机关确定的折算比换算成的数量为计征资源税的销售数量。

（二）应纳税额的计算

资源税按照从价计征或者从量计征的办法征收，分别以应税产品的销售额乘以纳税人具体适用的比例税率或者以应税产品的销售数量乘以纳税人具体适用的定额税率计算。纳税人开采或者生产应税产品自用的，应当依照规定缴纳资源税，但是，自用于连续生产应税产品的，不缴纳资源税。

实行从价计征的，其应纳税额计算公式如下：

应纳税额＝计税销售额×适用税率

实行从量计征的，其应纳税额计算公式如下：

应纳税额＝课税数量×定额税率

【引例分析 15-1】

中南冶金有限责任公司附属矿山 2023 年 5 月份应纳资源税税额计算如下：

应纳税额＝2 000×4 000×6％＝480 000（元）

任务二　办理资源税申报缴纳

【知识准备】

一、纳税义务发生时间

（1）纳税人销售应税产品，其纳税义务发生时间是：

①纳税人采取分期收款结算方式的，其纳税义务发生时间，为销售合同规定的收款日期的当天。

②纳税人采取预收货款结算方式的，其纳税义务发生时间，为发出应税产品的当天。

③纳税人采取其他结算方式的，其纳税义务发生时间，为收讫销售款或者取得索取销售款凭据的当天。

（2）纳税人自产自用应税产品的纳税义务发生时间，为移送使用应税产品的当天。

（3）扣缴义务人代扣代缴税款的纳税义务发生时间，为支付货款的当天。

二、纳税期限

资源税按月或者按季申报缴纳；不能按固定期限计算缴纳的，可以按次申报缴纳。

纳税人以按月或者按季缴纳的，应当自月度或者季度终了之日起 15 日内，向税务机关办理纳税申报并缴纳税款；按次申报缴纳的，应当自纳税义务发生之日起 15 日内，向税务机关办理纳税申报并缴纳税款。

扣缴义务人解缴税款期限，比照上述规定执行。

三、纳税地点

（1）纳税人应纳的资源税，应当向应税产品的开采或者生产所在地主管税务机关缴纳。

（2）纳税人在本省、自治区、直辖市范围内开采或者生产应税产品，其纳税地点需要调整的，由省、自治区、直辖市税务机关决定。

（3）纳税人跨省、自治区、直辖市开采或者生产应税产品，其下属生产单位与核算单位不在同一省、自治区、直辖市的，对其开采或者生产的应税产品，一律在开采地或者生产地纳税。实行从价计征的应税产品，其应纳税款一律由独立核算的单位按照每个开采地或者生产地的销售量、单位销售价格及适用税率计算划拨；实行从量计征的应税产品，其应纳税款一律由独立核算的单位按照每个开采地或者生产地的销售量及适用税率计算划拨。

扣缴义务人代扣代缴的资源税，应当向收购地主管税务机关缴纳。

四、纳税申报

从 2021 年 6 月 1 日起，纳税人申报资源税时，统一使用“财产和行为税纳税申报表”，并在规定期限内缴纳税款，取得完税凭证。

承接引导案例，中南冶金有限责任公司坐落于哈尔滨市幸福路 65 号，纳税人识别号 912877689433556289，开户银行为工商银行哈尔滨市分行营业部，账号 1980008876983324564；办税员李薇。要求填报东方冶金有限责任公司 2023 年 5 月有关资源税的纳税申报表并缴纳税款。

【操作步骤】

第一步，计算并确定资源税应纳税额。

根据前面计算结果，2023 年 5 月应纳资源税税额＝480 000（元）。

第二步，填报有关资源税纳税申报表。

中南冶金有限责任公司应按照资源税法的有关规定，及时办理纳税申报，并如实填写“财产和行为税纳税申报表”（见表 15-2）。

第三步，缴纳资源税税款。

中南冶金有限责任公司将纳税申报表及其他相关材料送主管税务机关审核，根据主管税务机关审定的意见，在规定期限内向指定代理金库的银行缴纳税款，取得税收缴款书。

表 15-2　财产和行为税纳税申报表

纳税人识别号（统一社会信用代码）：912877689433556289

纳税人名称：中南冶金有限责任公司

金额单位：人民币元（列至角分）

序号	税种	税目	税款所属期起	税款所属期止	计税依据	税率	应纳税额	减免税额	已缴税额	应补（退）税额
1	资源税	有色金属	2023.5.1	2023.5.31	8 000 000.00	6%	480 000.00			480 000.00
2										
3										
4										
5										
6										
7										
8										
9										
10										
11	合计	—	—	—	—	—	480 000.00			480 000.00

声明：此表是根据国家税收法律法规及相关规定填写的，本人（单位）对填报内容（及附带资料）的真实性、可靠性、完整性负责。

纳税人：　　　　2023 年 6 月 14 日

经办人：李薇
经办人身份证号：××××××××××××××××××
代理机构签章：
代理机构统一社会信用代码：

受理人：×××
受理税务机关（章）：
受理日期：　　年　月　日

思考与练习

一、单项选择题

1. 下列企业既是增值税纳税人，又是资源税纳税人的是(　　)。

A. 进口铁矿石的贸易公司　　B. 销售自产液体盐的盐场

C. 销售外购天然气的贸易公司　　D. 在境外开采有色金属矿产品的企业

2. 纳税人开采或者生产不同税目应税产品，但未分别核算不同税目应税产品的销售额或者销售数量的，下列关于其资源税税务处理的表述正确的是(　　)。

A. 从高适用税率

B. 从低适用税率

C. 由主管税务机关核定不同税目应税产品的销售额或销售数量，按各自的税率分别计算纳税

D. 由省人民政府确定，报财政部和国家税务总局备案

3. 某油田2022年10月开采原油1 000 t，销售600 t，在开采原油过程中加热、修井使用原油50 t，已知每吨原油含增值税的售价为5 650元，原油适用的资源税税率为6%。则该油田当月应缴纳的资源税为(　　)元。

A. 30　　B. 50　　C. 180 000　　D. 250 000

4. 下列关于资源税的说法，正确的是(　　)。

A. 开采原煤和进口原煤均缴纳资源税

B. 资源税属于特定行为税

C. 出口应税矿产品可退还资源税

D. 目前我国开征的资源税是以部分自然资源为课税对象，对在我国领域和我国管辖的其他海域开发应税资源的单位和个人，就其应税产品销售额或销售数量和自用数量为计税依据而征收的一种税

5. 位于河北省的某水资源开采企业，2022年5月利用取水工程直接取用地表水，实际取用水量为55 000 m^3，对外销售水量为38 000 m^3，适用税额为每立方米1元。该企业当月应缴纳资源税(　　)元。

A. 38 000　　B. 55 000　　C. 17 000　　D. 27 500

6. 某油田2022年5月销售原油86 000 t，收取不含增值税价款34 400万元；销售与原油同时开采的天然气4 750万 m^3，收取不含税价款2 375万元；自用原油25 t，其中18 t用于本企业在建工程，7 t用于修井。原油、天然气的资源税税率均为6%。该油田本月应纳资源税为(　　)万元。

A. 2 000.00　　B. 1 838.75　　C. 2 206.93　　D. 1 926.25

7. 企业生产或开采的下列资源产品中，不征收或免征资源税的是(　　)。

A. 开采原油以及在油田范围内运输原油过程中用于加热的原油、天然气

B. 深水油气田开采的天然气

C. 高含硫天然气

D. 高凝油

8. 下列企业属于资源税纳税义务人的是(　　)。

A. 生产销售食用盐的工厂　　B. 进口原煤的上市公司

C. 销售外购已税原煤的企业　　D. 开采铁矿石的上市公司

9. 下列各项中，不属于资源税征税范围的是(　　)。

A. 天然原油　　B. 矿泉水

C. 与原油同时开采的天然气　　D. 超市的食用盐

10. 盐的税率为(　　)。

A. 从价征收　　B. 从量征收

C. 从价征收和从量征收　　D. 从价征收或从量征收

11. 目前水资源(　　)征收资源税。

A. 要　　B. 不用征收　　C. 视具体情况　　D. 对河北省等试点

12. 某天然气开采企业2022年10月在境内开采天然气200万m^3，当月对外销售100万m^3，取得不含税销售收入220万元；另将剩余的100万m^3发放给职工作为福利，天然气适用的资源税税率为6%。则该天然气开采企业2022年10月应缴纳资源税(　　)万元。

A. 22　　B. 26.4　　C. 11　　D. 25.64

13. 北京某独立核算的煤炭企业，其一个下属生产单位在河北省。2022年9月该企业开采原煤480万t（其中包含河北省生产单位开采的90万t），当月销售原煤360万t（其中含河北省生产单位开采的50万t）。已知北京开采的原煤适用的资源税税率为10%，原煤每吨售价500元，河北省开采的原煤适用的资源税税率为8%，原煤每吨售价400元。则该企业2022年9月在北京应缴纳资源税(　　)万元。

A. 1 500　　B. 15 500　　C. 9 250　　D. 9 750

14. 根据资源税的有关规定，纳税人按月或按季申报缴纳资源税的，应当自月度或季度终了之日起(　　)日内申报缴纳资源税。

A. 5　　B. 10　　C. 15　　D. 30

15. 下列属于资源税纳税义务人的是(　　)。

A. 出口外购铁矿石的外贸企业　　B. 销售外购原煤的商贸企业

C. 进口天然气的外贸企业　　D. 销售自产固体盐的国有企业

16. 下列关于水资源税征收管理的表述中，不正确的是(　　)。

A. 在试点省份内取用水，其纳税地点需要调整的，由省级财政、税务部门决定

B. 水资源的纳税义务发生时间为纳税人取用水资源的当日

C. 纳税人应当自纳税期满或者纳税义务发生之日起15日内申报缴纳水资源税

D. 水资源税按年征收

二、多项选择题

1. 下列原则中，属于资源税的立法原则的有（　　）。

A. 平等互利原则　　B. 级差调节原则

C. 个别征收原则　　D. 普遍征收原则

E. 效率优先原则

2. 下列关于资源税的表述中，正确的有（　　）。

A. 对所有自然资源征税

B. 具有受益税性质

C. 具有级差收入税的特点

D. 征收资源税既弥补了增值税调节作用之不足，又为所得税创造了利润水平大致均衡的征收基础

E. 征收资源税是实现资源产品或从事开发自然资源的企业增值额中 $V+M$ 比例关系合理化的手段

3. 下列各项中，属于资源税征税范围的有（　　）。

A. 天然原油　　B. 黑色金属矿原矿

C. 选煤　　D. 与原油同时开采的天然气

4. 下列各项属于资源税纳税人的有（　　）。

A. 在中国境内开采原煤销售的国有企业

B. 在中国管辖海域开采原油自用的油田

C. 在中国境内生产销售盐的工业企业

D. 进口天然原油的军事单位

5. 下列关于资源税纳税义务发生时间的表述中，正确的有（　　）。

A. 纳税人自产自用应税产品的，其纳税义务发生时间为移送使用应税产品的当天

B. 纳税人采取预收货款结算方式销售应税产品的，其纳税义务发生时间为发出应税产品的当天

C. 纳税人采取分期收款结算方式销售应税产品的，其纳税义务发生时间为签订合同的当天

D. 纳税人采取直接收款结算方式销售应税产品的，其纳税义务发生时间为收讫销售款或者取得销售款凭据的当天

6. 下列关于资源税的说法，不正确的有（　　）。

A. 资源税采取从价定率或者从量定额的办法计征

B. 出口自产固体盐的生产企业不属于资源税的纳税人

C. 纳税人以 1 个月为一期纳税的，自期满之日起 15 日内申报缴纳资源税

D. 纳税人应纳的资源税属于跨省开采，其下属生产单位与核算单位不在同一省、自治区、直辖市的，对其开采的矿产品一律在核算地纳税

7. 下列各项中需要同时征收增值税和资源税的有（　　）。

A. 煤矿销售与原煤同时开采的天然气　　B. 自产原煤用于职工食堂

C. 进口原油　　D. 油田销售开采的原油

8. 某天然气开采企业销售自行开采的天然气，应缴纳的税种有（　　）。

A. 增值税　　B. 消费税　　C. 环境保护税　　D. 城市维护建设税　　E. 资源税

9. 根据资源税的有关规定，下列行为必须自行计算缴纳资源税的有（　　）。

A. 纳税人开采应税产品，自用于连续生产非应税产品

B. 纳税人开采应税产品，自用于非生产项目

C. 开采原油过程中用于加热、修井的原油

D. 纳税人开采应税产品过程中，因自然灾害遭受重大损失的

10. 下列各项中属于资源税的纳税期限的有（　　）。

A. 1 日　　B. 3 日　　C. 15 日　　D. 1 个月　　E. 1 个季度

11. 根据资源税法律制度的有关规定，下列关于资源税减税、免税项目的表述中，正确的有（　　）。

A. 开采原油过程中用于加热、修井的原油，免征资源税

B. 纳税人的减税、免税项目，应当单独核算课税数量；未单独核算或者不能准确提供课税数量的，不予减税或者免税

C. 对煤矿抽采煤层气暂不征收资源税

D. 纳税人开采的原油、天然气，企业自用的免征资源税

12. 下列需要征收资源税的城市是（　　）。

A. 北京　　B. 太原　　C. 青岛　　D. 郑州

三、判断题

1. 资源税是对开采、生产所有自然资源的单位和个人征收的一种税。（　　）

2. 资源税实行差别税额，从量征收。（　　）

3. 资源税纳税人未分别核算或不能准确提供不同税目应税产品课税数量的，一律从高适用税额。（　　）

4. 原煤、洗煤、选煤及其他煤制品均应缴纳资源税。（　　）

参 考 文 献

[1] 杨则文．纳税实务［M］．4版．北京：高等教育出版社，2022．

[2] 梁伟样．税费计算与申报［M］．5版．北京：高等教育出版社，2022．

[3] 黄洁洵．2023年会计专业技术资格考试应试指导及全真模拟测试：经济法基础［M］．北京：北京科学技术出版社，2023．

[4] 财政部会计财务评价中心．初级会计资格经济法基础［M］．北京：经济科学出版社，2022．